高等院校电子商务专业系列教材

跨境电子商务实务

KUAJING DIANZI SHANGWU SHIWU

主　编　朱彦杰
副主编　杨　振　尚小税

扫码申请更多资源

南京大学出版社

内容摘要

本书从认识跨境电子商务开始，系统讲解出口跨境电子商务平台、海外市场调研、平台入驻注册、选品工具方法、产品定价发布、店铺推广、跨境电子商务物流、客户与售后管理、监管政策等内容，注重跨境电子商务理论与实践的结合，帮助学习者系统熟悉跨境电商流程实务，快速开展出口跨境电子商务实际工作。

本书可作为电子商务专业学生学习跨境电子商务的教材，也适合作为从事跨境电子商务创业者的参考书。

图书在版编目(CIP)数据

跨境电子商务实务 / 朱彦杰主编. —南京：南京大学出版社，2022.1

ISBN 978-7-305-25382-9

Ⅰ. ①跨…　Ⅱ. ①朱…　Ⅲ. ①电子商务　Ⅳ. ①F713.36

中国版本图书馆 CIP 数据核字(2022)第 016555 号

出版发行　南京大学出版社
社　　址　南京市汉口路 22 号　　邮　　编　210093
出 版 人　金鑫荣

书　　名　跨境电子商务实务
主　　编　朱彦杰
责任编辑　武　坦　　编辑热线　025-83592315

照　　排　南京开卷文化传媒有限公司
印　　刷　丹阳兴华印务有限公司
开　　本　787×1092　1/16 开　印张 17.5　字数 426 千
版　　次　2022 年 1 月第 1 版　2022 年 1 月第 1 次印刷
ISBN 978-7-305-25382-9
定　　价　49.80 元

网　　址：http://www.njupco.com
官方微博：http://weibo.com/njupco
微信服务号：njuyuexue
销售咨询热线：(025)83594756

前　言

2020年，我国外贸进出口总值32.16万亿元人民币，同比增长1.9%，其中，跨境电子商务零售进出口总值1 860亿元人民币，同比增长38.3%。全年进出口、出口、进口均创历史新高。在传统企业贸易增速放缓的大环境下，跨境电子商务出口连续保持高速增长，这无疑成为稳外贸的核心助推器。随着我国经济转向高质量发展阶段，外贸领域也迎来了深化改革的历史机遇，在扩张外贸规模的同时，更迫切地需要提高外贸含金量，更好地满足贸易增长与地区基础环境同步提升的要求，更好地推动贸易增长与外贸结构优化的协同步伐，更好地契合贸易增长与人民生活水平持续提升的需要，实现外贸发展的提质增效。本书针对跨境电子商务人才培养这一极大需求而设计编写，以培养应用型人才为宗旨，从跨境电子商务业务的角度出发，深入贯彻产、学、研的教育理念，结合相关企业实践经验，系统地分析和介绍跨境电子商务实操中所涉及的主要问题。

本书以跨境电子商务平台为重点，从平台认知到平台实施技巧，系统地讲解了各大跨境电子商务平台的实操，在编写过程中特别注重跨境电子商务理论与实践的结合。全书编写思路明确，内容广度和深度把握合理，理论知识体系完整，基本覆盖目前跨境电子商务实操的各个主要环节。我们力求以实操指导的方式，由浅入深地引导读者详尽地了解跨境电子商务操作的方方面面，为个人能力发展打好基础。

根据跨境电子商务业务的特点，本书共分为十个部分：

第一章从跨境电子商务的内涵、分类、发展与趋势等多个角度来认识跨境电子商务。

第二章主要对亚马逊、速卖通、阿里巴巴国际站、eBay四个跨境电商平台的市场调研、产品开发、Listing优化、站内营销以及物流等方面进行了阐述，以便对跨境电子商务平台有更加深入的了解。

第三章对海外市场调研进行了详细的阐述，包括海外市场调研的基本理论、国际市场常用的调研方法和资料来源、国际市场调研的主要步骤以及跨境电商相关的市场调研案例，为电商公司提供理论和方法进行市场调研、产品评估。

第四章介绍电商平台的入驻要求以及账号注册流程，通过对速卖通平台、亚马逊平台、阿里巴巴国际站平台、eBay平台和沃尔玛平台注册流程的整理，商家可以对跨境电商的注册规则有全局认识，了解不同平台在注册上的共性要求和特殊要求。

第五章主要介绍选品的工具以及方法。选品对于商家来说至关重要，选择一个好的产品，往往是走向成功的关键。

第六章介绍了产品的定价与发布。对于产品来说，并不是价格越高越好或者越低越好，在定价之前需要考虑众多因素，这样才能制定出属于该产品的最优价格。在产品发布之前，需要整理好相关信息，以便在发布时进行填写。

第七章着重介绍跨境店铺的推广。首先要考虑对搜索引擎进行优化,学会利用社交媒体进行营销推广。Facebook 的营销已经被各大跨境电商平台所使用,学会用 Facebook 进行推广,可能会带来意想不到的收获。

第八章介绍跨境电子商务物流。不同的平台具有不同的物流方式以及物流规则,了解不同的物流方式对于卖家至关重要。

第九章讲述了客户关系管理和售后服务。一个好的客户关系管理以及售后服务往往是卖家成功的关键。本书提供了中差评解决的方法以及跨境电子商务常用客服邮件模板,能够使卖家迅速掌握一些沟通技巧。

第十章介绍了跨境电商的监管政策,主要介绍了"9610"政策,简述了其他相关政策。

本书由许昌学院商学院朱彦杰担任主编,参编人员有杨振和尚小税。具体编写分工如下:朱彦杰编写第一、第二、第四、第十章,杨振编写第三、第五、第六、第九章,尚小税编写第七、第八章。在编写过程中得到了不少人的支持和帮助,在此特别感谢正在读研的李盼盼同学参与文稿整理及校对工作,感谢在电商公司工作的张仪、王朝宁、韩洁提供跨境电商平台店铺有关图文数据资料,感谢正在创业的毕业生刘超群同学提供有关跨境电商实战文档资料。在编著本书过程中,参阅了不少专家、学者有关著作中的概念及案例等,也借鉴了一些公司网站信息,已在参考文献中列出,在此对相关人士表示感谢!由于编者才疏学浅,书中内容不当之处恳请广大读者批评指正。

朱彦杰

2021 年 12 月

目　录

第一章

概　述

1.1　跨境电子商务的内涵

1.1.1　跨境电子商务概念

跨境电子商务(Cross-Border E-commerce),简称“跨境电商”,是指处于不同国家(地区)的交易主体,以电子商务平台为媒介,以信息技术、网络技术、支付技术等为技术支撑,完成商品的线上交易、进行支付结算,并通过跨境物流或异地仓储将商品送达消费者手中的国际商务活动。跨境电商是电子商务的新模式和新业态,包括海淘、代购、跨境零售和跨境 B2B(Business to Business,企业对企业)等模式。

广义的跨境电子商务基本等同于外贸电商(B2B),是指处于不同国家(地区)的交易主体,通过电子商务的手段将传统进出口贸易中的展示、洽谈和成交环节电子化,并通过跨境物流送达商品、完成交易的一种国际商业活动。这种跨境电商是指电子商务在进出口贸易中的应用,是传统国际贸易商务流程的电子化、数字化和网络化。它涉及的活动包括货物的电子贸易、在线数据传递、电子资金划拨、电子货运单证等内容。

狭义的跨境电子商务基本等同于跨境零售 B2C(Business to Customer,企业对个人)和 C2C(Customer to Customer,个人对个人),是指处于不同国家(地区)的交易主体,通过互联网平台达成交易、进行支付结算,并采用快件、小包等邮递方式通过跨境物流将商品送达消费者手中的交易过程。

1.1.2　跨境电子商务与传统国际贸易

跨境电子商务与传统国际贸易相比,主要有以下特征:多边化、小批量、高频度、数字化、全球性。跨境电子商务和传统国际贸易的区别如表 1－1－1 所示。

表 1－1－1　跨境电子商务和传统国际贸易的区别

业务活动	传统国际贸易	跨境电子商务
接触方式	面对面,直接接触	通过互联网平台,间接接触
商务模式	基于商务合同的运作模式	借助互联网电子商务平台
订单特点	大批量、少批次、订单集中、周期长	小批量、多批次、订单分散、周期相对较短

续 表

业务活动	传统国际贸易	跨境电子商务
价格、利润率	价格高、利润率相对较低	价格实惠、利润率较高
产品类目	产品类目少、更新速度慢	产品类目多、更新速度快
规模、速度	市场规模大但受地域限制，增长速度相对缓慢	面向全球市场，规模大，增长速度快
交易环节	复杂、涉及中间商众多	简单，涉及中间商较少
支付	正常贸易支付	需借助第三方支付
运输	空运、海运完成，物流因素影响不明显	第三方物流企业、航空小包为主，物流影响明显
通关、结汇	享受正常通关、结汇和退税政策	通关缓慢或有一定限制
争端处理	健全的争端处理机制	争端处理不畅，效率低

(1) 多边化。传统国际贸易主要表现为两国(地区)之间的双边贸易，即使有多边贸易，也是通过多个双边贸易实现的；跨境电子商务则可以通过A国家(地区)的交易平台、B国家(地区)的支付结算平台、C国家(地区)的物流平台，实现其他国家(地区)间的直接贸易。与贸易过程相关的信息流、商流、物流、信息流也由传统的双边逐步向多边演化。

(2) 小批量。跨境电子商务是单个企业之间或单个企业与单个消费者之间的交易，相对于传统国际贸易，其交易大多是小批量或单件。

(3) 高频度。跨境电子商务是单个企业之间或单个企业与单个消费者之间的交易，而且是即时按需采购、销售或消费。相对于传统国际贸易，跨境电子商务交易的次数或频率更高。

(4) 数字化。传统的国际贸易主要是实物产品或服务交易。跨境电子商务通过跨境电商平台可以将各类分散的信息集中，使交易信息更容易获得，而且可以通过大数据的积累，对所有参与者建立全新的信用体系，让买卖双方的交易更容易达成。

(5) 全球性。与传统跨境贸易相比，跨境电子商务具有全球性和非中心化的特点。电子商务摆脱了传统贸易的地域限制，是一种无边界交易，客户不需要出境即可通过电商平台采购商品或服务。

1.1.3 跨境电子商务的流程

跨境电子商务涉及出口和进口两类业务。跨境电子商务出口的流程：首先国内的生产商、制造商或运营商，在第三方或者自营的跨境电子商务平台上展示自身产品，海外企业或者消费者在线选购下单后，完成支付，进入订单履约；通过境内物流和境外物流的投递，并经过出口国和进口国的海关通关商检，最终送达海外用户。有的跨境电子商务企业与第三方综合服务平台合作，让第三方综合服务平台代办物流、通关商检等一系列环节，将产品送达用户手中。跨境电子商务进口的流程与出口的流程方向相反，跨境电子商务出口及进口的流程如图1-1-1所示。

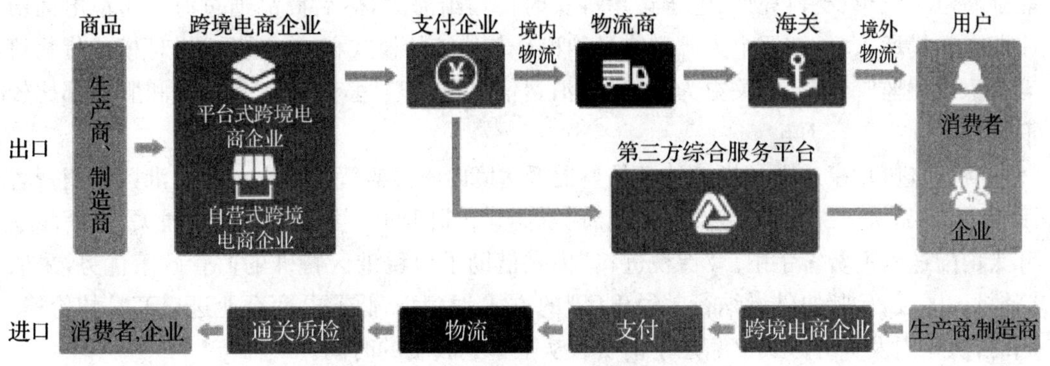

图 1-1-1 跨境电子商务的流程

跨境电子商务出口的流程与传统外贸的流程的区别主要在于中间环节的减少,不同跨境电商模式比传统的外贸交易减少了 1 或 2 或 3 个中间环节,如图 1-1-2 所示。

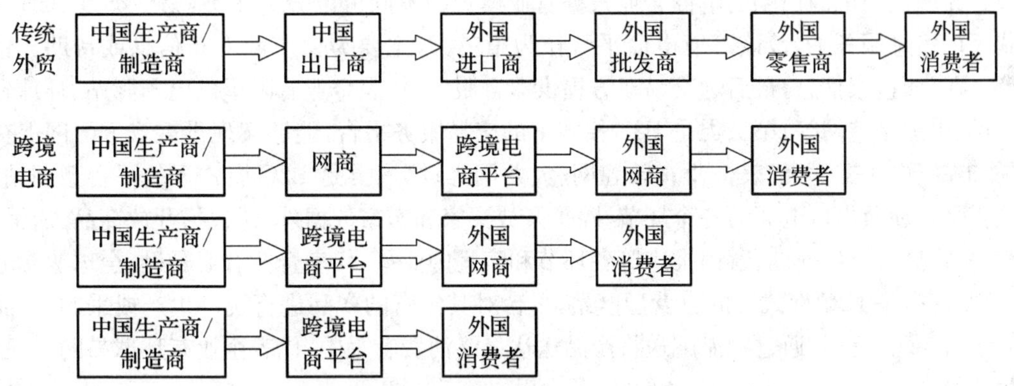

图 1-1-2 传统外贸交易流程和跨境电子商务流程的比较

1.2 跨境电子商务的分类

1.2.1 跨境进口和跨境出口

根据商品的流向,跨境电子商务可分为跨境进口和跨境出口。

1. 跨境进口

跨境进口的传统模式是海淘,即境内的消费者在境外的 B2C 网站上购物,然后通过直邮或转运的方式将商品运送至境内。除了可以直邮的商品品类外,国内消费者只能借助转运物流的方式接收货物。简单来说,海淘就是在境外设有转运仓库的转运公司代替消费者在位于境外的转运仓库地址收货,之后再通过第三方或转运公司自营的跨境物流将商品发送至中国口岸。此外,主要的跨境进口模式还有“直购进口”模式和“保税进口”模式。

“直购进口”模式是指符合条件的电商平台与海关联网,在境内消费者跨境网购后,由企业将电子订单、支付凭证、电子运单等实时传输给海关，然后商品通过海关跨境电商由专门监管场所入境，按照个人邮递物品纳税。与传统的模式相比，“直购进口”模式货物符合国家海关监管政策，清关更为“阳光”，消费信息也更透明，同时商品来源和服务都比较有保障。

“保税进口”模式则是指境外商品整批抵达境内海关监管场所——保税港区。消费者下单后，商品从保税港区直接发出，在海关等监管部门的监管下实现快速通关，使商品在几天内配送到消费者手中。“保税进口”模式借助了保税港区特殊的监管政策优势，采取“整批入区、B2C邮快件缴纳行邮税出区”的方式，大大降低了电商企业进口商品的价格。同时，从国内发货的形式也缩短了消费者从下单到收货的时间。

2. 跨境出口

跨境出口是指国内电子商务企业通过电子商务平台达成出口交易、进行支付结算，并通过跨境物流送达商品，完成交易的一种国际商业活动。

跨境出口电商市场的电商企业根据营业模式的不同可以分为4类：第一类是B2B模式下的信息服务平台，该跨境电商平台作为第三方，主要为供应商发布信息或帮助分销商、零售商搜索信息，最后为交易双方提供撮合服务，代表企业有阿里巴巴国际站、环球资源网、中国制造网等；第二类是B2B模式下的交易服务平台，能够实现供需双方的网上交易和在线电子支付，代表企业有敦煌网、大龙网等；第三类是B2C模式下的平台型网站，这类平台涉及出口电商的各个环节，除了开放买家和卖家数据外，还包括开放商品、店铺、交易、物流、价格、仓储、营销推广等各环节和流程的业务，代表企业有亚马逊、全球速卖通等；第四类是B2C模式下的自营型网站，平台对其经营的产品进行统一生产或采购、产品展示、在线交易，并通过物流配送将产品送达最终消费者手中，代表企业有环球易购、兰亭集势等。

1.2.2 跨境电商一般贸易和跨境电商零售

根据交易主体不同，跨境电商可分为跨境电商一般贸易和跨境电商零售。

1. 跨境电商一般贸易

跨境电商一般贸易也称为跨境电商B2B(Business-to-Business)贸易，是指分属不同关境的企业直接面向企业在线销售产品和服务，通过电商平台达成交易、进行支付结算，并通过跨境物流送达产品、完成交易的一种国际商业活动，已纳入海关一般贸易统计。从本质上讲，其仍为一般贸易类型，只是促成交易的手段与时俱进，享受科技便利化的成果。

跨境电商B2B所面对的最终用户为企业或集团，提供企业、产品、服务等相关的信息。目前，我国跨境电商市场中跨境电商B2B市场交易规模占总交易规模的90%以上。在跨境电商市场中，企业级市场始终处于主导地位。

2. 跨境电商零售

跨境电商零售又可分为跨境电商B2C(Business to Customer)和跨境电商C2C(Customer to Customer)。跨境电商B2C是分属不同关境的企业直接面向个人消费者在线销售产品和服务，通过电商平台达成交易、进行支付结算，并通过跨境物流送达产品、完成交易的一种国际商业活动。跨境电商B2C面对的最终用户为个人消费者，针对最终用户以网上零售的方式售卖产品。跨境电商B2C模式下，我国企业直接面对个人消费者，以销售个人消费品为主，在物流方面主要采用邮政物流、商业快递、专线物流及海外仓储等方式。

从交易规模上看，跨境电商B2B一般贸易占据跨境电商的主要市场份额，但其监管措施与传统一般贸易差异较小，而国家重点探索的贸易模式是跨境电商B2C，尤其是跨境零售进口。

1.2.3 平台型和自营型

根据运营方式的不同，跨境电商可分为平台型和自营型。

1. 平台型

平台型跨境电商在线上搭建商城，整合物流、支付、运营等服务资源，吸引卖家进驻，并为其提供跨境电商交易服务。同时，平台以收取卖家佣金及增值服务佣金为主要盈利模式。平台型跨境电商企业采用轻资产运作模式，重点在于售前引流、招商及平台管理等，售后只在一定程度上参与物流和服务，以完善线上入驻卖家的不足。现阶段，我国的平台型跨境电商大多通过自身强大的流量和大数据技术等优势为其跨境平台进行引流和赋能。例如，天猫国际作为阿里巴巴旗下的跨境进口购物平台，承载着整个阿里巴巴的大进口战略。该平台属于邀约制招商平台，通过对入驻卖家发货源头、运输方式及最终物流端的全链路可视，实现对线上商品及运营质量的把控。在天猫国际入驻的企业主要为具有海外零售资质的公司实体，平台店铺类型依据入驻企业资质的不同分为4种，分别为品牌旗舰店、卖场型旗舰店、专卖店和专营店。

2. 自营型

自营型跨境电商在线上搭建平台，整合供应商资源，以较低的价格采购商品，然后以较高的价格售出商品，主要以获取商品差价为盈利模式。自营型跨境电商平台需要参与整个销售流程的运作，包括选品、供应商选择、物流与售后服务等多个环节。现阶段，我国的自营型跨境电商大多拥有丰富的商品资源及强大的供应链体系。例如，考拉海购在市场份额、正品信任度方面均表现较为突出，该公司目前主打“自营直采＋商家入驻”模式，在美国、德国、日本、韩国等国都设立了分公司，同时与包括开市客(Costco)、宝洁(P&G)在内的多家国内外知名品牌合作。上述运营机制帮助考拉海购从商品源头进行商品质量的把控和审核，在保证采购量的同时，也能更好地维护品牌价格体系。

1.3 跨境电子商务的发展与趋势

1.3.1 跨境电商的产生背景

随着经济全球化、贸易一体化与电子商务的迅猛发展，跨境电商成为全球商品和贸易的一种新型商业贸易方式。近年来，跨境电商发展迅猛，成为“一带一路”倡议的先导和突破点，已经从一种经济现象发展成一种商业模式，固化为一种以跨境电商平台为依托、以大数据为支撑、以数据技术为驱动的新型数字贸易方式。

1. 全球贸易模式的转变成为跨境电商发展的契机

随着国际分工的深化和互联网的发展，外贸领域逐步出现了一种新型贸易方式，它将传统的大额交易转变为小额、多批次、高频次的采购，进口商采购行为的变化促使以互联网为基础的跨境小额批发或外贸零售业务迅速发展起来。同时，个人购买者可以在全球购物网站上进行比价以购买性价比高的产品，贸易主体和购买行为的改变成为推动跨境电商发展的强大引擎。

2. “一带一路”倡议为跨境电商注入新的发展动力

“一带一路”倡议为跨境电商与“中国智造”和“中国制造”走向世界的结合注入新的发展动力。跨境电商模式为中国商品提供了一个无地理界限的平台，使企业和消费者、生产商和经销商、供货商和订货商摆脱了传统贸易模式时间和空间的限制。同时，“一带一路”倡议完善经济合作机制，为跨境电商创造了良好的政治经济合作环境，有助于我国跨境电商产业的全球布局。“一带一路”倡议涵盖 60 多个国家和地区，44 亿人口，经济总量约占全球的 30%，具有巨大的市场潜力。

3. 政策红利和良好的营商环境推动跨境电商发展

2013 年以来，我国密集出台了一系列鼓励和规范跨境电商发展的政策，从监管、支付、税收等方面支持跨境电商的发展。2013 年 2 月，国家外汇管理局下发《国家外汇管理局综合司关于开展支付机构跨境电子商务外汇支付业务试点的通知》，决定在北京、上海、浙江等地开展跨境外汇支付业务试点，17 家支付机构获得跨境支付业务试点资格，有助于跨境电商支付业务顺利开展。在国际物流方面，国际快递和专线物流网络日趋完善，海关通关手续逐步简化，有力地推动了跨境电商的发展。

1.3.2 中国跨境电商的发展阶段

中国跨境电子商务发展经历了以下三个阶段(见图 1-3-1)。

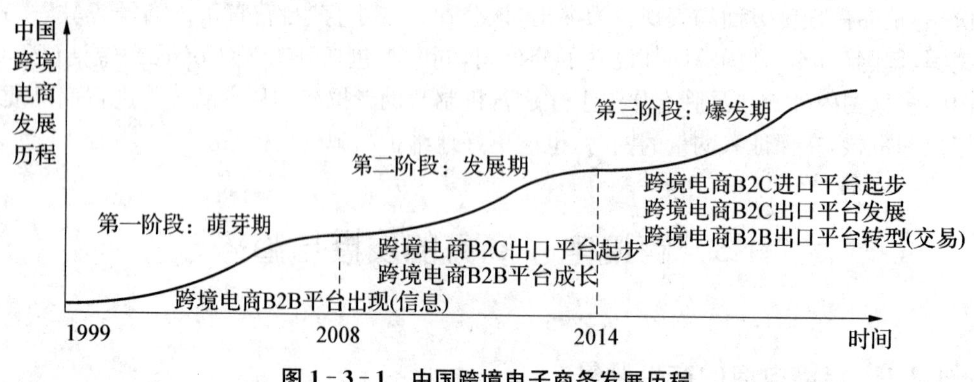

图 1-3-1 中国跨境电子商务发展历程

1. 萌芽期(1997—2007 年)

20 世纪末,随着互联网在中国的发展,开始出现帮助中小企业外贸出口的 B2B 平台,如阿里巴巴(国际站)、中国制造网等,以及一些行业性垂直 B2B 外贸电子商务平台,如中国化工网等。处于萌芽期的跨境电子商务平台主要为中小企业提供商品信息展示、交易撮合等基础服务,也有一些智库将这一阶段称为跨境 1.0 时代。主要是企业信息以及产品的网络展示,尚不涉及其他交易环节,比如在线下单、在线支付等。而这一阶段的大部分平台的盈利模式主要是收取会员费(如年服务费)。

2. 发展期(2008—2013 年)

随着跨境支付、物流等服务水平的提高,一些面向海外个人消费者的中国跨境电子商务零售出口业务(B2C/C2C)蓬勃发展起来,如 DX(2006 年)、兰亭集势(2007 年)、阿里速卖通(2009 年)等。大量中国中小企业、中小网商开始参与国际贸易。这一阶段也被称为跨境电子商务 2.0 阶段。这个阶段,跨境电子商务平台开始摆脱纯信息黄页的展示行为,将线下交易、支付、物流等流程实现电子化,逐步实现在线交易平台。在跨境电子商务 2.0 阶段,第三方平台实现了营收的多元化,同时实现后向收费模式,将"会员收费"改为以收取"交易佣金"为主,即按成交效果来收取百分点佣金。同时还通过平台上营销推广、支付服务、物流服务等获得增值收益。比如速卖通入驻免费,但按照交易金额比例提成。

3. 爆发期(2014 年至今)

有媒体称 2014 年被很多业内人士称为跨境进口电子商务元年,因为在这一年中传统零售商、海内外电子商务巨头、创业公司、物流服务商、供应链分销商纷纷入局跨境电子商务。据投融界统计数据显示,2015 年跨境电子商务单个项目平均最低融资额高达 5 650 万元,其中北京的平均最低融资额最高,达到 2.8 亿元。在项目分布领域结构中,广东省、浙江省、北京市和上海市占比最多,分别达到了 28%、15%、14%和 13%,总和占比达到了全国的七成。而从政策层面看,2014 年开始,业内熟知的 56 号和 57 号文件出台,从政策监管的层面承认了"跨境电子商务"模式。多种因素综合作用,带来了跨境电子商务在中国的快速发展。一大批跨境电子商务零售进口平台和企业诞生,如天猫国际、网易考拉、聚美优品、洋码头、小红书等。此阶段被称为跨境电子商务 3.0 阶段,主要特点是全产业链服务在线化,用户群体由草根创业向工厂、外贸公司转变,且具有极强的生产设计管理能力。平台销售产品由网商、二手货源向一手货源好产品转变,而平台的服务将不断延伸,如阿里巴巴平台收购一达通,将通关退税等环节在线外包。

1.3.3 跨境电子商务交易规模总量不断增长

据中国电子商务研究中心发布数据,2016 年中国跨境电子商务交易规模达 6.7 万亿元,同比增长 24%。其中,出口跨境电子商务交易规模达 5.5 万亿元,进口跨境电子商务交易规模达 1.2 万亿元;而 2020 年中国跨境电子商务整体交易规模(含零售及 B2B)达 12.7 万亿元,同比增长 17.9%,如图 1-3-2 所示。

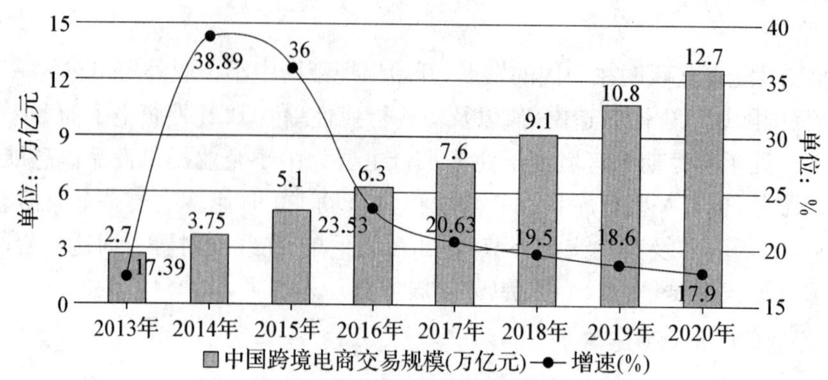

图 1-3-2　中国跨境电子商务交易规模稳定增长

由于新冠疫情在海外的肆虐导致海外市场需求下降，2020 年外贸进出口低迷，至三季度实现由负转正。反观跨境电商，其进出口则一直保持逆势增长的态势，前三季度海关跨境电商监管平台进出口 1 873.9 亿元，已超去年全年，大幅增长 52.8%，为外贸进出口回稳做出了突出贡献。截至 2020 年年底中国货物贸易进出口总值达到 32.16 万亿元，比 2019 年增长 1.9%。其中，2020 年中国跨境电商进出口 1.69 万亿元，增长了 31.1%，如图 1-3-3 所示。

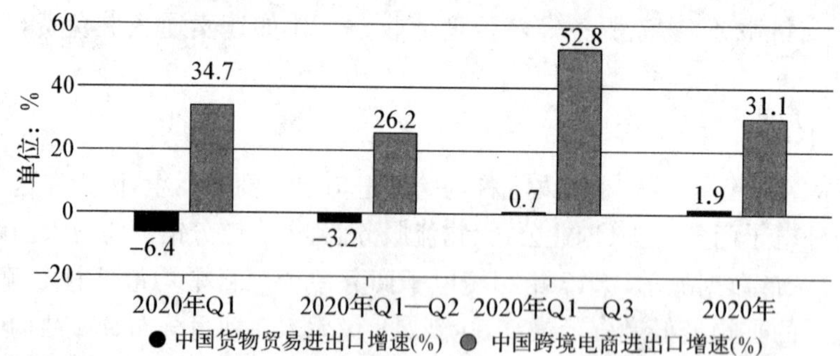

图 1-3-3　2020 年中国货物贸易及跨境电商进出口增速对比情况

资料来源：中国海关总署、亿邦智库、前瞻产业研究院整理。

1.3.4　跨境电子商务的新趋势

1. 跨境电商的运营合规化

2019 年 10 月 26 日，国家税务总局发布《关于跨境电子商务综合试验区零售出口企业所得税核定征收有关问题的公告》，出台了跨境电商出口企业所得税核定征收办法，规定应税所得率统一按照 4%确定，该公告自 2020 年 1 月 1 日起施行。除此之外，全国各地方政府也在陆续推出各项跨境电商合规业务与服务，包括郑州等城市开通“9610”海关监管条件下的跨境出口通关规范操作，武汉跨境电商综试区“无票无税”平台的运行，深圳沙田海关解决跨境电商出口商品退运进境问题等。而在出口电商方面，巴西邮政要求从 2020 年 1 月 1 日起，开始记录所有通过巴西海关的巴西路向物品的进口方税号；法国在 2019 年 10 月通过了《增值税反欺诈法案》，该法案要求网络在线市场应分享卖家信息给法国政府相关部门。

2. 跨境电商的通关便利化

优化营商环境是党中央、国务院的重大决策部署，口岸通关便利化是营商环境的重要组成部分。中国海关把“放管服”改革与优化营商环境结合起来，积极开展促进贸易便利化专项行动，稳步推进“简流程、减单证、提速度、降成本”等重点工作，推出“单一窗口”、海运口岸“两步申报”、进口商品检验第三方采信制度等便利化举措，进一步高质量推进口岸营商环境优化，完善管理制度，解决企业痛点，提高海关监管效能，激发市场活力，为我国外贸发展创造优质的环境。

3. 跨境电商的供应链体系完整化

供应链体系在跨境电商行业的发展中起到了至关重要的作用。供应链体系不完善的跨境电商平台可能存在商品品质无法保障、跨境物流时效慢、商品价格不实惠、售后服务不好等问题，使发展受到制约。供应链体系完善的跨境电商平台，如 Young boss 洋老板在创立初时就已开始布局海外供应链和仓储物流，采用产地直采模式，使商品经过中国内地、中国香港双海关监管验证和 CIC 承保。同时，七大海外仓＋中国香港中转仓＋内地五大保税仓，不仅从源头确保了商品品质，还大大提升了跨境物流时效，降低了物流成本，同时也让商品价格更加实惠。

第二章

主要跨境电子商务平台

2.1 亚马逊平台

2.1.1 亚马逊平台的市场调研

2020 年春天一场突如其来的疫情给跨境电商行业带来了巨大的风口。包括亚马逊在内的主流电商平台公开的财报和第三方相关调研数据显示，大多数平台的 GMV 和卖家数量都有大幅度提升，电商 GMV 占整体零售业 GMV 的比重也再上新台阶。平台第三方卖家的 GMV 从 2019 年的 2 000 亿美元增长到 2 950 亿美元，增长量为 950 亿美元，增长率为 47%；亚马逊自营的 GMV 从 2019 年的 1 350 亿美元增长了 450 亿美元至 1 800 亿美元，增长率为 35%。平台总 GMV 从 2019 年的 3 350 亿美元增长到 2020 年的 4 750 亿美元，GMV 增长率达 42%。亚马逊全球 GMV 的 62%是由第三方卖家贡献，贡献率高于 2019 年的 60%和 2018 年的 58%。2020 年，亚马逊第三方卖家创造了 2 950 亿美元的 GMV，亚马逊自营 GMV 为 1 800 亿美元。根据亚马逊披露的数据粗略估计，亚马逊年度总 GMV 大约为 4 750 亿美元。2020 年第二季度，第三方卖家的增速首次成为亚马逊业务增速最快的板块，连带亚马逊 FBA 相关收入增速达 53%，创历史新高。亚马逊 CEO Jeff Bezos 在第二季度财报相关会议上也对此表示肯定："本季度第三方卖家 GMV 的增长速度再次超过亚马逊自营 GMV 的增长速度。"这体现了亚马逊第三方卖家的强劲销售能力。另外，第二季度的 GMV 大增，使得亚马逊第三方卖家和亚马逊自营 GMV 的增长速度都高于亚马逊此前增长最快的广告业务板块。2020 年第三季度的业绩则与其增长速度相匹配。

2.1.2 产品开发

如何选品对新手卖家来说非常重要，下面介绍专属于亚马逊平台的产品开发方法。

1. 从亚马逊热销排行榜中选品

从亚马逊热销排行榜(Amazon Best Sellers)中，卖家可以对卖得最好的产品进行整理研究，并结合自身实力情况，选出几个最佳的可销售产品品类。具体操作方法为将亚马逊热销排行榜中的产品，与自己手上供应商的产品进行对比，即可快速筛选出符合要求的产品。这种选品方式的优点是热销产品意味着当前市场有大量需求，可顺势而为；缺点是热销产品竞争激烈，要在众多竞品中脱颖而出，将对产品、品牌和运营有更高的要求。图 2-1-1 是贺卡与电子产品的热销品示例，可在亚马逊热销排行榜中挖掘出有潜力的产品品类。

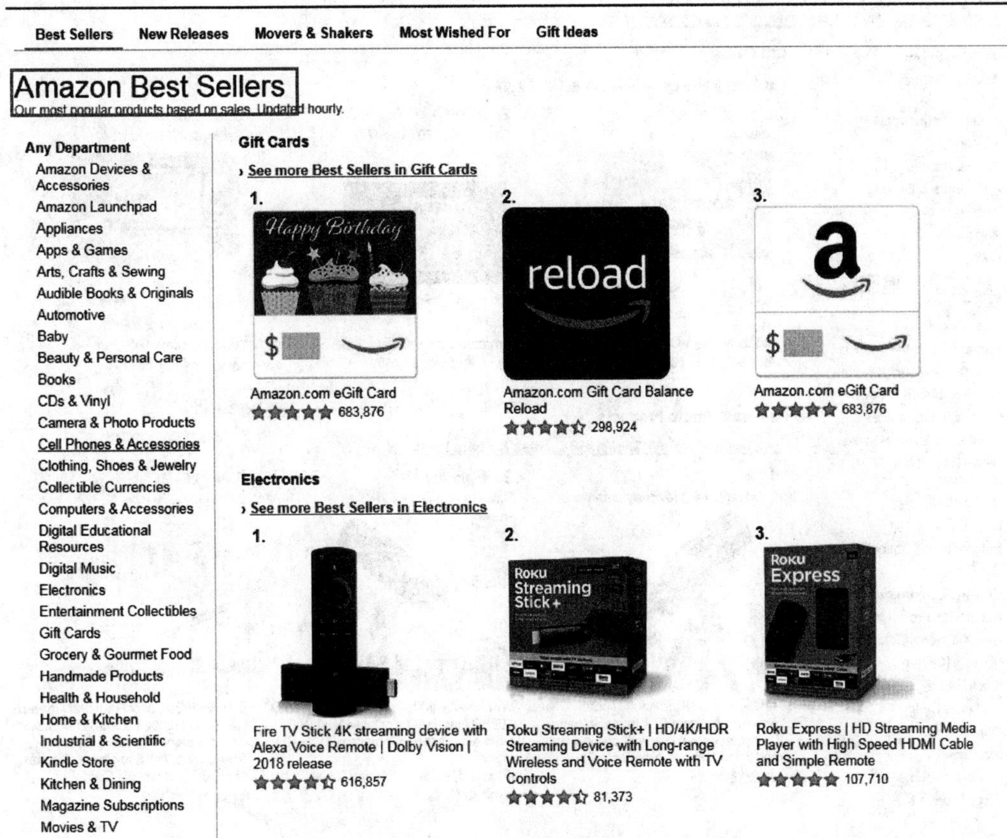

图 2-1-1　亚马逊官网 Best Sellers 首页

2. 从亚马逊趋势榜中选品

从亚马逊趋势榜(Amazon Movers & Shakers)中，可以发现那些近期销量正在上升的产品，可从中挖掘潜力产品。操作方法为将亚马逊趋势榜中的产品，与自己手上供应商的产品进行对比，即可快速筛选出符合要求的产品。这种选品方式的优点是产品销量处于上升趋势的前期，同行竞争较小；缺点是新品热销期可能只有节日几天或者两三个月，产品的后期销量不确定性高，需对产品进行更全面的评估。图 2-1-2 是贺卡与摄影类销量快速上升的产品示例，可在亚马逊趋势榜中挖掘出有潜力的产品品类。

Best Sellers　New Releases　Movers & Shakers　Most Wished For　Gift Ideas

Amazon Movers & Shakers

Our biggest gainers in sales rank over the past 24 hours. Updated hourly.

Any Department

Amazon Devices & Accessories
Amazon Launchpad
Appliances
Apps & Games
Arts, Crafts & Sewing
Audible Books & Originals
Automotive
Baby
Beauty & Personal Care
Books
CDs & Vinyl
Camera & Photo Products
Cell Phones & Accessories
Clothing, Shoes & Jewelry
Collectible Currencies
Computers & Accessories
Digital Educational Resources
Digital Music
Electronics
Entertainment Collectibles
Gift Cards
Grocery & Gourmet Food
Handmade Products
Health & Household
Home & Kitchen
Kindle Store
Kitchen & Dining
Magazine Subscriptions
Movies & TV
Musical Instruments
Office Products

Gift Cards

› See more Movers & Shakers in Gift Cards

1. ↑ 133%
Sales rank: 6 (was 14)

Amazon.com eGift Card
683,876

2. ↑ 74%
Sales rank: 270 (was 472)

Amazon.com Print at Home Gift Card
86,459

3. ↑ 64%
Sales rank: 147 (was 242)

Amazon.com eGift Card
683,876

Camera & Photo Products

› See more Movers & Shakers in Camera & Photo Products

1. ↑
Sales rank: 84 (previously unranked)

Telescope for Kids Adult, 70mm Aperture 500mm AZ Mount Stilnend Refractor Telescope with carring Bag and Tripod Phone Adapter
1,078

2. ↑ 85,780%
Sales rank: 5 (was 4,294)

Wireless Digital Microscope 1X-1000X 1080P Handheld Portable Mini WiFi USB Microscope Camera with 8 LED Lights for iPhone/iPad/Smartphone/Tablet/PC
1

3. ↑ 3,645%
Sales rank: 329 (was 12,322)

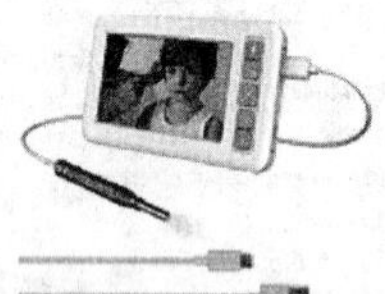

0.15 Inch Ear Wax Removal Camera with LED Lights, Examine Otoscope with 4.3 Inches Screen, Ear Endoscope with Ear Canal Cleaner Tool 32GB Micro SD Card
22

图 2-1-2　亚马逊官网 Movers & Shakers 首页

3. 从亚马逊许愿榜中选品

从亚马逊许愿榜(Amazon Most Wished For)中,可以发现买家期待的产品类型和期望打折的产品,当有折扣时,亚马逊会自动发邮件提醒买家。操作方法为将亚马逊许愿榜中的产品与自己手上供应商的产品进行对比,即可快速筛选出符合要求的产品。这种选品方法的优点是许愿榜的产品属于高需求产品,有较明确的市场空间;缺点是买家对许愿榜的产品个性化要求较高,也可能对低价更敏感,需在前期做好充分的市场调研。图 2-1-3 是许愿榜中儿童玩具与影视作品的产品示例,可在亚马逊许愿榜中挖掘出有潜力的产品品类。

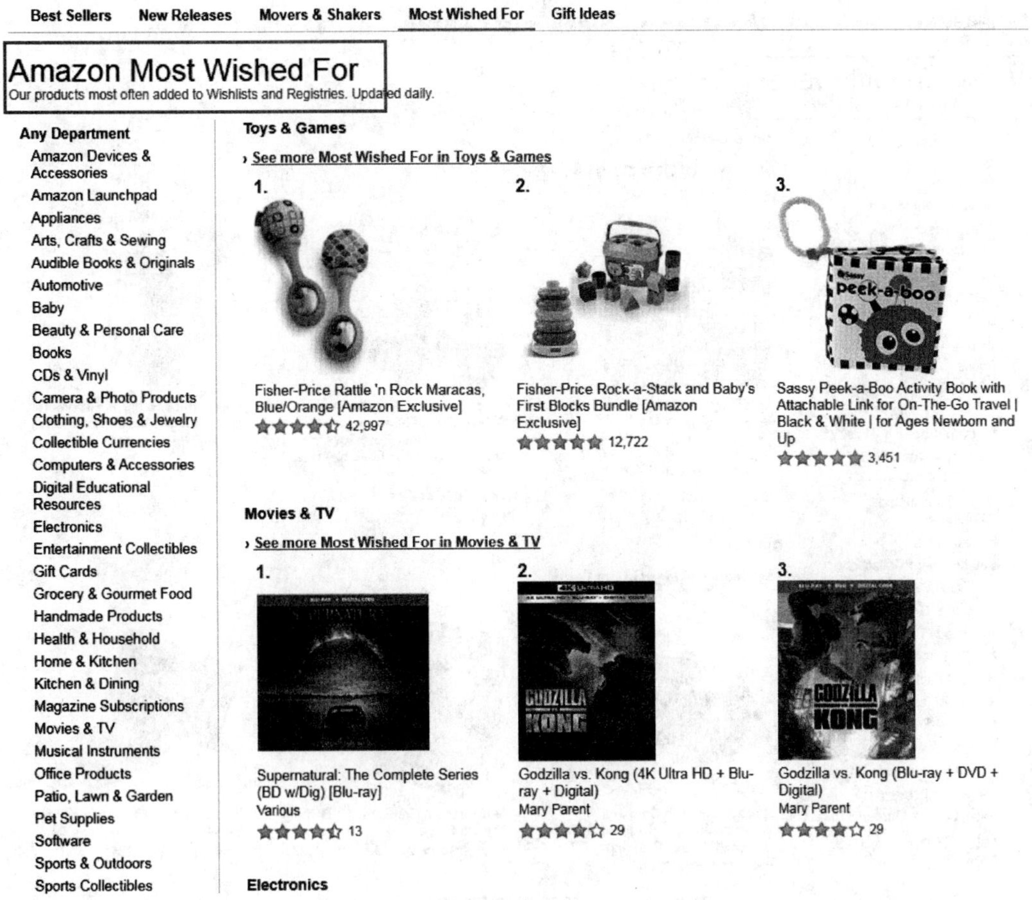

图 2-1-3　亚马逊官网 Most Wished For 首页

4. 从亚马逊礼物榜中选品

从亚马逊礼物榜（Amazon Gift Ideas）中，可以发现那些买家作为礼物购买的产品。操作方法为将亚马逊礼物榜中的产品与卖家手上供应商的产品进行对比，即可快速筛选出符合要求的产品。这种选品方式的优点是礼物榜中的产品属于高需求产品，有较明确的市场空间；缺点是礼物榜中的产品对品牌、外观、个性化程度要求较高，也可能只在特定节日有高需求。图 2-1-4 是礼物榜中玩具与贺卡的产品示例，可在亚马逊礼物榜中挖掘出有潜力的产品品类。

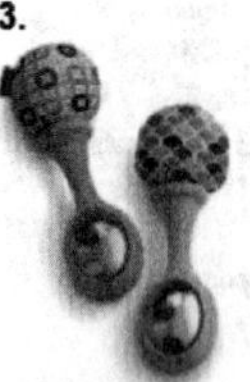

图 2-1-4 亚马逊官网 Gift Ideas 首页

5. 从亚马逊热门新品榜中选品

从亚马逊热门新品榜(Amazon New Releases)中,可以发现那些新上市且高销量的产品,可从中挖掘潜力产品。操作方法为将亚马逊热门新品榜中的产品,与卖家手上供应商的产品进行对比,即可快速筛选出符合要求的产品。这种选品策略的优点是热门新品处于上市初期,销量处于上升趋势,同行竞争较小;缺点是新品热销期可能只有节日几天或者两三个月,产品的后期销量不确定性高,需对产品进行更全面的评估。以电子游戏与实体书的热销新品为例(见图 2-1-5),可在亚马逊热门新品榜中挖掘出有潜力的产品品类。

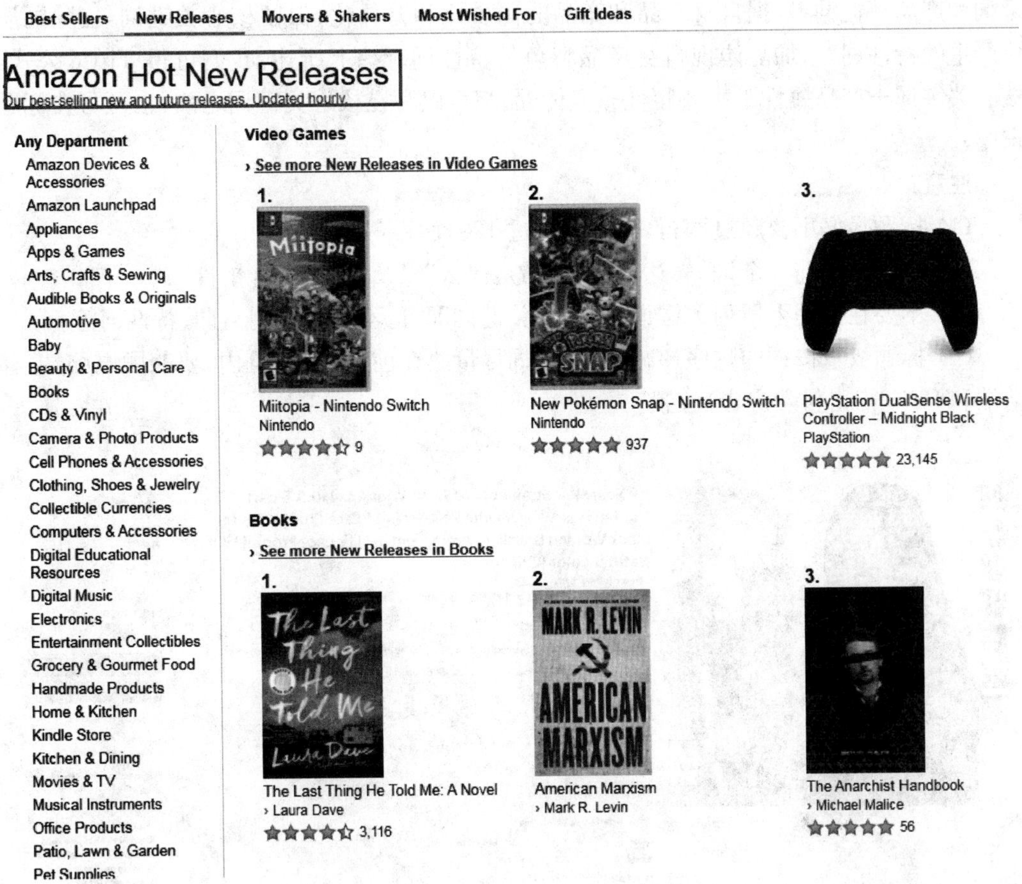

图 2-1-5 亚马逊官网 New Releases 首页

2.1.3 Listing 优化

亚马逊 Listing 是指每个在亚马逊上销售的商品的介绍页。一个商品就会有一个亚马逊 Listing 页面(见图 2-1-6),它向买家提供有关产品的资讯,包括亚马逊标题、图片、描述、价格等。

亚马逊 Listing 的优化能将卖家的产品销售潜力最大化,亚马逊 Listing 优化的重点为增加 Listing 的曝光度与点击率,改善 Listing 的转换率(爆单的关键)进而提升 Listing 的获利能力。除了必备的亚马逊标题、图片、产品特点、产品描述,产品的亚马逊评论和反馈也是一个优化的重点。

1. 标题

标题(Tittle)之所以是 Listing 优化权重最高的一个板块,最主要的原因是 Tittle 能够简单直观地向页面浏览者说明“该产品是什么？其主要功能是什么？”。对于大多数买家而言,他们都是有意向性地去浏览页面,如果卖家的 Tittle 用词不准确,那么受众客户群的直观印象就会大打折扣,导致产品点击率不忍直视。卖家应深度了解自己的产品及其性能；通过亚马逊平台选择几款销量较好的同类产品进行分析，找到 Tittle 中的核心关键词和产品特性词；根据自身产品和竞品的同质化和差异化，保留核心关键词，去除同质化严重的特性词，增加能体现自身产品特色的特性词。综上所述，我们可得 Tittle 公式：核心关键词＋产品属性＋主要特性＋变体（品牌可以写在核心关键词之前，也可写在标题末尾）。

注意：

（1）标题最好不要超过两行，最好不超过 120 个字符。

（2）尽量通过前 5 个词，表达清楚“产品是什么”以及“是否组合销售”。

（3）不要在标题上罗列关键词，包括主关键词即可，不要赘述同义词、特性词等。

（4）标题权重按词的顺序递减，重要的词尽量放在前 36 个字符内，要兼顾电脑端、移动端和 PPC（点击付费广告）位置。

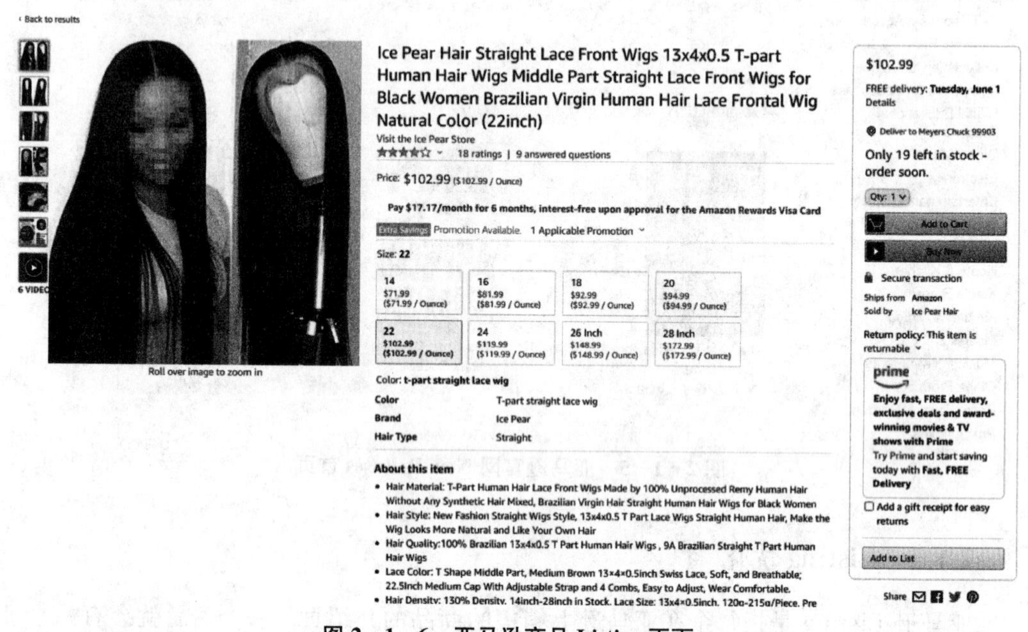

图 2-1-6　亚马逊商品 Listing 页面

2. 产品特点

产品特点（Bullet Point）又名“Key Product Features”，其基本格式是“Features＋Benefits”。Features 是对每个卖点的小结，常用修饰性短语；Benefits 对每个卖点起阐述性作用，让买家了解更加具体的产品情况。卖家可参考以下方法填写产品特点：

（1）了解产品，测试体验产品，观察产品、配件、说明书和包装。

（2）多浏览竞品卖家的卖点，取其精华，去其糟粕。

（3）尽可能地将主要关键词放到 Bullet Point 中。

（4）如果是套装产品，最好在第一点写清楚都包括什么东西。

（5）五个卖点的权重也是呈递减趋势，要把最重要的 Features 放在第一卖点，其他卖点依次往下；另外，手机端只显示前三个卖点，所以要尽量将重要的卖点放在前三个。

(6) 如果有目标群体,可以专门针对目标人群写一个 Bullet。

(7) 要列出需要强调给买家的使用禁忌。

另外,需要卖家特别注意的是,不要脱离实际夸大产品功能。一旦被务实的买家投诉举报,就只能自食其果。

3. 产品描述

产品描述(Product Description)很重要,很多人在商品的描述中只写了规格,建议将 When(何时用)、How(怎么用)、Where(哪里用)补上。Product Description 部分具体怎么填写可参考以下内容:

(1) 通过竞品分析比较产品的痛点和卖点,找准自己产品的主要功能和优势。

(2) 写清楚功能性产品的参数和技术细节。

(3) 如果是捆绑销售,把捆绑的东西都介绍一下(这部分可以埋词)。

(4) 适当加入一些长尾词来提高搜索率。

(5) 适量写一些品牌介绍,但不要留任何联系信息。

(6) 售后服务、客户咨询服务等介绍可以加上,能给人留下比较专业的印象。

(7) 千万不要出现语法/拼写错误,一定要保证可读性。

(8) 标题、卖点和描述重点词汇最好能多次出现,以增加核心词的密度。

关于产品的材质及特性等方面的描述一定要基于实际情况,不能夸大其词。最后,若使用 HTML 代码进行排版,要注意:常用代码中,换行相当于回车键,两个换行符连起来使用是空一行;要加粗的文本,一般用来写小标题。产品描述主要有“故事型”和“说明型”两种,具体选择哪一种类型来编写要按照产品本身情况来定。如果品牌特色大于产品的功能特色,那么侧重写品牌故事就更容易吸引买家。另外,如果有保固(售后维修服务)也可以加上,让买家明白购买此产品比较有保障。

4. 关键词

尽管关键词(Search Term)不会显示在产品页面中,但是它却能影响 Listing 搜索排名。关键词在卖家上架产品时不是必填要求项,但是它能弥补文案中没有埋进去的关键词,从而提高产品的可搜索性。所以,Search Term 也需要卖家认真对待并及时优化。Search Term 的填写方法有两种:第一种是每行只填写一个精准的单词或者词组,这种适合具有特色或相对冷门的产品,以及在小类目中有优势能在前几页或后几页就能搜到的产品;第二种是堆砌关键词,这种适合相似产品多的产品。

Search Term 具体的填写技巧如下:

(1) 找准产品的核心关键词和同义词。

(2) 通过亚马逊或者其他平台(速卖通、阿里巴巴国际站)的首页搜索框搜集核心关键词的长尾词,然后进行整理分析,筛选出相关的长尾词。

(3) 使用关键词分析网站或搜索工具(如 Google Keyword Planner、Keyword Tool Dominator 等),通过实时数据来分析相关性高的长尾关键词,并给它们排序。

(4) 堆砌长尾词的时候,可适当分类排列,让 Search Term 有逻辑性。

(5) 关键词的填写一定要保证正确无误。

(6) 5 行 Search Term 项，从上至下，权重递减，要将关联性最高的长尾词放在前面。

(7) 关键词之间用空格或者英文逗号隔开，其他符号系统无法识别。

(8) 5 行 Search Term 的内容不能超过 250 个字符。

(9) 少用介词和相关性低的修饰词去占用不相关的流量。

在产品销售中，调研到新且热门的词或者高关联的词一定要及时优化进 Search Term 中。

2.1.4 跟卖

所谓的跟卖，就是不同的卖家使用同一个产品页面的情况。要实现跟卖，就要求跟卖的卖家拥有跟产品界面一模一样的产品，比如颜色、尺寸、大小等。这种跟卖模式是亚马逊所允许的。

1. 跟卖的好处

(1) 快速获取流量。店铺的产品都指向同一个界面，作为一个新介入的卖家，可以获得高曝光和潜在的流量。这就意味着卖家可以和亚马逊之前的资深卖家站在同一条起跑线上。

(2) 成单率高。卖家跟卖的产品一般是比较热门的产品，其所受的关注度肯定很高，面向的国外市场人群基数大，能够让成单的效率更高。

2. 跟卖的风险

(1) 因侵权被举报从而受到处罚。盲目地跟卖产品对于新卖家来说是不允许的，如果卖家跟卖的产品或品牌有授权，且被别的卖家发现或被买家投诉，并确认属于侵权行为，那么是要受到处罚的，要么账户被限制权限，要么被封号。

(2) 被别人恶意跟卖。有些人会故意用一些劣质的产品来恶意跟卖，抢走被跟卖家的订单。

3. 如何避免被跟卖

1) 亚马逊品牌注册

亚马逊品牌注册可以为每一个 ASIN 注册特有编码。如果你是一个产品制造商、自有品牌所有者、自有品牌产品生产者、个人专业定制产品或手工制作产品卖家或独家授权亚马逊经销的品牌，这个时候，品牌保护就十分重要了。通过注册品牌，就可以防止其他人对你的产品 listing 做出任何改变。

2) 将商标、UPC 码添加到产品或包装上

如果你已经建立了自己的品牌形象，创建了一个优质并能带来大量销量的 listing，且希望自己的品牌得到一些保护，那可以考虑对你的产品进行品牌推广了。通过品牌将包装区别开来，他人跟卖你的 listing 就很难了。这时，你可以考虑注册一个商标。因为，注册商标并做品牌备案是从官方渠道上预防和驱赶被跟卖的基本要素。因此，卖家可以让制造商协助你将商标和 UPC 码添加到产品或包装上，方便客户确保收到的是正品。

3）加入亚马逊防跟卖计划

（1）品牌零容忍计划（Amazon Project Zero）。

以下是亚马逊对该计划的解释："在亚马逊机器学习的支持下，自动化保护不断扫描我们的商店，并主动清除可疑的假冒产品。品牌不再需要联系我们来删除假冒产品。相反，他们可以使用我们新的自助服务工具自己完成这些工作。"以下是品牌零容忍计划的三大主要功能：

① 自动保护功能（Automated Protections）。可持续自动扫描亚马逊全球每日更新的 50 多亿个产品信息，以检测涉嫌假冒产品。亚马逊正在利用其机器学习技术，并不断引入新信息，以防止可疑产品在销售前出现。

② 自助服务防伪工具（Self-service Counterfeit Removal）。允许品牌所有者自行删除假冒产品，且无须向亚马逊报告。该工具删除的产品将反映在自动保护功能中，并有助于提高假冒产品的检测精准度。

③ 产品序列化（Product Serialization）。品牌所有者能够在制造和装运其产品的过程中发布唯一的代码（序列号），并能通过代码查询在亚马逊上找到真实产品。这是一项可选服务，可与自动保护功能相结合，能更有效地打击假冒产品。

申请条件：0 元加入；需要做亚马逊品牌备案；拥有自己的商标；提交了关于潜在侵权的报告，在过去的 6 个月里，接收率至少 90%。

虽然卖家可以免费注册 Project Zero 项目，但要使用产品序列化功能是需要付费的，按商品数量计算，每个商品的成本在 0.01 美元至 0.05 美元之间。虽然这看起来并不多，但对于那些拥有大量产品的卖家来说，这也不是一笔小数目。

（2）亚马逊独家销售计划（Amazon Exclusives）。

2015 年，亚马逊推出 Amazon Exclusives 的时候，卖家是可以和亚马逊直接成为合作伙伴的，这些卖家需要为平台提供较有特色的产品，提高亚马逊平台产品的多样化，同时，亚马逊也为卖家提供更多的流量和机会。这就意味着你只能在亚马逊或独立站销售产品，有限的分销范围使得卖家可以迅速发现未经授权的活动，从而 Amazon Exclusives 能更好地保护卖家免受跟卖的侵害。

当然，不是所有卖家都能够加入 Amazon Exclusives，你需要是一个第三方的卖家，并满足一套严格的标准，成为一个记录良好的专业卖家，其中包括：

① 2.5%以下的订单取消率；

② 1%以下的订单缺陷率（Order Defect Rate）；

③ 4%以下的延迟送货率；

④ 有一个信誉良好的专业销售账户；

⑤ 必须拥有当前正在销售的产品的品牌所有权；

⑥ 必须同意使用 FBA 配送 Amazon Exclusives 项目中刊登的产品；

⑦ 使用亚马逊品牌注册项目（Amazon Brand Registry）注册产品。

当获准参加 Amazon Exclusives 项目的卖家账户，5%的额外费用将添加到你的推荐费中，并将适用于你账户中的所有销售。

（3）亚马逊透明计划（Transparency program）。

申请了透明计划之后，产品将会被贴上一个蓝色的二维码标签。消费者在购买"透明产品”的时候只需要使用亚马逊的 Transparency App 扫描产品外包装上的二维码，就能了解到产品制造商、产地、有效期等一系列从生产到销售的整个过程的信息，也能更加确定产品的真实性。制造商上传了多少信息到透明数据库，消费者就能看到多少内容。透明计划在发布之初就广受好评，一直以来受到恶意跟卖者压迫的合规卖家们也总算找到了一件强有力的反抗武器。

总的来说，加入 Transparency program，其作用是向品牌提供主动的防伪保护；使消费者可以验证产品真伪；为消费者提供更详细的商品信息。但该计划仅限于美国站，其次必须是品牌的所有者，最后在亚马逊上品牌备案成功的商标必须是 R 标，满足这三点条件才能够参与。

申请条件：目前参加透明计划是需要收费的，用于购买二维码，单个价格在 0.01 美元至 0.05 美元之间，但是在加入的前 6 个月是完全免费的，6 个月后才开始进行收费。因此，卖家们应尽早做好品牌备案，打起十二分精神与跟卖者斗智斗勇，这样赶走跟卖者也会更轻松一些。

2.1.5 站内 PPC 广告

PPC 指的是亚马逊付费广告，首先需要明确的是 PPC 广告的收费。PPC 广告并不是以卖家产品在搜索页面的展示，或者通过展示达成的购买收费的，而是以消费者在搜索页面看到了卖家产品的展示，并点进产品详情页计算的。

1. PPC 广告的一些关键数据指标

1）广告成本比例(Advertising Cost of Sales)

广告成本比例是指广告费用在销售额中所占的百分比，它用广告总支出除以广告带来的总收益计算。比如，在广告上花费了 4 美元，带来了 20 美元的销售额，那么广告成本比例(Acos)就是 20％。

2）归因销售(Attributed Sales)

归因销售是指在点击广告后的一周内，该次点击带来的总销售额。销售数据在系统里有延时，不过在 48 小时内便会在系统中显示出来。因此，卖家无法查看广告当天的销售数据，就是由于数据延迟，同样，卖家可能也无法看到“昨天”的销售数据。卖家可以在广告效果报告(Campaign Performance Report)中查看产品销售情况。

3）展示次数(Impressions)

展示次数是指广告的展示次数。

4）点击次数(Clicks)

点击次数主要指广告的点击次数。如果有无效点击，亚马逊会在报告中删除这些点击，亚马逊一般会在点击发生的 3 天内对无效点击进行处理。因此，卖家有时会看到过去 3 天的点击次数有所调整。

2. 如何创建 PPC 广告

首先需创建一个广告活动(见图 2－1－7)。

图 2-1-7 创建广告页面

第一次创建亚马逊 PPC 广告时，卖家可同时创建两个广告活动：一个是“Automatic Targeting”（自动投放）广告，由亚马逊决定在哪个搜索词下显示产品广告；另一个是“Manual Targeting”（手动投放）广告，由卖家选择关键词来展示广告。

1）如何创建自动投放广告

自动投放广告非常容易创建，只需输入广告活动的名称、预算和开始日期即可。这种方式的工作原理是，亚马逊将从产品列表中抓取产品的信息并在卖家的预算范围内帮卖家投放广告。亚马逊根据卖家的商品信息，决定关键词、出价和关键词匹配类型（见图 2-1-8）。

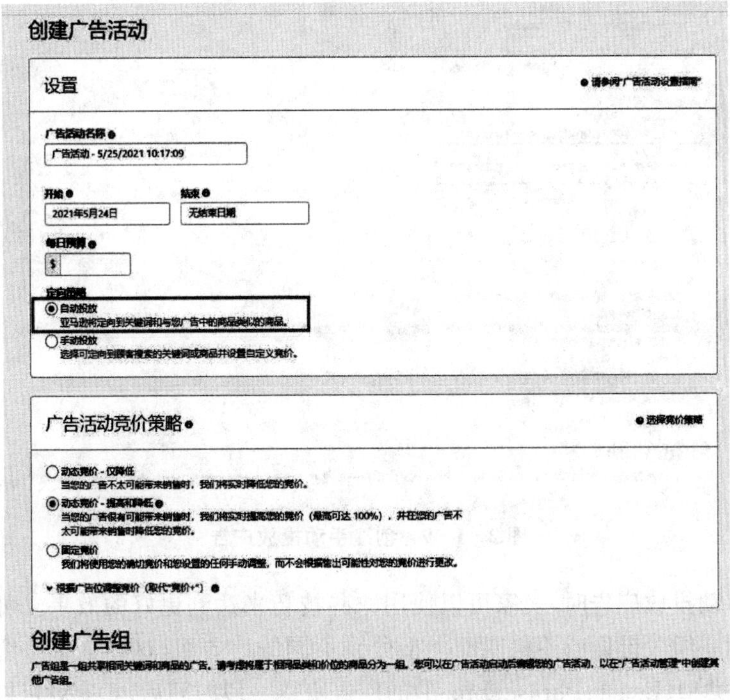

创建广告活动

设置

广告活动名称

广告活动 - 5/25/2021 10:17:09

开始 2021年5月24日

结束 无结束日期

每日预算 $

定向策略

自动投放 亚马逊将定向到关键词和与您广告中的商品类似的商品。

手动投放 选择可定向到顾客搜索的关键词或商品并设置自定义竞价。

广告活动竞价策略

动态竞价 - 仅降低 当您的广告不太可能带来销售时，我们将实时降低您的竞价。

动态竞价 - 提高和降低 当您的广告很有可能带来销售时，我们将实时提高您的竞价（最高可达 100%），并在您的广告不太可能带来销售时降低您的竞价。

固定竞价 我们将使用您的确切竞价和您设置的任何手动调整，而不会根据销售可能性对您的竞价进行更改。

根据广告位调整竞价（取代“竞价+”）

创建广告组

广告组是一组共享相同关键词和商品的广告。请考虑将属于相同品类和价位的商品分为一组。

图 2-1-8 创建自动投放广告

在一开始进行 PPC 广告宣传时，采用自动投放广告是一个不错的策略，做 1～2 周的广告宣传来获得一些数据，卖家就可以了解投放哪些关键词会有好的转化率。掌握这些信息后，卖家可以将它应用到手动投放广告中，这时卖家就可以调低自动投放广告的预算，让它继续运行来收集更多的关键词和否定关键词信息，然后在手动投放广告中不断添加表现好的关键词，在自动投放广告中添加一些否定关键词。

2）如何创建手动投放广告

在手动投放广告中，允许卖家上传自己收集的关键词列表或者通过自动投放广告的搜索词报告找到的关键词。这种方式允许卖家按照自己的计划创建广告活动、广告组和关键词。这类广告的另一个关键点是，卖家还可以使用不同的关键词匹配类型。这样卖家就可以控制关键词和实际搜索词的匹配程度（大致匹配或是严格匹配），即广告的触发条件。

Jungle Scout（一种选品工具）的 Web App 中自带的关键词工具 Keyword Scout 除了可以输入一个关键词，然后查找到更多的关键词之外，还提供关键词在亚马逊平台的搜索量（精确匹配和广泛匹配），以及建议 PPC 广告的出价，这对于设置和管理 PPC 广告活动具有较高的参考价值（见图 2－1－9）。

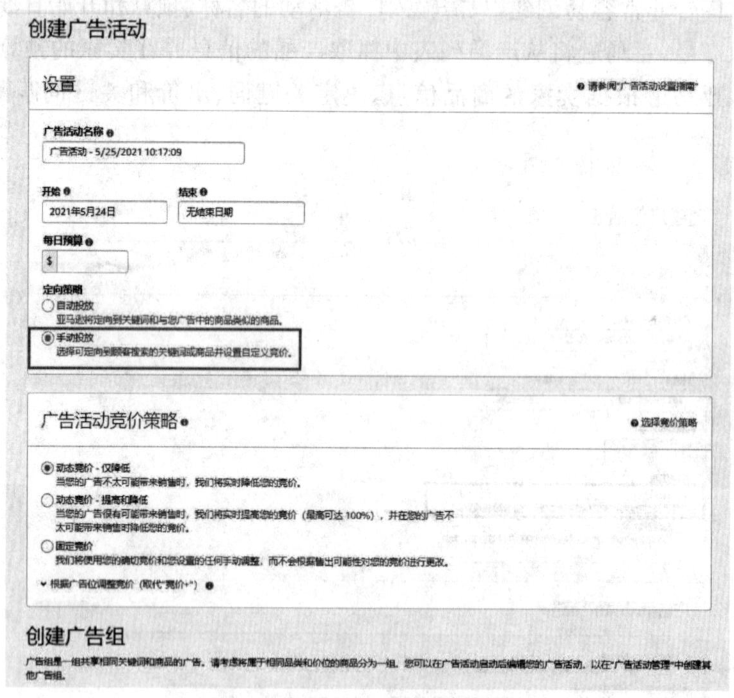

图 2－1－9　创建手动投放广告

在管理手动投放广告时，卖家可以使用一些技巧来达到更好的效果。可以使用的一种策略是把同一组关键词的不同匹配类型分到不同的广告组，这样会给一组关键词创建 3 个不同匹配类型（Exact、Phrase、Broad）的广告组。一段时间后，卖家就可以看到哪些关键词使用哪种匹配类型会有最佳表现，并由此进行优化。

3. 如何优化亚马逊 PPC 广告

一旦卖家收集了大量的数据，就可以进行数据分析，看看什么有效，什么无效，从而最大化广告宣传的效果。亚马逊的广告平台非常简单明了，但这也就意味着相比 Facebook Ads、Google Ads 和 Bing Ads，亚马逊能够提供给卖家的数据有限。以下是做优化所关注的主要领域。

1）通过 Acos 过滤关键词

Acos 是衡量卖家在亚马逊市场广告投入表现的关键指标，它的英文全称是 Advertising Cost of Sale，是亚马逊站内广告的花费和销售收入的比例。在广告投放一周左右的时候，卖家应该对哪些关键词转化为实际销售，以及关键词的 Acos 进行分析。卖家需要浏览这些关键词并且降低或者停止投放 Acos 高于阈值的关键词。低于阈值的关键词可以考虑提高出价，以便这些关键词可以获得更多的展示和流量。

2）按订单数量进行过滤

订单数量这个指标对整体来讲可能最为重要，因为卖家可以知道哪些关键词的转化次数最多，能带来最多的订单。当然，卖家也需要综合考虑关键词的销售成本，不过订单数量通常是卖家关心的第一个指标。

3）按花费过滤关键词

卖家需要按照广告费用对关键词数据进行过滤或排序，以确保广告费用主要花在了那些有效的关键词上。这里需要强调的是，最优的付费广告活动一定是以合理的价格为商家带来高质量的流量。

4）出价

如果一个关键词带来了一定量的订单转化，但 Acos 超过目标阈值，则卖家不需要中止这个关键词，可以通过调整出价来降低 Acos。同理，如果 Acos 大大低于目标阈值，可以考虑提高 Acos 来获得更多的曝光。

5）广泛匹配

这是唯一一个可以广泛匹配（Broad Match）关键词的匹配类型。广泛匹配可以让卖家广泛撒网。例如，如果关键词是“shoes”，当消费者查询相似词语“sneakers”“red shoes”“coolest summer shoes”时，卖家的广告也会显示。如果卖家想更准确地控制流量，过滤掉不相关的搜索，可以使用 Negative Keywords（否定关键词）。

2.1.6　店铺数据

1. 运营数据

1）库存报告

点击库存下的库存报告（见图 2－1－10），在报告类型里可以选择卖家想要的报表，包括在售商品报告、FBA 库存报告、可售商品报告等。这个报表可以帮助卖家透过数据轻松了解自己的国内库存、FBA 库存、在售商品的库存状况，根据库存状况可以及时补发货。其中，“佣金预览报告”也可以下载浏览，这个预估的费用对于进行成本评估以及定价有指导意义。

2）订单报告

点击订单下的订单报告进入订单报告页面（见图 2－1－11）。这些报告包含卖家所收到的(所选天数内)所有自配送订单的订单报告,其中包括卖家已经取消或已经确认为已发货的订单报告。在订单报告页面有手动生成订单报告和自动生成订单报告两种方式。手动生成订单报告包含卖家所收到的(所选天数内)所有自配送订单的订单报告,其中包括那些卖家已经取消或已经确认为已发货的订单报告。通过订单报告可以批量获得买家的联系方式,方便沟通,也方便查询订单详情,可以一目了然地了解自己的订单状况。自动生成订单报表可以设置订单生成的时间周期,因此亚马逊会帮助卖家定期生成报告,卖家就不用手动生成报告了。

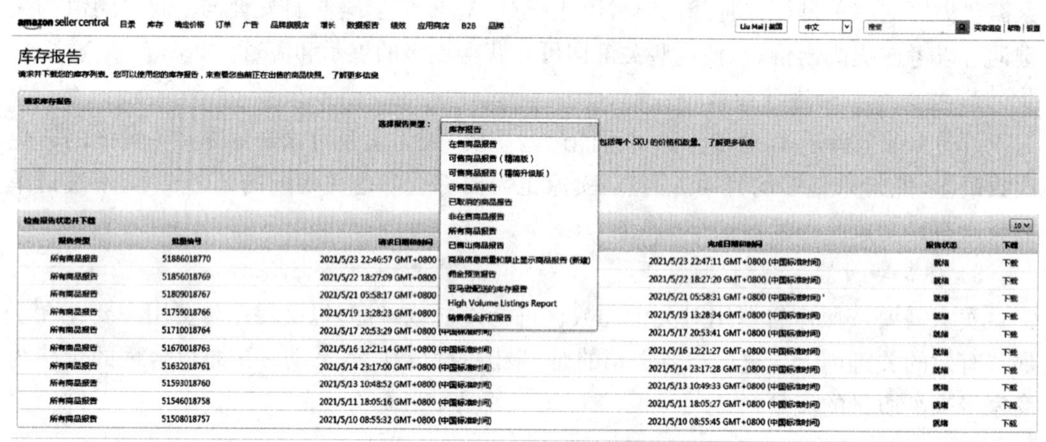

图 2-1-10　库存报告页面

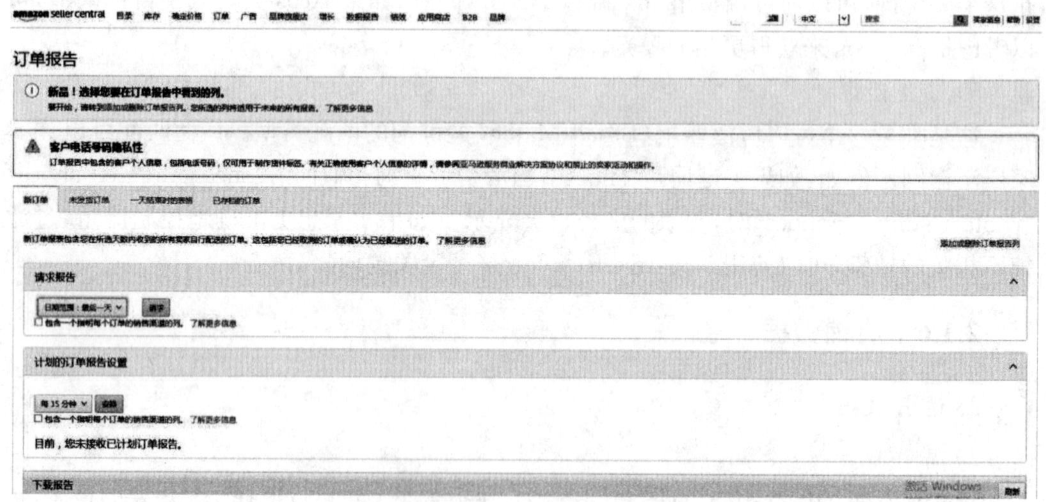

图 2-1-11　订单报告页面

3）业务报告

业务报告是亚马逊自动为卖家进行的一个店铺数据统计,里面包含了卖家的销售量和访问量等各类数据,在业务报告里可以看到有关销售状况的所有数据;亚马逊后台里有报告选项,选择下拉菜单中的业务报告,就可以看到如图 2-1-12 所示的页面。

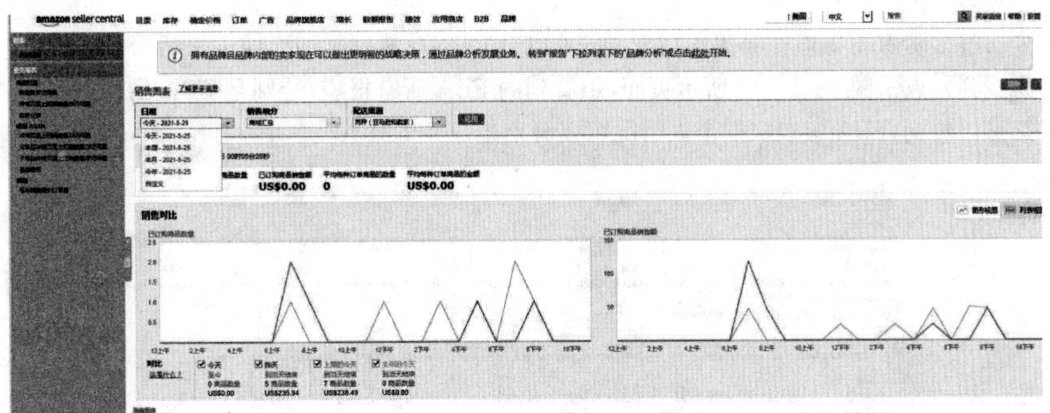

图 2-1-12　业务报告页面

在业务报告中可以查看自己的销售量和访问量,可以是根据日期或者商品来筛选出自己想看到的数据(见图 2-1-13)。

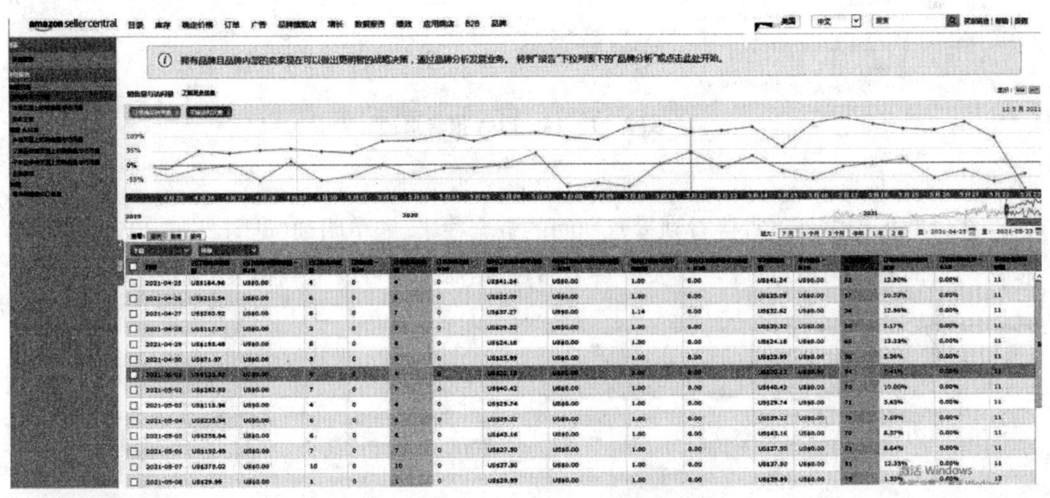

图 2-1-13　销售量与访问量页面

下面介绍几个重要的指标:

(1) 页面流量。它是指所选取的时间范围内销售页面被点击的总浏览流量。如果同一个用户点击了 10 次就算 10 次。

(2) 浏览用户数。它是指 24 小时内曾经在销售页面浏览过的用户数。同一个用户不管点几次还是只算一个用户。浏览用户数是非常值得参考的数据。

(3) 下订单用户百分比。它是指浏览用户数中下订单的用户所占的百分比。

(4) 订单销售总和。它是指订单所定商品的销售总和,计算方式为订单上每个商品的销售价格乘以其销售数量,然后加总。

(5) 退款率。它是指被退款的商品所占比例,是退款数除以商品销售数后得到的百分比,显示商品被要求退款的比率。

(6) 反馈数。它是指所收到的反馈总数,显示出卖家所收到的所有反馈评价。

4) FBA 报告

很多卖家不知道在哪里可以看自己的 FBA 订单(特别是切换成中文后台后,更不容易找到),点击图 2-1-14 所示页面,想看到的 FBA 所有报表,特别是 FBA 的订单报告,都可以看到,FBA 报表根据个人情况可以分别生成并下载。

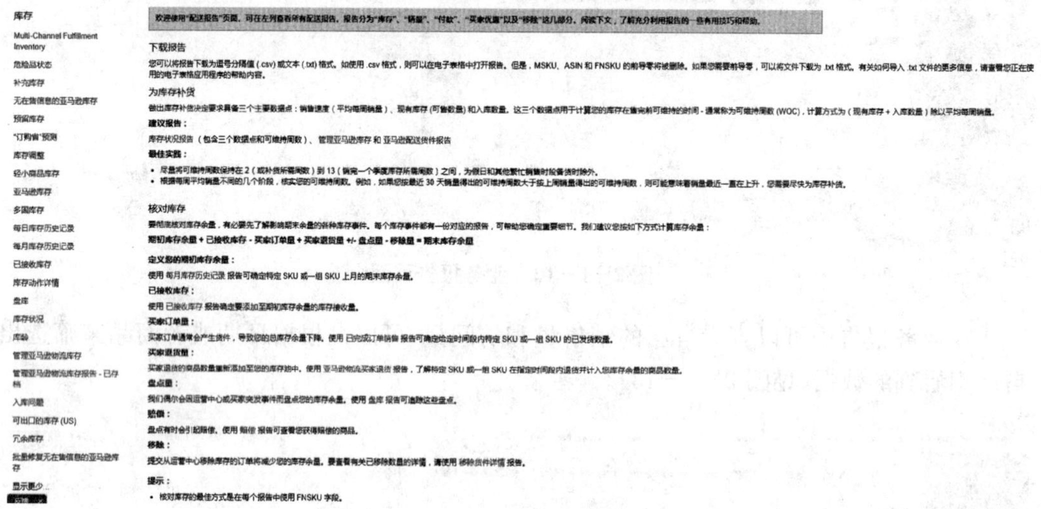

图 2-1-14 FBA 报告页面

5) 付款报告

在付款报告中可以直接看到运营期间的资金往来、账单明细(见图 2-1-15),跟订单报告的页面有点类似,点进去就会一目了然,根据需要也可以下载相关的报告。

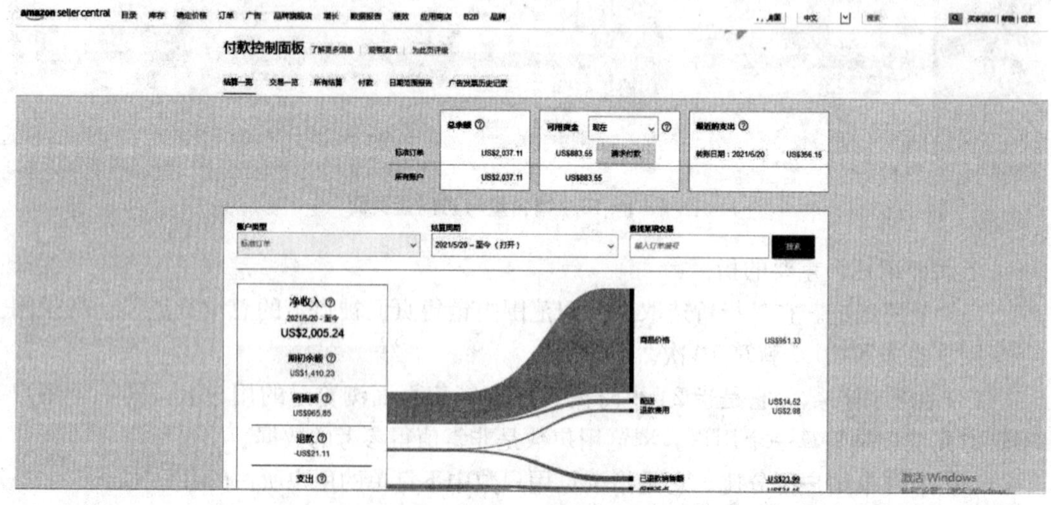

图 2-1-15 付款报告页面

2. 广告数据

亚马逊后台有 5 种广告报表类型,包括按时间查看业绩的报表、按推广的商品查看的报表、按广告位查看的报表、按搜索词查看的报表以及按广告活动查看的报表。每一种报表都有不同的使用场景，卖家可以结合自己的实际情况下载对应的报表，然后再进行数据分析。

(1) 按时间查看的业绩报表。可按年月日查询，显示每一天的点击量、平均每次点击费用、费用总计。它可以分析出卖家产品集中出单时间，并在相应的时间段加强广告投放。卖家可以通过这个报表判断产品在什么时间段出单比较多。“点击”一列可以把每一天的点击量显示出来，通过这些点击量，卖家可以观察和总结出每周日的点击量最多。通过这个数据，卖家可以推理出国外客户喜欢在周日浏览产品，那么卖家就可以锁定周日这个时间，把广告预算和竞价调高。

(2) 推广的商品报表。推广的商品报表可以显示每个单品(SKU，商品的库存量单位)的总点击量、展现量、点击率、总花费以及平均点击价格。通过这个报表，运营人员可以了解每个SKU广告的月度、年度的广告表现和总效果。必要的时候，卖家可以在这个表格的基础上，添加此SKU这个时间段内总的销售额，来综合判断这个SKU搭配广告后是否盈利，确定下一步应该着重去优化哪一些SKU的广告投放。需要做透视表的卖家还可以通过下载已推广的商品数据进行分析。

(3) 广告位报表。广告位报表体现的并不是关键词的展示位置，而是广告活动(Campaign)是否开Bid+的情况。当Bid+是“On”的状态时，广告活动是打开的状态，在此报表的“Placement”一列会展示“Top of Search”，这意味着卖家的广告活动小组达到了Bid+的资格。当Bid+是“Off”的状态时，卖家某个广告活动是关闭的状态，在“Placement”一列也会显示“Top of Search”，这表示卖家已经达到了开Bid+的资格，但没有打开。这种情况卖家需要考虑是否要把Bid+打开，让广告运行起来。当Bid+是“Other”状态时，Bid+这一列对应的位置显示空白，在“Placement”一列显示“Other”，意味着这个广告活动没有开Bid+的资格。所以，卖家需要优化广告活动。

(4) 搜索词报表。搜索词报表是唯一能看到客户搜索关键词(Customer Search Term)的报表，客户搜索关键词是客户通过搜索关键词找到卖家广告从而产生点击的数据。通过自动投放报告，卖家能筛选出客户真正搜索进来的长尾词以及知道哪些词带来转化。

(5) 广告活动报表。广告活动报表主要用于看订单和转化率。它与自动投放广告的差别是没有“Customer Search Term”这一项，自动报告主要用于选词。

2.1.7　账号申诉

1. 账户被封原因

(1) 订单缺陷率。

在所有亚马逊卖家评分中，订单缺陷率(Order Defect Rate，ODR)是维持账号健康最重要的指标。

(2) 延迟到货。

延迟到货(Late Shipment)是指比订单保证的时间晚到货。延迟到货不仅会伤害卖家与客户间的关系，而且会导致卖家被亚马逊停权。

(3) 回复速度慢。

卖家应尽可能迅速回复买家发来的客户投诉——最低要求是 24 小时内必须回复——以保持卖家的账号能正常销售。

(4) 侵权被投诉。

侵权可能是跟卖侵权、图片侵权、商标侵权，总之产品上架前请再三调查是否有侵权的情况发生。

2. 账户申诉步骤

(1) 说明卖家权利被撤销的原因。

通过阅读亚马逊发给卖家的邮件通知可以了解为什么卖家权利被撤销，有可能是卖家账号表现差或卖家违反了亚马逊相关政策(Policies & Agreements)。

(2) 评估卖家销售实操。

回顾卖家客户评价并找出哪一项没有达到卖家账号的表现目标值；评估销售过程中哪些因素导致了消费者的不满，并回顾卖家的产品线是否有违反亚马逊销售政策的商品。

(3) 建立一个行动方案。

建立一个行动方案需要卖家列出具体的步骤，说明将如何解决出现的问题。计划的详细和准确程度将直接影响卖家权利被恢复的可能性。

(4) 将申诉发给亚马逊。

当行动方案设计好之后，卖家将它和申辩说明一起发给亚马逊。首先登录卖家的卖家账户，点击“表现”链接上的“表现提醒”(Performance Notifications)，然后找到关于卖家权利被撤销的通知，并点击“申诉”(Appeal Button)，点击“决定申诉”(Appeal Decision)按钮，再在文件栏里填写卖家的具体行动方案。最后点击“提交申诉”(Submit Appeal)，将申诉发送到“卖家表现”(Seller Performance)。

(5) 等待亚马逊邮件回复。

亚马逊平台在收到卖家行动方案后，将在 48 小时内通过邮件通知卖家他们的决定，亚马逊会仔细审视每一个申诉。但是，提交申诉并不代表卖家能恢复其卖家权利。

2.2 速卖通平台

2.2.1 速卖通平台的市场调研

现阶段速卖通平台关注的重点国家包括俄罗斯、法国、西班牙、波兰和沙特阿拉伯等。俄罗斯比较有潜力的行业包括服装、消费电子、家用电器、美妆、玩具等，都是亿级市场，市场容量预计 2023 年会达到 250 亿美元，增速达 45%。法国目前的体量较大，达到了 458 亿美元，比较有潜力的行业包括服装、消费电子、家具、家电以及美妆护肤，这些年增速都是在10%以上,另外还有宠物周边、DIY制品、配饰等。根据调研,从消费者每年在网购上花费的金额看,法国人的网购消费能力最高。西班牙目前的体量有172亿美元,但增速非常快,2023年预计将达到300亿美元。波兰的增速较快,达到了78%,重点的行业跟上述几国类似,尤其是家具、园艺行业,有2亿美元的规模。沙特阿拉伯,预计到2023年将达到100亿美元规模,增速为10%,潜力比较大。

从海外网购消费者结构和需求来看,在俄罗斯、法国和西班牙,速卖通的海外用户主要是女性,集中在25～54岁;在沙特阿拉伯则主要是男性,集中在18～24岁。海外消费者在选择购物网站时,考虑的核心因素有共通之处,比如便宜、质量好,商品丰富。但也有差异,比如法国人要求物流要快,波兰人重视有吸引力的折扣和快速的物流等。

2.2.2　产品开发

1. 生意参谋—选品专家—热销品

生意参谋是速卖通选品的好助手,它功能强大,可以通过数据分析的形式帮助卖家进行速卖通选品。

操作步骤:打开速卖通后台——生意参谋,选择"选品专家",点击"热销",选择店铺的主营行业,选择国家和时间,分析当前行业哪些品类更有市场优势(见图2-2-1)。

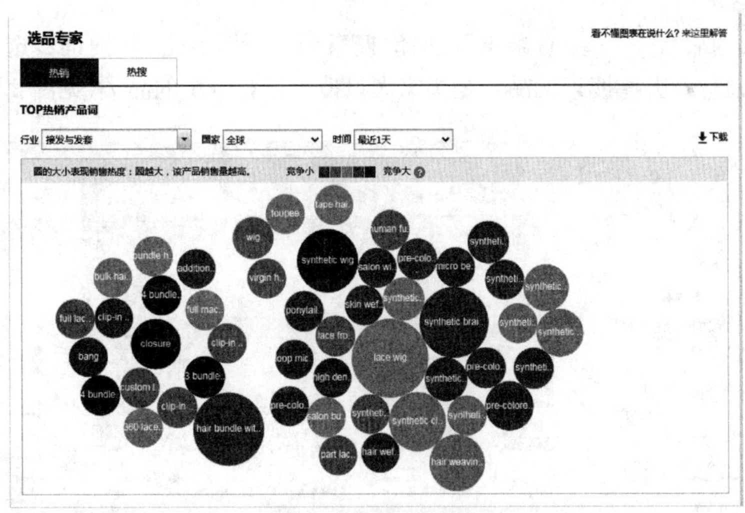

图2-2-1　热销品页面

界面中圈的大小和颜色的含义:圈的大小代表该品类产品的销量,圈越大,代表该品类的销量越大,反之亦然;颜色代表产品的竞争度,越红说明该品类产品市场竞争越激烈,灰色竞争度为居中,越蓝则代表该品类的竞争程度越小。

2. 生意参谋—选品专家—热搜品

热搜品的入口和热销品的入口基本一致,打开速卖通后台——"生意参谋",选择"选品专家",点击"热搜",选择店铺的主营行业,选择国家和时间,即可抓取到热搜词。同热销品的计算一样，将算出的综合指数进行降序排序，排名靠前的这些商品关键词(见图 2-2-2)的品类是卖家要找的产品，这些产品相对来说更具市场优势。

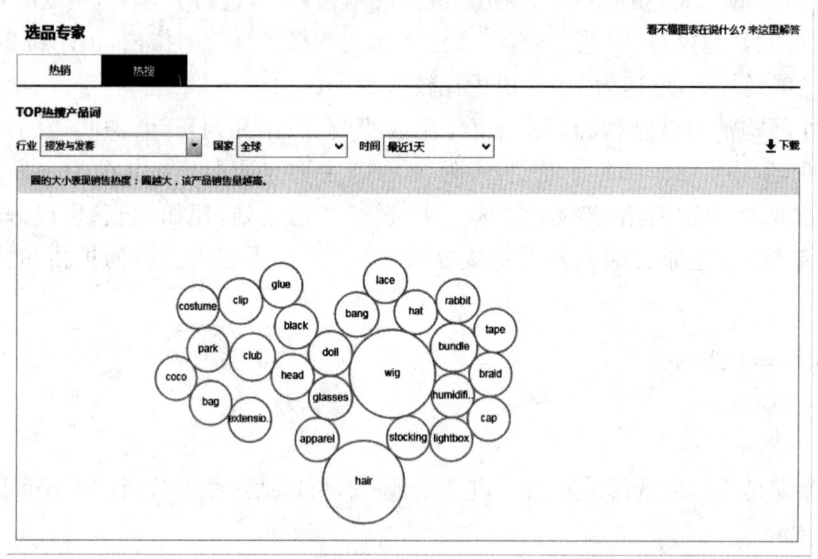

图 2-2-2　热搜品页面

3. 分析搜索词

打开速卖通后台——“生意参谋”，选择“搜索词分析”，点击“热搜词”，选择店铺主营行业，分析当前行业哪些搜索词品类是买家大量搜索且竞争小的品类(见图 2-2-3)。

选词专家

关键词分析

美容健康　全部国家　最近7天　2021-06-17 - 2021-06-23

热搜词　飙升词　零少词

添加到关键词集　翻译为英文　下载

搜索词	翻译词	是否品牌词	搜索人气	搜索指数	点击率	成交转化率	竞争指数	操作
sex toys for wo men	sex toys for wo men	N	101,669.00 较前7日 0.15%↓	766,358.00 较前7日 0.55%↑	29.01% 较前7日 1.26%↓	0.43% 较前7日 0.00%	20.90 较前7日 9.33%↑	查看趋势 查看商品 添加到关键词集
fidget toys	fidget toys	N	100,323.00 较前7日 0.22%↑	538,472.00 较前7日 4.49%↑	24.95% 较前7日 2.69%↓	0.77% 较前7日 2.53%↓	1.24 较前7日 5.37%↑	查看趋势 查看商品 添加到关键词集
sex toys for m en	sex toys for m en	N	83,168.00 较前7日 0.43%↑	534,183.00 较前7日 2.10%↓	32.47% 较前7日 1.61%↓	0.27% 较前7日 10.00%↓	28.19 较前7日 1.13%↑	查看趋势 查看商品 添加到关键词集
сексигрушки	Sex toys	N	60,205.00 较前7日 2.28%↓	519,313.00 较前7日 3.96%↓	31.71% 较前7日 4.83%↑	0.30% 较前7日 3.45%↑	14.57 较前7日 3.14%↓	查看趋势 查看商品 添加到关键词集
dildo	dildo	N	89,439.00 较前7日 1.71%↓	498,655.00 较前7日 1.47%↓	38.06% 较前7日 2.54%↓	0.52% 较前7日 1.89%↓	23.03 较前7日 6.07%↑	查看趋势 查看商品 添加到关键词集
maquiagem	Makeup	N	61,583.00 较前7日 23.46%↓	459,550.00 较前7日 19.81%↓	29.59% 较前7日 0.61%↑	0.09% 较前7日 10.00%↓	7.68 较前7日 33.85%↑	查看趋势 查看商品 添加到关键词集
vibrators	vibrators	N	78,900.00 较前7日 0.32%↑	446,367.00 较前7日 1.70%↓	33.34% 较前7日 1.04%↓	0.64% 较前7日 1.59%↑	21.86 较前7日 2.44%↓	查看趋势 查看商品

图 2-2-3　搜索词分析页面

4. 生意参谋—实时概况—实时商品/商品排行榜

打开“生意参谋”，选择“实时概况”，点击“实时商品”，分析哪些产品浏览量比较高，但是出单比较少(见图 2-2-4)，可以挑选出来打折或者用速卖通直通车推广。

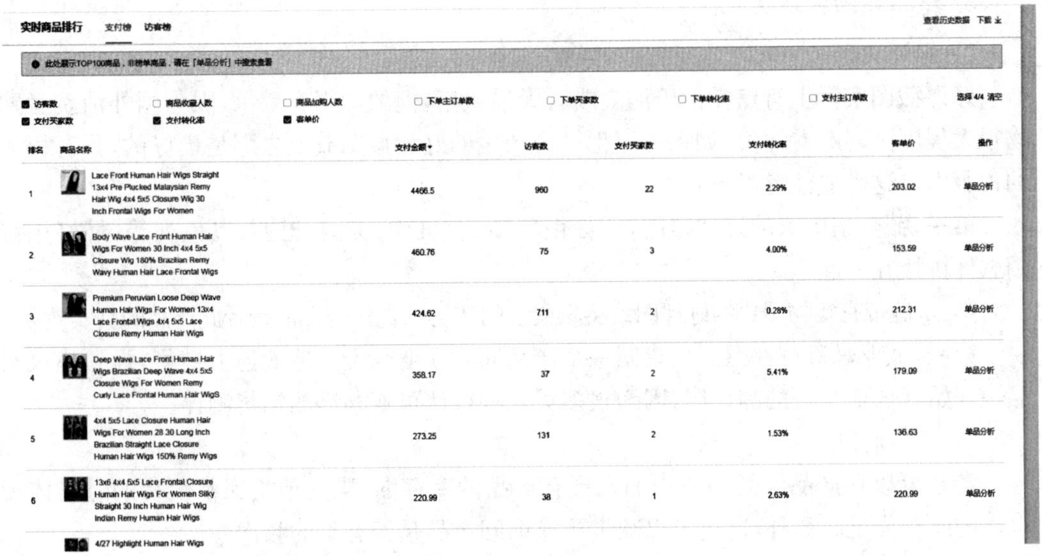

实时商品排行　支付榜　访客榜　　查看历史数据　下载

此处展示TOP100商品，非榜单商品，请在「单品分析」中搜索查看

■ 访客数　□ 商品收藏人数　□ 商品加购人数　□ 下单主订单数　□ 下单买家数　□ 下单转化率　□ 支付主订单数　选择 4/4 清空
■ 支付买家数　■ 支付转化率　■ 客单价

排名	商品名称	支付金额	访客数	支付买家数	支付转化率	客单价	操作
1	Lace Front Human Hair Wigs Straight 13x4 Pre Plucked Malaysian Remy Hair Wig 4x4 5x5 Closure Wig 30 Inch Frontal Wigs For Women	4466.5	960	22	2.29%	203.02	单品分析
2	Body Wave Lace Front Human Hair Wigs For Women 30 Inch 4x4 5x5 Closure Wig 180% Brazilian Remy Wavy Human Hair Lace Frontal Wigs	460.76	75	3	4.00%	153.59	单品分析
3	Premium Peruvian Loose Deep Wave Human Hair Wigs For Women 13x4 Lace Frontal Wigs 4x4 5x5 Lace Closure Remy Human Hair Wigs	424.62	711	2	0.28%	212.31	单品分析
4	Deep Wave Lace Front Human Hair Wigs Brazilian Deep Wave 4x4 5x5 Closure Wigs For Women Remy Curly Lace Frontal Human Hair WigS	358.17	37	2	5.41%	179.09	单品分析
5	4x4 5x5 Lace Closure Human Hair Wigs For Women 28 30 Long Inch Brazilian Straight Lace Closure Human Hair Wigs 150% Remy Wigs	273.25	131	2	1.53%	136.63	单品分析
6	13x6 4x4 5x5 Lace Frontal Closure Human Hair Wigs For Women Silky Straight 30 Inch Human Hair Wig Indian Remy Human Hair Wigs	220.99	38	1	2.63%	220.99	单品分析
	4/27 Highlight Human Hair Wigs						

图 2-2-4　实时商品页面

2.2.3　Listing 优化

1. 标题优化

写一个好的标题需要做到以下三步：首先，卖家要深度了解自己的产品；其次，卖家可以通过分析其他热销的同类产品的标题，抓取到其中的核心关键词和产品特性词。最后，根据本产品和竞争产品的同质化和差异化，保留核心关键词，去除同质化严重的特性词，添加能体现自身产品特色的特性词。

综上所述，可得标题公式如下：品牌词＋属性词＋形容词＋流量词（流量词一般来自平台推荐词、搜索下拉框词、直通车选词工具、产品页底部的关键词等）。需要注意以下几点：

第一，标题字数在 128 个字符以内，尽量保持准确、完整和简洁，尽量使用好这 128 个字符。

第二，标题权重按词的顺序递减，越往后权重越低，因此最核心、最重要的词和客户使用频率最高的词应放在最前面，要兼顾电脑端和移动端。

第三，标题中切记避免关键词堆砌，包括主关键词即可，不要赘述同义词、特性词等。关键词堆砌不能帮助提升排名，反而会被搜索降权处罚。

第四，切记避免虚假描述，系统会监测此类作弊商品，同时虚假描述也会影响卖家商品的转化情况甚至导致买家提起纠纷投诉。

2. 价格优化

一个新的速卖通 Listing 创建的时候，建议用保本的价格去推广（赚一点就可以），因为前期卖家都是在测试自己的产品，所以一开始价格不要设置得很高，要制定合适的价格策略。客户通过比较发现同样的产品，别人家店铺价格更便宜，就很有可能去别的店铺购买。所以要参考市场的平均价格，判断自己的定价是否偏高。

3. 产品详细描述优化

1）好评截图

好评截图实际上有点类似于淘宝或者天猫风格，但的确很有效果，因为国外消费者购物很大程度上喜欢看评价，如果可以把已经产生的好评截图放上去那是最好的，具有极大的说服力。这需要注意以下几点：

第一，截热销国家的好评截图，比如俄罗斯、西班牙、美国、巴西、以色列等，最好用修图软件拼接在一起。

第二，截带有实物图片的好评图。买家展示的实物图直接告诉消费者此产品的真实效果。

第三，截亚马逊测评图。如果同一个产品同时在亚马逊和速卖通上销售，强烈建议新品一开始就放亚马逊的测评图，因为很多买家都很认可亚马逊的销售测评。

2）库存截图

卖家可以在产品详细描述中加入现有产品的库存图，当其他卖家都没货的时候体现自己的库存充足。另外，这也可以减少买家询问产品是否有货的频次。

3）授权截图

速卖通现在的店铺类型有官方店、专卖店和专营店三种。专营店就是代理其他品牌，代理品牌的卖家必须在后台提交品牌授权书。把授权书放上去，可以让买家更加相信卖家。所有这些措施的目的就是提高消费者下单转化率，消除买家的顾虑。

4）YouTube 视频截图

YouTube 站外推广也很重要。现在 Listing 可以上传 YouTube 视频，这是个很不错的功能，卖的好的 Listing 一般都上传视频。

不上传视频也没关系，可以将 YouTube 的截图放在详情描述中，最重要的是一定还要附上视频的链接。最好是把这个链接放在截图上面，另外写上一句引导话：If you need to learn more, try to copy the following link to your browser and open it, Thanks!

4. 主图优化

对优化主图的要求有以下几点：

第一，图片背景简单（自然场景）或使用纯色背景。

第二，图片重点展示商品主体，占据图片 70%以上的空间，不能有水印，禁止拼图或出现多宫格（童装允许有两张拼图，左侧模特图，右侧商品实物图，但不允许三张以上的拼图）。

第三，商品 Logo 统一放在图片左上角，且整店保持统一。

第四，图片上不能出现除 Logo 以外的多余字，禁止出现汉字，且不可添加边框。

第五，图片像素为 800 px×800 px 及以上，横向和纵向比例建议在 1∶1 至 1∶3。

第六，建议主图 5 张以上，至少有 1 张细节图和 1 张实拍图。

5. 自定义属性优化

自定义属性是在必填属性基础上，可选的、补充产品信息的选项，隐性属性埋词的搜索权重对产品影响很大。自定义有 10 排，要充分利用平台有限的资源。

首先，尽量在最开始就把产品基本属性填写完整，比如产品颜色、语言布局、材质等。

其次，多利用 Feature（特征）、Function（功能）、Support（支撑）、Compatible（兼容）、Suitable（适用）、Application（应用）等关键词。再次，自定义属性可以参考产品详情里面的规格或者产品的规格说明书等。如果是消费电子产品，可以用上面列举的一些关键词进行填充。

比如数据线产品发布自定义属性可以填充如下：

Application 1：USB Charger Cable；

Application 2：USB Data Cable；

Application 3：Mobile Phone Cable；

Application 4：for HuaWei，Xiaomi，Apple，Samsung，etc..

比如手机壳产品发布自定义属性可以填充如下：

Compatible Model 1：for iPhone 7 Plus；

Compatible Model 2：for iPhone 8 Plus；

Compatible Model 3：for iPhone XR；

Compatible Model 4：for iPhone Xs Max；

Compatible Model 5：for iPhone 11 Pro.

这些特征词或者功能词都是高流量词，在搜索权重中会占据一定的搜索流量，这就是属性埋词。而且，对于一些品牌词，一定要在前面加 for，以避免侵权。最后，末尾一排强调下库存，用好 Genuine/Original（原装正品）等关键词。

卖家要想提高转化率，获得更多利润，可以尝试从以上几个方面入手，优化好细节，让店铺更上一层楼。

2.2.4　站内营销

1. 速卖通直通车

1）定义

速卖通直通车，是阿里巴巴全球速卖通平台会员通过自主设置多维度关键词，免费展示产品信息，通过大量曝光产品来吸引潜在买家，并按照点击付费的全新网络推广方式。直通车是一种按效果付费的广告，简称 P4P（Pay for Performance）。在速卖通平台，商品是否能展示在搜索页靠前的位置直接影响商品的点击率。直通车就是通过竞价排名让卖家的商品展示在页面靠前的位置，展示不需要付费，当买家点击该商品时卖家需要支付广告费。简单地说，速卖通直通车就是一种快速提升店铺流量的营销工具。

竞价排名是指通过竞争出价的方式获得网站有利的排名位置，达到高曝光量、高流量目的。竞争排名的基本原理是卖家选择一批和产品相关的关键词，并对这些关键词出价，买家搜索该关键词时，出价高的卖家商品即被展现在页面靠前的位置。但是，在基本原理背后，速卖通平台会根据多种因素加权计算排名规则，最终呈现在网页上的结果会和出价的高低有所区别。

2）直通车的优点

对于新品而言，由于没有很好的销售记录，很难有机会被展示在搜索结果页面靠前的位置，通过直通车可以快速获取大量曝光从而增加销售的机会。直通车可以引入精准的流量，产生有效点击才会计费，恶意点击和重复性人工点击会被系统除去。商品卖家可以为每个关键词设置单个点击竞价，也可以针对投放时间、投放区域、每日投放预算进行设置，对于每个直通车广告的投入费用和投放地区可以进行定位。

3）规则

(1) 排名规则。直通车排名规则主要受两大因素影响，分别是推广评分和出价。其中，推广评分在整体排名中起关键作用，主要通过商品信息质量、商品与关键词匹配性、商品评分和店铺评分 4 个因素考量。只有推广评分为优，再加上有竞争力的出价，才能排在首页。如果推广评分为良，即使出价再高也不能排在首页。

(2) 扣费规则。直通车产品的展示曝光不扣费，客户的有效点击才扣费。扣费与卖家推广评分及出价相关，实际扣费不会超过卖家的出价。

(3) 推广方式。目前直通车的推广方式有两种：一种是专门用于打造爆款的重点推广计划（见图 2-2-5），另一种是方便测品的快捷推广计划。这两种方式各有优点，系统可以根据最近的数据向卖家展示近期表现不错的商品。

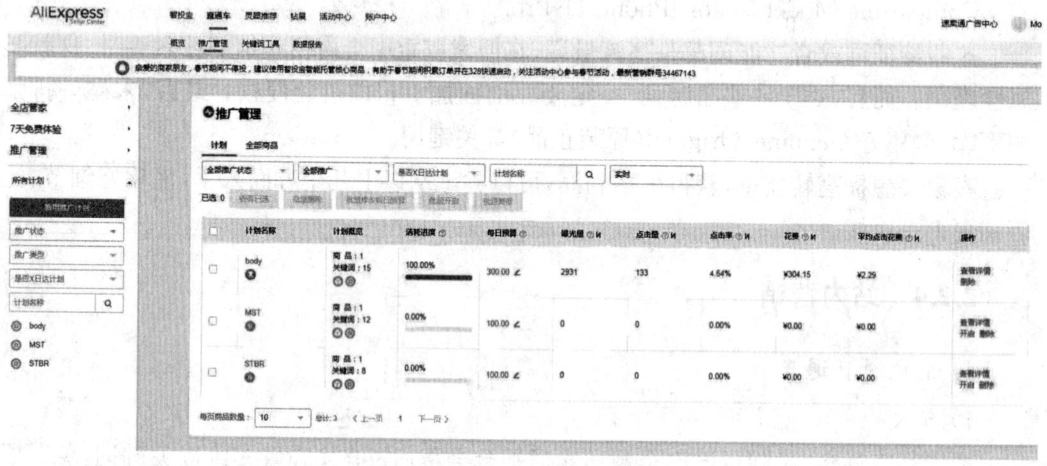

图 2-2-5　推广计划页面

(4) 优化工具。直通车优化工具有选品工具、关键词工具、商品质量诊断和抢位助手，以下主要介绍选品工具和关键词工具。选品工具主要有两个功能：第一个功能是系统会有 3 个推荐理由——热搜、热销和潜力，卖家也可以根据商品分组、发布的账号、数据维度对分析结果进行筛选；第二个功能是通过同类商品热搜度、浏览量、订单量和转化指数等，对商品进行筛选和排序。关键词工具主要有五个功能（见图 2-2-6）：可以用任意关键词搜索出更多的相关关键词；可以针对现有推广计划或者任意行业搜索推荐关键词；系统也会自动推荐一些近期买家的搜索词；可以根据标签筛选被推荐的关键词，如高流量词、高转化词、高订单词、小二推荐词；选好关键词后卖家可以对所选词批量出价。

(5) 直通车首页。图 2-2-7 是正常的直通车账户首页，显示的推广状态为“推广中”，该状态下卖家在前台直通车展示位可以看到推广商品，点击会产生扣费。此外，还可以看到账户余额、今日消耗和账户每日消耗上限。

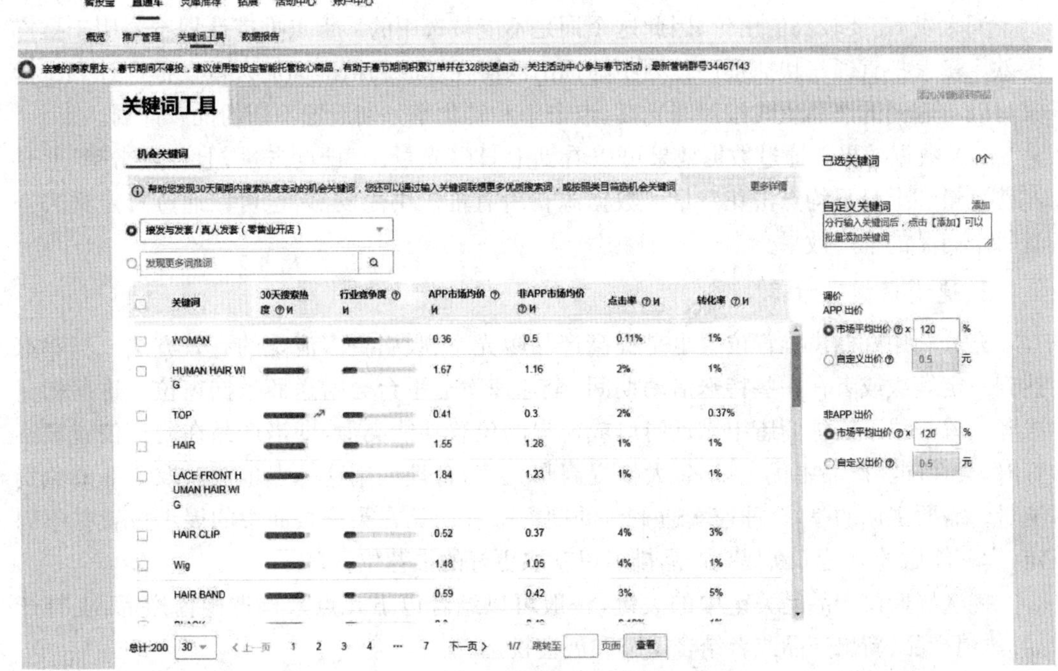

图 2-2-6　关键词工具页面

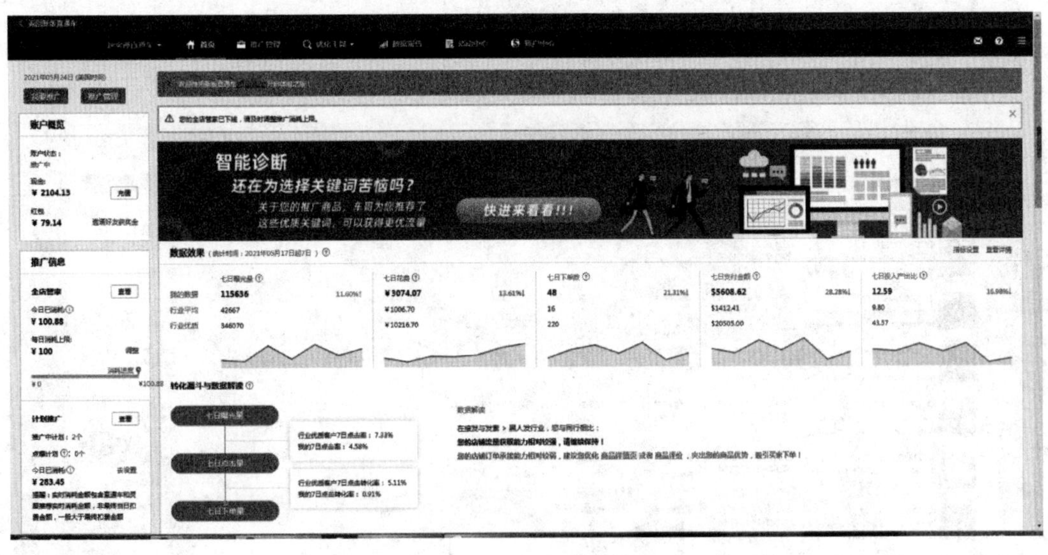

图 2-2-7　直通车首页

(6) 推广管理。快捷推广计划主要在“养品”和“养词”两个维度产生营销效果。养品即卖家把店铺的所有产品加入直通车，找出那些在相同出价下曝光度最大的产品，直通车推广的权重大于限时限量折扣等推广工具的权重。以耳机为例，卖家把 50 个耳机组成一个小组并设置一个养品计划，经过一段时间推广之后，卖家可以根据养品计划的数据找到哪个耳机在出价相同的情况下获得了最大的曝光度。养词是指通过直通车的数据找出精准词，即在出价相同的情况下，哪些词具有更高的曝光率。比如 Men T-shirt 中“T-shirt”这个词太贵，需要较高的出价，因此这个词是不能被选用的。重点推广计划主要用于推广爆款。卖家把直通车快捷推广计划中筛选出的潜在爆品和精准词加入重点推广计划。卖家可以将店铺的产品款式按照曝光高、点击率和转化率分别设置不同的推广计划。

(7) 数据效果。通过数据效果可以看到七日曝光量、七日点击量、七日点击率、七日花费总量和七日平均点击花费量。数据源自所有推广中的商品，也可以通过自定义去查看每个商品的推广效果。

2. 速卖通橱窗推荐

充分利用好橱窗推荐位置也是提高产品曝光率、吸引更多流量的有效方法。当卖家达到一定等级或者在一些特殊活动期间，全球速卖通平台会赠送商家橱窗位。这些橱窗推荐位置与线下实体商店中靠近门口或窗户的位置功能类似，即当产品在橱窗位置被推荐时，会在同类产品中优先排名，大幅提高曝光率，合理利用这一点也能获取不菲的免费流量。需要强调的是，全球速卖通平台的橱窗推荐产品在买家页面中的展示位置并不固定，卖家能做的只是不断提高产品排名以获取更好的推荐位置。

挑选好橱窗产品是关键中的关键，一般可以结合以下几点来挑选橱窗产品：主打产品、热销产品、新出产品或者结合季节和展会挑选。

如何设置橱窗：卖家后台首页→商品→商品管理(见图 2-2-8)→操作→编辑更多→橱窗推荐。

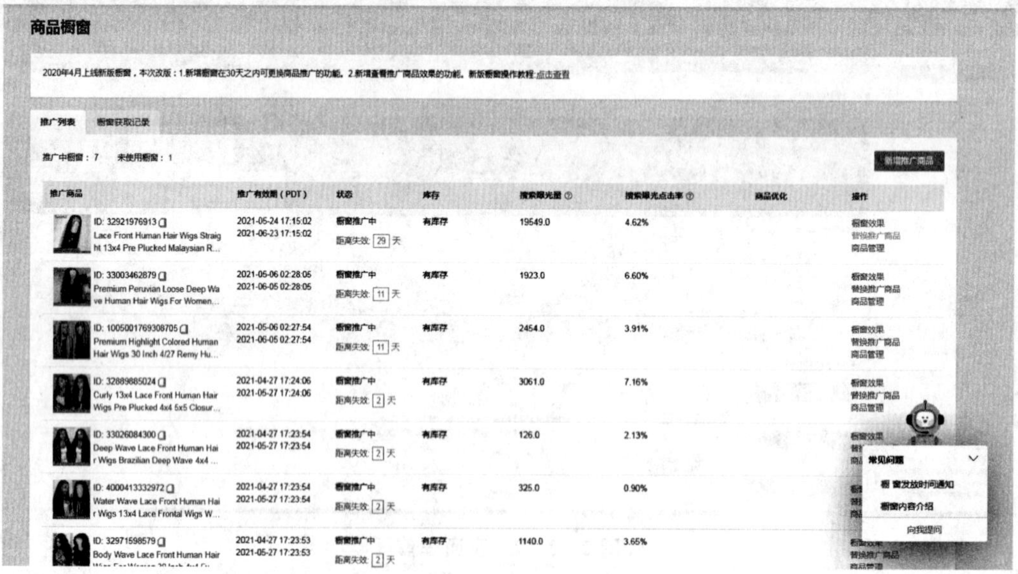

图 2-2-8 橱窗推荐产品页面

3. 平台活动推广

积极参加平台举办的各种活动，当然这里面有免费的活动也有付费的活动，卖家根据自己的情况选择参与，如单品折扣、店铺优惠券、满减活动、搭配活动、互动活动、设置店铺优惠码。

1）单品折扣

限时打折时，首先需要店铺对不同产品每日的流量高峰时段有精准的把握，有针对性地推出产品打折计划，实现较好的促销效果。全球速卖通平台规定每个月可提供 40 次限时打折，店铺应充分利用这一规则，每天都开启产品的新促销活动，同时结束旧的打折活动。

（1）选择自主营销工具。登录“我的速卖通”，进入“营销活动”，选择“店铺活动”—“单品折扣”，开始创建折扣活动，如图 2－2－9 所示。

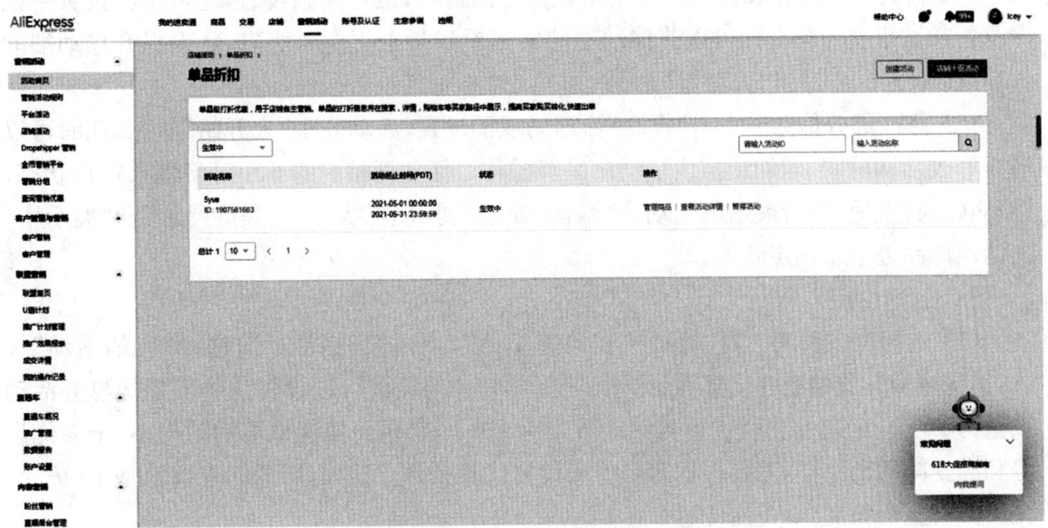

图 2－2－9　店铺活动页面

（2）创建活动。点击“创建活动”按钮进入创建店铺活动页面。如可以给活动取个名字叫“店铺周年庆”，活动开始时间为美国太平洋时间（美国太平洋时间比北京时间慢 15 个小时）。因为打折商品 12 小时后才展示给买家，所以要提前 12 小时创建好活动，如图 2－2－10 所示。

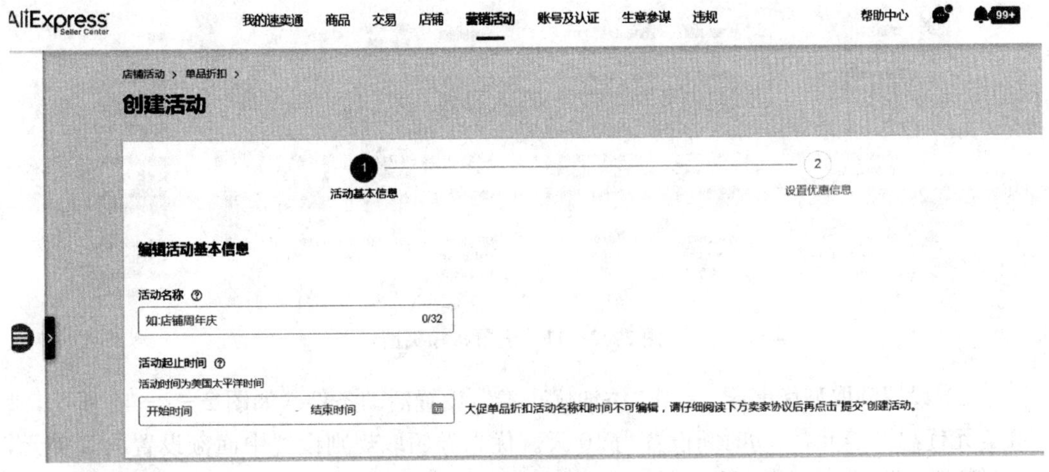

图 2－2－10　创建单品折扣页面

(3) 添加商品。上述活动基本信息填好后，就可以在设置优惠信息里点击“选择商品”按钮，选择参与活动的商品，每个活动最多只能选择 40 个商品，总时长 1 920 个小时。对于需要参与活动的商品，请在商品左边进行勾选，然后点击“确定”。不能同时报名参加和当前活动优先级一致的活动。如果限时限量活动和平台活动优先级一致，则无法同时参加有时间冲突的限时限量活动和平台活动且会在“时间冲突的活动”这一栏中显示有冲突的活动。

(4) 设置活动折扣和数量。可批量设置产品折扣，也可单独设置，还可单独设置手机专享折扣。手机专享折扣可以让移动端的买家看到折上折专享优惠，从而提升移动端的订单量。

(5) 修改部分信息。点击“提交”后即完成了设置，活动处于“未开始”状态，此时可以进行修改活动时间、增加或减少活动商品等操作。活动开始前的 6 小时将进入审核状态，活动状态将变成“等待展示”，活动开始后将处于“展示中”状态。“等待展示”和“展示中”的活动产品处于半锁定状态。

2) 店铺优惠券

(1) 选择自主营销工具。登录“我的速卖通”，点击“营销活动”，选择“店铺活动”—“店铺优惠券”，开始创建优惠券(见图 2-2-11)。每个月可以设置的领取型优惠券活动数量为 10 个，定向发放型优惠券活动数量为 20 个，金币兑换优惠券活动为 10 个。优惠券和满立减活动一样，需要根据客单价来设置优惠条件。比如，店铺的客单价是 10 美元，就可以设置购物满 30 美元优惠 2 美元。

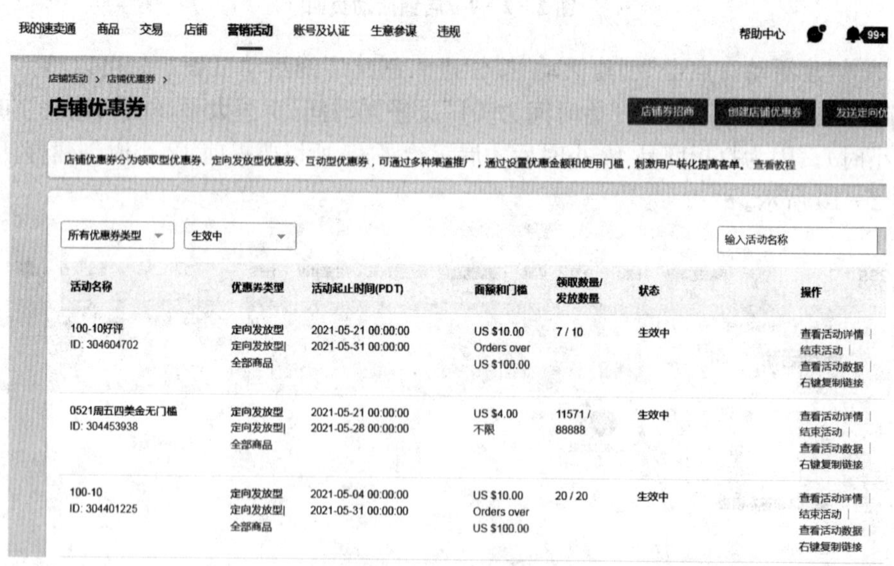

图 2-2-11　设置折扣页面

(2) 设置领取型优惠券。点击“添加优惠券”，设置活动条件。如图 2-2-12 所示，满 30 美元优惠 2 美元，活动时间设置为 10 天。优惠券领取规则设置中面额设置为 2 美元，每人限领 1 张，发放总数量设置为 100 张。有效期设置为从领取优惠券开始的 7 天，太短买家来不及使用，太长买家没有紧迫感，容易忘记。填写完整，并检查无误后点击“提交”。

优惠券设置后在活动未开始之前都可以修改。

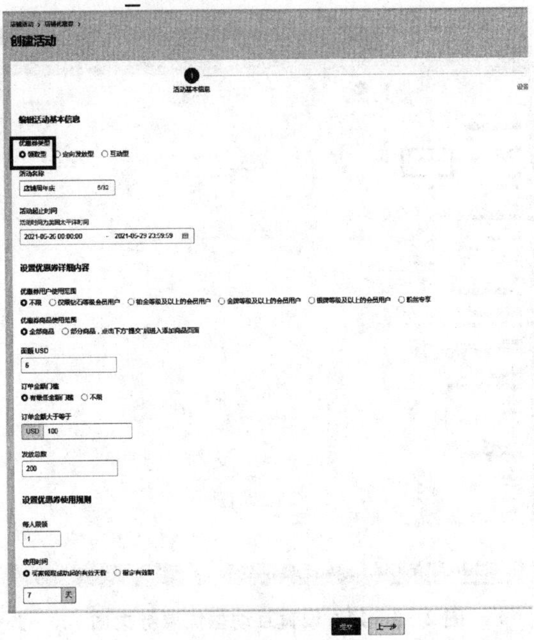

图 2-2-12　设置领取型优惠券页面

(3) 设置定向发放型优惠券。卖家还可以添加定向发放型优惠券。点击"定向发放型"优惠券,如图 2-2-13 所示。发放方式可以选择客户线上发放和二维码发放,线上发放的各项内容设置和前文介绍的领取型优惠券一样,填写完后点击"提交"即可。

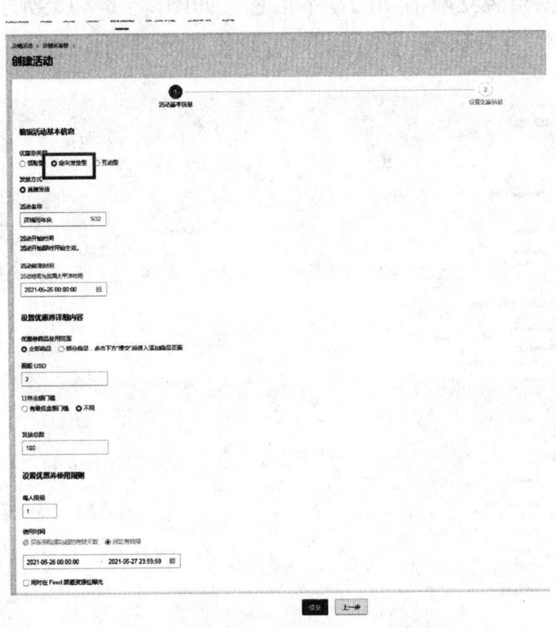

图 2-2-13　设置定向发放型优惠券页面

(4) 设置互动型优惠券。点击"互动型"优惠券(见图 2-2-14),可以通过金币兑换、秒抢和聚人气活动来领取优惠券。

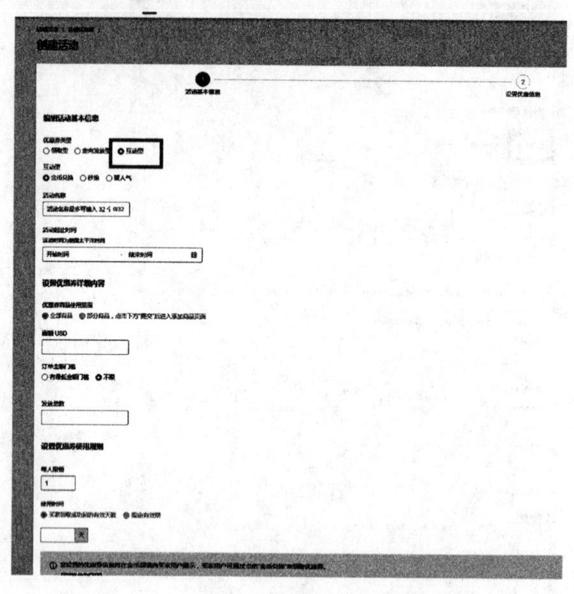

图 2-2-14 设置互动型优惠券页面

3）店铺满减

（1）选择自主营销工具。登录“我的速卖通”，点击“营销活动”，选择“店铺活动”—“满减活动”。店铺满立减活动每个月数量为 10 个，总时长为 720 个小时，活动资源很少，应该充分利用。

（2）创建活动。填写满立减活动的基本信息。如图 2-2-15 所示，在“活动名称”一栏内填写对应的活动名称，在“活动起止时间”内分别设置活动对应的开始时间及结束时间。

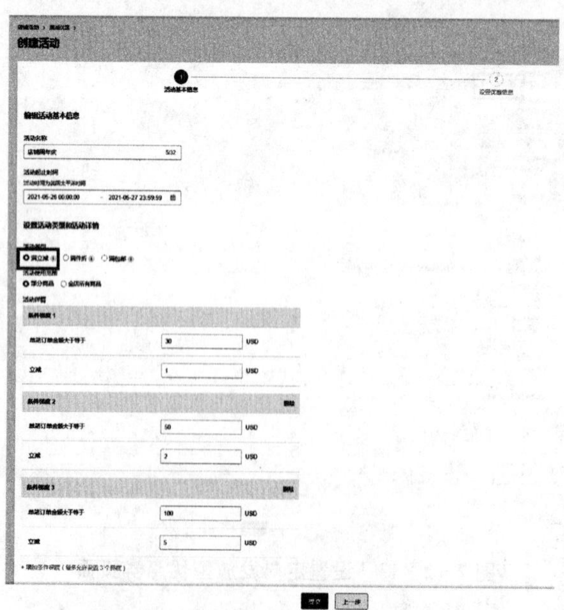

图 2-2-15 创建满立减活动页面

(3) 设置类型。选择“满立减”(见图 2 - 2 - 15),即为部分商品设置满立减活动。订单金额包含商品价格(不包含运费),限时折扣商品按折后价参与。

(4) 选择商品。针对商品满立减活动,需要添加商品,每次活动最多可以选择 200 种商品。目前可以支持通过产品名称、产品分组、产品负责人、到期时间搜索对应的产品;选择产品后,产品数会在选择栏的右下角进行展示。

(5) 设置满减条件。目前的满减条件支持类型包括单层级满减和多梯度满减。在设置满减条件时,卖家首先要知道自己店铺的客单价是多少,不要盲目设置。一般而言,可以在客单价的基础上提升 3～5 倍,优惠 10%～20%比较容易吸引买家。单层级满减指的是同一优惠比例的满减活动,可以支持优惠可累加功能。选择单层级满减,需要设置单笔订单金额条件以及立减条件,该类型的满减可以支持优惠可累加功能(当促销规则为满 100 减 10 时,则满 200 减 20,依此类推,上不封顶)。多梯度满减指的是不同优惠比例的阶段性满减活动。设置时需要满足以下 2 个要求:一是后一梯度的订单金额必须大于前一梯度的订单金额;二是后一梯度的优惠力度必须大于前一梯度。选择“多梯度满减”,需要至少设置 2 梯度的满立减优惠条件,最多可以设置 3 梯度的满立减优惠条件。例如,满减梯度一设置为满 100 美元立减 10 美元(即 9 折),则满减梯度二设置的单笔订单金额必须大于 100 美元,假设设置为 200 美元时,则设置对应的立减金额必须大于等于 21 美元(即最大为 8.95 折),最后确认点击“提交”按钮。

4) *搭配活动*

选择“店铺活动”—“搭配活动”,开始创建搭配套餐(见图 2 - 2 - 16),选择主商品和搭配商品。在进行商品搭配之前要先观察商品销量,搭配商品的最终目的是销售;搭配的商品要注意折扣力度。

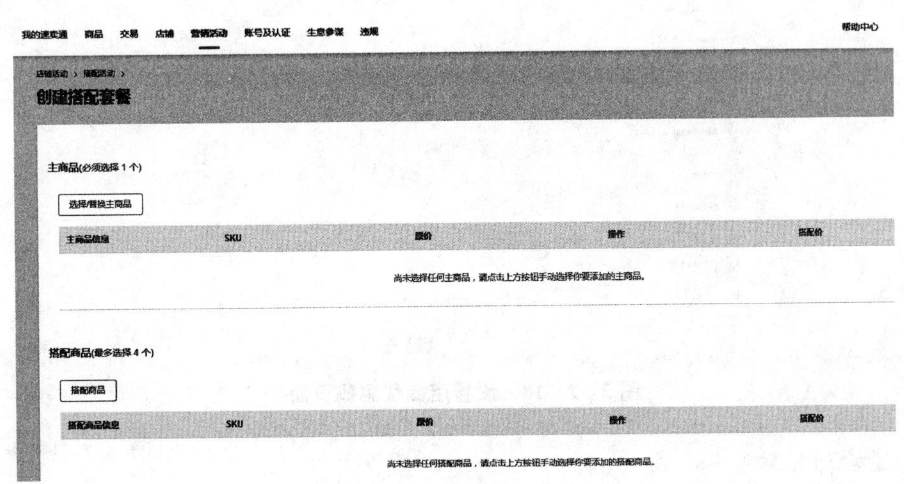

图 2 - 2 - 16　创建搭配活动页面

5) *互动活动*

选择“店铺活动”—“互动活动”,开始创建店铺互动活动(见图 2 - 2 - 17)。

设置步骤:第一步,创建活动;第二步,设置活动条件(互动背景图的尺寸是 130 px×130 px,具体以系统内为准);第三步,设置奖品,提交确认。

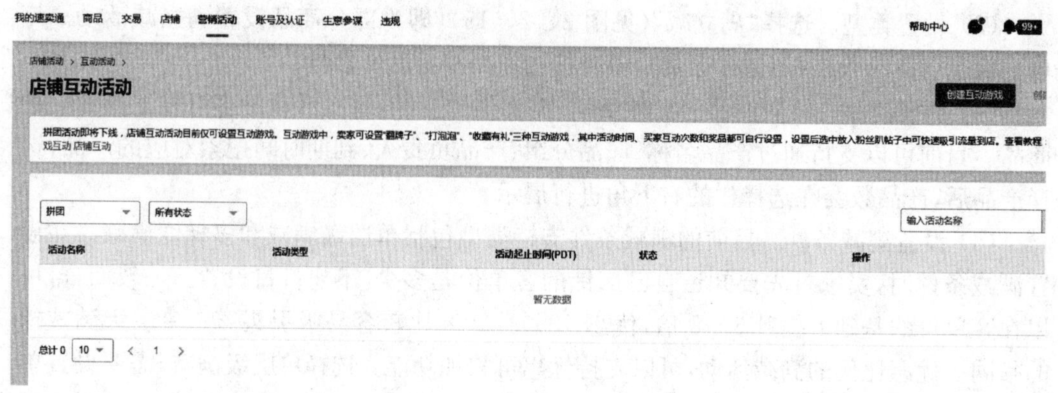

图 2-2-17　创建互动活动页面

6）设置店铺优惠码

选择“店铺活动”—“设置店铺优惠码”(见图 2-2-18),开始创建优惠码活动。设置店铺优惠码,优惠内容可选“满立减”和“满立折”。

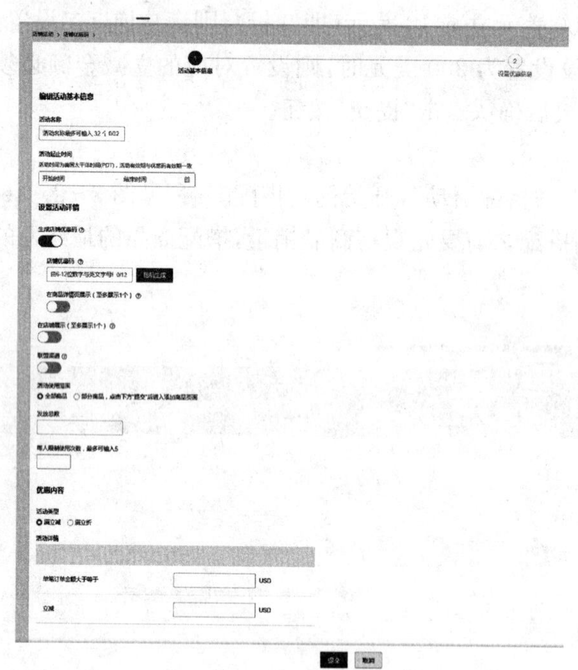

图 2-2-18　设置店铺优惠码页面

4. 速卖通贷款

进入“我的速卖通”首页—“快速入口”—“速卖通贷款”,查看可贷额度。可贷额度是卖家可以申请的最高贷款额度,卖家可以根据实际资金需求,在该额度下分笔多次申请支用,但累计不得超出该最高贷款额度。在查看到可贷额度后,点击“立即支用”;填写申请贷款额度;填写个人信息资料(第一次申请时需要将所有信息填写完成,个人信息页面具有自动保存功能,再次申贷时无须重新填写);在线签署合同;放款成功。此类贷款为信用贷款，无抵押无担保，利率直降，长期有效。

2.2.5　物流标准

1. AliExpress 无忧物流

为确保卖家可以放心地在速卖通平台上经营，帮助卖家降低物流不可控因素的影响，阿里巴巴集团旗下全球速卖通及菜鸟网络联合推出官方物流服务。为速卖通卖家提供包括稳定的国内揽收、国际配送、物流详情追踪、物流纠纷处理、售后赔付在内的一站式物流解决方案。

2. 优势

第一，渠道稳定，时效快。菜鸟网络与优质物流服务商合作，搭建覆盖全球的物流配送网络；业内领先的智能分单系统，根据目的国(地区)、品类、质量自动匹配最优物流方案。

第二，运费优惠。重点国家(地区)运费约为市场价的 8～9 折，使用支付宝在线支付运费。

第三，操作简单。一键选择"无忧物流"即可完成运费模板设置，出单后发货到国内仓库即可，深圳、广州、义乌等重点城市免费上门揽件。

第四，平台承担售后服务。物流纠纷无须卖家响应，直接由平台介入核实物流状态并判责，因物流原因导致的纠纷，由平台承担赔付，标准物流赔付上限 800 元人民币，优先物流赔付上限 1 200 元人民币。同时，因物流原因导致的纠纷、DSR(卖家服务评级)低分不计入卖家账号考核。

3. 物流形式

AliExpress 无忧物流—简易(AliExpress Saver Shipping)是专门针对速卖通卖家重量在俄罗斯、乌克兰小于 2 000 g，在西班牙小于 500 g，在白俄罗斯小于 2 000 g，在智利小于 2 000 g，订单成交金额≤5 美元(西班牙≤10 美元)的小包货物推出的简易挂号类物流服务。

AliExpress 无忧物流—标准(AliExpress Standard Shipping)和 AliExpress 无忧物流—优先(AliExpress Premium Shipping)是菜鸟网络推出的优质物流服务，为速卖通卖家提供国内揽收、国际配送、物流详情追踪、物流纠纷处理、售后赔付一站式的物流解决方案。

以上三种物流形式的区别如表 2-2-1 所示。

表 2-2-1　三种物流形式的区别

方　案	无忧物流—简易	无忧物流—标准	无忧物流—优先
预估时效	15～20 天	核心国家 15～35 天	核心国家 4～10 天
物流信息	可查询包含买家签收在内的关键环节物流追踪信息	全程可跟踪(部分特殊国家除外)	全程可跟踪
赔付上限	物流原因导致的纠纷退款由平台承担，上限为 35 元人民币	物流原因导致的纠纷退款由平台承担，上限为 800 元人民币	物流原因导致的纠纷退款由平台承担，上限为 1 200 元人民币
品类限制	支持寄送普通货物，不支持带电、纯电产品及化妆品	寄送普通货物、带电产品、非液体化妆品，不支持纯电产品、液体粉末	支持寄送普通货物，不支持带电、纯电产品及化妆品

2.3 阿里巴巴国际站平台

2.3.1 阿里巴巴国际站平台的市场调研

美国是以高技术产品生产为主的国家，通过20世纪90年代的产业结构调整，美国的传统产业一般都转移到了海外，国内集中发展高新技术产业。因此，美国对国外的传统工业产品依赖性越来越高，特别是劳动密集型的消费品，如服装、鞋类、小家电等日用消费品的供应越来越依赖进口。与此同时，美国拥有一大批著名品牌，出口产品科技含量较高，大多数属于高端产品，在国际上具有很强的竞争力。美国还有一大批综合实力强、经营管理水平高、能够深度参与国际竞争与合作的企业。美国市场存在庞大消费需求，2020年一季度美国GDP增长0.4%，和去年同期的GDP相比，增长了不足1%，同时，一季度美国GDP总量为5.36万亿美元，仍然是全球最大的经济体。作为世界上最开放的市场之一，美国市场竞争比较激烈，市场需求日益多样化，市场容量大。2019年3月6日，阿里巴巴国际站宣布，与办公服务公司Office Depot达成战略合作。双方将联手推动北美1 000万家中小企业实现全球买、全球卖、全球运。阿里的全球物流网络未来将与Office Depot的B2B供应链深度协同，提供本地仓配能力，全美99%的地区可以实现“次日达”。

英国已经建立了良好的电子商务生态系统，并且一直以来都有进行跨境贸易的传统，以满足国民对其他国外市场高质量、低成本商品的需求。

2.3.2 产品开发

1. 定义与要求

产品开发是根据各种信息和经验综合做决策的一个过程。产品开发有以下两个层面的含义：一是针对目标市场需求，将现有产品进行组合，开发出符合跨境电子商务平台销售的系列产品，包括提供售前、售中和售后服务；二是按照目标市场的个性化需求，开发符合跨境电子商务平台销售的订单型产品，包括提供售前、售中和售后服务。其中，对市场需求进行宏观分析，确定目标客户群体是关键，然后根据目标客户需要进行产品开发，这是跨境电子商务产品开发的前提。

产品开发必须制定出一个完整、周密、清晰的实施方案，将与产品开发相关的各种要素都考虑到，包括产品设计、产品制造、产品质量、产品价格、产品成本、利润率、所需各类资源、资金准备、开发团队、销售团队、营销策略等，然后才可以进入产品开发实施阶段。

2. 常见产品模式

1）公模类产品

公模是在市场上比较容易找到供应商工厂的产品，所有人都可以开模。能成为公模的产品，都是经过市场验证过的好产品。很多时候，可以在Amazon上或者1688上或者京东、淘宝、天猫上，看到很多产品除了 Logo 不一样，其他基本没有太大区别。适合做公模的产品有家庭、工作和户外的常用品，比如音响、电源、耳机等。

2）私模类产品

私模在市场上只有一家供应商工厂，这类产品不好找，模具也不好复制，但只要能找到，基本供应商都会愿意代工生产，或进行原始设计制造。这一类产品，大多还没有经历过市场考验，因此风险与公模类产品相比会更高，但利润也会更高，需要运营者对市场的把控十分精准，对供应的掌握驾轻就熟，以及对产品进行充分的调研测试和工厂检验，再决定是否要做这款私模。适合做私模的条件是：对要做的私模产品市场很熟悉，对供应市场很了解，公司有一定量的资金。适合做私模的产品包括家庭、工作和户外的常用品，以及市场较大、生命周期较长的产品。

3）专利类产品

开发专利类产品，需要对供应商工厂非常了解，起初可以寻找自己开发专利产品的工厂合作，代销专利产品。能做申请专利产品的工厂，实力基本都不错。因此，更需要对供应市场非常了解，这需要一定的时间积累。

3. 基本方法

1）用关键词寻找产品机会

之前卖家都是用阿里指数进行选品，但是在 2020 年阿里指数已经下架，卖家都转而使用阿里指数的替换工具——生意参谋（见图 2-3-1），也能帮助卖家迅速找到高效的关键词。

图 2-3-1　寻找关键词

2）根据在线消费者趋势网站寻找产品

寻找产品的另一种有效方式是查看一些顶级消费者产品趋势网站。以一个很受欢迎的在线趋势网站——Google Trends 为例（见图 2-3-2）。其网址为 https://trends.google.com/trends/? geo=US。

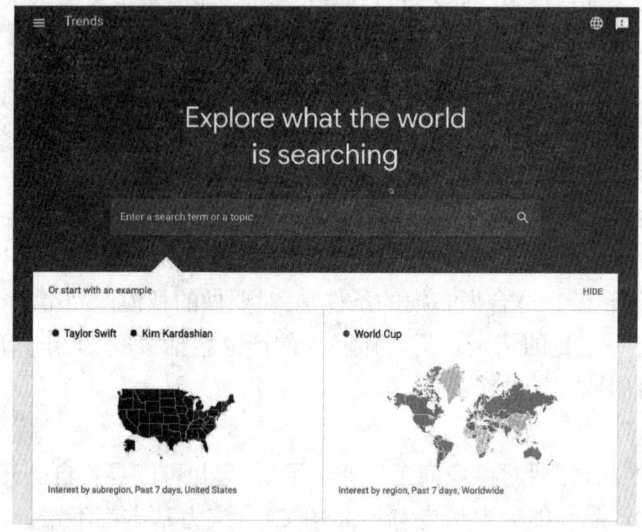

图 2-3-2 Google Trends 主页

Google Trends 可以了解世界各地的用户在搜索什么，主要通过以下几种途径得知，分别为：一是利用 Google 数据得知最新报道并进行相关数据分析，得出近期产品的风向标；二是根据近期热搜字词，随时掌握最新的热搜产品；三是根据年度热搜榜，按年度查看 Google 上的热搜内容，进而得出世界各地的偏好变化。

2.3.3 Listing 优化

1. 产品标题优化

1）标题要求

产品标题是让客户找到商品的关键，阿里巴巴国际站的标题有以下要求：

(1) 产品标题要尽量详细。

(2) 产品标题中要出现想要排名的主关键词和长尾关键词，主关键词前加一些词对其进行描述，主关键词后放一些长尾关键词对产品进行描述。

(3) 标题格式为修饰词(营销词/属性词等)+产品中心词+应用场景(见图 2-3-3)。

(4) 标题长度小于 50 个字符。

2）标题雷区

(1) 标题无明确商品名称。

(2) 标题带有联系方式。

(3) 标题商品名堆砌。

(4) 标题描述堆砌。

(5) 标题商品名与商品图片不符。

(6) 标题描述与详细描述中的买卖意向不符。

例如，MobilePhone。该关键词排名第一的产品标题为："New Ulefone Power 64 GFDD-LTE Smartphone6.3" Dual Sim MobilePhone MTK6765v Octa Core Fingerprint

ID 4 GBRAM(见图 2-3-4)。

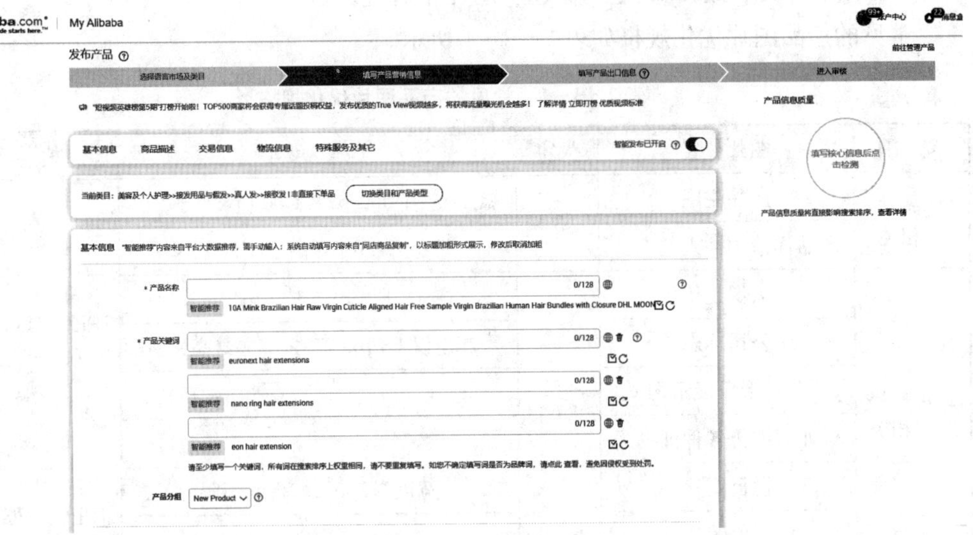

图 2-3-3　填写商品基本信息

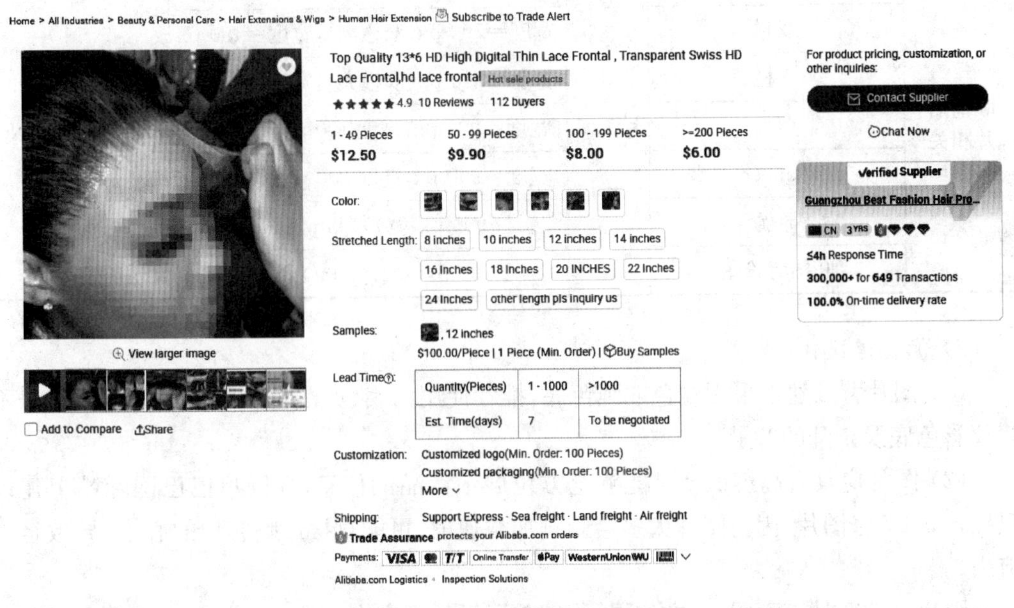

图 2-3-4　产品标题示例

2. 产品图片优化

产品图片是对文字描述的补充，使用图片可直观地展示卖家的产品，让买家在浏览产品时获得更多的产品细节特征，丰富的高品质图片会在很大程度上影响买家转化。

1) 基础要求

(1) 上传的图片大小不应超过 3 M，格式为 JPEG、JPG、PNG 三种。

(2) 图片最好为正方形，比例在 1∶1～1∶1.3 或 1.3∶1～1∶1。

(3) 图片像素(px)应大于 350 px×350 px,尺寸比例建议 640 px×640 px 以上。

(4) 保证图文一致,即关键词标题与图片相对应。

常见的产品图片优化规格如表 2-3-1 所示。

表 2-3-1 常见的产品图片优化规格

范围	图片位置	大小	像素/尺寸	格式
产品发布相关	产品主图	≤3 M	1 000 px×1 000 px	JPEG/JPG/PNG
	产品详情中插入的图片		宽度≤750 px,高度≤800 px	
公司账户图片相关	头像上传	≤200 k	120 px×120 px	
	公司标志		建议 68 px(宽)×50 px(高)	
	公司形象展示图		建议 220 px(宽)×220 px(高)	
	如何上传各种证书		/	
	栏目图片		宽度≥500 px,高度不限	JPEG/JPG/GIF
	报价图片		/	
旺铺图片相关	通栏	≤2 M	宽度=990 px,高度不限	JPEG/JPG/PNG
	双栏		宽度=790 px(双栏大),宽度=190 px	
	三栏		宽度=790 px(双栏大),宽度=190 px	
	招牌		宽度=990 px,高度 100 px 或 200 px	
	Banner		宽度=990 px,高度 200 px 或 250 px	
	导航		990 px(宽)×33 px(高)	
	旺铺背景图		2 200 px(宽)×3 000 px(高)	

2) 优化建议

(1) 图片背景建议采用浅色或纯色底,推荐使用白底(如浅色产品可用深色背景),不建议彩色底及杂乱的背景。

(2) 图片应具有高辨识度且能够全方位展示商品的信息,在阿里巴巴国际站上建议只插入 5~7 张图片,因为图片太多会影响加载速度,可能直接影响客户的心情,导致客户流失。

图片可按产品正面图、多方位展示、细节展示的顺序来摆放。

3) 常见错误

(1) 图片不清晰。

(2) 图片产品主体不突出。

(3) 图片与产品不符。

3. 产品主要功能、特征优化

产品主要功能、特征说明和产品图片相结合,可让客户进一步了解产品。一个产品的主要功能、特征优化必须做到以下几点:一是精准的参数描述,比如说一个保温杯能够保温多久，这个问题其实外国消费者非常严谨，不是你说 6 小时以上他们就能接受的，他需要知道是 6.5 小时还是 8 小时；二是产品的优势是什么，好处是什么，即卖家的产品能给客户带来什么；三是根据消费者的痛点说明该产品产生的效果；四是说明产品可能会出现的缺陷或者不足，或者在有些场景中可能不大适用，比如天气原因，要讲清楚，有利于消费者选择，也有利于减少差评；五是详细说明保修和售后服务，无论是什么产品都最好注明可以退换。

4. 产品描述优化

通过撰写文案，让客户产生舍你其谁或非它不可的感觉。阿里巴巴国际站产品描述详情包含基础信息、交易信息、物流信息等(见图 2-3-5)。

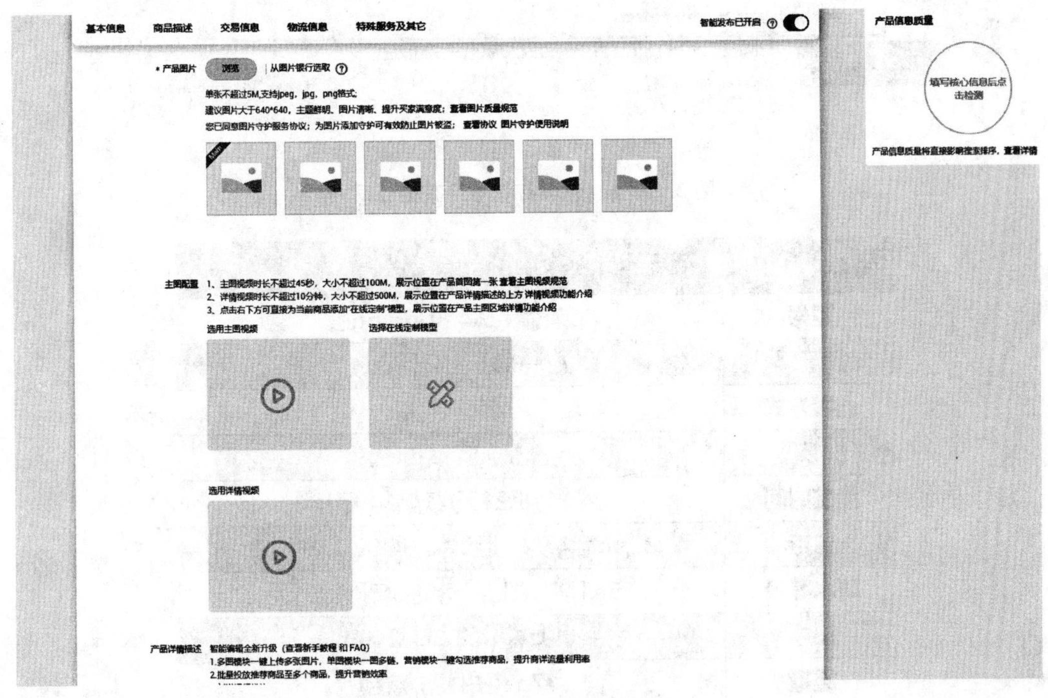

图 2-3-5　产品描述

1）填写要求

(1) 产品描述要翔实具体，将买家比较关注的产品的细节特征、参数、质量标准、服务、现货或库存情况等信息展示出来。

(2) 表达清晰，所描述的内容应层次分明且条理清晰，如分段有标号且有核心词的写法，也可提炼参数表格化显示，突出重点，吸引更多买家关注。

类型一：分段有标号且有核心词(见图 2-3-6)。

类型二：提炼参数表格化显示(见图 2-3-7)。

类型三：利用编号、段落等将内容有条理地进行展示，方便买家阅读。如婚纱，除了介绍选材、风格的信息，还介绍配件的选择、量身定做的服务等，那么就需要用段落来呈现。

类型四：利用不同字体、颜色凸显重要信息。

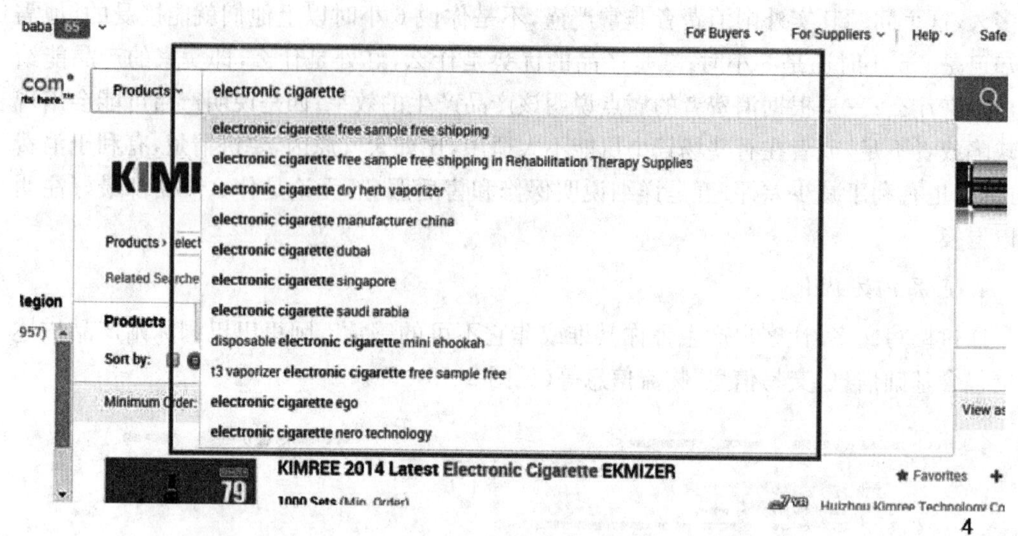

图 2-3-6 分段有标号且有核心词

荣耀手环4 Running版参数	
型号	荣耀手环4 Running版
显示屏	0.5英寸OLED
连接方式	蓝牙连接
传感器	六轴加速度传感器
续航时间	待机21天/续航14天
支持	Android 4.4及以上版本、iOS9.0及以上版本
防水等级	5ATM（相当于水下50米水压）
尺寸	40.5×14.8×11.2 mm
重量	17g（主体与腕带）
首发价格	99元

图 2-3-7 提炼参数表格化显示

2）填写禁忌

在进行产品描述时有以下三点禁忌：一是不要重复标题或卖点中已经存在的关键词；二是不要包含竞争对手或其产品的品牌名称；三是不要包含主观用语或最高级用语，如 best 或 greatest。

5. 关键词优化

1）作用及要求

产品关键词是对产品名称的校正，便于搜索引擎快速识别，准确抓取匹配。一个产品的多种叫法可以在关键词中体现，如“手机”的关键词可以是 cellphone 或 mobilephone 等。关键词与产品名称不能冲突，冲突是指不是同一产品，如 tractors part 和 tractors。

2) 优化技巧

(1) 站在客户的角度考虑：潜在客户在搜索卖家的产品时将使用什么关键词？这可以从众多资源中获得反馈，包括从卖家的客户、供应商、品牌经理和销售人员那里获知其想法。卖家可以在询盘里看到潜在客户，如卖家收到的一封询盘邮件(见图 2-3-8)。

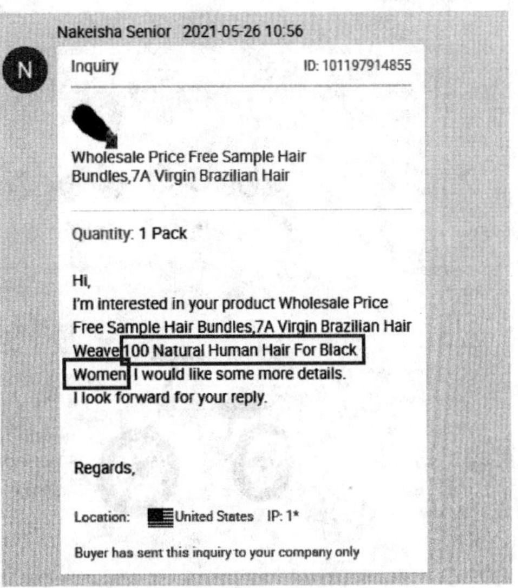

图 2-3-8　询盘示例

(2) 将关键词扩展成一系列短语：选择好一系列短语之后，用 Word Tracker 网络营销软件对这些关键词组进行检测。该软件的功能是查看卖家的关键词在其他网页中的使用频率，以及在过去 24 小时内各大搜索引擎上有多少人在搜索时使用过这些关键词。最好的关键词是那些没有被滥用而又很流行的词，当然需要注意的是只使用能够描述卖家自己的产品的关键词。

(3) 回顾竞争者使用的关键词：查找竞争者的关键词可让卖家想到一些自己可能漏掉的词组。但不要照抄任何人的关键词，因为卖家并不清楚别人要如何使用这些关键词——卖家得自己想关键词。寻找别人的关键词只是对卖家已经选好的关键词进行补充。

步骤一：打开 AliSourcePro，如图 2-3-9 所示。

图 2-3-9　AliSourcePro 主页

步骤二：输入关键词如 bike race，打开后（见图 2-3-10）往下看是不是自己公司的网站，打开网站后可以点击右键查看源代码，从这堆乱码里选择查找关键词，在关键词里输入 bike race 定位目标。

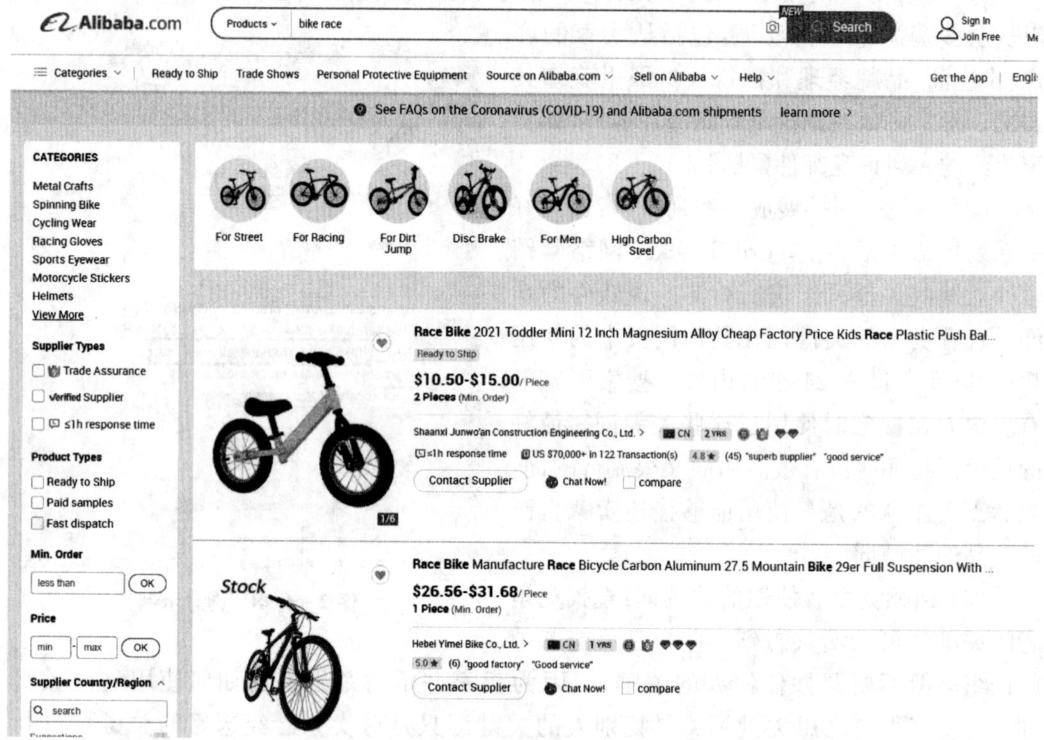

图 2-3-10 搜索 bike race 关键词

（4）其他优化建议：将关键词进行多重排列组合；使用地理位置；勿用意思太泛的词或短语；勿用单一词语；使用自己的名字而不是他人的商标名。

2.3.4 站内营销

1. 站内 SEO 优化

站内 SEO 优化是指调整卖家的产品详情内部结构，使 1688 网站的内嵌搜索引擎更容易抓取到卖家，从而让卖家的产品信息有更多的机会显示在客户的搜索显示页面上。标题是信息内容的核心浓缩，表述清晰并且包含关键信息的标题能让用户更容易掌握产品具体情况，从而引起买家更多的兴趣。

1）优化注意事项

（1）标题写好之后，把整个标题复制到 1688 网站的搜索框里进行搜索，如果已有一模一样的标题，就把标题前后顺序或者修饰词语修改一下，阿里对新发的信息有权重增加，一模一样的标题得不到权重附加。

（2）阿里巴巴切词优先从后往前切，其次从前往后切。

（3）写标题时，切记出现不同的产品名称和不同的材质类型。

2）优质标题的特点

（1）标题中只含有一个产品，并使用通俗的产品名称。

（2）标题中修饰成分得当，突出产品最具竞争力的功能特性。

（3）标题尽可能标明产品优惠政策和低价促销信息。

2. 阿里巴巴国际站客户通 EDM 营销

直达配置地址：https://alicrm.alibaba.com/#mail-config。

操作入口：My Alibaba—客户管理—EDM配置（见图 2-3-11）。

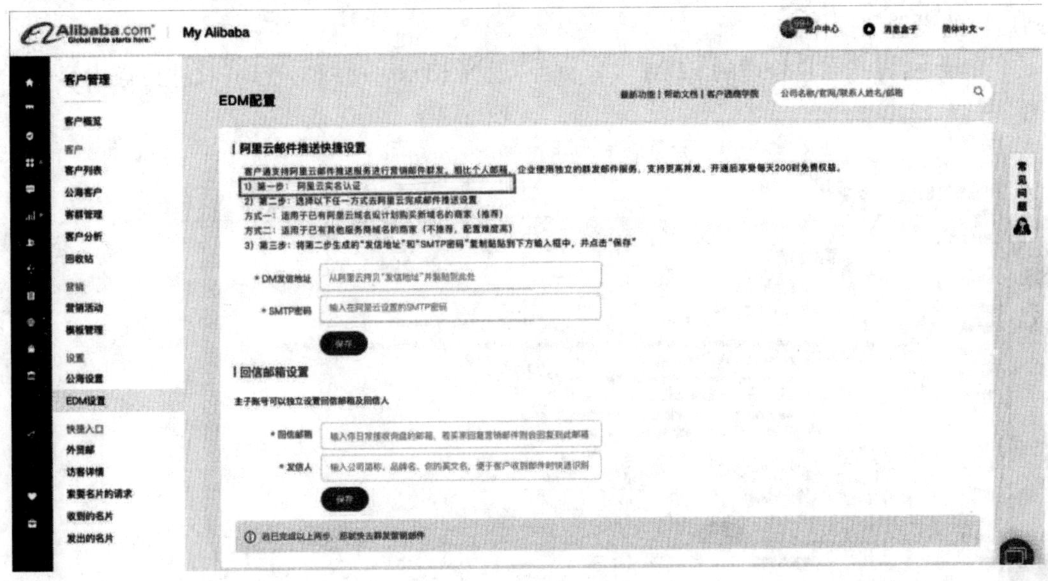

图 2-3-11　EDM 配置

1）选择阿里云实名认证

步骤一：阿里云需要实名认证，企业认证和个人认证都可以。个人实名认证审核时间为 10 分钟，企业实名认证需要审核 3 天左右。

步骤二：完成个人实名认证后，会出现如图 2-3-12 所示的页面。

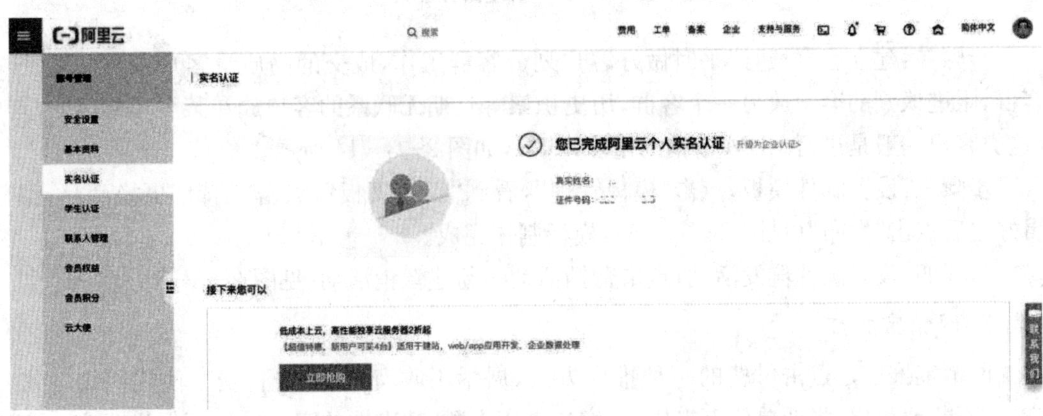

图 2-3-12　阿里云个人实名认证

2）购买域名

如果已经有了域名可忽略本步骤，但不建议使用公司正在使用的域名，建议使用一个未使用的闲置域名来做这项工作，因为邮件群发有一定风险，此风险可能会导致域名出现技术性问题。

如果没有域名或者准备购买域名，可以直接考虑去万网购买，网址为 https://wanwang.aliyun.com/，具备以下内容后，就可以制作发件邮箱和密码了。

3）客户通的营销过程

在设置好 EDM 发件邮箱和密码、客群、发件的内容等后，就可以进行阿里巴巴国际站后台的设置和操作。

步骤一：打开客户管理的 EDM 设置页面，设置 EDM 发件箱、密码、收件箱等内容（见图 2-3-13）。

图 2-3-13　群发邮件配置

步骤二：建立客群，建议平时做好客户划分客群工作，成交的高质量客户单独放一个客群，跟进谈判的客户放另一个客群，历史积累等长期无联系的客户放在某个单独客户群（这类客户一般是进行 EDM 营销的重点人群），如图 2-3-14 所示。

步骤三：设置邮件模板，点击“模板管理”，看到“新增模板”，点击“编辑”更换商品，编辑好之后点击“发布”（见图 2-3-15），模板制作完成。

步骤四：设置邮件群发活动，点击营销活动—新建营销活动（见图 2-3-16）。

3. 网销宝推广

网销宝推广是点击付费的一种推广方式，展示不收费，按点击付费。使用网销宝推广，要不断地优化，降低单位点击成本，增加进店人数（精准性的客户），从而促进成交。主要做法是花更少的钱引进更多有成交意向的客户。“全店管家”在店铺数据没有达到一定规模时不建议开通，在店铺数据到达一定规模后再开通。

图 2－3－14　客户群管理

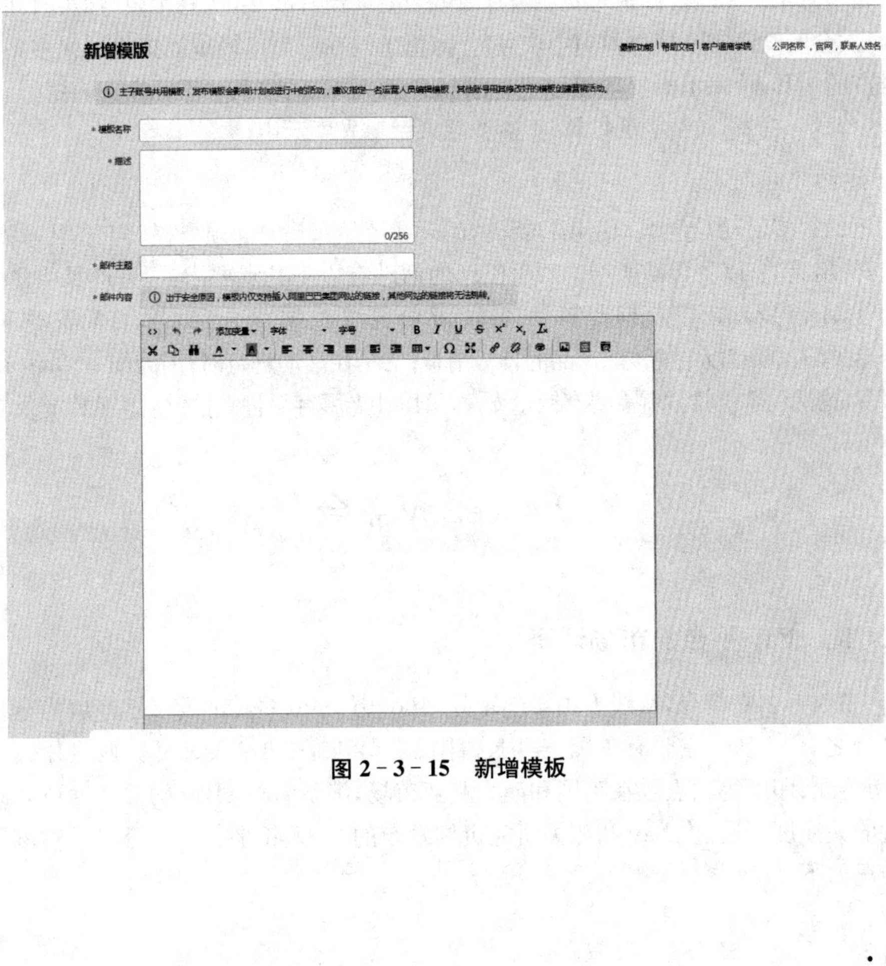

图 2－3－15　新增模板

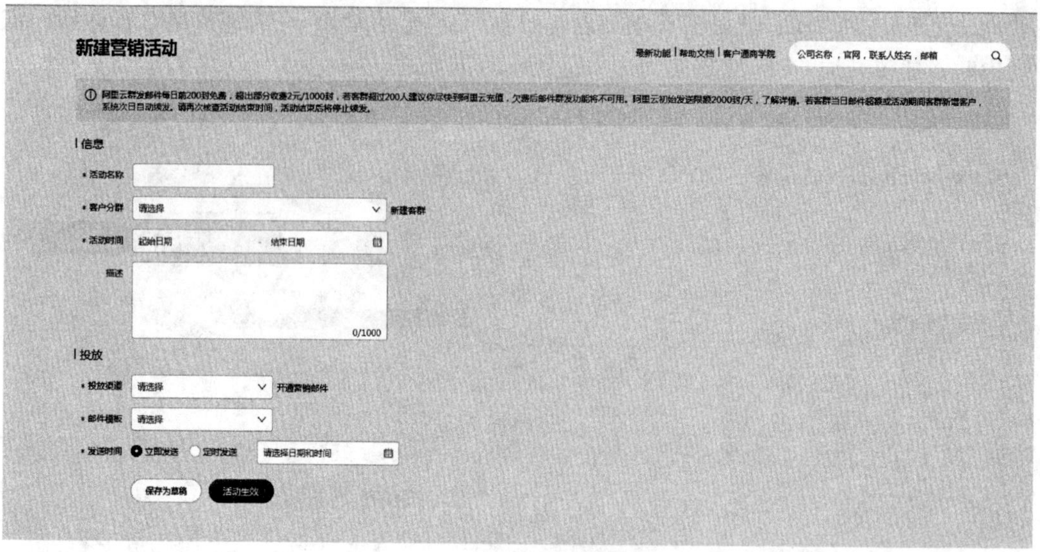

图 2-3-16　新建营销活动

4. 标王推广

一次购买，一个月都是排名首页第一。建议捆绑词包购买，价格会低很多。标王购买时间一般在当月 12～18 日，秒杀时间在当月 20～26 日，当月购买，次月生效（购买时间阿里会调整，每次会有旺旺推广信息弹到主账号）。阿里巴巴在应用市场里面提供了很多站外引流一键推广的工具，价格也不贵，一般一年也就五六百元，高的也就一千元左右，并且是根据客户的搜索习惯来进行较精准的推荐，很适合拿来做曝光展示用。

5. 活动推广

阿里的很多活动是包邮和促销打折的，所以在产品布局时必须要提前准备几款产品，利润高点，价格高些，以备活动所用。阿里巴巴的活动有以下几点要求：一是产品主图背景纯白色为佳，不带 Logo，不带任何文字，活动通过率会更高；二是对于活动款，日常需要进行一些擦边球形式的"刷单"以维护该款产品的日常销量；三是在活动进行时，因为同一活动参与的商家有很多，抢活动坑位排名就需要有销量支撑，可以让老顾客尽量都拍付活动款以提供支持。

2.4　eBay 平台

2.4.1　eBay 平台的市场调研

于 1995 年创立至今，从线上拍卖起家的 eBay 历经 20 多年的发展已经成为全球主要电商平台之一。eBay 主要有美国、英国、德国、澳大利亚、加拿大、法国、西班牙、意大利、韩国、南美洲、印度等站点。在英国和澳大利亚市场，消费者对 eBay 的关注度更是超过对亚马逊的关注度。通过 eBay 和相关研究机构发布的 2018 年平台信息可以了解该平台的市场情况如下。

第一，刊登产品数量庞大。根据电商调研公司 Marketplace Pulse 的数据，eBay 全球卖家共刊登了 17.41 亿个产品 Listing，这一数据意味着平均每个卖家刊登了 315 种产品。

第二，有超 78 万家 eBay 商店。eBay 平台上现在已经拥有多达 783 811 家 eBay 商店(eBay Stores)，卖家在拥有自己的 eBay 商店之后可以获得工具来发展品牌并实现销售最大化。

第三，eBay 全球 100 强卖家分布情况。eBay 英国站卖家以强有力的优势主导了这份 eBay 全球 100 强卖家榜单，根据 Marketplace Pulse 的数据，eBay 全球 100 强卖家中有 35 个来自英国、35 个来自美国、21 个来自德国。

第四，eBay 顶级卖家主攻产品类别。13％的 eBay 顶级卖家主要销售鞋服及配饰品类，其他热门品类还有家居园艺用品(占 12％)、eBay 汽车产品(占 11％)及收藏品(占 9％)。

2.4.2　产品开发

eBay 站内选品一般有三种方法，第一种是通过 eBay 站点的热卖品类进行选品，第二种是通过 eBay 的数据分析工具 Terapeak 进行选品，第三种是通过 eBay 的关键词搜索工具进行选品。

1. 站点热卖品类

如图 2－4－1 所示，eBay 的一级类目包括 eBay 汽车(eBay Motors)、时尚类(Fashion)、电子产品(Electronics)、收藏品与艺术品(Collectibles & Art)、家居及园艺品类(Home & Garden)、体育用品(Sporting Goods)、玩具与爱好类(Toys & Hobbies)、工商业产品(Business & Industrial)、健康与美容产品(Health & Beauty)等。根据 eBay 数据显示，电子产品、时尚类、家居及园艺品类、汽配、商业和工业品类五个类目为 eBay 平台热销品类。充分了解平台上这些热销产品，可以为买家的选品提供一定的借鉴意义。

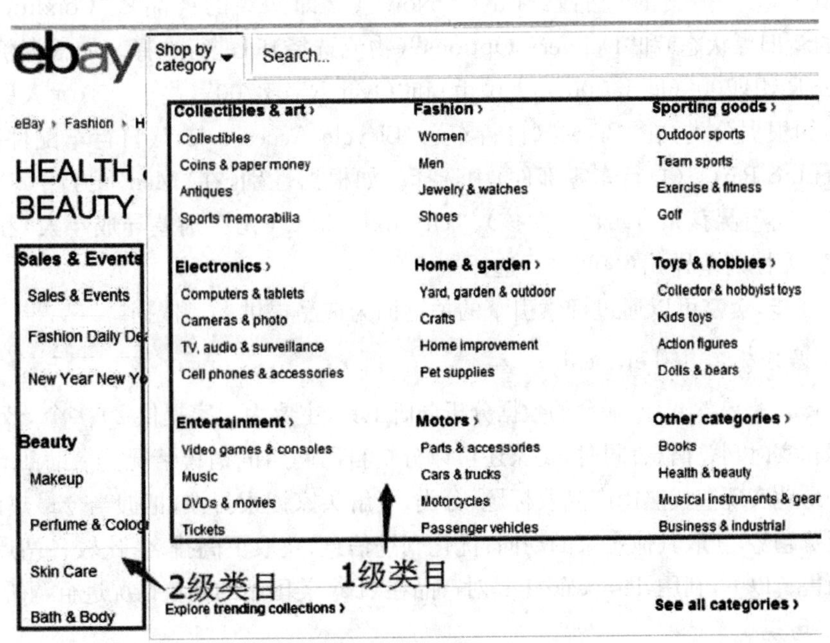

图 2－4－1　eBay 美国站类目分类

2. 关键词搜索工具

卖家通过平台的搜索工具可以发现其他销售同类产品的竞争对手的销售情况，以此作为自己选品的依据。在 eBay 首页搜索界面输入关键词，这里以手机为例，输入“iPhone8”，点击“Search”按钮，图 2－4－2 展示出了所有的产品。卖家可以在此界面了解到产品的相关信息，包括关键词、标题和副标题、价格、产品种类、宣传图片、已售出和被关注的情况、是否使用了付费广告等属性。

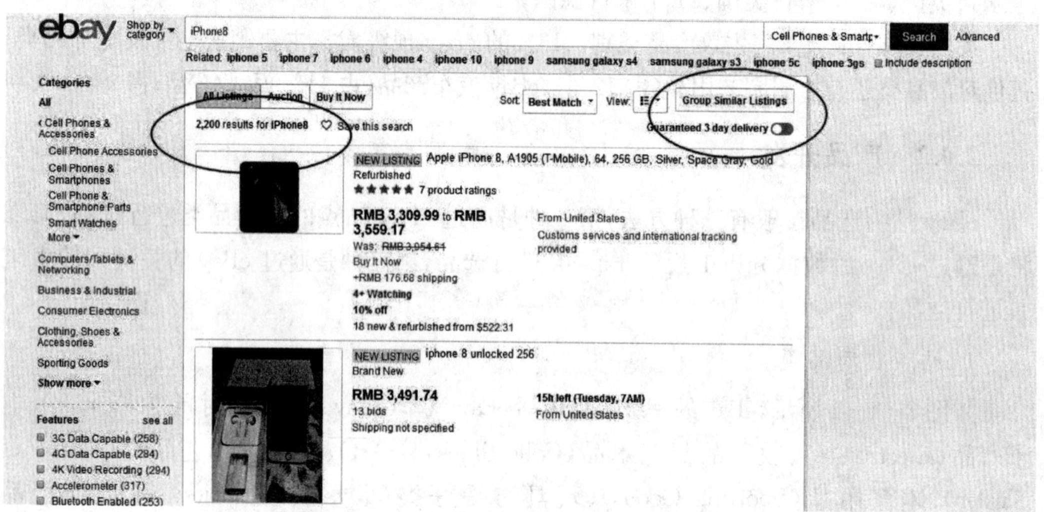

图 2－4－2　搜索“iPhone8”出来的界面

卖家还可以根据自己的需要进一步缩小搜索结果的范围。如根据 Listing 的不同属性，在“Auction”（拍卖的产品）、“Buy it Now”（立即购买的产品）、“Condition”（根据 Listing 的新旧等状态）和“Delivery Options”（物流选择）间进行选择。如根据价格区间，在“Under RMB 700”（低于 700 元人民币）和“Over RMB 700”（高于 700 元人民币）间进行选择。如根据分类，在“Bikes”（自行车）、“Bicycle Accessories”（自行车配件）和“Bike Components&Parts”（自行车零部件）中选择。如根据性别，在“Men”（男性）、“Women”（女性）、“Boys”（男孩）、“Girls”（女孩）、“Unisex Adult”（无性别差异成年人）和“Unisex Children”（无性别差异儿童）间进行选择。

综上三步，卖家可以通过搜索引擎的关键词为选品提供参考依据。

3. 数据分析工具 Terapeak

Terapeak 是一款 eBay 平台的数据分析调研工具，主要为卖家提供 20 多个 eBay 站点的交易数据和实时刊登信息；同时，卖家还可以分析自己网店的销售情况。借助 Terapeak，卖家可以轻易地实现查找热销产品及标题、分类；了解买家搜索习惯，把握当今最热门市场上买家的消费趋势，获取其他卖家的动向；优化刊登信息，获取更高排名；比较各站点优劣，扩大全球销售。以下，利用 Terapeak 工具对产品在 eBay 美国站的销售情况进行调研分析。

1）市场规模

进入 Terapeak“产品调研 2.0”界面，选择美国站点，输入产品名称，就能获取过去一年该产品在美国站点的销售数据。查看 eBay 过去几年卖家列表的详细信息和结果，可以判断出产品的市场规模，为卖家的产品找到最佳的上市策略并提高利润。卖家还可以研究 20 多个全球市场的销售数据，了解不同类别、产品在哪些国际市场以及价格水平比较畅销。

2）供应、需求和定价

通过 Terapeak，买家可以知道有多少产品在销售，产品价格是多少。卖家能根据平均客单价分析推断出买家对产品的心理价位是多少。因此，卖家在选品时应当优先考虑客单价在此区间的产品。

3）竞争热度

卖家可以通过分析大卖家的销售情况来了解产品的市场容量和竞争热度，包括销售量、销售总额和客单价等数据。卖家可以对特定产品分类中的销售交易进行排名，以查看哪些产品最有价值，哪些产品的销量最高，这样卖家就能向绩效卓越的大卖家学习，并相应地规划自己店铺的库存和列表。若大卖家大多占据在中高端产品且竞争比较激烈，则中低端产品还有一定的市场空间，卖家可以把握好机会。

4）热销产品分析

通过分析热销产品，卖家能了解消费者的偏好从而有针对性地去开发产品。例如，利用 Explore eBay 对近 90 天最畅销的 40 款蓝牙音箱进行调研。

2.4.3　Listing 优化

Listing 优化具体可以分为类别优化、标题优化、图片优化、产品属性优化、详情描述优化、物流服务优化、价格优化、刊登时间优化以及促销活动优化。

1. 类别优化

要选择正确的分类，或者增加第二类别来提升曝光度。如果分类选择错误，可能会降低产品的曝光度。

2. 标题优化

一个好的标题需要满足以下条件：第一，要充分利用好标题的 80 个字符，最重要的关键词一定要放在前 55 甚至 35 个字符中。第二，要充分挖掘出与产品本身相关的词再按照一定的顺序进行组合，而不是对关键词的简单堆砌。第三，要与买家的搜索习惯相匹配，越匹配，被搜索的次数就越多。第四，标题的一般写法为：品牌＋产品称谓＋产品特性词＋产品作用。

标题关键词还可以通过以下方法来优化：参考 eBay 系统推荐关键词；参考 eBay 优质卖家关键词；参考 Terapeak、数字酋长等第三方数据分析工具整理的关键词；参考亚马逊、速卖通、阿里巴巴国际站等平台的热搜关键词；参考主流社交平台热搜词；等等。

3. 图片优化

eBay 对图片的基本要求如下：

第一，图片像素建议在 800 px×800 px 以上，正方形，最大不超过 7 MB。

第二，图片不能有边框、底纹及插图，尽量使用纯色背景，不得盗用他人图片。

第三，尽量将产品放置于图片中间，占据整个图片的80%左右面积以上，尽量用满12张免费图片。

此外，还可以增加几张特定图片，多个维度向买家展示产品，尤其展示产品的差异化。比如产品内部构造图，可以让卖家显得更加专业，充分展示细节能让买家对产品更加了解；与其他同类产品的对比图可以凸显自己产品的优点；产品的效果图可以让买家们看到产品在多种场景里的使用情况，更加突出其特点；通过手拿及图片上增加产品尺寸数据可以直观地体现产品大小。

4. 详情描述优化

一些品类如衣服、鞋子等，一般需要尺码表，可进行尺寸模板表优化。

Listing 界面最下方或上方的位置可以设置关联销售，提高店铺销售量。例如，同类关联，如卖电子产品，关联电子产品 Listing 销售；搭配关联，如卖衣服，关联配饰等可以搭配在一起进行销售的产品；流量关联，可以将无成交、无流量的 Listing 关联到高流量、高曝光的 Listing 上面，通过爆款带动店铺其他 Listing 的销售。

还可以通过加粗、加大字体来强调关键词，让买家看起来一目了然，从而提高转化率。

5. 价格优化

针对产品价格优化，有以下制定方法：

首先，卖家要进行市场调查，了解行情，查看竞争对手同类产品的价格定位。然后，可根据产品生命周期进行定价。产品引进阶段，在新品上架初期，为了让产品快速切入市场，可以将价格适当设低一些。产品成长阶段，产品在销量、好评、星级分数各项指标上有了一些基础，销量处于上升阶段，卖家可以将价格控制在比竞争对手稍微偏低一点的范围内。产品成熟阶段，产品销量稳定，各核心指标表现不错，在市场上积累了一定人气，价格更多的是代表品牌形象与店铺定位，这时可将价格调得比市场价略高。产品衰退阶段，市场上推出新的功能更加完善的产品取而代之，消费者随之减少，需求逐渐减弱，销量与利润都会大幅下降，这时可以开展一些平台营销活动进行促销。

6. 刊登时间优化

不同站点不同类目的高峰时间段是不同的，卖家可以结合店铺的实际情况，分析24小时流量和销售额的高峰点，根据结果来调整刊登时间，尽可能在 eBay 流量高峰期上传新 Listing。

2.4.4 海外仓管理

海外仓是指跨境电商企业按照一般贸易方式，将产品批量出口到境外仓库，在电商平台完成销售后，再将产品派送至境外消费者的仓储物流方式。海外仓不只是在海外建仓库，更是对现有跨境物流运输方案的优化和整合。物流服务商提供在目的地国家和地区的产品仓储、分拣、包装、派送等一站式管理与服务。

1. 服务流程

海外仓服务流程包括头程运输、仓储管理和本地配送三个部分。头程运输是指境内商家通过一般贸易方式将产品运至海外仓库。仓储管理是指境内商家通过物流信息系统，远程操作海外仓储货物，实时管理库存。本地配送是指海外仓储中心根据订单信息，通过当地邮政或快递将产品配送给客户。

2. 管理政策

eBay 于 2019 年 3 月起推行海外仓服务标准管理政策，以规范卖家的海外仓操作，从而保证运送时效，提高买家体验并维护平台公平的竞争环境。该政策主要包括以下两方面：

第一，规范海外仓服务的承诺时效。卖家在刊登物品时，设置订单处理天数(Handling Days)不超过 2 天，且提供的物流选项所承诺到达天数(Estimated Delivery Days)不超过规定的天数，否则将视为不合规刊登。eBay 将对卖家的合规刊登率进行考核。合规刊登率指符合上述合规定义的海外仓刊登占比。

第二，考核海外仓订单的实际履行情况，考核指标包括以下内容：

a. 及时发货率：揽收扫描(Acceptance Scan)在承诺发货时间之内的交易占比。

b. 及时送达率：送达扫描(Delivery Scan)在承诺到达总时长之内的交易占比。

c. 物流不良交易率：带有"物品未收到"纠纷(Open INR)或物流服务低分(LowShip Time DSR)的交易占比。

在原有物流不良交易率评估的基础上，eBay 将结合各站点与当地物流服务商对接的实际情况，陆续对各站点海外仓指标开展考核。我们首先对英国和美国站的海外仓刊登和交易进行评估。

d. 英国海外仓的要求。

合规刊登率：不低于 80%的海外仓刊登设置，订单处理天数不超过 2 天，且提供的物流选项的承诺到达天数不超过 3 天。

及时送达率：不低于 50%的送达扫描在付款后 5 个工作日内。

e. 美国海外仓的要求。

及时发货率：不低于 90%的揽收扫描在付款后 2 个工作日内。

3. 优势

海外仓"先发货，后销售"的模式颠覆了传统跨境物流的供应链，通过帮助卖家降低物流成本、提高派送时效、实现本土化经营和服务提升了境外市场的竞争力。

首先，降低物流成本。跨境物流成本主要包括境内运输、国际货运和目的地配送三部分。通过设立海外仓，卖家以一般贸易的方式将产品批量运输到目标市场，运输、通关、商检等频次大幅减少，降低了产品的国际货运成本。通过批量发货，有效降低了物流环节中丢包、货物破损等各种风险，卖家的额外损失得以控制。俄罗斯 e 邮宝数据显示，通过海外仓发货，物流成本可降低 60%。

其次，提高派送时效。由于卖家提前将产品备货至海外仓，当客户下单后，海外仓提供分拣、包装、配送等服务，直接从本地发货，节约了国际货运的时间成本，大大提高了产品的派送时效。而且本地物流一般提供物流信息查询服务，方便卖家对包裹的全程跟踪。eBay 内部数据显示，在美国市场，通过海外仓发货，29%的订单能在 3 天内妥投，86%的订单能在5天内妥投。如果从境内发货，配送周期可能长达15天。

最后，提供退换货服务。当客户需要退换货时，只需把产品寄回到当地的海外仓，规避了产品返回境内的通关和物流环节，不仅使退换货成为可能，也可以避免二次通关、商检、国际运输，节省了很多时间和成本。从海外仓进行配送和发货，可以缩短配送距离，提高配送的准确性，降低产品在运输过程中的丢包率和破损率等，从根本上降低退换货发生的概率，提升消费体验。

4. 风险

库存控制是卖家在使用海外仓时遇到的最大痛点，大部分的卖家都担心海外仓产品滞销。商品一旦积压，运回境内需要支付高昂的运费和关税，只能通过当地渠道降价处理。因此，在控制海外仓库存时，可采用小批量多频次的备货策略，即海外仓库存一批，运输途中一批，工厂生产一批，最大限度地降低滞销的风险。此外，卖家在使用海外仓时，还会面临资金周转慢、清关效率低、旺季入库慢、仓储费用高、商品错发漏发等风险。

2.4.5 客服职能要求

1. 催款

第一，给当天下单的客户开具并送出发票(Send Invoice)。

第二，给下单后7天还未付款的客户发去催款信(E-mail buyer——选择7天催款去信模板进行群发)。

第三，给下单后10天还未付款的客户发去催款信(E-mail buyer——选择10天催款去信模板进行群发)。

第四，给下单后20天还未付款的客户发取消订单的信(E-mail buyer——选择合适模板)。

2. 缺货通知

首先，在安排发货的过程中如果库存不足未能及时安排发货，客服人员需要第一时间通知客户，并给予客户相关的解决方案：方案1，给客户选择其他替代产品(最好是等价格及类似风格)；方案2，全额退款。

其次，根据客户给出的方案来进一步解决缺货问题。如果7天内客户未回复，主动再给客户去信，告知如果在24小时内仍未收到任何答复将会安排全额退款。

3. 中差评处理

第一，每天检查客户的评价情况，看是否有新的中差评。

第二，发现中差评后应该分析原因及具体情况，并录入“中差评及投诉跟踪分析.xls”文件中。

第三，上报给主管，配合主管和其他部门处理中差评事件。

第四，每日跟踪已存在的中差评，直到中差评不再具有被修改的资格及可能。

第五，发送Feedback Revision Request给客户，如果客户愿意修改中差评，同时提醒客人修改低分DSR。

4. 投诉案件处理

第一，每日查看 My eBay-Resolution Center，看是否有新的投诉案件。

第二，如果发现，录入“中差评及投诉跟踪分析.xls”文件中。

第三，根据实际情况为客户提供快速的解决方案。

第四，每日跟踪投诉案件的处理状态，直到其关闭。

5. 邮件回复

第一，全面了解客户来信之前的所有记录。

第二，以客户为中心，为客户着想。

第三，在往来邮件最少的前提下解决客户问题。

第四，频繁使用 FAQ 并且完善它。

第五，看懂了 FAQ 就知道每个问题的解决思路。

第六，自己建立跟踪文档，关注麻烦客户。

第三章

海外市场调研操作

3.1 海外市场调研的基本理论

3.1.1 STP 理论

STP 理论即市场细分、选择目标市场和产品定位的总称。STP 法则是整个营销建设的基础,它对各自的市场进行细分,并选择自己的目标市场,传达出各自不同的定位。

市场细分这一概念是由美国市场学家温德尔·史密斯于 20 世纪 50 年代中期提出来的,它是指营销者通过市场调研,依据消费者的需要和欲望、购买行为和购买习惯等方面的差异,把某一产品的市场整体划分为若干个消费者群的市场分类过程。每一个消费者群就是一个细分市场,每一个细分市场都是由具有类似需求倾向的消费者构成的群体。经过市场细分,在同类产品市场上,就某一细分市场而言,消费者需求具有较多的共同性,而不同细分市场之间的需求具有较多的差异性。

1. 市场细分的特性

从市场细分的目的来看,可以发现,企业进行市场细分的目的是通过对顾客需求差异予以定位,来取得较大的经济效益。众所周知,产品的差异化必然导致生产成本和营销费用的相应增长。所以,企业必须在市场细分所得收益与市场细分所增成本之间做一个权衡。由此,我们得出有效的细分市场必须具备以下特征:

(1) 可衡量性。它是指各个细分市场的购买力和规模能被衡量的程度。如果细分变数很难衡量,就无法界定市场。

(2) 可营利性。它是指企业新选定的细分市场容量足以使企业获利。

(3) 可进入性。它是指所选定的细分市场必须与企业自身状况相匹配,企业有占领这一市场的优势。可进入性具体表现在信息进入、产品进入和竞争进入。考虑市场的可进入性,实际上是研究其营销活动的可行性。

(4) 差异性。它是指细分市场在观念上能被区别,并对不同的营销组合因素和方案产生不同的反应。

2. 市场细分的阶段及细分消费者市场的基础

进行市场细分的过程主要有 3 个阶段,即调查阶段、分析阶段和细分阶段。细分消费者市场的基础主要有以下几点:

(1) 地理细分:国家、地区、城市、农村、气候、地形。

(2) 人口细分:年龄、性别、职业、收入、教育、家庭人口、家庭类型、家庭生命周期、国籍、民族、宗教、社会阶层。

(3) 心理细分:社会阶层、生活方式、个性。

(4) 行为细分:时机、追求利益、使用者地位、产品使用率、忠诚程度、购买准备阶段、态度。

3. 市场细分的步骤

通过以上例子,我们能够发现市场细分主要包括以下步骤:

(1) 选定产品市场范围。公司应明确自己在某行业中的产品市场范围,并以此作为制定市场开拓战略的依据。

(2) 列举潜在顾客的需求。可从地理、人口、心理等方面列出影响产品市场需求和顾客购买行为的各项变数。

(3) 分析潜在顾客的不同需求。公司应对不同的潜在顾客进行抽样调查,并对所列出的需求变数进行评价,了解顾客的共同需求,制定相应的营销策略。调查、分析、评估各细分市场,最终确定可进入的细分市场,并制定相应的营销策略。

4. 市场细分的作用

细分市场不是根据产品品种、产品系列进行的,而是从消费者(指最终消费者和工业生产者)的角度进行划分的,是根据市场细分的理论基础(即消费者的需求、动机、购买行为的多元性和差异性)来划分的。市场细分的作用有以下几点:

(1) 有利于选择目标市场和制定市场营销策略。市场细分后的子市场比较具体,比较容易了解消费者的需求,企业可以根据自己的经营思想、方针及生产技术和营销力量,确定自己的服务对象,即目标市场。针对较小的目标市场,便于制定特殊的营销策略。同时,在细分市场上,企业更容易了解信息并得到反馈,一旦消费者的需求发生变化,企业可迅速改变营销策略,制定相应的对策,以适应市场需求的变化,提高企业的应变能力和竞争力。

(2) 有利于发掘市场机会,开拓新市场。通过市场细分,企业可以对每一个细分市场的购买潜力、满足程度、竞争情况等进行分析对比,探索出有利于本企业的市场机会,使企业及时做出投产、异地销售决策,或根据本企业的生产技术条件编制新产品开拓计划,进行必要的产品技术储备,掌握产品更新换代的主动权,开拓新市场,以更好地适应市场的需要。

(3) 有利于集中人力、物力,投入目标市场。任何一个企业的人力、物力、资金等资源都是有限的。通过细分市场,选择了适合自己的目标市场,企业可以集中人、财、物等资源,去争取局部市场上的优势,然后再占领自己的目标市场。

(4) 有利于企业提高经济效益。前面 3 个方面的作用都能使企业提高经济效益。除此之外,通过市场细分,企业可以面对自己的目标市场,生产出适销对路的产品,既能满足市场需要,又可增加企业的收入。产品适销对路可以加速商品流转,加大生产批量,降低企业的生产和销售成本,提高生产工人的劳动熟练程度,提高产品质量,全面提高企业的经济效益。

5. 目标市场选择策略

根据各个细分市场的独特性和公司自身的目标，共有以下 3 种目标市场策略可供选择。

(1) 无差异，这是指公司只推出一种产品，或只用一套市场营销办法来招徕顾客。当公司断定各个细分市场之间很少有差异时，可考虑采用这种大量市场营销策略。

(2) 密集性，这是指公司将一切市场营销努力集中于一个或少数几个有利的细分市场。

(3) 差异性，这是指公司根据各个细分市场的特点，相应扩大某些产品的花色、式样和品种，或制订不同的营销计划和方法，以充分适应不同消费者的不同需求，吸引各种不同的购买者，从而提高各种产品的销售量。该策略适用于大部分大型公司或跨境电商企业，因此接下来阐述目标市场差异性策略的优缺点。

3.1.2 4P 营销理论

4P 营销理论被归结为 4 个基本策略的组合，即产品(Product)、价格(Price)、渠道(Place)、营销(Promotion)。由于这 4 个词的英文首字母都是 P，再加上策略(Strategy)，所以简称为“4P's”。4P 营销理论(The Marketing Theory of 4P)产生于 20 世纪 60 年代的美国，随着营销组合理论的提出而出现。1953 年，尼尔博登在美国市场营销学会的就职演说中创造了“市场营销组合”这一术语，其意是指市场需求或多或少地在某种程度上受到所谓“营销变量”或“营销要素”的影响。

4P's 实际上是从管理决策的角度来研究市场营销问题。从管理决策的角度看，影响企业市场营销活动的各种因素(变数)可以分为两大类：一是不可控因素，即营销者本身不可控制的市场或营销环境，包括微观环境和宏观环境；二是可控因素，即营销者自己可以控制的产品、商标、品牌、价格、广告、渠道等。4P's 就是对各种可控因素的归纳，具体的策略说明如下：

(1) 产品策略(Product Strategy)。它主要是指企业以向目标市场提供各种适合消费者需求的有形和无形产品的方式来实现其营销目标，其中包括对同产品有关的品种、规格、式样、质量、包装、特色、商标、品牌以及各种服务措施等可控因素的组合和运用。

(2) 定价策略(Pricing Strategy)。它主要是指企业以按照市场规律制定价格和变动价格等方式来实现其营销目标，其中包括对同定价有关的基本价格、折扣价格、津贴、付款期限、商业信用以及各种定价方法和定价技巧等可控因素的组合和运用。

(3) 分销策略(Placing Strategy)。它主要是指企业以合理地选择分销渠道和组织商品实体流通的方式来实现其营销目标，其中包括对同分销有关的渠道覆盖面、商品流转环节、中间商、网点设置以及储存运输等可控因素的组合和运用。

(4) 营销策略(Promotion Strategy)。它主要是指企业以利用各种信息传播手段刺激消费者购买欲望，促进产品销售的方式来实现其营销目标，其中包括对同营销有关的广告、人员推销、营业推广、公共关系等可控因素的组合和运用。

3.1.3 国际市场调研的新方法论

国际市场调研的新方法论是一个比较分析模型，不仅有助于提高调研数据的质量，而且可以向调研者提供不同于传统观念的解题新思路。比较分析模型源自海格勒提出的比较研究方法，此方法着眼于整个营销市场管理系统。

1. 营销是环境的函数

比较分析模型强调营销过程和环境的关系，营销过程被视为环境的直接函数。营销决策变量＝F(营销环境变量)。一旦环境因素发生变化，营销决策和营销过程也就随之发生变化。它先研究一国的环境和成功的营销过程，并根据环境的变化做一定的调整。

下面以麦当劳的案例解释这一理论。麦当劳在美国的营销组合内容具体包括以下方面：

(1) 产品/服务设计。它注重高标准化、高而稳定的质量、快速的服务和较长的营业时间。

(2) 价格。采取低价策略。

(3) 分销。在城镇居民集中居住地区设店。

(4) 营销。以消费导向型广告为主，尤其针对青年人，主要依靠电视媒体。

凭借这样的营销组合，麦当劳在美国大获成功。20 世纪 70 年代初，麦当劳准备开拓海外市场，这就需要先对可能的目标市场进行评估。传统的理论认为，麦当劳在美国的成功来自其有效的营销战略和麦当劳自身的努力。

而比较分析模型认为，麦当劳的成功是由环境变量获得的。两种理论的差别在于：比较分析模型认为麦当劳首先应利用现有的机会；而传统方法认为麦当劳的努力直接导致成功；比较分析模型强调营销组合是现有环境的函数，现有环境也是使既定营销组合成功的因素之一。因此，麦当劳的成功必须分析环境变量。

2. 营销环境变量

最重要的营销环境变量可分为自然、社会、经济和法律法规 4 种。

1) 自然环境变量

这类变量主要指特定市场对产品使用量的自然约束，包括人口、人口密度、地理位置、气候以及产品使用的自然条件(环境、空间等)。人口变量直接影响绝对市场容量，它和气候一样会随时间变化而发生变化。产品使用条件涉及产品在各种环境下的功能。

反观麦当劳的案例，麦当劳的成功离不开自然环境要素。

2) 社会环境变量

这类变量涉及与市场环境中社会、人文有关的因素，包括文化背景(种族、宗教、习俗和语言)、教育体制和社会结构(个人角色、家庭结构、社会阶层和参考群体)。社会环境对购买者的期望有重要的影响，它不以自然环境的不同而有所区别。

一方面，由于国内营销者在决策营销组合时往往会下意识地迎合当地的社会文化价值观，所以在国际营销中可能会疏忽这一点；另一方面，必须排除一部分营销管理者自觉或不自觉的文化偏见，这就需要客观、公正地考察社会文化环境。麦当劳的案例中同样有许多使其成功的社会文化因素。

美国文化中有一种很重要的价值观：时间价值观念。快餐正是迎合了消费者能随时随地、方便用餐的需求。另一个文化社会因素便是美国普遍的家庭结构和主要以年轻人为导向的文化趋势。由于孩子常常是外出就餐的决定者，所以麦当劳的广告为顺应这种潮流而主要以儿童和青少年为主要目标。美国典型家庭主妇的社会角色也发生了变化，她们越来越多地出去工作，这种变化也增加了外出就餐的市场。

各类社会文化互相结合，形成了社会文化模式。比较分析模型要求在考察别国的社会文化环境前，先理解本国当前社会文化模式的本质，即社会文化模式对营销组合的影响。

3）经济环境变量

这一类环境因素不仅包括宏观上的，也包括微观上的，如国民生产总值、人均国民生产值、价格水平、收入分配以及竞争产品的服务和价格。经济因素对绝大多数消费者的购买决策产生影响。由于各国收入水平的差异，理性消费者追求效用最大化的含义也不同。即使收入水平相同，不同的物价水平也会改变消费者的购买行为。

国际营销管理人员可先从单独分析收入的水平和价格入手，然后把两者结合起来分析，以考察其对产品、服务成功与否的影响。这种方式也可称为经济模式。

4）法律环境变量

法律法规不会直接刺激对某一类产品、服务的需求，它们只是表示“可以或不可以”。企业必须清楚地了解与营销决策有关的法律，这在国与国之间可能差别很大，直接影响公司的营销决策。法律环境对营销的影响在麦当劳的案例中也可得到证实。麦当劳在儿童电视台的广告促成了它的成功。但在许多其他国家，尤其在欧洲一些国家（如德国），此类广告是完全被禁止的。

3.2 国际市场常用的调研方法和资料来源

国际市场调研是复杂细致的工作，必须有严格、科学的程序和方法。企业对国际市场调研获取的资料，按其取得的途径不同一般分为两类：一类是通过自己亲自观察、询问、登记取得的，称为原始资料；另一类是别人搜集到的，调查者根据自己研究的需要将其取来为己所用，称为二手资料。人们把调研方法分为案头调研法和实地调研法。

（1）案头调研法。案头调研法就是二手资料调研或文献调研，它是以在室内查阅的方式搜集与研究项目有关资料的过程。二手资料的信息来源渠道很多，如企业内部有关资料、本国或外国政府及研究机构的资料、国际组织出版的国际市场资料、国际商会和行业协会提供的资料等。

（2）实地调研法。实地调研法是国际市场调研人员采用实际调研的方式直接到国际市场上搜集情报信息的方法。采用这种方法搜集到的资料就是一手资料，也称为原始资料。实地调研常用的调研方法有 3 种：询问法、观察法和实验法。比如，企业进行国外市场环境、商品及营销情况调查，一般可通过下列渠道、方法进行：派出国推销小组深入国外市场以销售、问卷、谈话等形式进行调查（一手资料）；通过各种媒体（报刊、杂志、新闻广播、计算机数据库等）寻找信息资料（二手资料）；委托国外驻华或驻外商务机构进行调查。通过以上调查，企业基本上可以确定应选择哪个国家或地区为自己的目标市场、企业应该出口（进口）哪些产品以及以什么样的价格或方法进出口。

3.2.1　原始资料的收集和整理

一手资料又称为原始资料，是原来的或该事件（或活动）的首次记录，是事件的实际目击者或参与者所经历的，调查人员通过现场实地调查所搜集的资料。其特点是针对性强，适用性好，但成本较高。一手资料可以通过以下方法收集：

① 询问法。以询问的方式作为收集资料的手段，主要包括 4 种形式，即个人访问、小组访问、电话调查、邮寄调查。

② 观察法。它是指调查人员直接到调查现场进行观察的一种调查收集资料的方法。其优点有可以比较客观地收集资料，直接记录调查事实和被调查者在现场的行为，调查结果更接近实际。其缺点有观察不到内在因素，调查时间长。该方法主要包括三种形式，即直接观察、店铺观察、实际痕迹测量。

③ 实验法。从影响调查问题的许多因素中选出一个或两个因素，将它们置于一定条件下进行小规模的实验，然后对实验结果做出分析，研究是否值得大规模推广。其优点有可获得较正确的原始资料。其缺点有实验市场不易选择，干扰因素多、时间长，成本较高。该方法主要包括两种形式：产品包装实验；新产品销售实验。

1. 收集原始资料：定量研究与定性研究

如果查找所有的合理的二手资料后，仍然不能恰当回答所研究的问题，那么市场调研人员必须收集原始资料，即专门为手头某一特定调研项目收集资料。调研人员可以询问公司的销售人员、分销商、中间商或消费者，以此获得正确的市场信息。在大多数原始资料的收集过程中，调研人员询问调查对象，了解他们对某一话题的想法或者断定他们在特定情况的可能表现。市场营销研究方法可分为两个基本类型：定量研究与定性研究。不管采用哪种方法，营销者都对获取市场信息感兴趣。

定量研究通常要求大量的调查对象以一种具体的答题模式（如以"是"或"否"回答，或者从提供的选择项中挑选答案）口头或笔头回答事先设计的问题，这些问题的设计旨在了解调查对象的行为、意图、态度、动机及人口特点。定量研究使营销者能够较为精确地估计人们的反应。调查的结果可以用百分比、平均数或其他统计数字加以概括。例如，在 A 与 B 两种产品中，76％的调查对象更喜欢 A 产品等。调研通常均与定量研究有关。问卷调查一般通过私人采访、邮寄、电话及最为流行的互联网进行。

进行定性研究时，所问的问题几乎总是开放式的或具有一定的深度。这些自由的回答可反映出回答者对某一研究主题的想法及情感。市场调研另一个重要的定性研究方法是对正在选购商品的消费者或产品的使用情况进行直接的观察。例如，为了准确把握保健服务的出口，一位调研人员花了两个月的时间在美国与日本医院里观察分娩习俗。日产汽车公司为了直接观察美国人的汽车使用情况，派了一名调研人员与美国的一个家庭住在一起(租了他们家一间房，住了六个星期)。定性研究旨在了解“调查对象是怎样的人，即了解他们的观点、情感，他们的情感与观念、态度与观点的相互影响，以及他们最终的行为”。最常用的定性调查的方式是访谈，经常与个人做深入的交谈虽然花费的资源更少，却同样富有成效。

在国际市场调研中进行定性研究是为了更明确地确定问题并做出更清晰的定义，同时也为了确定随后的研究中所要调查的有关问题。另外，如果公司的兴趣不在于掌握有关方面的具体数字，而是集中在对市场的了解上，那么也采用定性研究。

定性研究有助于揭示社会文化因素对行为模式的影响，有助于提出能在随后的研究中加以检验的研究假设，这些研究旨在确定定性资料收集过程中没有涉及的概念和有关关系的定量化描述。宝洁公司是此类研究的首批采用者之一。该公司系统地收集消费者的反馈信息已有约 90 年的历史。它是首家对中国消费者进行全面深入研究的公司。1994 年宝洁公司开始与中国卫生部合作制订牙齿保健计划，现在这些计划已普及至近百个城市中的数千万名儿童。该公司为中国消费者推出多种不同口味的佳洁士牙膏及各种不同颜色的牙刷。考虑到家电工业技术的不断发展，宝洁公司还与洗衣机生产厂家进行合作研究以开发出最好的产品。宝洁公司在埃及进行市场调研时将定性研究与定量研究结合起来，它的一些具体做法提供了一个很好的例子。

2. 收集原始资料过程中的问题

在国外收集原始资料时遇到的问题与在美国所遇到的问题大同小异。如果研究问题明确且目标合适，那么原始资料调研的成功与否取决于调研人员获取与调研目标有关的正确、真实的信息的能力。在进行国际市场调研时，收集原始资料所遇到的问题大部分源于国与国之间的文化差异，包括从调查对象不能传达他们的观点到调查问卷翻译不恰当等诸多问题。

1) 传达观点的能力

能否表达对一个产品或概念的态度与观点取决于调查对象能否发现该产品或概念的益处与价值。如果人们不懂得商品的用途，或者这些商品在某一社会使用不普遍，或者从来买不到，那么就很难形成对这些商品的需求、态度和看法。譬如，一个人若从来没有体会过办公室电脑的好处，他就不可能就有关计算机新软件的购买意向、喜欢或不喜欢，精确地表达自己的感受或提供任何合理的信息。产品概念越复杂，就越难设计能帮助调查对象传达有意义的看法与反应的调研内容。这些情况给国际市场调研人员提出了挑战。没有哪家公司比 Gerber 公司更能理解在表达方面有局限性的消费者。Gerber 公司的消费者也许是婴儿，而婴儿不会讲话更不会填写调查表。经过多年努力，Gerber 公司发现在市场调研中与婴儿及他们的母亲交谈及对他们进行观察是非常重要的。在一项研究中，Gerber 公司发现母乳喂养的婴儿比用奶瓶喂养的婴儿能更快地适应固体食物，因为母奶的味道会因母亲饮食的变化而变化。例如，如果母亲最近吃了大蒜，就会发现她们的婴儿吮吸的时间比平时长且更加用力。在另一项研究中，对世界各地的断奶习俗进行了研究。

2）回答的愿意程度

为什么许多人不愿意或不能够回答调查问题？文化差异为之提供了最好的解释。男子的地位，基于性别的私人调查的合适程度以及其他与性别有关的问题都会影响人们回答调查问题的愿意程度。在一些国家，丈夫不仅挣钱而且完全支配钱的花法，因为开支由丈夫决定，所以要判断对许多消费品的偏好与需求就应该去问丈夫而不是妻子。在一些国家，妇女永远不会同意接受一个男子或陌生人的采访。法裔加拿大妇女不喜欢被人询问，即使有人问她，也可能不予回答。在一些社会里，如果向一个男人询问剃须习惯或个人衣着方面的品牌偏好，他一定会认为有失他的尊严；如果调查人员是女性，情况会更糟。

如果有人问的问题涉及任何能进行征税估计的话题，他就会立刻被怀疑是收税代办人。逃税是一种被许多人接受的行为，是手段高明者的骄傲。凡是存在这种态度的地方，纳税多少似乎常常由政府武断地估算，这导致了许多公布信息的不完整或使人产生误解。印度政府有一次在人口普查中暴露的问题之一是房东为了隐瞒实际租住人数而少报房客数量。他们一直非法地将房屋转租给他人并掩盖自己的行为，不让税务部门知道。

在美国，证券交易管理委员会要求公有公司定期公布某些经营数据。但是，在许多欧洲国家，公布这些数据是件很难的事，即使公布了也非常勉强。由于怀疑及为了竞争而保守秘密的传统，争取商人合作开展旨在获得库存与销售信息的库存研究的努力常碰到强大的阻力。这些阻力的克服需要调研人员心甘情愿地去一步一步处理问题。随着零售商对调研人员信任的产生，随着他们意识到收集的资料的价值，他们会提供越来越多的信息。除了商家不愿回答调查问题外，不发达国家的当地官员也会干预研究，因为他们相信这些研究具有颠覆性，必须加以制止或干扰。在这种情况下，与当地官员在一起呆上一会儿就可避免几天的耽搁。

尽管诸如此类的文化差异会使调研难于开展，但调研并非完全不可能。在有些社会，地方著名人士可以充当采访者(其他人采访会被拒访)。在其他情况下，可以由职业人员及当地学生充当采访者，因为他们了解市场。采用不太直接的测量技术与非传统的资料分析方法也可能更为合适。一项研究显示，如果直截了当地问日本超级市场的采购员，在备货时品牌的国别(外国的或本国的)是否重要，他们会说相对来说不重要。但是如果以一种间接的、成对比较的方法询问，他们会证实品牌的国别是最重要的因素。

3）实地调查中的取样

取样的最大问题源于缺乏充分的人口统计资料以及得不到可以从中选取有意义样本的名单。如果不能获得当前的、可靠的名单，那么取样就会变得更加复杂且通常不太可靠。在许多国家，得不到电话号码簿、有对照索引的街区图、人口普查区划资料，有关人口的详细的社会与经济特征的资料往往陈旧过时，因此调研人员不得不对总体的特点和参数进行估计，有时由于缺乏基本的数据，无法做出准确的估计。

在一些南美、墨西哥及亚洲的城市，没有城市街道地图。在一些亚洲大城市，街道不标名，房屋不标号，这使调研人员更加摸不着头脑。相反，在日本和中国台湾地区，可以得到有关个人的精确的人口调查资料，这对调研非常有利。在这些国家和地区，如果搬家，必须先向政府机构递交最新资料，才能得到诸如水、电、气及教育等公共服务。

调查中各种交流手段（邮寄、电话与私人访谈）的作用受到限制。在许多国家，电话的拥有率极低，除非调查仅针对富人，否则电话调查几乎没有什么价值。在斯里兰卡，不到1%的居民拥有电话，即使调查对象装有电话，调研人员也许仍然不能打通电话。

缺乏详细的社会与经济信息也会影响取样技术的充分程度。例如，不进行年龄段的划分，调研人员永远无法确定需要年龄标准的代表性样本，因为在样本中没有年龄分布的比较基础。但是，缺乏详细的信息并不妨碍取样，只是使取样更困难。在这种情况下，许多调研人员不采用概率抽样技术，而是依靠取自市场或其他公共集会场所的方便样本。

麦当劳公司最近在取样问题上遇到了麻烦。该公司是否有权在快速崛起的南非市场使用自己的商标名，在这一问题上公司与司法部门发生了争端。公司的部分理由是说南非人记得麦当劳这一名字，公司为诉讼提供证据而进行的两项调查表明，大部分被调查者听说过该公司的名称且能识别其商标。但是审理该案的最高法院的法官对此证据持否定态度，因为调查是在"第一流的、白人居住的"郊区进行的，而76%的非洲人口为黑人。取样错误是法官们驳回麦当劳公司诉讼的部分原因。

对于以邮寄方式进行调研的市场调研人员来说，邮寄名单的不充分与糟糕的邮政服务也会成为问题。在尼加拉瓜，邮件递送耽搁几个星期并不少见，而且由于信件只能在邮局投寄使预期的回件大大减少。如果调查是在另一国通过邮寄进行的，那么除了国家之间的邮政服务可能不良以外，信件投递与回信收悉所需的时间的延长也会阻碍邮寄调查方法的采用。尽管航空邮寄大大缩短了这一时间，但同时也使成本有较大的提高。

随机抽样过程中碰到的各种问题包括：① 没有官方认可的人口普查。② 没有可用作取样框架的其他名册。③ 不完整的、过时的电话号码簿。④ 没有人口集中地区的精确地图，因此不能抽取群体（地区）样本。

尽管并非所有国家都存在上述情形，但是这些情形说明了当公司打进许多外国市场时，为收集原始资料需要创造性地应用调研技术。

4）语言与理解

在国外进行调研时碰到的最普遍的问题是语言障碍。语言的差异以及精确翻译的困难使得调研人员难以得到所期望的具体信息并影响对被调查对象的回答的理解。并非所有语言都拥有相同的概念。例如，家庭在不同的国家里有不同的含义。在美国，家庭通常只指父母、子女，而在意大利及许多拉丁美洲国家，家庭可包括父母、子女、祖父母、伯（叔）父、伯（叔）母及堂兄（弟姐）妹等。家庭成员的称呼在不同的使用背景中会有不同的含义。在印度文化中，父亲的兄弟姐妹与母亲的兄弟姐妹分别有不同的称呼。爱是个普遍的概念，但不同文化有不同的表达爱的方式。接吻在西方是表达爱的一种方式，但与许多东方文化格格不入，甚至是一些东方文化中的禁忌。

另外，调研人员不能以为只要将问卷翻译成调查地区所用的语言就可以了。例如，将 retail outlet（零售店）中的 outlet 一词翻译成西班牙语，结果委内瑞拉人将其理解成电源输出端、河流入海口以及通向院子的通道。不用说,这样的回答虽然有趣却全无用处。因此总是有必要让以目标国语言为母语的人对所有翻译材料做最后的修改。

3.2.2　二手资料的收集和分析

二手资料又称为间接资料,是至少一次以上被引用的关于该事件的叙述,是他人为某种目的已经加工整理好的资料。二手资料的特点:成本和时间少;可获得性;准确性较差。二手资料包含内部资料和外部资料,也包含访问查找资料和购买的资料。二手资料可以通过参考文献查找法、手工检索查找法、计算机网络检索法收集。

1. 二手资料的来源和利用

在国际市场调研中,调研的范围很广,而营销者对外国基本的社会经济与文化模式又缺乏了解,所以对那些在美国通常可作为二手资料获得的信息有很大的需求。美国政府提供了有关美国的综合性统计资料,它对其人口、住房、工商业及农业进行定期调查,有的已经进行了一百多年。有关美国市场的详细信息的其他来源还包括商业性信息机构、行业协会、管理团体、州政府和地方政府。

日本在资料的获得方面仅次于美国,一些欧洲国家在资料的收集与公布方面也做得很好。事实上,在某些方面,这些国家收集的资料的质量确实超过美国。但是,在许多国家,大量地收集资料工作才刚刚开始。由于联合国及经济合作和发展这样的组织的持续努力,在世界范围内资料的收集与公布情况正在得到改善。

2. 资料的可获得性

美国营销者习惯上能获得的关于美国市场的二手资料,在许多其他国家,有很多却无法获得。例如,在世界的许多地方,正像无法获得有关人口与收入的资料一样,人们无法获得有关批发商、零售商、制造商及服务性机构的数量的详细资料。大多数国家根本没有定期收集在美国可现成获得的那些二手资料的政府机构。如果这些信息很重要,那么营销者必须开展调研或依靠私人的资料来源。

3. 资料的可靠性

在公布营销数据时有意出错在大多数工业化国家也不少见,甚至在经合组织的一些国家里,也经常有意高估报刊发行量。欧洲共同体的税收政策也会对所公布数据的精确性产生影响,因为这些国家征收国内销售税,所以有关产量的统计数字常常不精确。有些公司为了使自己公布的销售额与税收部门的有关规定相符,而稍稍压低他们的产量统计数字。相反,外贸统计数字也许会被稍稍夸大,因为欧盟每个成员国都有某种形式的出口补贴。一个营销者如果依靠二手资料预测或估计市场需求,那么对这类“经修正统计数字”的了解是极其重要的。

4. 资料的可比性

外国营销者面临的第三个问题是获得的资料缺乏可比性。在美国,可以得到现成的对当前社会经济因素及商业指数所做出的可信的、有效的估计的有关资料。在其他国家，尤其是那些不发达国家，获得的资料可能是许多年以前的，也可能是偶尔的不定期收集的。自然，许多这些不发达国家正在发生的社会经济的迅速变化使得资料的及时性成为一个极其重要的问题。而且，即使现在许多国家正在收集可信的资料，但是通常没有可资比较的历史资料。另一相关问题是数据资料的收集及公布方式。资料往往按不同类别公布或者由于所分类别太宽泛而没有具体价值。例如，“超市”这一名称在世界各地具有不同的含义。日本的超市与美国的超市迥然不同。日本的超市通常占据2～3个楼层，它们在各层分别出售食品、日用品及服装，有些甚至出售家具、家用电器、文具与体育用品，并设有饭店。日本的杂货店、购物中心和百货商店与美国的同名商店也有所不同。而且，来自不同国家的资料常常无法进行比较。一份有关欧洲跨境零售店的审计资料的比较中所存在的问题的报告说：“有人以这种方法定义市场，有人以那种方法定义市场；有人以这种方法划分价格种类，有人以那种方法划分价格种类。甚至同一研究机构对审计周期的规定也因国而异。”结果，大部分审计资料无法进行比较。

5.验证二手资料

许多国家在资料的搜集与准备方面的高标准与美国的标准相仿，但是对二手资料，不论其来自哪里(包括美国)，都必须进行仔细的审核与说明。事实上，为了能有效地判断二手资料来源的可靠性，必须提出以下问题：

(1) 资料是由谁收集的？是否有故意歪曲事实的理由？

(2) 收集资料的目的是什么？

(3) 资料是怎样收集来的？

(4) 根据已知的资料来源或市场因素，这些资料内部是否一致，是否合乎逻辑？

检验一组二手资料是否与已知正确的其他资料一致是判断资料正确性的有效的常用方法。譬如，调研人员可根据育龄妇女的人数与出生率来检验婴儿用品的销售量的有关数据是否正确，或者根据有关医疗设备的销售量来检验医院病床数量的数据是否合理。

总的来说，记录的二手资料的可获得性与正确性随着经济发展水平的提高而提高。当然也有例外，印度的发展水平比许多国家都低，但其政府所收集的资料却精确且较全面。

幸运的是，随着各国越来越认识到广泛精确的国家统计资料对经济有序增长的价值，人们对收集高质量统计资料的兴趣也在增加。人们对提高国家统计资料质量的这一兴趣使得资料的可获得性在最近20年里有了显著的提高。但是，如果得不到资料或没有充足的二手资料来源，就有必要着手收集原始资料。

实际上，现在几乎所有可获得的有关国际市场的二手资料均可从互联网上获得。譬如有关国际金融、人口统计、消费及进出口的综合性的统计资料，只要查找一个资料源(即美国商务部的网址 www. stat-usa-gov.)即可得到。许多其他的政府、机构及商业资料库也可以输入互联网。

3.3 国际市场调研的主要步骤

3.3.1 国际市场调研的步骤

1. 确定市场调研目标

进行国际市场调研，首先要明确市场调研的目标，市场调研的目标不同，调研的内容和方法都将有所不同。

假设调研目标是海外电商市场容量及趋势，那么调研内容应该是互联网用户数；互联网普及率；移动电话、智能手机、平板电脑等设备普及率；网购人群规模、年龄段；电子商务销售额、年增长率、移动电子商务销售额等。

若调研目标是了解各国电商平台情况，那么调研内容就要考察几个关键网站的各国流量占比，如亚马逊、速卖通网站在不同国家的流量占比不同。如在美国，亚马逊的流量占到所有网站的 65.83%，速卖通则占到 14.06%；而在俄罗斯，亚马逊的流量仅占到 3.36%，速卖通则占到 15.4%。

若调研目标是海外消费者购物习惯，则需要调研目的国消费者的网站使用习惯（常用的综合性购物网站、用户体验最佳的 10 个购物网站）、搜索习惯（用户量最大的 10 个购物搜索引擎）、支付习惯（信用卡是美国电商消费者最常使用的支付方式）、购物时间（如美国网上购物高峰期为感恩节前一周到元旦；电商打折力度最大的时间为感恩节后一天。

若调研目标是海外电商风险情况，则调研内容应该是隐私和数据保护、海关和关税、知识产权和标签、在线和移动欺诈。

而若调研目标是海外市场竞争者，则调研内容应包含网络竞争者识别（行业角度、市场角度、企业竞争角度）、网络竞争者优劣势分析（产品、研发能力、渠道、资金实力、市场营销、组织、生产经营、管理能力）。

2. 设计调研方案

一个完善的市场调研方案一般包括以下几方面内容：

（1）调研目的具体化。根据调研目标，在调研方案中列出调研目的的具体要求。

（2）明确调研对象。根据细化后的调研目的，明确调研对象。市场调研的对象一般为消费者、零售商、批发商。零售商和批发商为经销调研产品的商家，消费者一般为使用该产品的消费群体，不过在有些情况下产品购买人群与消费人群并不重合，如奶粉。

（3）整理调研内容。调研内容是收集资料的依据，是为实现调研目标服务的，可根据市场调研的目的确定具体的调研内容。例如，调研消费者行为时，可按消费者购买、使用和使用后评价三个方面列出调研的具体内容项目。调研内容的确定要全面、具体，条理清晰、简练，避免面面俱到，内容过多，过于烦琐，避免把与调研目的无关的内容列入其中。

（4）设计调查表。如果要做问卷调查，那么还需要设计调查表。调查表是市场调研的基本工具，调查表的设计质量直接影响到市场调研的质量。设计调查表要注意以下几点：

① 调查表的设计要与调研主题密切相关，重点突出，避免可有可无的问题。

② 调查表中的问题要容易让被调查者接受，避免出现被调查者不愿回答，或令被调查者难堪的问题。

③ 调查表中的问题次序要条理清楚、顺理成章、符合逻辑顺序，一般可遵循容易回答的问题放在前面，较难回答的问题放在中间，敏感性问题放在最后；封闭式问题在前，开放式问题在后。

④ 调查表的内容要简明，尽量使用简单、直接、无偏见的词汇，保证被调查者能在较短的时间内完成调查表。

(4) 确定调研范围。调研范围应与产品销售范围相一致，如果商家要做亚马逊欧洲平台，那么调查地区主要就在欧洲范围即可。

(5) 调研方法。国际市场调研是复杂细致的工作，必须有严格、科学的程序和方法。具体有案头调研法(第二手资料调研或文献调研，如企业内部有关资料、本国或外国政府及研究机构的资料、国际组织出版的国际市场资料、国际商会和行业协会提供的资料)、实地调研法(国际市场调研人员采用实际调研的方式直接到国际市场上搜集情报信息，包含询问法、观察法和实验法)、抽样调查法。如果需要问卷调查，则需要确定调查样本数量和抽样方法，一个中等以上规模城市市场调研的样本数量大概为 200 个到 1 000 个，抽样可以采用简单随机抽样法、系统抽样法、分层抽样法、整群抽样法、多阶段抽样法。今天很多调研活动都采用网上市场调研方法(诱导访问者访问、利用电子邮件询问者、在企业站点上调研)、网上德尔菲调查法(利用企业站点搜集市场信息，选择搜索引擎，再利用数据库，在互联网上寻找适合的市场信息调研内容)。

(6) 确定所需收集的资料。资料收集方法有观察法、专题讨论法、调查法、实验法，因此获得的资料可以分为“一手资料”和“二手资料”。资料的整理方法一般可采用统计学中的方法，利用 Excel 工作表格，可以很方便地对调查表进行统计处理，获得大量的统计数据。

3. 开展调研活动

开展调研活动前，先需要制订调研工作计划。计划中应该包含：

(1) 组织领导及人员配备。建立市场调研项目的组织领导机构，可由企业的市场部或企划部来负责调研项目的组织工作，针对调研项目成立市场调研小组，负责项目的具体实施工作。

(2) 调研人员的招聘及培训。调研人员可从高校中的经济管理类专业的大学生中招聘，同时要对调研人员进行必要的培训，培训内容包括调研的基本方法和技巧、调研的基本情况、实地调研的工作计划、调研的要求及注意事项等。

(3) 工作进度。将市场调研项目整个进行过程安排一张时间表，确定各阶段的工作内容及所需时间。市场调研包括以下几个阶段：第一，调研工作的准备阶段；第二，实地调研阶段——问卷的统计处理、分析阶段；第三，撰写调研报告阶段。

(4) 费用预算。市场调研的费用预算主要有调研费用、调研人员培训费、调研人员劳务费、礼品费、统计处理费用等。企业应核定市场调研过程中将发生的各项费用支出，合理确定市场调研总的费用预算。

组织实地调研的时候应根据实际情况来制订：如要对目的地同市场环境、商品及营销情况进行调研，一般可派出推销小组深入国外市场以销售、问卷、谈话等形式进行调研（一手资料），或者通过各种媒体（报刊、杂志、新闻广播、计算机数据库等）寻找信息资料（二手资料），或者可以委托国外驻华或我国驻外商务机构进行调研。通过以上调研，企业基本上可以解决应选择哪些产品进入目标市场，使用什么样的价格。

4. 统计分析结果

实地调研结束后，即进入调研资料的整理和分析阶段，收集好已填写的调研表后，由调研人员对调研表进行逐份检查，剔除不合格的调研表，然后将合格调研表统一编号，以便于调研数据的统计。调研数据的统计可利用 Excel 电子表格完成；将调研数据输入计算机后，经 Excel 软件运行后，即可获得已列成表格的大量的统计数据，利用上述统计结果，就可以按照调研目的的要求，针对调研内容进行全面的分析工作。

5. 撰写调研报告

调研报告的基本要求：客观真实、实事求是、调查资料和观点统一、突出市场调研的目的、语言简明准确易懂。调研报告的格式一般由标题、目录、概述、正文、结论与建议、附件等几个部分组成。调研报告的内容包含调研目的、调研背景、调研对象、调研数据与分析、调研结论与理由、解决方案建议、预测风险。

3.4　跨境电子商务相关的市场调研案例

3.4.1　案例一：调研欧洲国家电商消费习惯

调研内容分析：电商消费习惯可以从以下几个角度理解：消费者性格、消费水平、搜索习惯、支付习惯、网购习惯、网购平台。下面列出部分的调研数据来举例说明。

1. 消费者性格（以英国、法国、德国、西班牙为例）

英国人（西欧）性格上的特点是：冷静持重、自信内敛、注重礼仪、幽默守旧、崇尚绅士风度、懂得形象管理；喜欢按部就班、精明、注重性价比；热爱足球运动，可以用疯狂来形容。因此，英国买家普遍非常追求质量和实用主义，讲究效率，关注细节，会很认真地查看产品的详细描述，在讨价还价的同时对品质的要求一分不减，对于交货期限也是如此，如果产品延迟到货又没有对此进行调解，可能会导致罚款甚至取消订单（值得一提的是，英国的批发商非常喜欢试订单，总爱在大量订购前尝试性地订一到两个样品）。英国网购者在意商品包装，英国主要的包装供应商 Macfarlane Packaging 最近公布的调查结果显示，在网络购物的过程中，令网购者最为不悦的事是收到的货品包装不当。

法国人一般都比较注重自己的民族文化和本国语言，天性浪漫、重视休闲，时间观念不强；懂得享受、喜欢休假、追求浪漫舒适的生活；爱美、爱促销、喜爱宠物、谈吐优雅、讲究方便与自动化、喜欢打折商品；对商品的质量要求十分严格，条件比较苛刻，同时他们也十分重视商品的美感，要求包装精美。

德国人注重生活品质，轻外在追求，购物比较注重性价比，对促销商品比较喜爱，热衷高科技产品，信守合同，崇尚契约，喜欢发货准确性高、速度快的，德国人宁可多付款来换取高质量产品和准确的交货日期。德国人的消费观念与其他国家相比相对理性，在谈判前就做好充分周到的准备工作，基本上不会冲动消费，购买奢侈品的人比较少，相对于外在的追求，他们更注重的是生活的品质。此外，德国人很看重节日，每当重大节日时都会跟朋友互赠礼物，借此联络和增强感情。

西班牙人通常乐观向上、无拘无束又讲求实际、热情奔放但难以认错。热情大方，非常容易跟他们交朋友，无论何时，都能像老友那样侃侃而谈。西班牙的消费者是非常追求时髦的，他们的时尚风向标是 Vogue 杂志，有相关产品的卖家如果想打入西班牙市场不妨多关注下他们喜欢的风格。

2. 消费水平（以英国、法国、德国、意大利为例）

英国人均月收入折合人民币大约 21 410 元，大约是北京、上海平均工资的 2 至 3 倍；英国的物价大概相当于我国的 6 至 7 倍；生活方面如吃喝较贵，但是房价相比我国按比例的话还是略便宜的。

法国人均月工资是 1 500 至 1 700 欧元，大约 20 191 元人民币，法国物价近几年涨得很快，法国民众认为每月平均缺少 578 欧元。

德国人均月工资是 2 500 至 2 700 欧元，大约 19 610 元人民币。作为一个发达国家，德国有些东西其实比中国的还要便宜。

意大利人均月工资是 2 300 至 2 500 欧元，大约 17 468 元人民币。总体来说，与我国物价相比差不多，但罗马、米兰物价高。

3. 网购习惯

根据 Wenga-Solutions 的调查显示，英国人目前最喜欢的产品类别是服装，其次是书籍和家电、鞋类、生活用品、媒体和娱乐、翻新品、化妆品、汽车配件、节日服装、户外装备、收藏品，以家居园艺类和汽配类商品为代表的大中华区卖家成长最快的品类也榜上有名。

英国电信局最新发布的一份报告显示，与其他 16 个主要国家相比，英国人最热衷于网上购物，英国大约有 6 490 万人口，其中 93%是互联网用户，81%的用户能熟练地进行网购。节日是网上购物的高峰，圣诞节期间尤为突出，一方面关注商家竞相打折销售，另一方面是网上礼品销售服务。大多数英国消费者喜欢在上班期间(当地时间上午 9 点，北京时间下午 3 点)进行网购；另一个时间是在午夜时分至早上 6 点，英国购物网站内的流量往往会暴增 30%左右，在午夜时分，习惯夜间活动的游戏玩家们此时往往会下单购买新的游戏机，而在早餐前的一段时间，校服和儿童鞋是最热卖的商品。

74%的法国网购者购买最多的商品品类是衣服，其次是休闲用品。70%的法国网购者最常购买的是休闲用品，网民愿意购买消费类电子产品、家居用品、家电、健康美容产品及其他服务。法国人喜欢购买的商品还有高科技产品、旅游和服装、时装箱包、皮具配饰和香水。法国人在购物方面的搜索网站较为常用的有亚马逊、eBay，品牌有 Nike、迪卡侬、Fnac、讽拉、乐都特、H&M、爱迪达、欧尚。类目有鞋、手表、服装、礼物、脚踏车，其中服装男士衣装和连衣裙搜索量较高，网络购物最高峰时间为早上十一点半左右。法国人在网上购物时，43%的受访者称网购时会用搜索引擎，并且26%的人对搜索结果里的图片很看重。法国消费者不喜欢使用移动设备进行购物，主要担心泄露数据隐私，46%的受访者称他们最担心个人信息的泄露。法国网民中超一半的网民表示会经常在跨境电商平台网购商品和购买服务，其中有28%的用户表示会每两到三个月购物一次，只有不到20%的用户表示一年只购物一两次。

德国人购物热门品类有家居、家具、办公用品（源于对生活、工作的严谨、热爱），此外还有宠物和运动类产品。德国本土的产品已经足够优质了，所以其他国的产品要想在德国市场上立足，就需要在品质上精益求精，才能得到德国人的认可，如把一支笔制作成一件工艺品。

德国消费者对于网购的认识中，认为最重要的一点是收到的货物要与自己所买的商品一致，其次就是发货速度要快并且及时，产品性价比要高。合理的运费和退货费用、准确的产品分类、有效的产品详细介绍均给人以值得信赖的感觉。因此，要提供比较全面的产品、便捷的搜索框，以及好的产品质量。在跨境电商平台上，德国的退货率很高，将近50%，这与德国的法律和他们的消费行为有关。德国的法律规定，网购时，消费者可以将没有开封的商品在14天内退回，而德国人也经常会购买多个颜色或者尺码的商品，在试用过后将不满意的那部分退掉。德国人通常周六网购最多，达到30%，其比例超过周一、周二、周三的总和，特别是体育用品。其次是周五（20%）及周日（14%）。至于购物时间段，在下午六点到午夜购物的消费者比例达61%，在晚上购买服装和鞋类的消费者比例达63%。

西班牙人购买中国产品较多的是3C产品（其中手机整机最受欢迎，中国品牌的手机在西班牙的搜索也是逐年上涨）、服装、鞋、包、配饰（符合当地审美的）、医疗保健产品、旅行产品，以及符合当地文化的产品（如扇子、猫头鹰元素产品）。

西班牙互联网普及率达88%；手机普及率达136%；智能手机普及率达86%；平板电脑普及率达32.7%；移动商务规模达17.5亿欧元；网络消费者达3.5亿人；2020年西班牙电商销售额为450亿美元，西班牙网络购物者人均每年网上购物消费为1 127美元。西班牙是欧洲第五大电子商务市场，每年人均在线消费326美元，7.8%的在线消费者喜欢从电商网站购买商品，西班牙人对中国商品的认可度比较高，从出口数据来看，在每年进口中国产品的国家排名中，西班牙位列第五。在西班牙，网购的购物车转化率和购买转化率是欧洲最低的，仅高于意大利。西班牙人非常在意购物的社交意义，因此网友的推荐能够促使他们最终下单。西班牙购物人群男性居多，且年龄在25至34岁之间最多；西班牙国家的人特别喜欢便宜、折扣。

此外，在欧洲国家中，英国和德国消费者2020年节日购物季花费最高，分别达395亿欧元和420亿欧元。法国消费者节日购物季销售额达260亿欧元。西方国家主要网购节日有Black Friday（感恩节后的第一个星期五）和Cyber Monday（感恩节后的第一个星期一）。北欧国家“黑色星期五”销售额与2019年相比增长了120%，但也有一些欧洲国家，“黑色星期五”不是最大的网购节日。例如，荷兰和奥地利，这两个国家大部分节日购物季网上营收来自当天。

4. 在线购物网站

在英国,eBay 很吃香,根据 eBay 内部数据显示,英国消费者最喜欢在移动设备上购买大中华区卖家的商品,移动购物占比最高。常用的购物网站有:

www. amazon. co. uk; www. argos. co. uk; www. kitbag. com; www. little woods. co. uk; www. ebay. co. uk。

在法国,Fnac、Cdiscount 和 Mistergooddeal 网站中的高科技产品浏览率最高。eBay 为法国浏览率最高的网站。越来越多的网民在年底节日和大减价季节上网购物。单从 PC 端访问量来看,2016 年第二季度,亚马逊高出第二名本土电商 Cdiscount 近一半的月均独立访问量而位居首位。eBay 以 731.5 万次的访问量排在第四。此外一些以线下业务发家的零售销售商在电商领域的表现也十分抢眼。

3.4.2 案例二:互联网调研

目前共有遍布超过 194 个国家中的 2 000 多万名互联网用户,尽管大约 58%的用户在美国,但是世界各国互联网使用的增长速度几乎是美国的两倍。哥斯达黎加等国政府于 1989 年决定将计算机重新划归为“教育工具”,因此取消计算机硬件的所有进口关税,这一决定刺激了这些国家中互联网使用的增加。世界范围用户的人口统计数据为:男性占 40%~60%;平均年龄约 32 岁;受过高等教育者约占 60%;平均月收入约 6 万美元;使用时间每周约 2.5 小时;主要进行电子邮件收发及查找信息。网页语种为英语 82.3%,德语 4.0%,日语 1.6%,法语 1.5%,西班牙语 1.1%,其他不足 1%。

对于许多公司来说,互联网为他们提供了进行种种国际市场调研的一个新的日益重要的工具。新的产品观念及广告文字可以在网上进行试验以得到迅速的反馈。也许可以建立起全世界有代表性的用户对象组,从而通过国际样本帮助检验营销方案。事实上,已有人指出国际调研中互联网的 6 种用途:

(1) 网上调查,这些调查可包括对参与的鼓励,而且比费用更高的邮寄或电话调查具有更好的“分叉”能力(根据先前答案问不同的问题)。

(2) 网上重点小组(on-line focus groups)。

(3) 网络访问者跟踪,发送者可通过网址自动跟踪访问者的漫游,并记录漫游时间。

(4) 广告衡量,发送者跟踪与其他网址的联系,因此可以对他们的效果做出评价。

(5) 顾客识别系统,许多公司正在安装登记程序,使它们能时刻跟踪访问及购买,从而建立一个虚拟的有代表性的用户对象组。

(6) 电子邮件营销名单,可以通过互联网让将来愿意为营销直接做出努力的顾客在电子邮件营销名单上签名。

很明显,随着互联网的不断发展,更多种类的调研将变得可行,而且观察新的翻译软件通过互联网对营销沟通及市场调研所产生的影响程度会是件有意思的事。最后,正如许多国际营销中的情形一样,隐私受到了且将继续受到个人的重视及法律上的考虑。国际营销者面临的一个恼人的挑战是对私人秘密及征募愿意合作的消费者与顾客小组的跨文化的关心。

能在互联网上进行原始研究是互联网诸多令人兴奋的特点之一,但是这也有其严重的局限性,因为存在这样的潜在倾向,即偏重仅由互联网上调查对象构成的这个群体的倾向。不过,随着各国能进入互联网的普通大众越来越多,互联网进行原始研究的工具将变得更具效力、更加精确。

今天对于国际市场调研,互联网真正的威力在于能够轻易地获得大量的二手资料。多少年来这些资料一直从出版物中获取,但现在则容易得多,而且在许多情况下,资料更新。现在不再需要翻阅参考书籍寻找两三年前的资料(大多数印刷的资料都是如此),而常常可以通过互联网获得最新资料。诸如 http://stat-usa.gov 这样的网址提供了几乎所有美国政府出版的资料。如果想要知道正在运往一国的某一产品的数量,某一产品的进口税以及是否需要进口许可证,均可以通过互联网知道。

除了政府数据库以外,还有许多提供资料的私人网站,他们不收费或象征性地收些费用。例如,访问 http://www.exporthotline.com/guide 2.htm,就可找到 80 个国家的市场研究、商务电话号码簿、根据产品或国家列举的进出口情况,这些还只是该数据库的一部分内容。对于有兴趣在日本经商的人来说,一个日本的贸易组织 JETRO(http://jetro.go.jp)提供包括从如何在日本经商到某一产品研究的各种信息。同样,许多大学提供与全世界数据库有联系的网址,其中最好的一个是 http://www.ciber.bus.msu.edu/busres.htm。

第四章

跨境电子商务店铺注册操作

4.1 速卖通平台的商家注册和认证

4.1.1 速卖通平台的商家入驻要求

从2011年就开始做速卖通的一些卖家会发现,最初速卖通对于入驻开店的卖家几乎没有门槛和要求,只要拥有一个实名认证的支付宝账号,即可在速卖通平台进行开店注册,对于销售的商品要求也很少。这种宽松的政策带来积极和消极两方面的影响:积极的影响在于,吸引了大量的卖家,特别是那些没有雄厚资金实力、没有品牌或授权品牌销售的个人卖家,因此速卖通也一度被定为C2C跨境电子商务平台;而消极的影响在于,平台上的商品良莠不齐,带来了大量的问题,在国际上也有一些不良的影响。

2015年12月7日,速卖通发布平台最新入驻门槛,要求从2016年4月初开始,所有商家必须以企业身份入驻,不再允许个体商家入驻。而到2017年下半年,以企业身份入驻的商家,入驻时必须拥有品牌或者品牌授权,意味着商家准入将采用“双重标准”:企业身份、品牌。速卖通后台发表声明,要求没有添加商标的商品产品自行下架。2016年8月17日,速卖通进行了全平台大面积的仿品抽查,大批卖家的店铺被关闭,其中不乏每天300单的店铺。有近30%的个人卖家被强制清退。速卖通的定位也从C2C转为B2C模式。

目前速卖通平台商家入驻要求主要有以下三条:

(1) 必须以企业支付宝账号或企业法人支付宝账号在速卖通完成认证,所以入驻商家需先完成企业支付宝或企业法人支付宝的注册。需要注意的是,平台目前有基础销售计划和标准销售计划(两者的区别见表4-1-1)供商家选择,个体工商户商家在入驻初期仅可选择基础销售计划。

表4-1-1 基础销售计划和标准销售计划区别

	标准销售计划(Standard)	基础销售计划(Basic)	备 注
店铺的注册主体	企业	个体工商户/企业均可	注册主体为个体工商户的卖家店铺,初期仅可申请“基础销售计划”,当“基础销售计划”不能满足经营需求时,满足一定条件可申请并转换“标准销售计划”

续　表

	标准销售计划(Standard)	基础销售计划(Basic)	备　注
开店数量	不管个体工商户还是企业主体,同一注册主体下最多可开 6 家店铺,每个店铺仅可选择一种销售计划		
年费	年费按经营大类收取,两种销售计划收费标准相同		
商标资质	√	同标准销售计划	
类目服务指标考核	√	同标准销售计划	
年费结算奖励	中途退出:按自然月返还未使用年费 经营到年底:返还未使用年费,使用的年费根据年底销售额完成情况进行奖励	中途退出:全额返还 经营到年底:全额返还	无论哪种销售计划,若因违规违约关闭账号,年费将不予返还
销售计划是否可转换	一个自然年内不可切换至“基础销售计划”	当“基础销售计划”不能满足经营需求时,满足以下条件可申请“标准销售计划”(无须更换注册主体): (1) 最近 30 天 GMV(总成交额)≥2 000 美元; (2) 当月服务等级为非不及格(不考核+及格及以上)	
功能区别	可发布在线商品数≤3 000	1. 可发布在线商品数≤500; 2. 部分类目暂不开放基础销售计划; 3. 每月享受 3 000 美元的经营额度(即买家成功支付金额),当月支付金额≥3 000 美元时,无搜索曝光机会,但店铺内商品展示不受影响;下个自然月初,搜索曝光恢复	无论何种销售计划,店铺均可正常报名参与平台各营销活动,不受支付金额限制

资料来源:AliExpress 全球速卖通 2019 年卖家(中国)招商规则。

(2) 品牌:卖家必须拥有或代理一个品牌经营。可根据品牌资质,选择经营品牌官方店、专卖店或专营店店铺(三者的区别见表 4－1－2)。需要注意的是,仅部分类目必须拥有商标才可经营,具体以商品发布页面展示为准。

表 4-1-2　官方店、专卖店和专营店区别

店铺类型	官方店	专卖店	专营店
店铺类型介绍	商家以自有品牌或由权利人独占性授权(仅商标为R标且非中文商标)入驻速卖通开设的店铺	商家以自有品牌(商标为R或TM状态且非中文商标),或者持他人品牌授权文件在速卖通开设的店铺	经营一个及以上他人或自有品牌(商标为R或TM状态)商品的店铺
开店企业资质	需要完成企业认证,卖家需提供如下资料: 1. 企业营业执照副本复印件; 2. 企业税务登记证复印件(国税、地税均可); 3. 组织机构代码证复印件; 4. 银行开户许可证复印件; 5. 法定代表人身份证正反面复印件	同官方店	同官方店
单店铺可申请品牌数量	仅一个	仅一个	可多个
平台允许的店铺数	同一品牌(商标)仅一个	同一品牌(商标)可多个	同一品牌(商标)可多个
需提供的材料	1. 商标权人直接开设官方店,需提供国家商标局颁发的商标注册证(仅R标); 2. 由权利人授权开设官方店,需提供国家商标局颁发的商标注册证(仅R标)与商标权人出具的独占授权书(如果商标权人为境内自然人,则需同时提供其亲笔签名的身份证复印件。如果商标权人为境外自然人,提供其亲笔签名的护照/驾驶证复印件也可以); 3. 经营多个自有品牌商品且品牌归属同一个实际控制人,需提供多个品牌国家商标局颁发的商标注册证(仅R标); 4. 卖场型官方店,需提供国家商标局颁发的35类商标注册证(仅R标)与商标权人出具的独占授权书(仅限速卖通邀请)	1. 商标权人直接开设的品牌店,需提供由国家商标局颁发的商标注册证(R标)或商标注册申请受理通知书(TM标); 2. 持他人品牌开设的品牌店,需提供商标权人出具的品牌授权书(如果商标权人为境内自然人,则需同时提供其亲笔签名的身份证复印件。如果商标权人为境外自然人,提供其亲笔签名的护照/驾驶证复印件也可以)	需提供由国家商标局颁发的商标注册证(R标)或商标注册申请受理通知书复印件(TM标)或以商标持有人为源头的完整授权或合法进货凭证(各类目对授权的级数要求,具体见品牌招商准入资料)
店铺名称	品牌名+official store(默认店铺名称)或品牌名+自定义内容+official store	品牌名+自定义内容+store(默认店铺名称)	自定义内容+store(默认店铺名称)
二级域名	品牌名(默认二级域名)或品牌名+自定义内容	品牌名+自定义内容	自定义内容

资料来源:全球速卖通官网入驻要求。

(3) 技术:卖家须缴纳技术服务年费,各经营大类技术服务年费不同。经营到自然年年底,拥有良好的服务质量及不断壮大经营规模的优质店铺都将有机会获得年费返还奖励。

[独占授权书模板]

独占授权书

兹授权×××公司在××××××网站(www.xxxxxx.com)设立"××"品牌旗舰店。

授权期间为××年××月××日至××年××月××日。我公司承诺在上述期间内不在××××××网站设立"××"品牌旗舰店,亦不再授权其他公司在××××××网站设立该品牌旗舰店。

我公司郑重承诺:上述授权不可撤销。

授权公司公章: 被授权公司公章:

日期: 日期:

备注:1. 若商标权人为自然人,授权公司公章处需商标权人亲笔签名,同时需提供其亲笔签名的身份证复印件;2. 授权有效期起始日期应于申请实力商家服务日期之前,且剩余有效期需大于6个月。

[店铺起名战略]

(1) 从方针商场的视点起名。预先对自己的方针商场进行定位,就能够从方针的视点来起名。比如美国旧金山华人社区,有一家餐厅名叫"乡音阁",生意非常兴隆。这儿的客人多是华人,常年漂居海外的华人,多有一种思乡之情。工作之余找同乡一聚,以慰思乡之情,"乡音阁"便成为他们最佳的去向。

(2) 以自己的名字作为店名,中外都有许多。如"王麻子剪刀店"和"JOHNDEERE"。

(3) 以竞争的视角起名。假如名称起得好,就能添加自己的竞争优势。例如,"半点利商铺"即是从"一点利商铺"相互竞争的视角来起名的。运用这种起名方法,最主要的是要认清竞争对手的起名特征,然后对于这一特征,起一个比它更好的名字,然后打败对手。

(4) 从产地的视角起名。通常适用于那些运营土特产的商铺,或是运营某种具有共同风味的饭馆等。例如,将烧烤店起名为"内蒙烧烤屋""新疆烤串店",以此来标明自己提供给顾客的是原汁原味的"正宗"产品。再如,"韩国料理店""日本料理店"等也是依照这一思路来起名的。从产地的视点去起名,应留意所运用的产地最好是广为人知的闻名产地。假如是名不见经传的小地方恐怕难以起到极好的作用。

(5) 从花费者的视角起名。"万利商行""有财商铺"多是从运营者的角度起名的,它虽然适合运营者的需求,但不一定适合顾客的需求,甚至会使顾客产生厌恶感,给人以"市侩"的形象。从顾客的角度去起名现已成为众多商家和公司首选的起名思路。

名称应契合顾客的需求,使顾客产生好感,得到某种心里满意。例如,“及时雨典当行”“宴宾宾馆”“便民超市”“利民鞋业”“物美超市”等。

(6) 从文化传承的视角起名。商家起名融入特定的文化元素,使其具有一定的文化内涵。不仅能够提高档次,还能够引起更多顾客的留意。例如,“荣宝斋”“同仁堂”“敬修堂”“六必居”“嘉士堂”等。

(资料改编自 http://www.pfhoo.com/article/1372.html)

4.1.2 速卖通账号注册流程

第一步,打开速卖通中文官网,填写基本资料(邮箱需要阿里其他平台没用过的,最好注册一个全新的邮箱),如图 4-1-1 所示。

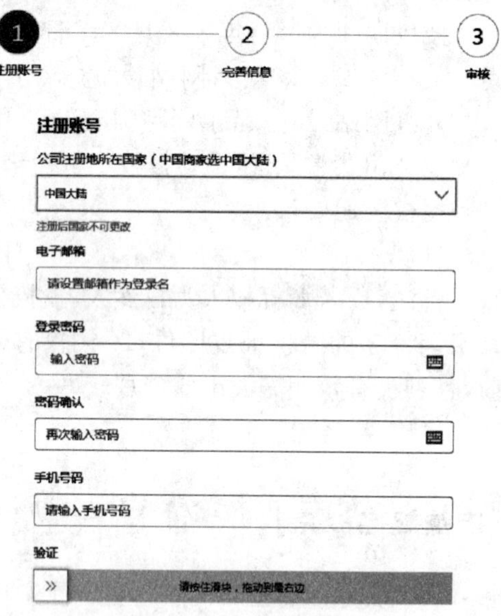

图 4-1-1　注册账号

第二步,进行支付宝认证,这里可以选择企业支付宝跟法人支付宝认证,其中一个就可以了,如图 4-1-2 所示。

通过之后会提示要提交公司营业执照,补充公司资料,点击提交,及时刷新后查看审核过程,最晚 2～3 天通过,即可进入后台。

(**注意**:如果这里提交公司名称提示异常,一般情况就是执照为新注册下来的,需要等上个 1～2 天)

第三步,进入后台,申请经营大类—跳转至我的申请,选择自己要做的类目即可,如图 4-1-3 所示。

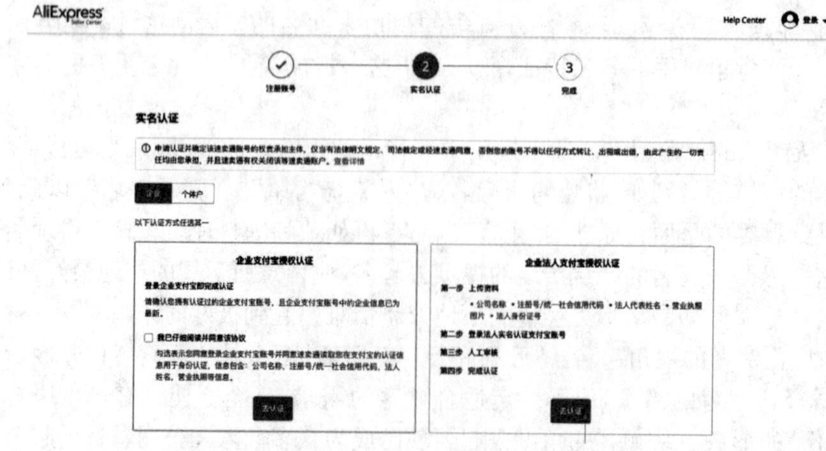

图 4-1-2　支付宝认证

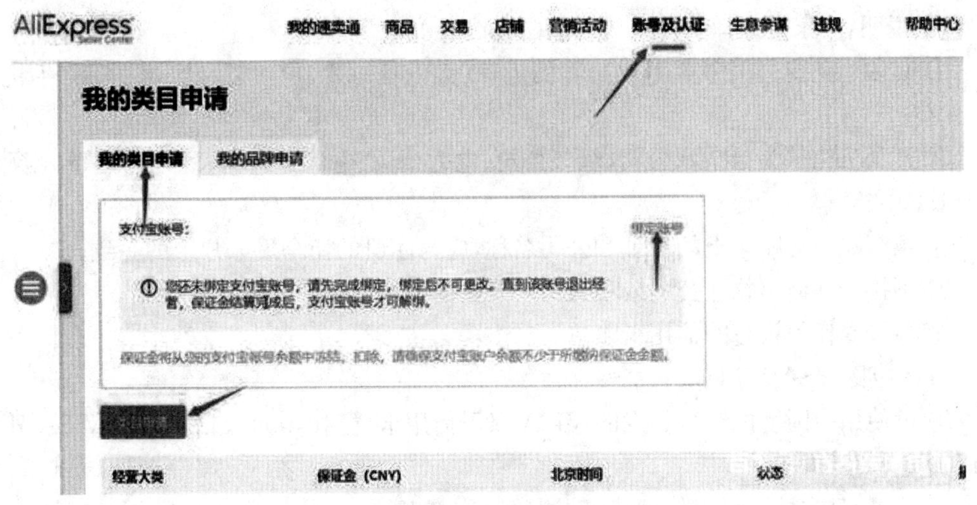

图 4-1-3　进行类目申请

大类目申请过后看对应类目需不需要商标，不需要商标的直接绑定支付宝冻结保证金。第四步，点击我的申请，会提示绑定支付宝账号（绑定后扣款会从余额宝里面扣）。

4.2　亚马逊平台的商家注册和认证

4.2.1　亚马逊平台的商家入驻

与速卖通初期允许个人卖家入驻平台不同，Amazon 一直以来均要求入驻平台的商家需要具有企业资质，也就是必须在中华人民共和国（港、澳、台地区除外）注册的企业，且需要具备销售相应商品的资质（个体工商户不能入驻亚马逊商城）。

1. 亚马逊全球开店入驻条件

(1) 法人实体营业执照彩色扫描件或复印件（中国香港公司则为公司注册证明书＋商业登记条例）。

① 中国大陆境内、香港特区、台湾地区注册的有限公司法人；

② 不接受个体工商户注册；

③ 不接受澳门特区法人；

④ 复印件应该清晰可读，营业执照不能过期，且营业执照上的公司名称应与注册的亚马逊账户上的名称一致。

(2) 身份证正反两面的彩色扫描件（应清晰可读）。

① 身份证明文件必须为以下语言之一：中文、英语、法语、德语、意大利语、日语、葡萄牙语或西班牙语，或者提供护照或公证翻译成其中一种语言的身份证明文件。

② 身份证上的姓名应与注册的亚马逊账户上的名称一致。

（3）公司账单或者法人个人账单（入驻美国站点不做强制要求，欧洲/日本站点暂不需要）。说明：卖家可选择上传或放置空白文档。

① 必须为正规公用事业单位出具的近90天内任一水/电/煤气/宽带/电话/手机账单/发票；

② 开具机构须为自来水公司、煤气公司、电力公司、电信分公司、税务机关等，必须真实有效；

③ 银行账户对账单上的地址和公司名称，应与注册的亚马逊账户上的一致；

④ 不接受任何由物业公司或私人房东开具的账单、发票、收据；

⑤ 不接受任何银行的信用卡账单。

（4）一张VISA信用卡。

① 可使用中国境内银行签发的VISA双币信用卡（能扣美元），日本站除VISA外也可用JCB卡（能扣日币）；

② 美国/日本站点可以使用持卡人为他人的信用卡；

③ 欧洲站点的信用卡持卡人必须为公司法人/受益人或者由公司承债的商务信用卡。

（5）一个海外收款账号（下列任意一种收款方式）。

① 海外银行借记账号（美国、英国、德国、奥地利、法国任何一国的当地银行账号）；

② 中国香港银行账号（非中国大陆境内银行属性）；

③ 第三方收款机构签发的跨境收款账号（如Pynre卡）：个人银行账户或者公司银行账户都可以；美国/日本站点可以使用别人的借记卡账号；欧洲站点如使用个人账户，则收款账号必须为法人/受益人的借记卡或银行账号。

（6）具备ISO 9001质量标准认证。

不论是哪种类型的卖家，均需要具备国际资质专业检测公司审核颁发的有效ISO 9001质量标准认证。生产厂商需提交ISO 9001质量管理体系认证，贸易服务商需提交所售产品工厂的ISO 9001质量管理体系认证。

（7）为了防止跟卖，最好注册商标，北美站用美标，欧洲站用欧标，还可以根据目的国注册英标、法标、德标等，起到双重保护作用。（**注：**为鼓励中国企业在海外注册商标销售，各地政府有不同的补贴，比如深圳对美标补贴5 000元/标，上限一个公司20万元；欧标补贴10 000元/标）（**另注：**注册美标1～2个工作日可以拿到回执，但回执不能用于平台备案。6～8个月后可以下载证书）。

2. 对于在亚马逊欧洲站点开店的，还需具备KYC审核资质

（1）工商注册信息（Business Registration Extract），即公司营业执照扫描件（需提供清晰彩色扫描）。大陆公司要提供营业执照。香港公司提供公司注册证明书＋商业登记条例。

（2）首要联系人和受益人（Primary Contact Pearson/Beneficial Owner）的身份证件，需要上传相关人员的护照扫描件：如果没有护照，可以提供身份证（正反面）加上户口本本人页的扫描件。

（3）公司费用账单（A copy of business from the following list）。需提供以下任意一张账单：水、电、燃气费用账单，固定电话账单，手机话费账单，网络费用账单，银行对账单，税务，保险及社保账单等。一般情况下，关于此项，对中国大陆公司不做要求，中国香港、中国台湾注册公司必须提供。

账单要求：开具日期在 90 天以内，公司名称需要与之前录入卖家平台的公司法定名称相符，要求账单地址和营业执照地址或实际运营地址相符。以上账单必须由公共事业单位出具。如果公司账单在房东名下，需要有正规房屋租赁合同来证明其中的关系。

（4）首要联系人和受益人的日常费用账单（A copy of household expenses from the following list）。需提供以下任意一张账单：水、电、燃气费用账单，固定电话账单，手机话费账单，网络费用账单，个人信用卡账单，税务，保险及社保账单等。账单需由正规公共事业单位出具。如果个人账单在配偶名下，需要同时提交结婚证。如果账单在房东名下，需要有正规公司出具的房屋租赁合同来证明关系。

账单要求：开具日期在 90 天以内，地址需要与之前录入卖家平台的首要联系人或受益人的居住地址相符。如果无法提供上述账单，也可以提供该个人的暂住证或者临时居住证。

（5）对公银行账户对账单（Proof of bank account ownership）。需提供一张贵公司在任意一家银行开户的对公银行账户对账单。

账单要求：包含清晰的银行 Logo 或名称，需有公司名称和银行账号。公司名称须与之前录入卖家平台中的公司名称保持一致。账单可以无日期，如果包含日期，需要在 12 个月内。如需保密，可自行遮蔽流水往来记录。对公账户的银行开户许可证，如开户日期在 12 个月以内，也可接受。不接受电子账单，须为纸质账单扫描件。

（6）收款人的境外银行账户（Proof of Foreign Account）：建议使用公司对公账户或者受益人个人账户（如法人的 Payoneer 收款账户）。

① 受益人信息（Beneficial Owner Information）：受益人必须是公司所有人或管理者，即直接或间接拥有公司 25%及以上股份，或对业务发展有决定权，或以其他形式对公司行使管理权的自然人或者公司。人数必须与实际情况相符，其信息将会被验证。

② 授权书（Letter of Authorization）：Amazon 可能会要求上传一份由公司法人出具，授权首要联系人代表贵公司开设和实际运营你的卖家账户，并遵循用户协议及其他条款。

③ 公司章程（Articles of Association/Statute）：Amazon 可能需要你在审核过程中提供包含受益人及其股权分配信息的公司章程以便审核。

4.2.2　亚马逊北美站点账号注册流程

1. 注意事项（注册前必读）

（1）亚马逊严格规定，每一个独立公司和独立自然人只能在亚马逊单一站点有且仅有一个账户。**注意：**禁止在同一个站点操作和持有多个卖家账户。

（2）注册不同的站点时需要使用不同的注册邮箱。例如，如果已经注册了欧洲站点，在注册日本站点时必须使用和注册欧洲站点时不一样的邮箱。

(3) 必须在注册前准备好以上材料，否则会卡在某一步骤不能继续。注册过程不可逆，但是可以中断，也就是可以离开一段时间然后回来用正确的注册邮箱和设置好的密码登录继续注册。如果遇到无法登录的情况需确定网络环境稳定，可以尝试清除浏览器Cookie，更换浏览器。如果注册过或者登录了别的亚马逊站点，需清除浏览器的Cookie，或者换一个浏览器进行注册(推荐使用Chrome/火狐浏览器)。

(4) 使用稳定的专用的网络环境，注册过程中不建议使用VPN、VPS和超级浏览器。

(5) 除本文档中特别要求之外，所有信息需使用拼音或英文填写。

(6) 确保卖家平台填写和提交的资料真实有效，而且与提交的文件中的信息相符。

(7) 确保联系信息为最新信息(电子邮件地址和电话号码)，以便亚马逊在必要时与你联系。

(8) 卖家平台提交的用于支付和结算的信用卡，建议使用法人的信用卡，银行账户信息必须真实有效。

(9) 营业执照和法人身份证，需提供彩色照片或彩色扫描件，不接受缺角缺边，不接受黑白复印件，不接受截屏，文件必须完整、清晰可读，不允许使用Photoshop、美图秀秀等美图工具处理后上传。

(10) 中国香港卖家，需在公司所在国家/地区选择"香港"(此信息提交后便无法更改，选择错误可能导致验证失败)。

(11) 所有卖家都要注意留好进货发票。普通发票即可，如果是贸易商需为可验证的增值税发票。后期如果遇到审核或者类目申请，可能会要求你提供对应的进货发票。

(12) 运营必须合规，需严格按照亚马逊的规定执行，如果不了解亚马逊的规定建议查询卖家平台或者帮助—卖家支持。

(13) 注册过程中如果有任何疑问，可以点击页面中的"获取支持"按钮，取得相应支持。

2. 开始注册

第一步，点击注册链接，在出现的画面中，点击下方的"Create your Amazon account"按钮，如图4-2-1所示。

图4-2-1　点击注册

第二步，输入姓名和邮箱地址(必须使用收到注册链接的邮箱)。

分别输入法定代表人姓名的拼音、联系用的邮箱(必须是收到注册链接的邮箱)，以及密码。点击"Next"按钮后，亚马逊将向这个邮箱发送包含验证码的邮件。

再次提醒，注册不同站点时的邮箱必须不一样。换句话说，不能用一个邮箱注册多个亚马逊站点，如图4-2-2所示。

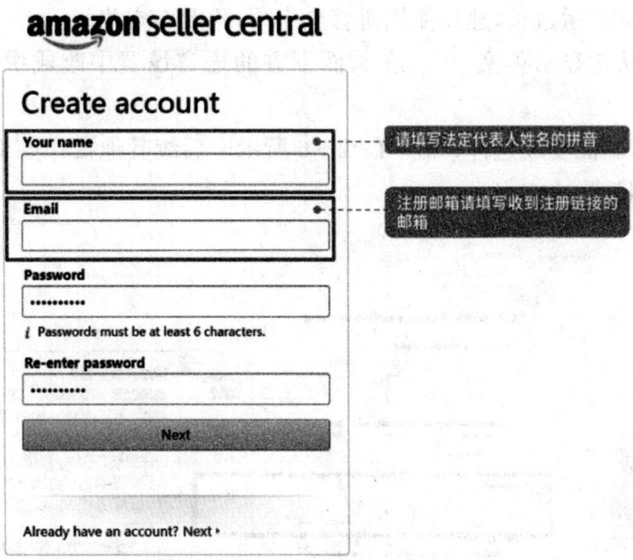

amazon seller central
Create account
Your name
请填写法定代表人姓名的拼音
Email
注册邮箱请填写收到注册链接的邮箱
Password
Passwords must be at least 6 characters.
Re-enter password
Next
Already have an account? Next

图 4-2-2　输入姓名和地址

第三步，验证邮箱。

在邮箱中收取邮件。你会收到一封来自亚马逊的邮件，里面有包含 6 位数字的验证码，如图 4-2-3 所示。

在下面的画面中输入邮件中的六位数验证码，然后点击“Create your Amazon account”按钮，如图 4-2-4 所示。

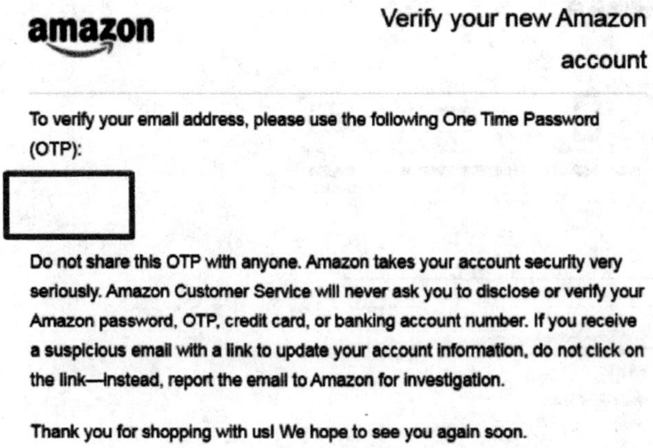

amazon
Verify your new Amazon account
To verify your email address, please use the following One Time Password (OTP):
Do not share this OTP with anyone. Amazon takes your account security very seriously. Amazon Customer Service will never ask you to disclose or verify your Amazon password, OTP, credit card, or banking account number. If you receive a suspicious email with a link to update your account information, do not click on the link—instead, report the email to Amazon for investigation.
Thank you for shopping with us! We hope to see you again soon.

图 4-2-3　验证邮箱

amazon seller central
Verify email address
To verify your email, we've sent a One Time Password (OTP) to
(Change)
Enter OTP
Create your Amazon account
By creating an account, you agree to Amazon's Conditions of Use and Privacy Notice.
Resend OTP

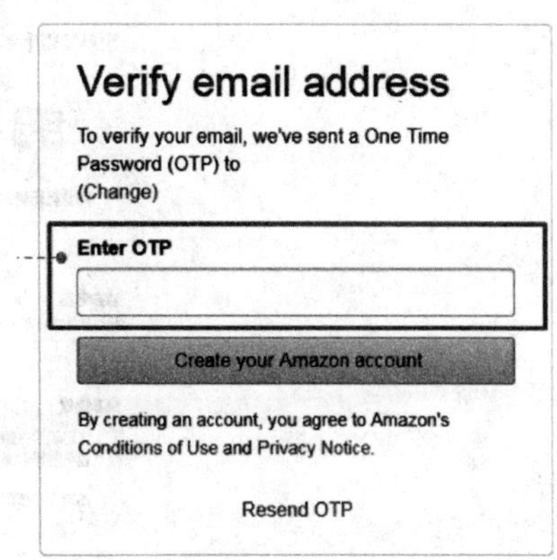

图 4-2-4　输入验证码

如果没收到验证邮件，到垃圾邮件箱看看是否被邮箱归类到垃圾邮件里了。如果还是没有，稍等片刻后点击画面中的“Resend OTP”链接，重新发送验证码邮件。

第四步，输入公司名称并确认卖家协议。

在画面中用拼音填写公司法定名称（也就是公司执照上公司名字的拼音），然后勾选卖家协议，点击“Next”，如图 4－2－5 所示。

如果法定名称显示过长，建议使用拼音全小写，不要有空格。

这个画面默认是显示英文，可以在画面下方的语言设置中改成中文，如图 4－2－5 所示。

改成中文后，画面变成这样，如图 4－2－6 所示。后续其他操作如果有页面是英文显示，也可以这样调整为中文。

图 4－2－5　填写公司法定名称

图 4－2－6　中文画面

第五步，填写公司信息。

依次输入公司的相关信息。填的时候需要注意以下方面：

① 公司地址是指企业的实际办公地址，其中的“地址行 2”可以不填，别的地址信息都

必填，填写时建议使用拼音或者英语。

② 公司显示名称就是亚马逊店铺的名称，建议用英文填写。

③ 接收 PIN 的选项指的是用哪种方式进行验证，可以选择 SMS(短信)或者电话验证。输入电话号码时，需要在电话号码旁边的下拉框中选择所在的国家或地区(中国大陆的电话号码选择“中国＋86”)。

④ 选择的如果是 SMS(短信)验证，你的手机会收到一封短信，输入短信中的验证码即可。如果选择电话，就会接到自动打过来的语音电话，需接起电话，把网页中显示的 4 位数字输入手机进行验证，若验证码正确，网页会显示认证成功。当系统验证出错时，需尝试用其他语言进行验证或者短信验证，3 次不成功则需等候 1 小时才可重新验证。

所有信息输入完毕，通过短信或者电话验证后，点击“下一页”按钮，进入下一步，如图 4－2－7 所示。

注意：一旦验证完成，就将无法再退回至本步骤修改信息，所以需在短信或电话验证前仔细检查本页内容。

图 4－2－7　填写公司信息

第六步，设置付款方式(付款信用卡)及存款方式(收款账户)。

在本页面，需要填写信用卡卡号、有效期、持卡人姓名、账单地址，如图 4－2－8 所示。

① 需使用可以国际付款的信用卡(VISA、Master 卡均可，推荐 VISA)，否则会提示不符合要求。

② 检查默认地址信息是否与信用卡账单地址相同。如不同，需点击“添加新地址”，然后使用英文或者拼音填写新的地址信息。

注意：如果填写的信用卡账单地址与你在银行填写的账单寄送地址不一致，可能会导致账户注册失败。

③ 信用卡持卡人与账户注册人无须为同一人；公司账户亦可使用个人信用卡。

④ 若填写信息正确，系统会尝试对该信用卡进行预授权以验证该信用卡尚有信用额度，持卡人可能会收到发卡行的预授权提醒。

⑤ 注册完成后，你可随时更换信用卡信息，但频繁更改可能会触发账户审核，建议更换前咨询卖家支持。

⑥ 此信用卡用于在账户结算，卖家账户结余不足以抵扣相关款项时，亚马逊会从这张信用卡中扣除每月月费或其他销售费用，如 FBA 费用。

如果你收到邮件通知，告知你在卖家账户中注册的信用卡信息无效，请检查以下信息：

a. 账单地址，该地址必须与信用卡对账单中的账单地址完全相同。

b. 与开户银行核实确认你的信用卡尚未过期并具有充足的信用额度，且对网购或邮购付款没有任何限制。

在本步骤输入信用卡信息后，不会当场扣费，但是当创建账户完成后，亚马逊将会收取第一笔月费 39.99 美金。只有付款验证(通常需要 1 个小时，最多需要 24 个小时)后，卖家才能够上架商品。

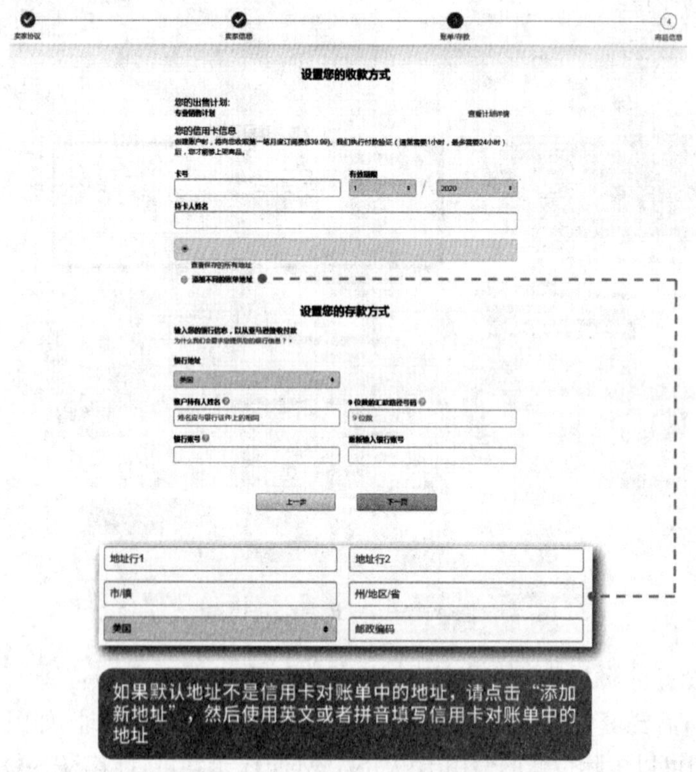

图 4-2-8　设置付款方式及存款方式

填好付款信用卡后，接下来还需要填写用于收款的账户信息，如图 4-2-9 所示。

注意：填写收款的银行账户信息时有以下三种选择，需对照你的实际情况填写。

方法一：使用亚马逊全球收款。你可以使用人民币接收全球付款并直接存入你的国内银行账户，只需要选择银行地址为“中国”并按照提示填写银行账号或借记卡号信息，然后勾选接受首信易支付及亚马逊全球收款条款和条件。

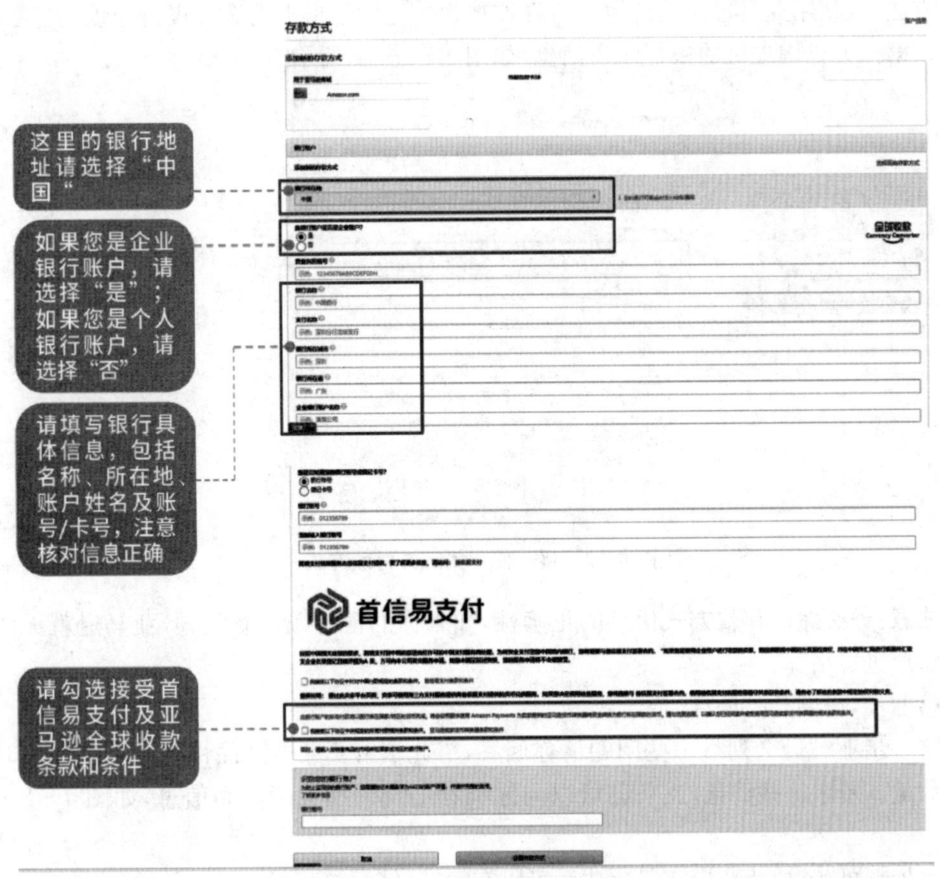

图 4-2-9　填写收款账户信息

方法二：使用美国/中国香港的有效银行账户，用美元/港币接收亚马逊付款。这种方式需要选择银行地址为“美国”或“中国香港”并填写银行账号信息，如图 4-2-10 所示。

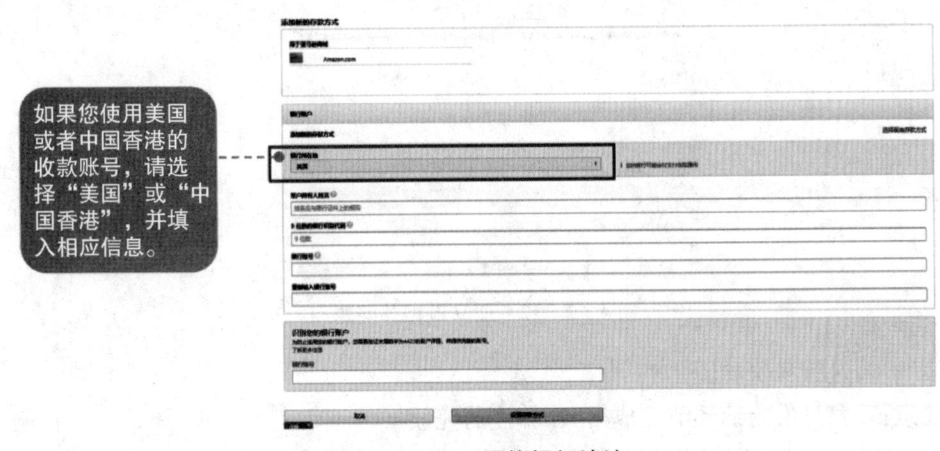

图 4-2-10　更换银行地址

方法三:使用亚马逊接受的第三方存款账户。此种情形下请选择银行地址为“美国”,并填入第三方机构提供的银行账户信息,如图 4-2-11 所示。

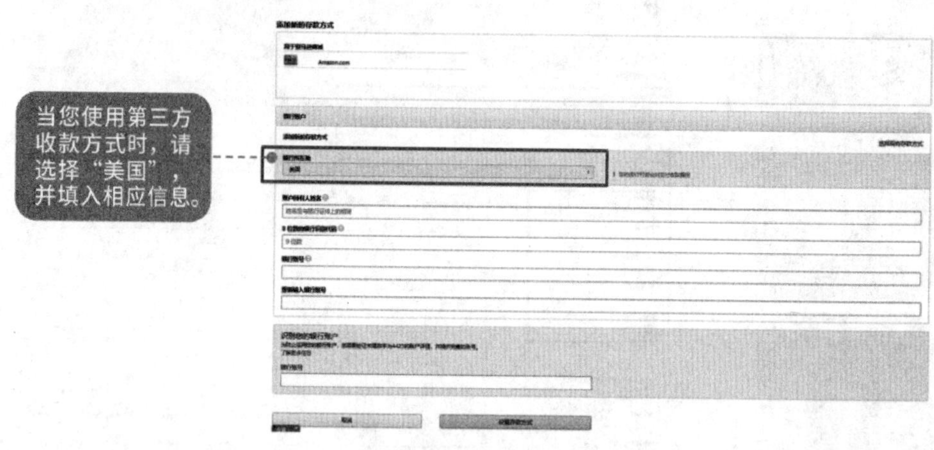

图 4-2-11　使用第三方付款方式

注意:务必保证存款方式信息的正确性,如果你的银行账户有问题,亚马逊就无法对你的账户进行结算。

第七步,提供商品信息。

这一步亚马逊会列举一些问题请你回答,借此了解卖家的产品性质和开始销售时计划的数量。基于这些信息,亚马逊可以向你推荐适合的相关工具和信息,如图 4-2-12 所示。

此步骤可跳过,待账户注册成功后可以在卖家平台继续完善。

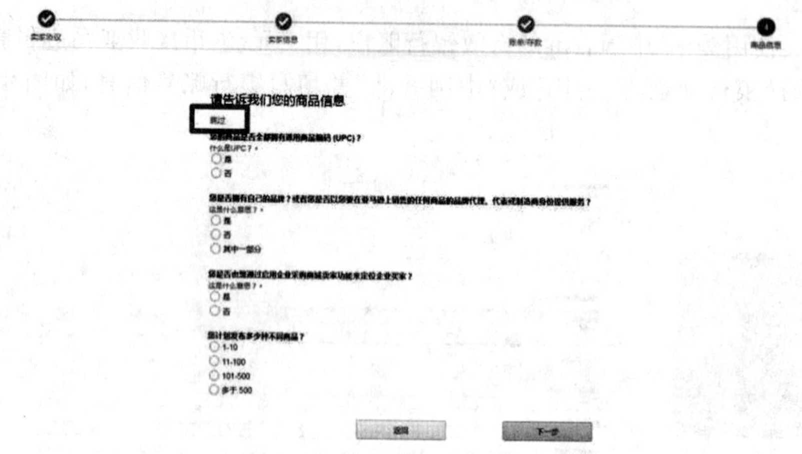

图 4-2-12　亚马逊相关问题

第八步,进行身份验证。

注意:卖家身份验证环节完成后,才算注册完成。

① 选择公司所在国家及卖家类型(*****注意:**此页信息提交后无法更改,务必慎选。)

公司卖家请依照营业执照签发地选择企业所在国家/地区。中国台湾、中国香港需分别选择“台湾”“香港”。

企业账户类型用于区分个人卖家和企业卖家。通过账户运营经理开店的卖家需选择第二个选项“是，我代表企业管理此账户。我有营业执照。”，如图 4-2-13 所示。

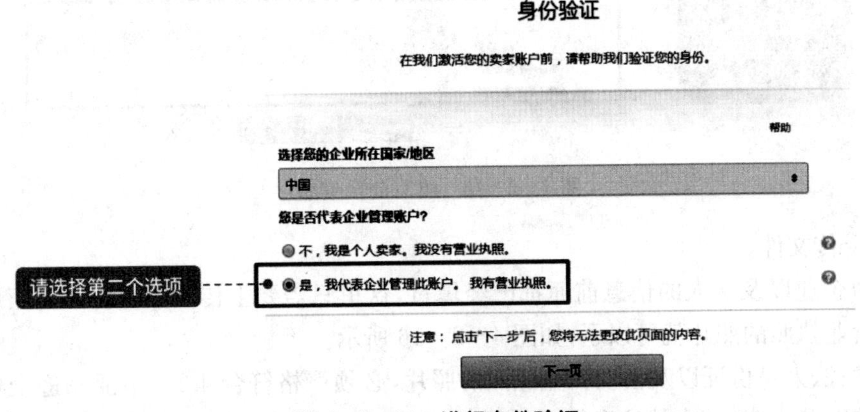

图 4-2-13　进行身份验证

② 填写法定代表人及公司信息。

中国大陆公司需选择“法定代理人”（也就是法人代表），中国台湾和中国香港的公司需选择“董事或代表人”，大陆公民需填写法人代表的身份证信息，如法人代表的身份证过期日期为永久，需填写可选范围内最远日期，如图 4-2-14 所示。

如果签发国选择的是中国，会要求同时输入法人的中文以及汉语拼音的姓名。

特别需要注意的是，这里的公司地址默认是前面填写的公司办公地址。如果办公地址不是企业营业执照上的注册地址，需要点击“添加不同的账单地址”，用拼音输入企业营业执照上的注册地址，如图 4-2-15 所示。

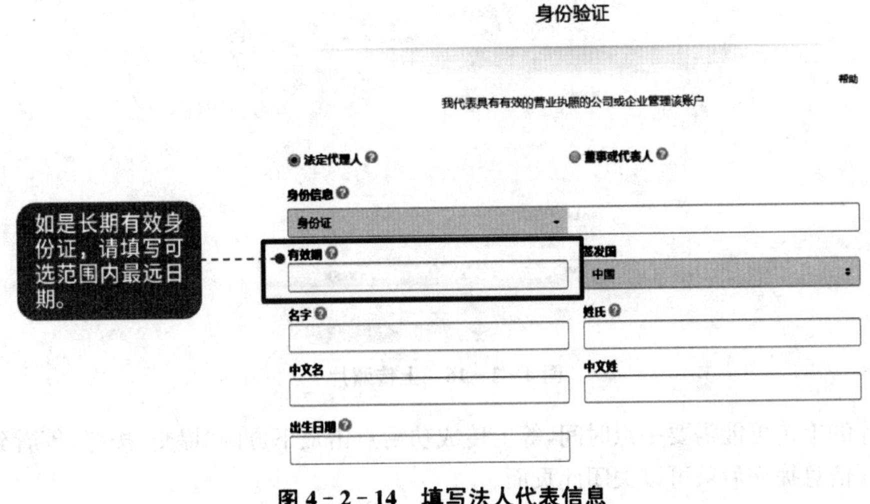

图 4-2-14　填写法人代表信息

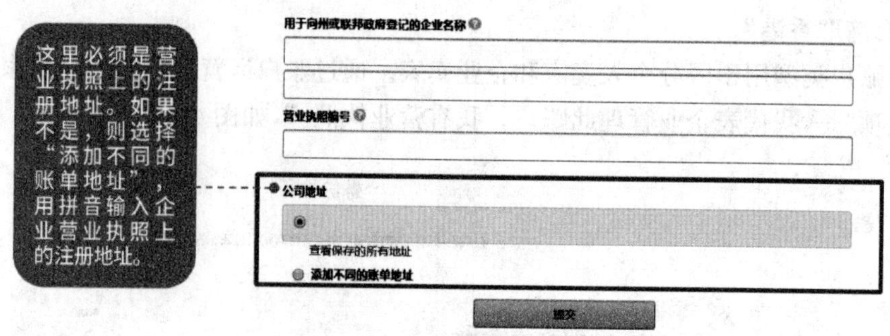

图 4－2－15　填写公司信息

③ 上传文件。

因为企业以及法人的信息前面都已经填过，这里只需要上传法人身份证的正反面以及公司营业执照的照片就可以了，如图 4－2－16 所示。

注意：法人身份证以及公司营业执照的照片，必须严格符合 4.2.1 节亚马逊全球开店入驻条件以及 4.2.2 节中的注意事项（注册前必读）中的说明。

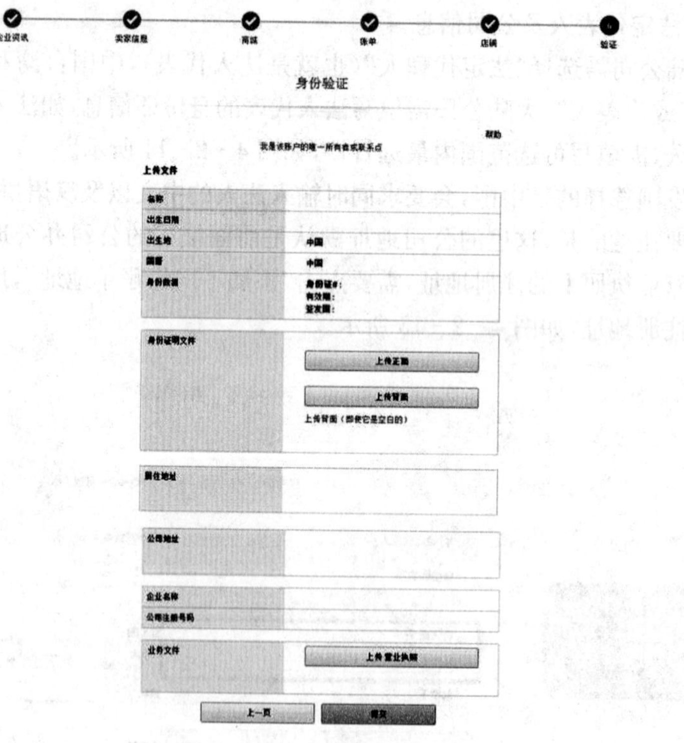

图 4－2－16　上传照片

照片的上传可能需要一点时间，等上传成功后点击最下方的“提交”按钮，等看到绿色身份验证信息提交后就可以关闭此页面。

如果提交时看到红色信息更正页面，需检查注册邮箱里告知没有通过原因的邮件并按照要求重新提交。总共会有三次机会可以重新提交。

第九步，启用两步验证。

最后，需要对注册的账户启用两步验证来进行保护，点击左图中的“启用两步验证”进行验证。**注意：**如果两步验证的页面无法打开，清空浏览器的 Cookie 后刷新。还是打不开的话可尝试更换浏览器，如图 4－2－17 所示。

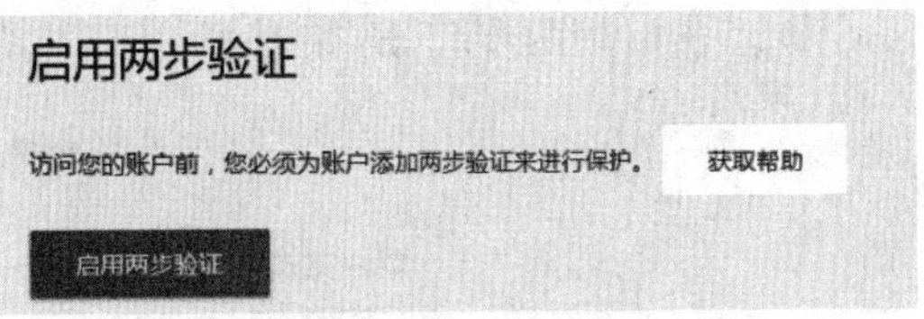

图 4－2－17　启用两步验证

两步验证有两种方式，一种是电话，一种是通过认证器应用程序。下面分别说明。

方法一：电话号码验证。

① 选择电话号码方式后，输入用于两步验证的电话号码，并通过短信或者语音电话的方式进行验证。记得继续前要把电话前的国家改成自己所在的国家或地区（中国大陆卖家选择“中国＋86”），如图 4－2－18 所示。

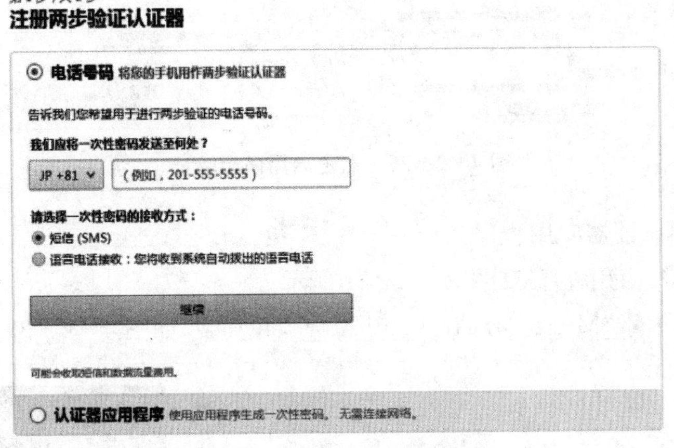

图 4－2－18　电话号码验证

② 输入短信或者电话收到的验证码，点击“继续”，如图 4－2－19 所示。

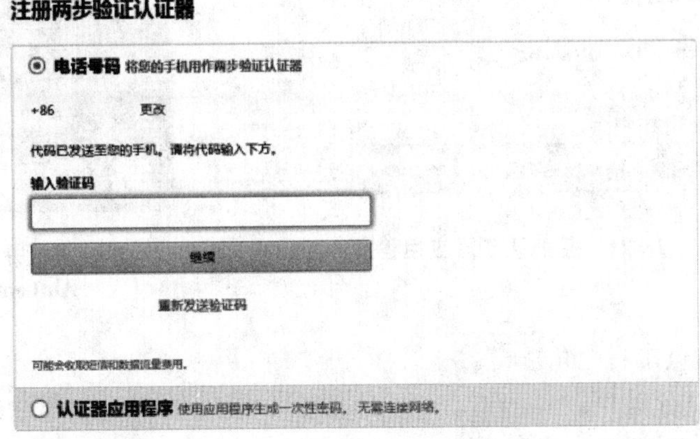

图 4－2－19　输入验证码

③ 点击启用两步验证，如图 4 - 2 - 20 所示。

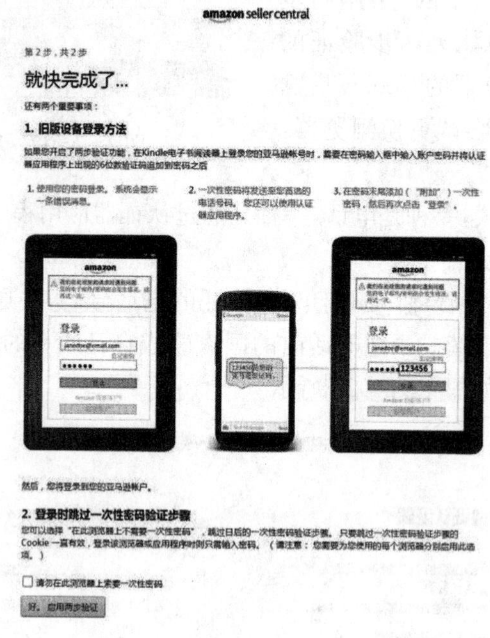

图 4 - 2 - 20　点击启用两步验证

方法二：使用认证器应用程序。

① 选择认证器应用程序，如图 4 - 2 - 21 所示。

② App 商店搜索“Microsoft Authenticator”，并安装，如图 4 - 2 - 22 所示。

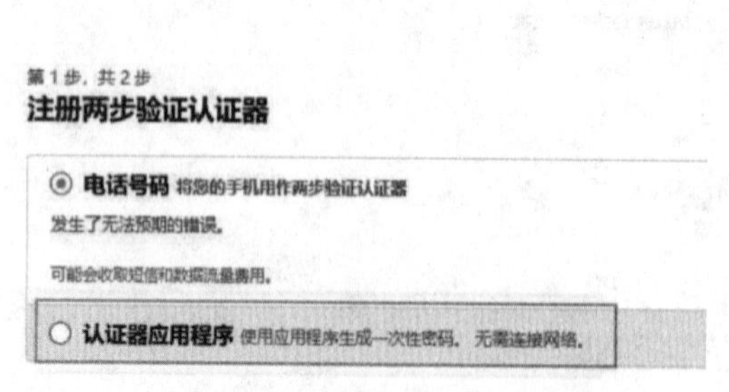

图 4 - 2 - 21　攒则认证器应用程序

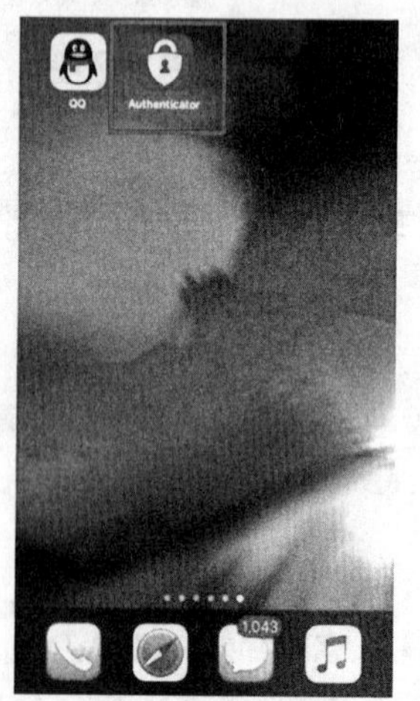

图 4 - 2 - 22　下载并安装“Microsoft Authenticator”

③ 打开 App，点击右上角“+”。

④ 点击添加其他账户。

⑤ 扫描亚马逊认证器应用程序网页显示的 QR(二维码)，如图 4 - 2 - 23 所示。

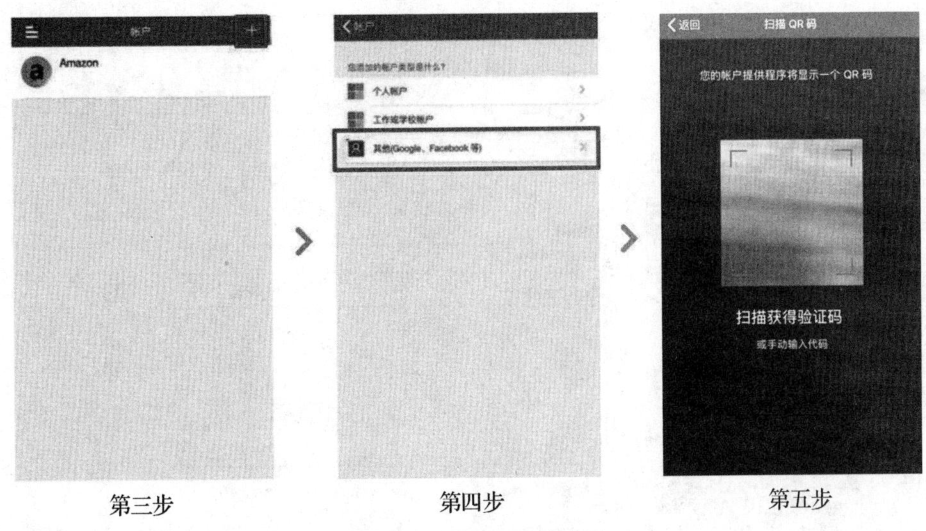

图 4-2-23　添加账户步骤

⑥ App 会自动绑定注册邮箱，并弹出验证码。

⑦ 在亚马逊认证器应用程序网页，输入验证码，点击“确定”，完成两步验证。

完成上述步骤后，账户注册已完成，在两个工作日后使用你的注册邮箱、密码登录亚马逊卖家平台，即可看到身份验证的结果。可以登录卖家平台，即为审核通过注册成功，亚马逊也会用邮件通知你身份验证的结果。

进入卖家平台后，你可以点击右上角的搜索/帮助按钮，查找所有关于亚马逊北美站点卖家运营的信息，如图 4-2-24 所示。

同时，你还可以通过卖家平台的帮助按钮，联系亚马逊卖家支持团队，解答你的问题，如图 4-2-25 所示。

如果不能登录亚马逊卖家平台，说明审核没有通过，就需要进入自己的注册邮箱，检查亚马逊的邮件，根据邮件反馈的问题，更正信息重新提交。

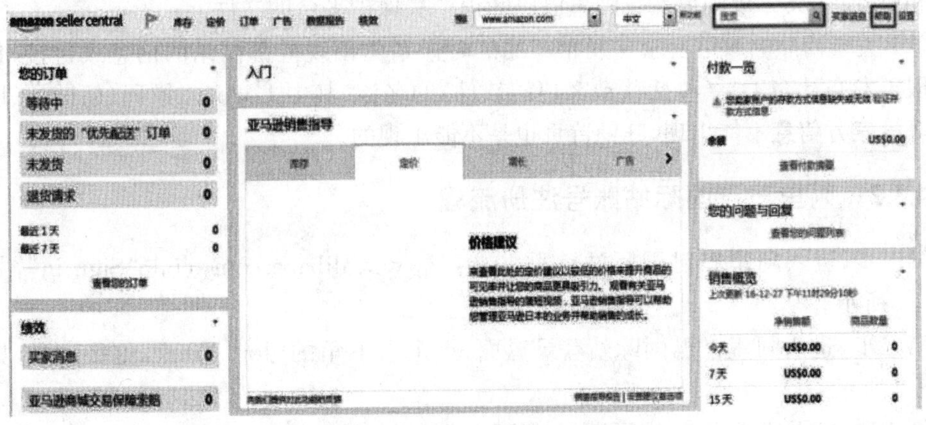

图 4-2-24　点击“帮助”按钮

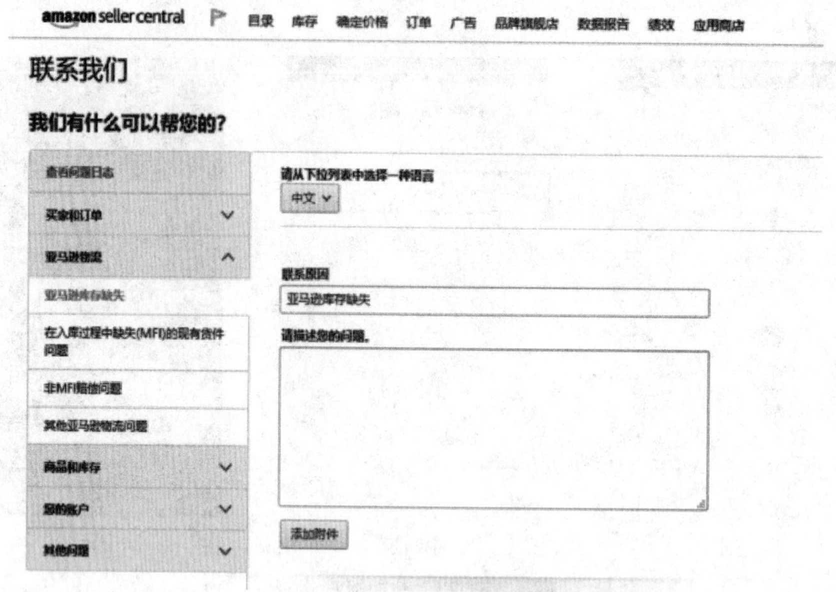

图 4-2-25 获得团队答疑

4.3 阿里巴巴国际站的注册和认证

4.3.1 阿里巴巴国际站平台的政策要求

(1) 关于侵权的政策要求。阿里巴巴国际站上常见的知识产权侵权类型主要有三种:一是商标侵权,即未经注册商标所有权人许可,在类似产品上使用他人注册商标相同/相似的商标;二是专利侵权,如外观侵权、发明和实用新型侵权等;三是著作权侵权,即非法复制图书、杂志、音像制品、计算机软件、电子出版物,或是盗用他人的摄影作品、产品设计等,并用于销售。如果出现上述侵权问题,则可以参考《阿里巴巴国际站知识产权规则》进行相应处理,具体规则可参见阿里巴巴知识产权保护平台的文件。

(2) 关于商品的政策要求。发布产品的时候请勿出现外部网站的信息或链接,包括但不限于发布社交工具(包括移动客户端软件)的名称、其中 Logo、二维码、超链接、联系账号等第三方信息不能出现,旺铺首页也是不能出现的。

4.3.2 阿里巴巴国际站账号注册流程

第一步,进入阿里巴巴国际站首页 http://www.alibaba.com,点击"Sign in",如图 4-3-1 所示。

第二步,进入阿里巴巴国际站登录界面,点击右下角的"Join Free",免费注册,如图 4-3-2 所示。

第三步,进入注册页面,填写资料,设置登录密码、手机号码、公司名称、固定电话号码等信息后,如图 4-3-3 所示,手机会接收到登录的验证码,则注册完成。

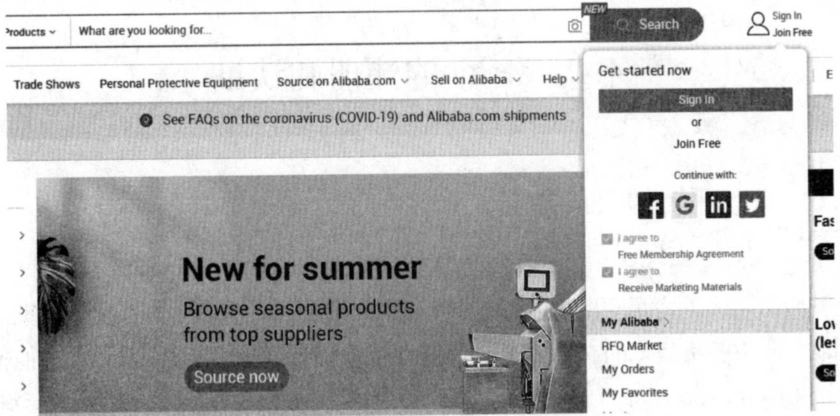

图 4-3-1　点击注册

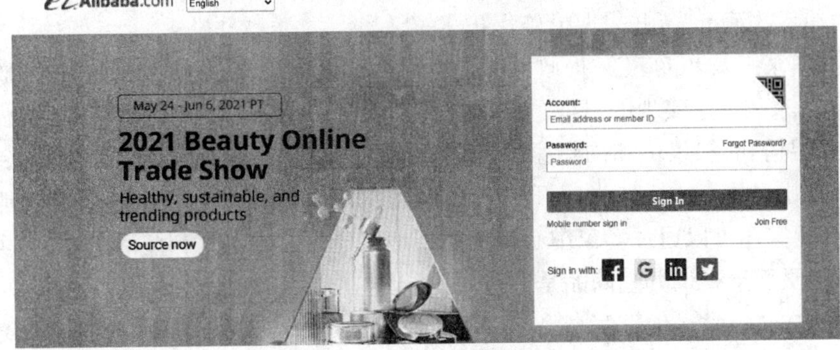

图 4-3-2　输入账户密码

图 4-3-3　填写基本信息

4.4 eBay 的注册和认证

4.4.1 eBay 平台的政策要求

卖家更新包括卖家保护、卖家工具、库存优化、其他政策更新几个方面。

第一,卖家保护。为了更好地保护卖家,eBay 推出了一系列针对不良买家的卖家保护措施,即举报功能更新。首先,eBay 将推出新措施及早识别不良买家,阻止他们发起退货请求,并在部分情况下冻结他们的账户。如果一个买家被判定为不良买家,eBay 将会删除这个买家的不利评价和不良交易,包括卖家服务指标中的待处理纠纷。此外,eBay 还优化了举报机制,方便卖家在举报过程中更清晰地描述买家行为,以帮助 eBay 调查买家潜在的违反政策行为,并采取措施保护卖家。

第二,卖家工具。卖家保护政策之外,为卖家提供更多工具以促进销售增长也是 eBay 长期以来致力于实现的目标。在本次春季更新中,eBay 对一系列卖家工具做了优化更新,包括促销刊登、议价和向买家发送优惠信息以及批量购买折扣。其中,促销刊登功能将对所有账户状态达标的卖家开放,即使这些卖家还没有开通 eBay 店铺功能也没关系。此外,卖家还可以通过卖家中心快速简便地创建自己的促销刊登活动,并且可以很方便地在订单页面上查询哪些商品是通过促销刊登功能售出的。

议价和向买家发送优惠信息将能够批量设置。卖家可以在卖家中心将"议价"设置同时适用到多个物品刊登。当卖家启用"批量修改议价"功能时,还将能够设置自动接受和自动拒绝阈值;不过,当卖家更改价格时,使用批量修改功能设置的自动接受和自动拒绝价格将不会变更。同时,卖家也可以在卖家中心的"在线物品刊登"页面上将"向买家发送优惠信息"批量适用于符合条件的物品刊登。

改进后的批量购买折扣可以在多属性刊登中使用,这样卖家可以为单个物品刊登中包含多种款式(如颜色或尺寸)的物品创建"批量购买折扣"促销活动,并针对购买数量设置折扣。

第三,库存优化。库存优化包括可以进行类别更改,包含添加、删除和重命名;新产品细节建议和要求;简化汽车和卡车的定价等选项操作。

第四,其他政策更新。其他政策更新包括被取消和退货的商品将可以通过更简便的方式重新刊登;订单号规则更新,让订单管理更简便;长期在线刊登收费周期变更,由原先的 30 个自然日改为一个自然月;基础店铺和高级店铺的封顶成交费更新;退款流程更简便,支持卖家与买家达成退款协议后直接退款。

4.4.2 eBay 企业账号注册流程

eBay 是目前欧美地区最大的电商平台之一,近两年入驻的卖家也是越来越多。eBay 入驻主要分为个人入驻及企业入驻,其中不少卖家都是以企业身份入驻的。那么,eBay 企业入驻的资料有什么,又分别有哪些要求?

(1) eBay 企业入驻前期准备：

① 企业营业执照(必须是合法注册的企业营业执照，可以是国内的或香港的)；

② 身份证明(国内二代身份证、护照、港澳通行证等身份证明)；

③ 地址证明(如电话账单、水电煤气账单、房产证等证明)；

④ PayPal 账号(eBay 目前仅支持 PayPal 一种收款方式)；

⑤ 双币信用卡(如 eBay、MasterCard 等)；

⑥ 商标注册证或授权书(品牌授权书或是商标注册证，以免侵权违规)。

(2) eBay 企业入驻资料要求：

① 营业执照要求：必须在有效期内；必须是加盖公司公章的彩色文件，复印件需要加盖红色的公司公章；与 eBay 账户上企业名称一致的营业执照；营业执照上的地区和省份需与 eBay 账户中的信息一致。

② 法人身份证要求：彩色的，与注册 eBay 账号的营业执照上的法人姓名一致的法人代表身份证；与 eBay 账户姓名一致的注册人彩色身份证明。

③ 公司地址证明要求：地址证明上收件公司名称须与 eBay 账户注册企业名称一致；如电话账单、公司实际地址的水电煤气账单、房产证明等，香港公司可提供银行账户月结单；地址必须与 eBay 账户注册地址信息一致；黑白版本的证明或复印件，需要加盖对应银行的公章，且公章须可清楚辨识核发银行的名称；地址证明账单周期末尾一天必须在申请企业入驻通道之前的 90 天内。

④ PayPal 账号要求：绑定的 PayPal 账号必须是与 eBay 账号注册信息一致的，然后才能通过绑定申请。

(3) eBay 企业账户注册步骤如下：

第一步，从 www.ebay.cn 首页，点击“企业账户平台”进入，如图 4-4-1 所示。

图 4-4-1　eBay 首页

第二步，企业账户平台页面，左边蓝色部分为“向 eBay 直接申请入驻”，如图 4-4-2 所示。

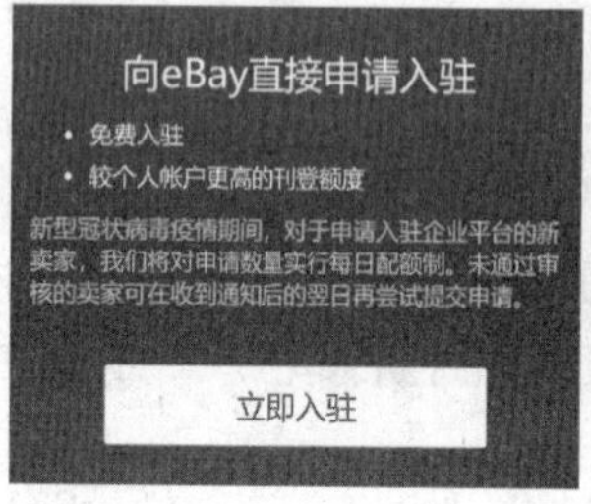

图 4-4-2　企业账户平台页面

常见问题：

Q：什么是限时企业首账户申报流程？

A：已经有客户经理管理的卖家，请务必通过企业首账户通道向 eBay 申报您所登录的账户为您的企业授权代表，能够代表企业在 eBay 平台行使权力和处理业务。只有完成首账户申报的企业，才有资格继续申请新的高额度账户。

Q：向 eBay 直接申请和第三方实地审核入驻有什么区别？

A：卖家通过这两种方式入驻都可以获得较个人账户更高的刊登额度，向 eBay 直接申请是免费的入驻通道，而使用第三方实地审核入驻的卖家则需要付费，但成功通过的卖家可获得比向 eBay 直接申请更高的刊登额度，还能够享有其他益处。向 eBay 直接申请入驻流程帮助文档：首账户申请及子账户申请。

Q：入驻的账户需要满足什么条件？

A：账户注册所在地为中国大陆地区、香港地区、台湾地区或澳门地区的未受限新账户（没有交易或者从第一笔交易起 270 天以内）。账户必须为商业账户并完成卖家认证、注册 eBay 管理支付服务和 Payoneer 账户。

Q：申请的卖家需要准备什么材料？

A：卖家必须填写正确的营业执照信息并确保与 Payoneer 留存的信息相一致。

Q：为什么一定要是企业资质才能有这些账户福利？

A：eBay 大中华区主要业务为跨境销售业务。而跨境业务内容符合大部分国外的政策法规对企业资质的卖家定义，包括转售物品；生产并销售取得利润；保持一定频率地销售大量的物品，为了业务购买物品等。所以您必须通过企业资质的认证以证明您具备运营跨境业务的资质。

Q：现有卖家也可以申请企业入驻通道吗？

A：无论新老卖家，只要是企业资质，都可以为您的新账户申请企业入驻通道，以获得较高的初始额度。

Q：整个申请流程需要多长时间？相关问题在哪里联系？

A：申请流程大致需要2周时间。有任何问题可以通过 cnbusupport@ebay.com 联系。

第三步，点击“立即入驻”，进入企业入驻通道在线申请页面，如图4－4－3所示。

图4－4－3　企业入驻通道在线申请页面

常见问题：

Q：如何注册成商业账户？

A：在登记成为会员页面，选择“开设商业账户”。您会被要求输入公司的名称和地址。如果您已经注册成个人账户，您需要将您的账户改成商业账户。可以在 My eBay 的个人账户资料中，点击编辑“账户类型”并选择商业账户。

Q:是否每一次申请企业入驻通道都要使用不同的申请材料?

A:对于已经申请过的卖家,只要材料在有效期内,可以直接使用第一次申请时的资料。同一份营业执照、身份证明、地址证明可用于您的所有账户。

Q:企业入驻通道申请失败了,还能再次提交吗?

A:请卖家按照发送至您的注册邮箱的 My eBay 的审核结果及指示操作。

第四步,点击“登录”按钮后,会进入 eBay 登录页面,登录申请企业入驻的账户,如图 4-4-4 所示。

图 4-4-4　eBay 登录页面

第五步,登录后需要对“企业入驻通道”做一个应用的授权。在 eBay 应用授权页面,点击“Agree”(同意)按钮,如图 4-4-5 所示。

ebay

Grant application access: 企业入驻通道

Ready to use 企业入驻通道? Great! We need your consent to share your eBay data. Don't worry, we won't share your eBay password. You can change this any time by editing your account preferences.

Please take the time to read 企业入驻通道's terms of service and privacy policy, because these policies will apply when you use this service. Remember, we don't manage policies set by other companies.

By clicking on the "I agree" button, you're allowing us to link your eBay account with 企业入驻通道.

Agree　No thanks, take me to the Application's website or eBay homepage

图 4-4-5　eBay 应用授权页面

第六步,授权后“企业入驻通道”会检查申请账户是否满足企业入驻通道申请资格。

若账户不满足申请资格,会看到相应提示信息(见图 4-4-6),请根据提示完善申请账户后,再来申请。

图 4－4－6　账户不满足申请资格提示页面

4.5　沃尔玛平台的注册和认证

4.5.1　沃尔玛平台入驻要求

沃尔玛是一家美国的世界性连锁企业，公司已经成为世界最大连锁零售商，同时也开展了线上跨境电商。那么入驻沃尔玛需要的资料有哪些，又分别有哪些要求呢？

(1) 沃尔玛企业入驻前期准备：

① 公司地址。

② 银行账户信息(用于从 Walmart 付款)。

③ 填写纳税表所需的公司信息。

(2) 入驻条件：

① 中国公司申请所需资料：a. 营业执照扫描件；b. 法人的护照和股东护照；c. 其他平台的年营业额(不能低于 30 W 美金)；d. 有美国自建仓或者美国第三方仓(如果是第三方

的需要有租赁合同或者票据)。所需时间:中国公司申请需30～60个工作日。

② 美国公司申请所需资料:a. 美国公司证书;b. 美国的公司税号EIN;c. 有美国自建仓或者美国第三方仓;d. 必须有美国商业地址;e. 年营业额不少于30万美金。所需时间:美国公司申请需15～30个工作日。

(3) 入驻步骤:

① 给产品申请专利;

② 注册自己的公司,提供公司的纳税识别号(TIN);

③ 获得产品条形码;

④ 创建优质的产品照;

⑤ 写销售记录表;

⑥ 规划您的产品生产;

⑦ 提交产品给沃尔玛。

4.5.2　沃尔玛平台美国站注册流程

步骤一:提交入驻申请

申请渠道:

(1) 官方服务号:“沃尔玛全球电商”官方公众号—“沃要开店”;或“Walmart 全球电商”官方小程序—“入驻申请”。

(2) 活动通道:主要包括线上直播、线下招商会以及专题沙龙/培训等活动。

(3) 邮件邀请:针对部分有货源供应链和品牌实力的卖家,沃尔玛官方招商团队会以邮件邀约的形式邀请卖家入驻沃尔玛;同时,沃尔玛官方邮件后缀为:@walmart.com,提醒收到邮件的卖家注意辨别邮件真伪,以免遭受损失。

温馨提示:沃尔玛官方未授权任何机构为卖家提供代开店服务,更不存在任何收费行为,请卖家务必通过官方渠道或合作伙伴的活动渠道、推介通道进行账号申请,以确保账号后续的稳定、正常运营。

沃尔玛美国站入驻申请填写指引:

(1) 请按照表单要求填写真实有效的信息。所有信息需用英文填写。

(2) “名、姓”请填写中文名的拼音。

(3) 为确保沃尔玛能及时与您取得联系,请填写有效联系方式,并定期检查是否有未查阅的邮件。

(4) 请务必填写两个不同的真实有效的联系方式,我们可能通过该电话联系您(来自0755或021),号码需填写完整。图4-5-1为2022沃尔玛全球电商预登记表。

(5) 邮箱为沃尔玛账号的注册邮箱(见图4-5-2),请务必填写有效可触达的独立邮箱,后期将通过该邮箱进行所有邮件往来。如您长期未收到回复,请检查邮箱/垃圾箱是否误拦截“沃尔玛”或“Walmart”等关键词。

(6) 公司名称,请填写本次入驻沃尔玛的公司名称(见图4-5-3),填写与其营业执照上显示的公司名所对应的拼音(如以香港公司申请入驻或入驻大陆公司的英文名有做过对外贸易登记备案的,可以填写公司的英文名)。

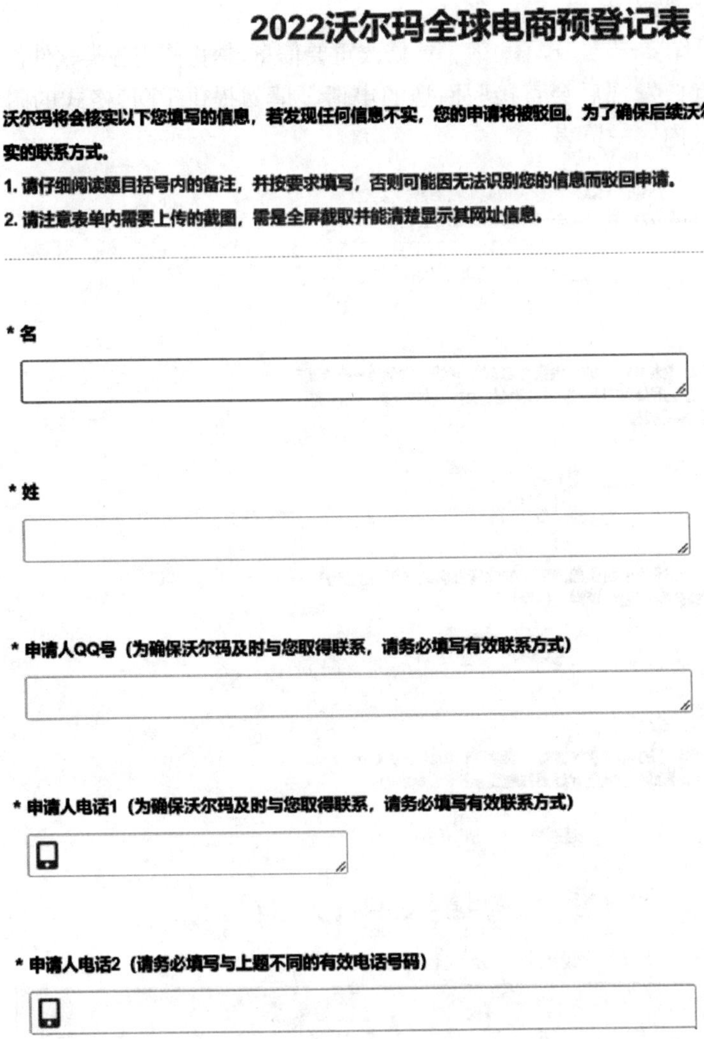

2022沃尔玛全球电商预登记表

沃尔玛将会核实以下您填写的信息，若发现任何信息不实，您的申请将被驳回。为了确保后续沃尔玛平台能及时与您取得联系，请务必填写真实的联系方式。

1. 请仔细阅读题目括号内的备注，并按要求填写，否则可能因无法识别您的信息而驳回申请。

2. 请注意表单内需要上传的截图，需是全屏截取并能清楚显示其网址信息。

* 名

* 姓

* 申请人QQ号（为确保沃尔玛及时与您取得联系，请务必填写有效联系方式）

* 申请人电话1（为确保沃尔玛及时与您取得联系，请务必填写有效联系方式）

* 申请人电话2（请务必填写与上题不同的有效电话号码）

图 4-5-1　预登记表

* 邮箱（为确保沃尔玛及时与您取得联系，请务必填写有效联系方式）

图 4-5-2　注册邮箱

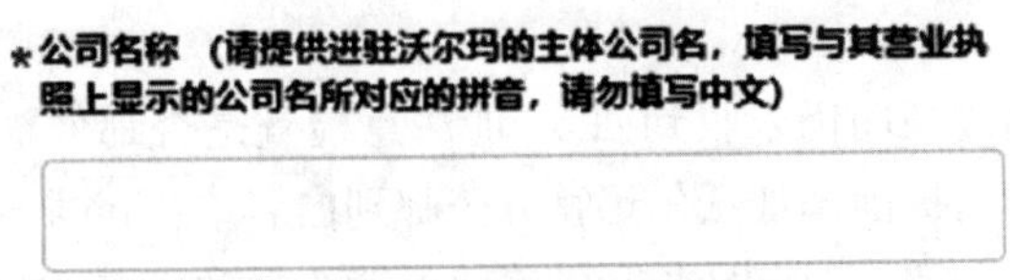

* 公司名称（请提供进驻沃尔玛的主体公司名，填写与其营业执照上显示的公司名所对应的拼音，请勿填写中文）

图 4-5-3　公司名称

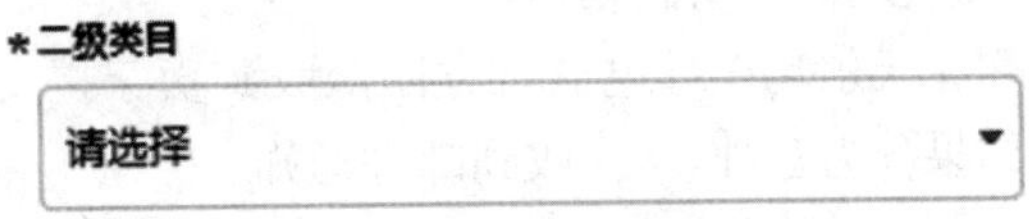

* 二级类目

请选择

图 4-5-4　二级类目

(7) 二级类目(见图 4-5-4)，请仔细阅读中文示例解释，根据实际情况填写并作为店铺的主类目，后期店铺激活后，上架商品中主类目的商品需占50%及以上。

(8) 截图请务必截全屏(见图4-5-5),不可遮挡或修改重要信息,禁止使用各类软件伪造图片中的虚假信息;否则,审核发现后会直接驳回您的申请。请勿提供PDF格式的附件。表4-5-1为截图格式及内容一览表。

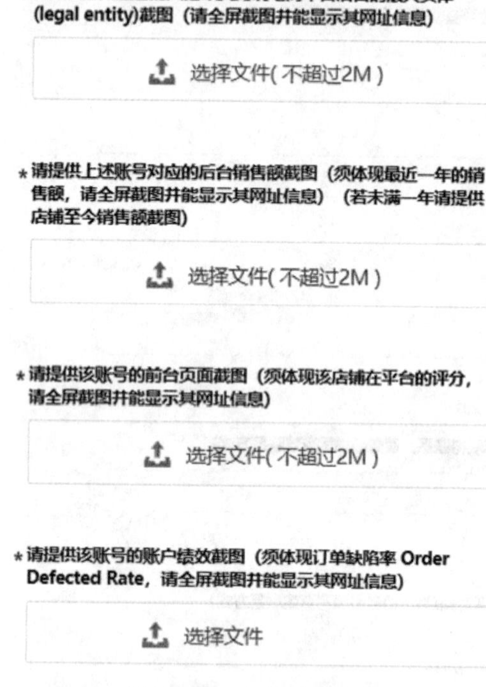

图4-5-5 截图信息

表4-5-1 截图格式及内容一览表

截图(其他平台的店铺)	格式要点	内容要点
法人实体(Legal Entity)	截全图/含网址	公司名称/地址
销售(GMV)	截全图/含网址	最近一年GMV/GMV数值/GMV折线图
店铺前台(Store Front)	截全图/含网址	最近12个月/30天/90天/开店至今好评率;公司名称/地址
账户绩效(含ODR)	截全图/含网址	卖家/平台订单缺陷率

注意:

(1) 如提交申请超过三周仍未收到回复,请注意检查是否邮件被拦截或自动进入垃圾邮件,为避免错失邮件,请提前添加沃尔玛官方公邮到白名单:China Seller Service Center。

(2) 请勿重复提交材料,系统做去重覆盖后可能会导致审核时间延迟。

步骤二:材料初审

沃尔玛全球电商官方团队收到卖家提交的材料后会在三周内进行资质的初审,审核结果分为三种,均会收到邮件通知。

(1) 初审通过:收到在线注册链接,如图4-5-6所示,根据邮件指引进行在线注册。

1 Complete Your Walmart Marketplace Application

Walmart Marketplace

Hello YAN,

You're on the right track to selling on Walmart.com! Let's keep the momentum going by finishing your application.

Complete my application.　点击链接填写

Joining Walmart Marketplace would give your company exposure to a rapidly growing audience of over 100 million unique monthly visitors (26+ million on mobile). Here's a few more reasons to join...

Let us know if you have questions or need more information. We're happy to help!

Thank you,

Walmart Marketplace Team

*** Please do not reply to this email; this mailbox is not monitored. ***

Save money. Live better.

图 4－5－6　初审通过

(2) 初审材料缺失：收到需补充入驻资料的邮件通知，如图 4－5－7 所示。请及时按照邮件指引补充材料，避免影响申请进度。

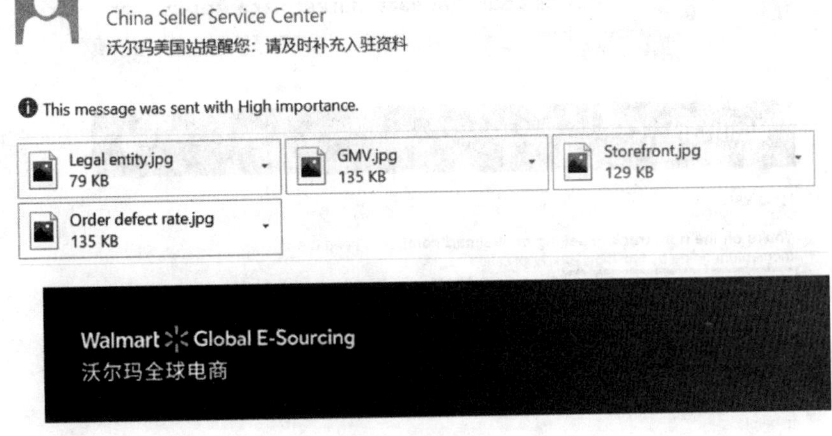

China Seller Service Center

沃尔玛美国站提醒您：请及时补充入驻资料

This message was sent with High importance.

Legal entity.jpg 79 KB

GMV.jpg 135 KB

Storefront.jpg 129 KB

Order defect rate.jpg 135 KB

Walmart Global E-Sourcing

沃尔玛全球电商

尊敬的沃尔玛卖家：

您好！感谢您对沃尔玛全球电商的关注。

您提交的沃尔玛美国站入驻资料出现了以下一个或多个问题，为确保审核流程顺利进行，**请按照附件范例要求重新提交申请资料：**

图 4－5－7　初审材料缺失

(3) 初审未通过:收到账号申请未通过的邮件通知,如图 4-5-8 所示,表明暂时不符合入驻沃尔玛的要求。

Thu 1/27/2022 2:03 PM

China Seller Service Center

沃尔玛美国站-账号申请未通过

To

This message was sent with High importance.

尊敬的卖家伙伴:

感谢您对沃尔玛美国站在线开店平台的关注,很遗憾地通知您,您的本次账号申请未通过我们的前置审核。

请您继续关注我们平台,欢迎满足申请条件后再次尝试。

图 4-5-8 初审未通过

步骤三:在线注册

入驻资料初审通过后,卖家会收到以下两封邮件,如图 4-5-9、图 4-5-10 所示,请务必申请进入沃尔玛美国站官方卖家群并根据邮件内容及附件指南在 7 天内完成在线注册,客户经理会在群内进行注册指导。

Complete Your Walmart Marketplace Application

Hello YAN,

You're on the right track to selling on Walmart.com! Let's keep the momentum going by finishing your application.

Complete my application. 点击链接填写

Joining Walmart Marketplace would give your company exposure to a rapidly growing audience of over 100 million unique monthly visitors (26+ million on mobile). Here's a few more reasons to join...

Let us know if you have questions or need more information. We're happy to help!

Thank you,

Walmart Marketplace Team

*** Please do not reply to this email; this mailbox is not monitored. ***

Save money. Live better.

图 4-5-9 点击链接填写

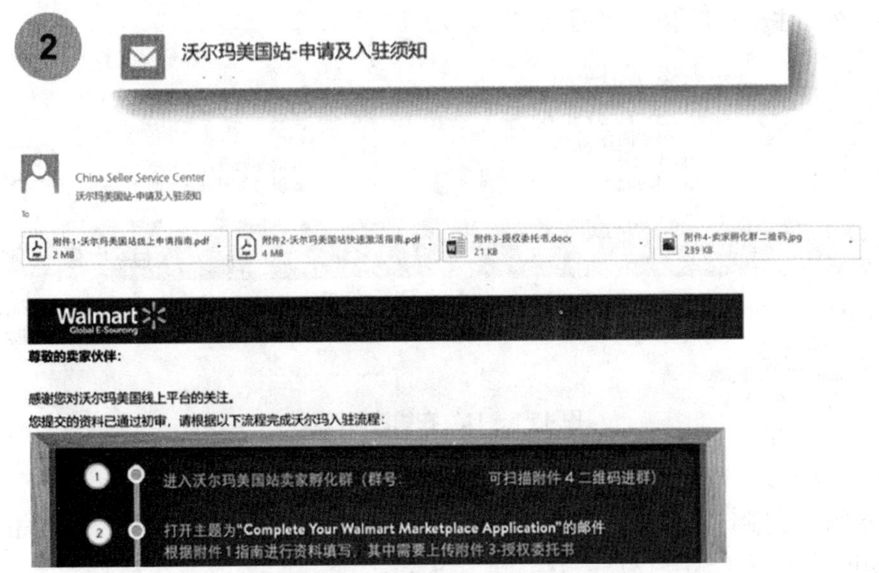

图 4-5-10　申请及入驻须知

沃尔玛美国站在线注册填写指引：

(1) 查阅在线注册及入驻指南邮件，并及时加入官方群。

入驻资料初审通过后，卖家会收到以下两封邮件，请务必申请进入沃尔玛美国站官方卖家群并根据邮件内容及附件指南在7天内完成在线注册，客户经理会在群内进行注册指导。

注意：

① 在线注册链接不可转发，否则账号出现的一切问题由卖家自行承担。

② 请使用最新版的谷歌 Chrome、火狐或 Safari 浏览器，并在使用前清除所有缓存。

③ 申请入群时请提供您的注册邮箱，一个邮箱仅对应一人进群。

(2) 在线注册材料准备。

① 中国大陆公司：a. 最新营业执照；b. 法人身份证；c. 授权委托书，均加盖公司实物公章。

② 中国香港公司：a. 最新商业登记条例；b. 公司注册证明书；c. 授权委托书，均加盖公司实物公章。

(3) 在线注册过程中一共会收到4封邮件，4封邮件主题及内容如表4-5-2所示。请卖家务必仔细阅读邮件内容，按要求完成入驻流程。

表 4-5-2　4封邮件主题及内容

邮件主题	邮件主要内容
Complete your Walmart Marketplace application	收到在线注册链接
沃尔玛美国站—申请及入驻须知	收到入驻/店铺激活指南(边看边操作即可)，根据邮件指引加入官方 QQ 群，客户经理指导入驻
Thank you for your application	已成功提交在线注册
Congratulations on your conditional approval to join Walmart Marketplace!	收到店铺激活链接，开始激活步骤

(4) 在线注册流程指引(见图 4-5-11)。

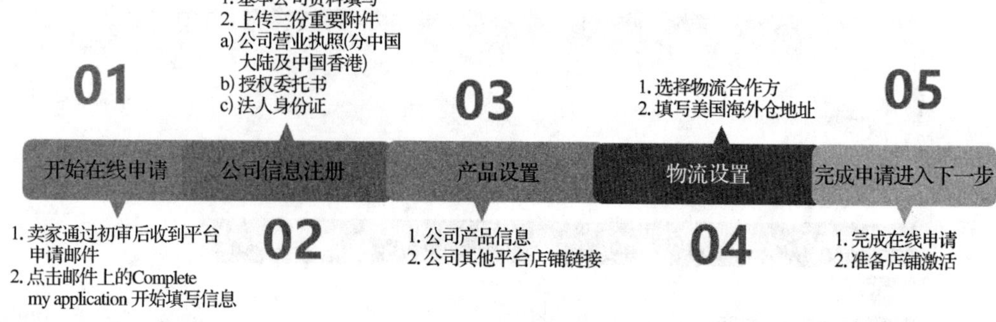

图 4-5-11　在线注册流程

① 开始在线申请。

点击第一封邮件中的"Complete my application",在跳转页面下方点击"Start Application"(见图 4-5-12)。

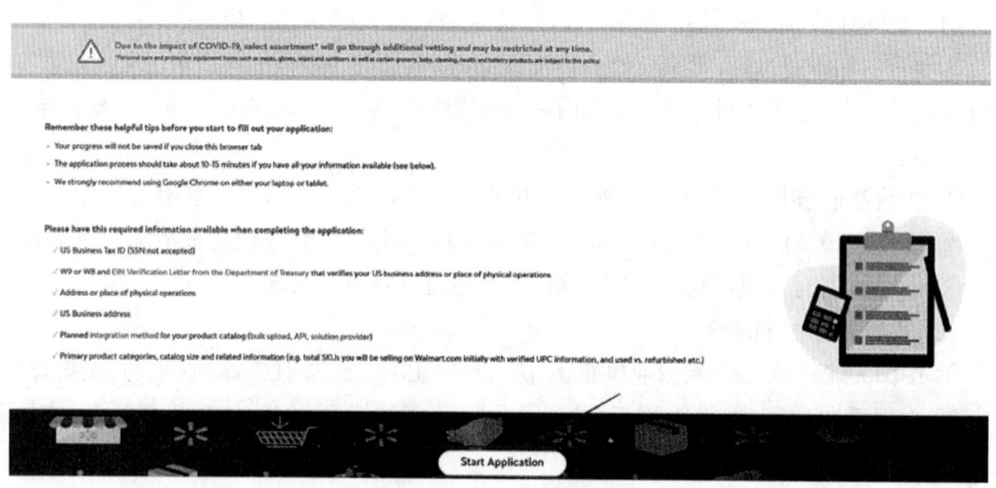

图 4-5-12　跳转页面

注意:该链接不可转发,请使用最新版本的谷歌 Chrome、火狐或 Safari 浏览器,并在使用前清除缓存。

② 公司信息填写。

a. 请确认邮箱地址,默认为您最开始申请所用的 E-mail。

b. Job Title:填写申请人的职位。

c. 带红色*的为必填项(有些项目可能已经预先填写完整,检查是否正确;如有未完成项,请手动填写,下同)。

d. 点击进入 Verified,按要求选择正确的图片,验证通过后会显示绿勾的 I am human,然后点击右上角的"×",继续填写页面,带红色*的为必填项,如图 4-5-13 所示。

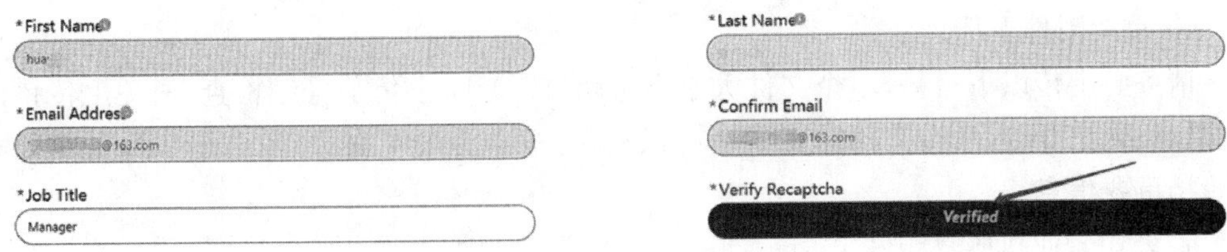

图 4－5－13　申请人信息填写

e. 请选择 W-8 BEN-E，如图 4－5－14 所示，其他内容请根据左侧中文注释进行填写。此为审核内容，请仔细认真填写。

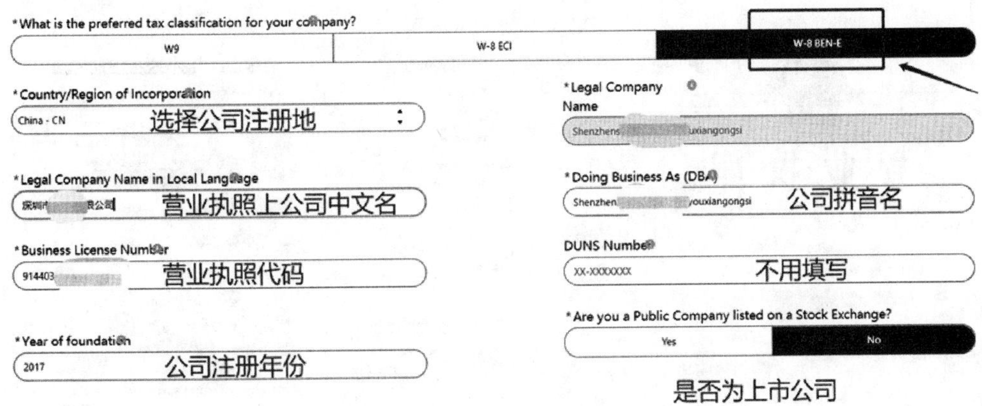

图 4－5－14　公司详细信息填写

注：如果公司注册地选择了 Hong Kong（HK），那么下方的营业执照代码请输入 8 位的香港公司登记证代码。

f. 在图 4－5－15 中，黄色方框内请用中文填写，公司英文地址的填写需在 100 个字符以内。

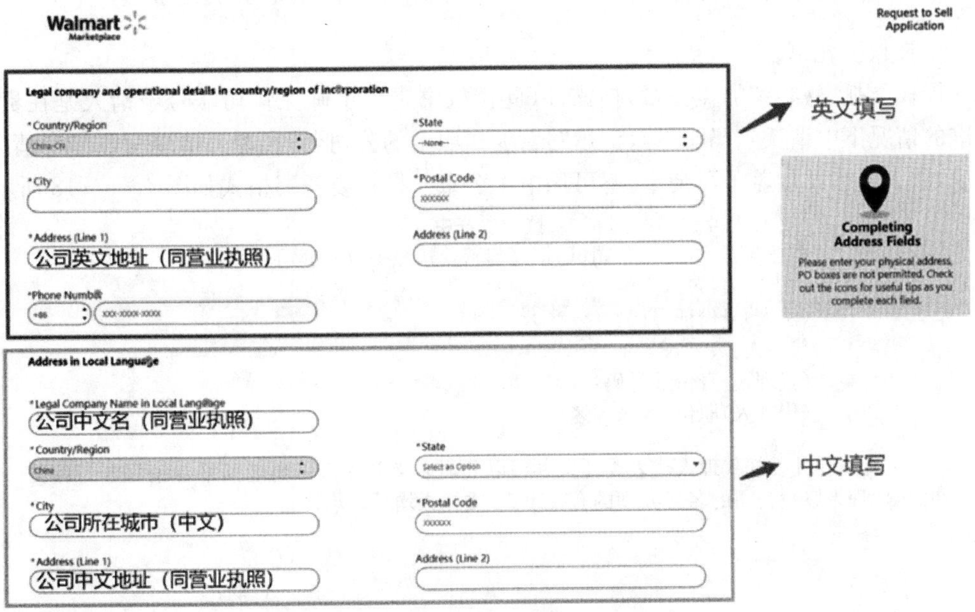

Walmart Marketplace　Request to Sell Application

Legal company and operational details in country/region of incorporation

*Country/Region　*State　*City　*Postal Code　*Address (Line 1) 公司英文地址（同营业执照）　Address (Line 2)　*Phone Number

英文填写

Completing Address Fields
Please enter your physical address. PO boxes are not permitted. Check out the icons for useful tips as you complete each field.

Address in Local Language

*Legal Company Name in Local Language 公司中文名（同营业执照）　*Country/Region　*State　*City 公司所在城市（中文）　*Postal Code　*Address (Line 1) 公司中文地址（同营业执照）　Address (Line 2)

中文填写

图 4－5－15　公司中文英文填写

③ 重要附件上传。

请务必上传以下材料，单个文件大小不可超过 5 MB，上传前仔细检查，避免上传错误文件导致无法开店，所有文档需要清晰可识别，公章需要用实物章（非电子章），盖章处不可遮挡重要信息。

a. 公司营业执照复印件。

中国大陆公司的复印件，公章不可用电子章，必须是用实物章加印泥盖上的印章，如图4－5－16所示。

b. 如果是香港公司，须上传以下两个附件，即公司营业执照和公司登记证，如图 4－5－17 所示。

营业执照（副本）
名 称
主体类型 有限责任公司（自然人独资）
住 所
法定代表人
成立日期 2016
登记机关
2016

图 4－5－16　大陆公司营业执照

图 4－5－17　香港公司营业执照

c. 授权委托书。

授权委托书（签字加盖公章）扫描件（此授权书是为了确保贵司账号申请人是在贵司批准的情况下申请沃尔玛账号），请填写营业执照上的公司名，代理人请填写账号申请人。最后，法人签名并加盖公司公章，不可用电子公章。授权委托书格式如图 4－5－18 所示。

授权委托书

委托人：××××公司（请填写与营业执照一致的公司名称）

法人代表：××××

（法人）身份证号码：××××

代理人：××××

（代理人）身份证号码：××××

（代理人）职位：××××

委托人在此委托代理人代表委托人办理以公司名义开立沃尔玛电商平台销售账户相关事宜，代理人以我公司的名义办理的有关事宜，委托人均予以承认。

法人（公章）：

日期：

图 4－5－18　授权委托书

d. 法人身份证复印件，如图 4－5－19 所示。

图 4－5－19　法人身份证复印件

营业执照、法人个人身份证正反面复印件，加盖公章，公章不可用电子章，必须是用实物章加印泥盖上的印章。

④ 产品设置。

请根据中文注释，按照实际情况填写，如果对填写内容有疑问，可点击右侧橙色感叹号标志查看英文释义，根据提示填写，如图 4－5－20 所示。

Are you transporting goods from another country? 是否会从其他国家发货
Yes　No

Do you sell items in these categories? Select all that apply, leave blank if none
Software　Cell Phones & Accessories
Fragrances　Jewelry & Watches
Luxury Brands
是否会售卖以下商品，如果是请选择所有对应商品，否则不用选择

*Average Online Revenue (in USD) 平均客单价
$15

*Select your highest performing category, based on revenue 选择您的主营类目
ELECTRONICS

*Catalog Size SKU总数
5,000

*What % of SKU are refurbished? 翻新产品占比
0%　1-25%　26-50%　51-75%　76-100%

*What % of your SKUs do not have valid UPC codes? 无有效UPC码的产品占比
0%　1-25%　26-50%　51-75%　76-100%

*What % of SKU are used? 二手产品占比
0%　1-25%　26-50%　51-75%　76-100%

图 4－5－20　产品设置

⑤ 物流设置，如图 4－5－21 所示。

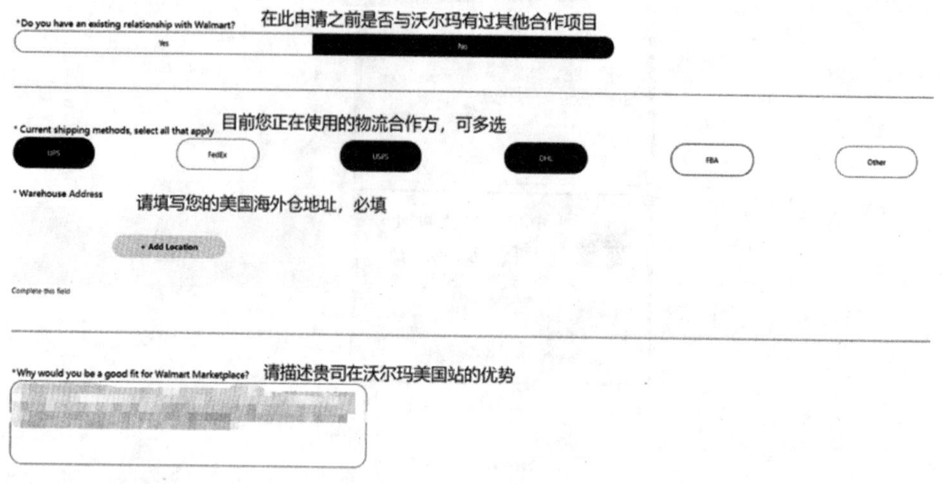

图 4－5－21　物流设置

⑥ 完成申请进入下一步。

检查所有填写的信息是否有误，有需要修改的，可点击蓝色 Edit 的标志（见图 4－5－22），进行修正。确认所有信息无误后，点击 Submit Form 键，提交信息。页面会弹出窗口告知已成功提交，系统将审核卖家的申请资料，同时卖家将收到邮件通知进入下一步。

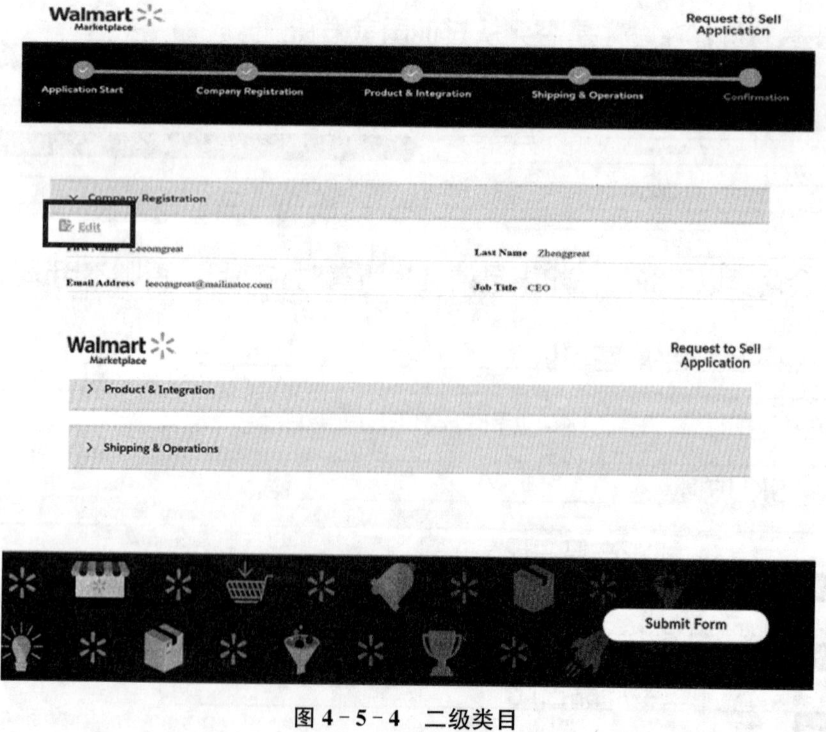

图 4－5－4　二级类目

步骤四:店铺激活

店铺激活流程如图 4－5－23 所示。

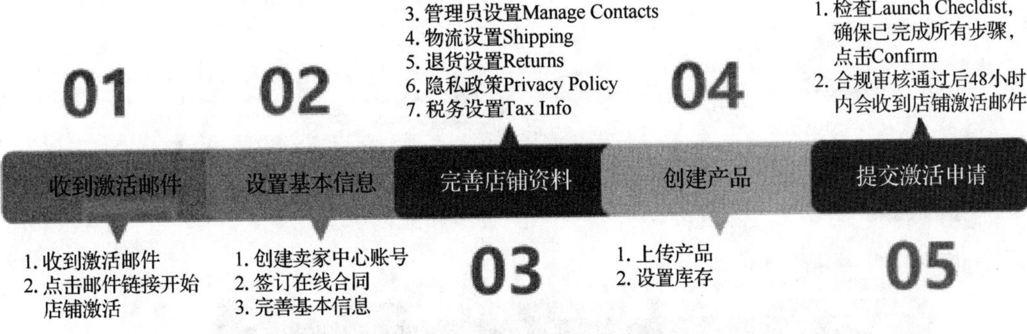

图 4－5－23　店铺激活流程

(1) 收到激活邮件。

在线注册成功后会收到标题为“Congratulations on your conditional approval to join Walmart Marketplace!”的邮件(见图 4－5－24),点击邮件中的“Register as a seller”开始店铺激活。如图 4－5－25 所示,根据邮件“沃尔玛美国站—申请及入驻须知”中的“附件 2 -沃尔玛美国站快速激活指南”进行店铺激活。

Congratulations! You've been conditionally approved as a Seller on Walmart Marketplace.

Our team will continue to review your company details and will reach out with any follow-up questions we may have. In the meantime, you can register as a Walmart Marketplace seller, complete your Seller Profile in Seller Center, and start setting your products. Taking care of these things now will help you launch faster when your account gets the final approval to sell on Walmart.com.

To register as a Walmart Marketplace seller and get access to your Seller Center account please follow these steps:

1. Register as a seller.
2. Use this user name and password to log into Seller Center.

图 4－5－24　在线注册成功邮件

图 4-5-25　沃尔玛美国站—申请及入驻须知

(2) 设置基本信息。

① 创建账号:在图 4-5-26 中,为您的沃尔玛美国站卖家中心设置密码,登陆账号默认为您的注册邮箱。

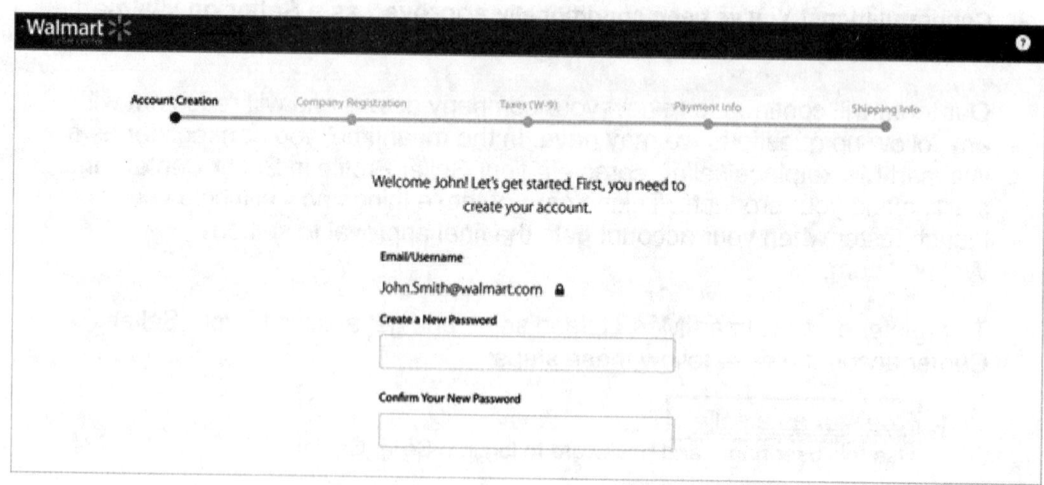

图 4-5-26　创建账号

② 签订在线合同:沃尔玛平台的卖家需签订以下沃尔玛平台零售商协议,如图 4-5-27 所示。

注意:

a. 在"Please provide your full name as the digital signature"处输入公司的法人英文名或拼音。

b. 勾选“I have read and Agree with the Terms& Conditions”。

c. 提交后无法返回修改，请务必注意首次填写正确。

③ 完善基本信息：按照系统步骤完成所有信息的填写。

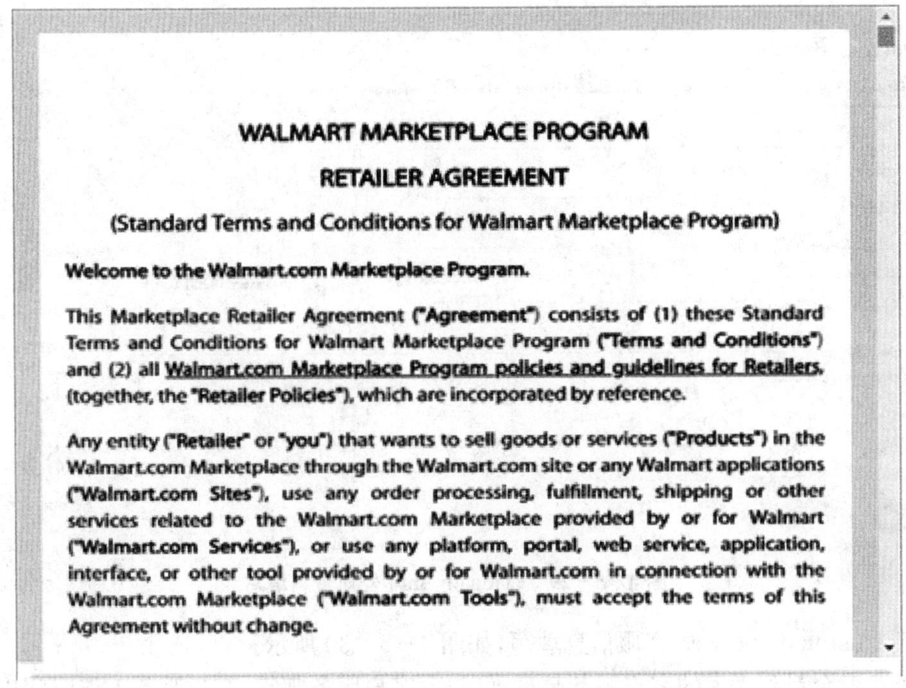

WALMART MARKETPLACE PROGRAM

RETAILER AGREEMENT

(Standard Terms and Conditions for Walmart Marketplace Program)

Welcome to the Walmart.com Marketplace Program.

This Marketplace Retailer Agreement ("Agreement") consists of (1) these Standard Terms and Conditions for Walmart Marketplace Program ("Terms and Conditions") and (2) all Walmart.com Marketplace Program policies and guidelines for Retailers, (together, the "Retailer Policies"), which are incorporated by reference.

Any entity ("Retailer" or "you") that wants to sell goods or services ("Products") in the Walmart.com Marketplace through the Walmart.com site or any Walmart applications ("Walmart.com Sites"), use any order processing, fulfillment, shipping or other services related to the Walmart.com Marketplace provided by or for Walmart ("Walmart.com Services"), or use any platform, portal, web service, application, interface, or other tool provided by or for Walmart.com in connection with the Walmart.com Marketplace ("Walmart.com Tools"), must accept the terms of this Agreement without change.

图 4-5-27　签订在线合同

(3) 完善店铺资料。

登陆 Seller Center 后台，点击页面左上角的 Launch Checklist，选择 Complete your Partner Profile，如图 4-5-28 所示。

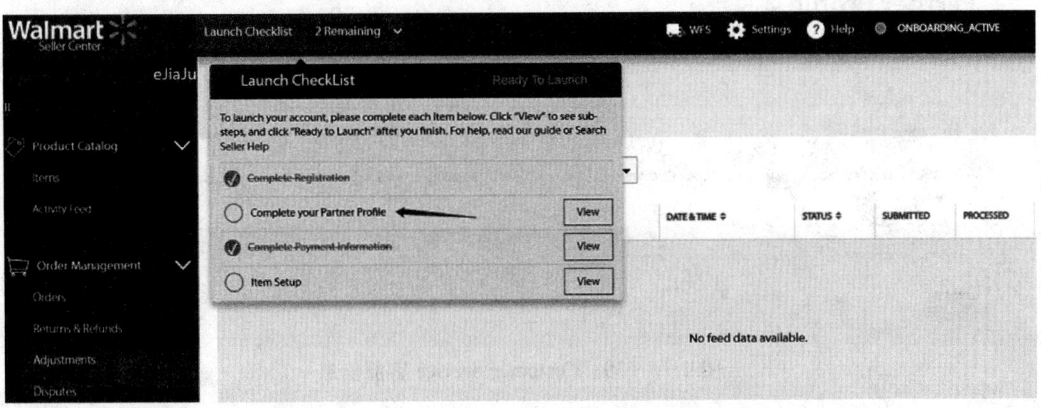

图 4-5-28　选择 Complete your Partner Profile

① Company Info 公司资料填写，如图 4-5-29 所示。

Display Name-展示名称：名称会显示在前台，对顾客可见。

Logo-商标/标志：选填，如无法保存设置，可先留空，待店铺激活后再设置。

Company Description-卖家公司介绍：不超过 4 000 个字符，不可提供卖家公司的网页链接或其他网页链接。

Partner Profile
Company Info
Customer Service
Manage Contacts
Shipping Profile
Returns
Privacy Policy
Taxes
Display Name
Test Seller
The name of your company. This will be displayed to customers
Logo (Optional)
WM Logo 1.png
Select Image
Walmart
Logo must be 400x50 pixels and be formatted as a .png or .jpg
Company Description
Our company provides...
Please provide a short description of your company. Customers can view this on Walmart.com.
Save

图 4-5-29　Company Info 公司资料填写

② Customer Service 客服信息填写，如图 4-5-30 所示。

消费者会看到卖家的客户服务政策，可包含客户服务邮箱、客户服务工作时间以及专属的客服电话号码等内容。不超过 4 000 个字，不可填写任何网页链接。

注：沃尔玛对消费者邮箱和卖家邮箱都进行了加密，卖家和消费者之间的沟通都会通过加密邮箱进行，以确保双方的安全性。

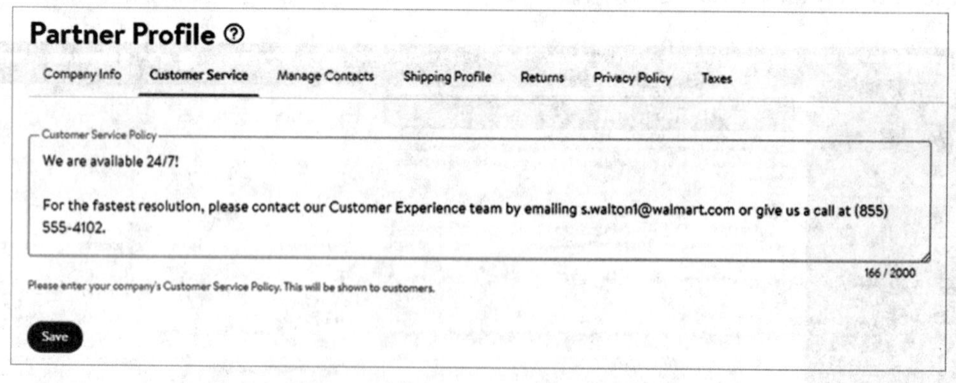

图 4-5-30　Customer Service 客服信息

③ Manage Contacts 管理联系人填写，如图 4-5-31 所示。

为每个不同类型的业务问题添加至少一个联系人（包括技术、商品、物流、客服等），沃尔玛平台会将相关政策更新或业务问题对应邮件发给相应的联系人。

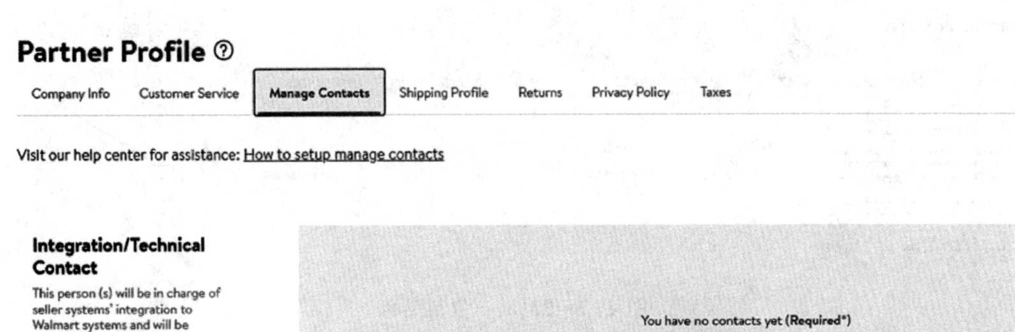

图 4－5－31　Manage Contacts 管理联系人

点击对应职能后的 Add Contact 增加联系人，填写联系人姓名、电话、邮箱地址等信息，如图 4－5－32 所示。

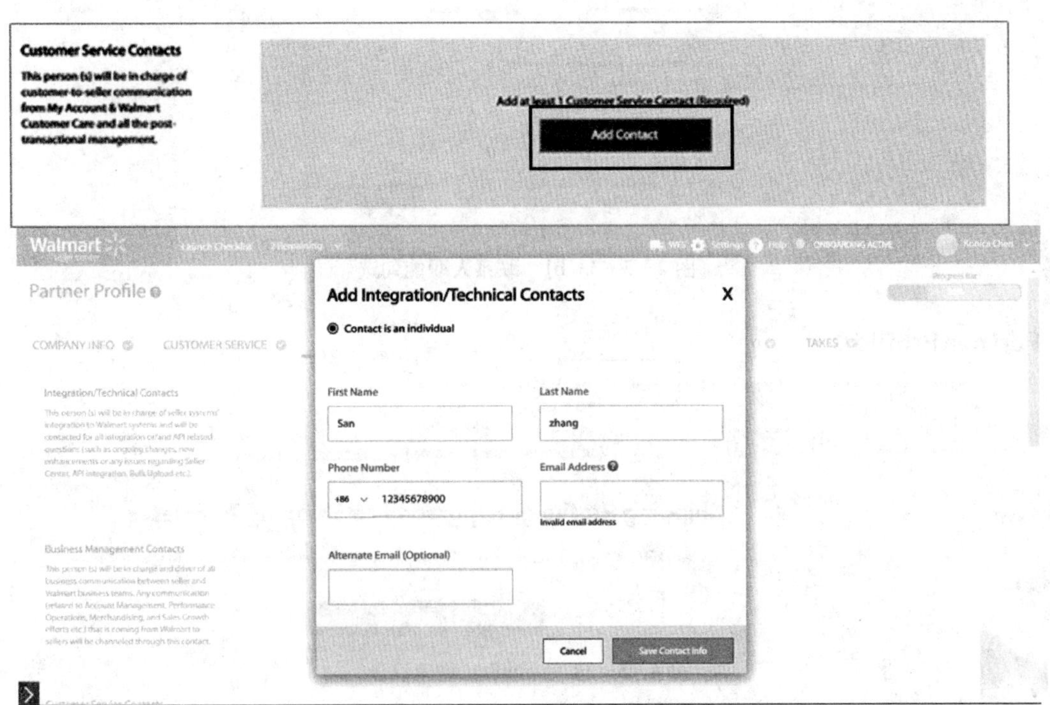

图 4－5－32　Add Contact 增加联系人

填写完成后可点击复制图标，将该联系人的信息复制到其他不同的职能下，勾选对应的职能即可，如图 4－5－33 所示。

④ Shipping 物流设置。点击 Take me to Shipping Templates，进行物流运输模板的设置，如图 4－5－34 所示。

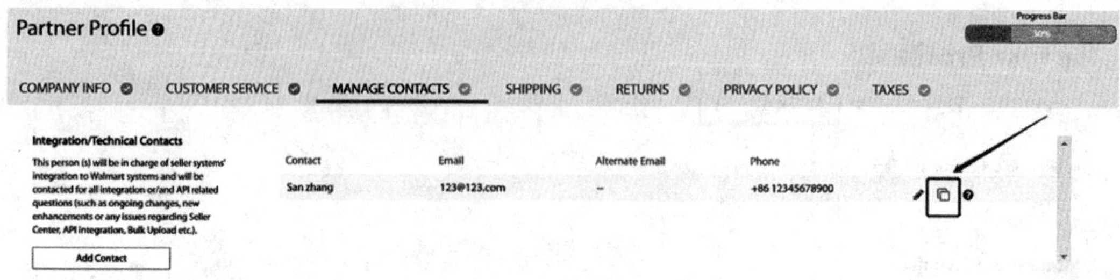

图 4－5－33(a)　复制图标

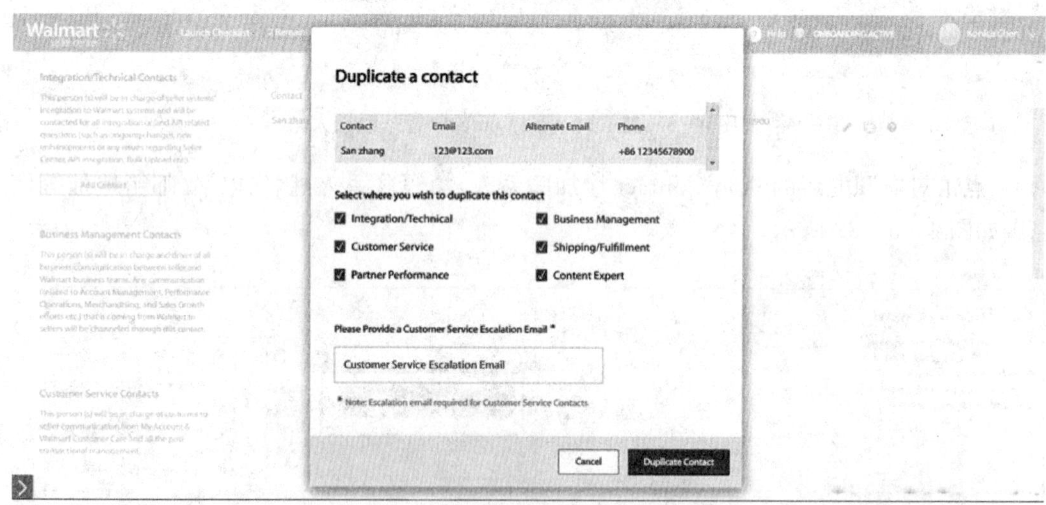

图 4－5－33(b)　联系人职能勾选

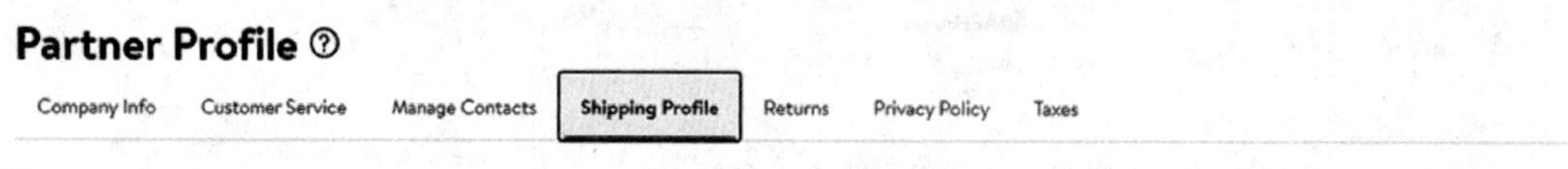

图 4－5－34　Shipping 物流设置

⑤ Returns 退货设置。

卖家需填写消费者退货的模式、退货的规则以及退货涉及的费用。当消费者查看卖家的产品信息时，可以看到卖家提供的退货政策。

设置步骤：

a. 如图 4－5－35 所示，勾选“I accept the Terms of Service for Label Printing”，部分卖家可能已默认勾选，可直接下一步。

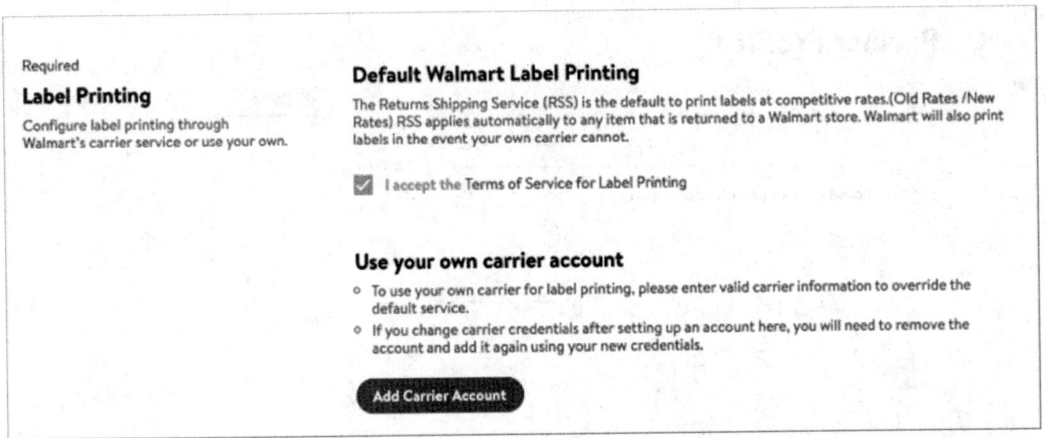

图 4－5－35　Label Printing

b. Use Your Own Carrier Account 为非必填项，此选项用于添加其他的退货承运商，如果您勾选了第一个选项，则此处无须再填写或可后续补充。

c. 卖家需提供至少一个退货中心来激活账号。如卖家有多个退货中心，系统将选择离消费者最近的退货中心为其退货。如需对某类产品指定退货中心，卖家可以通过 Bulk Return Rules Updates 进行设置。卖家加了第一个退货中心后，Add Return Center 将会移动到左栏，卖家可点击 Add Return Center 继续添加退货中心，如图 4－5－36 所示。

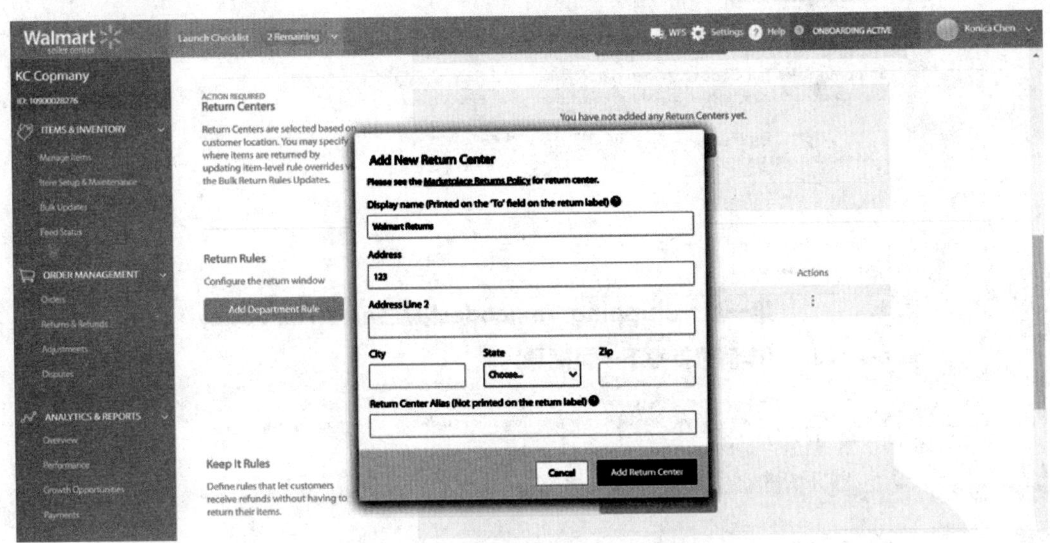

图 4－5－36　点击 Add Return Center 继续添加退货中心

d. 请填写美国本地真实有效的地址，切记不可用其他电商平台的仓库地址作为退货地址。

e. 点击最上方的 Active Returns 完成设置。

⑥ Privacy Policy 隐私政策。

如图 4－5－37 所示，卖家需告知顾客将如何保护/处理顾客的个人隐私信息，不超过 4 000 个字，请勿添加任何网页链接，填写完成后，点击 Save 进行下一步。

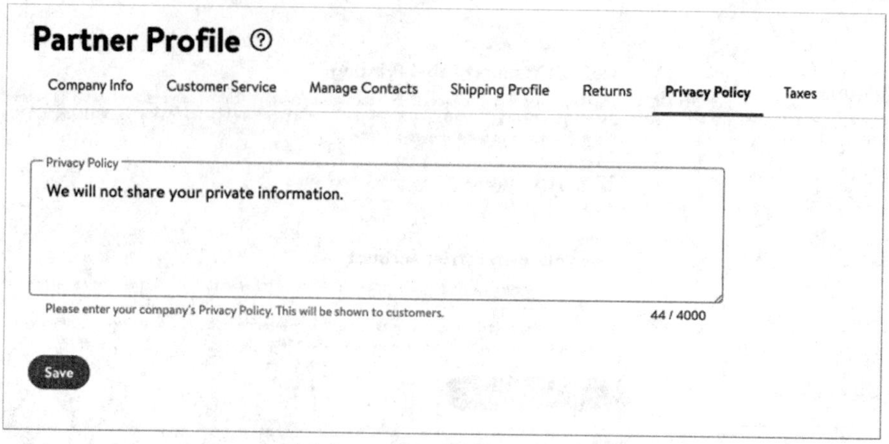

Partner Profile ⑦

Company Info　Customer Service　Manage Contacts　Shipping Profile　Returns　**Privacy Policy**　Taxes

Privacy Policy

We will not share your private information.

Please enter your company's Privacy Policy. This will be shown to customers.　44 / 4000

Save

图 4-5-37　Privacy Policy 隐私政策

⑦ Taxes 税务设置。

Nexus：卖家需提供关于 Nexus 的信息，沃尔玛才能了解是否要向消费者收税。卖家完成这部分的纳税义务信息后，请点击 Mark Nexus Settings as Done，每个卖家都有不同的消费税纳税义务，卖家有义务通知沃尔玛是否已完成消费税纳税信息。

设置步骤(见图 4-5-38)：

Mark Tax Nexus Complete　click this after clicking the SAVE button below

第三步：点击最蓝色的"Mark Tax Nexus Complete"按钮

Shipping Sales Tax Codes

Select the appropriate sales tax code for each shipping option that you support. Learn More

Standard Shipping: No shipping sales tax

Expedited Shipping: No shipping sales tax

White Glove Shipping: No shipping sales tax

第一步：Shipping Tax codes以及Sales Tax Policy (详情可参考下一页指导)

Download

The current sales tax codes spreadsheet contains all of the sales tax codes that you need for items, shipping, and gift wrap. Sales tax codes help collect the proper sales tax for you so you can remit to the proper authorities. Walmart does not provide tax advice to sellers, including telling you which code to select for your items. Consult your tax advisor if you need more guidance on which tax code you should select.

Get US Tax Codes

Sales Tax Policy

Sales Tax Policy

Sales Tax Policy

Please enter your company's Sales Tax Policy. This will be shown to customers.　0 / 2000

Save　click this first　**第二步：点击页面最下方的"Save"按钮**

图 4-5-38　Taxes 税务设置三步骤

a. 先填写下方的 Shipping Tax codes 以及 Sales Tax Policy。

b. 点击页面最下方的“Save”按钮。

c. 点击最上方蓝色的“Mark Tax Nexus Complete”按钮。

Shipping Tax Codes 运费税务代码：卖家需提供运费税务代码，沃尔玛才能向消费者收取运费费用。沃尔玛不向卖家提供税务建议，如果您选择了错误的代码，客户可能会被收取更高或更低的税率。如果您需要更多关于税码的指导，请咨询您的税务顾问。

Sales Tax Policy 消费税政策：卖家需告知顾客相关的税务政策，不能超过 4 000 个字，请勿添加任何网页链接。

(4) 创建产品。

单个上传商品操作指引：

① 进入 Seller Center，点击右上角“Add Items”，选择 Add single item，如图 4－5－39 所示。

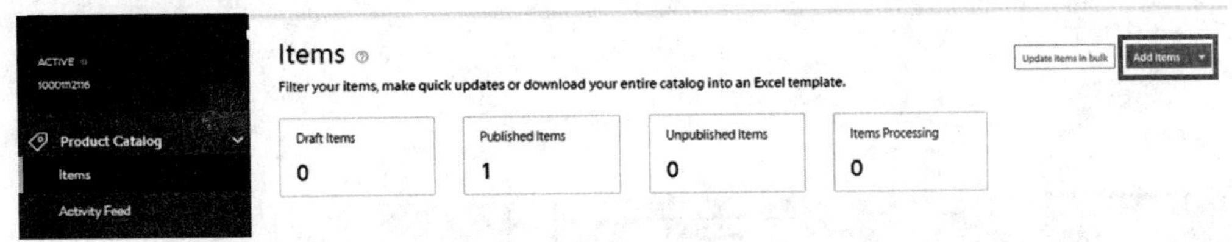

图 4－5－39　Add Items

② 填写产品基础信息，如图 4－5－40 所示。

其中 Item Identifier，选择 GTIN、ISBN 或 UPC 其中的一个填写。

GTIN：14 位数字，由 002/004/005 开头。

ISBN：10 或 13 位数字，由 02/04/05 开头。

UPC：12 位数字，由 2/4/5 开头。

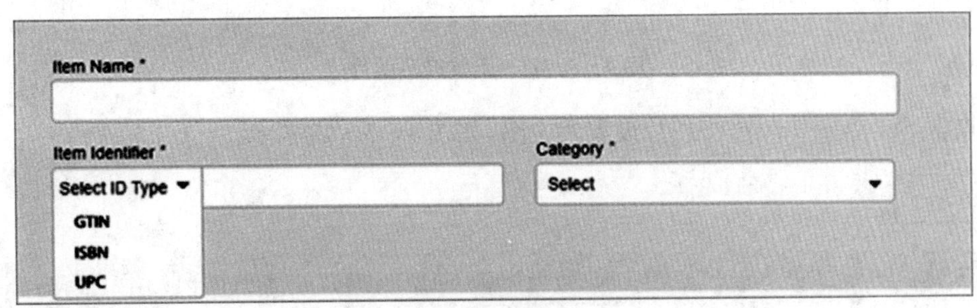

图 4－5－40　填写产品基础信息

填写完成后，系统会自动识别您的产品是否为平台在售产品，并进行自动匹配，您可以在弹出的窗口中选择：

a. “Yes，this is it.”表示系统匹配到的产品是您即将要上架的产品，系统将自动填充该产品的其他参数信息。

b. “Not my item”表示系统匹配到的产品不是您需要上架的产品，您需要自行填写产品的其他正确信息。

③ 补充产品详细信息，如图 4－5－41 所示，完成所有带红色星号的必填字段。

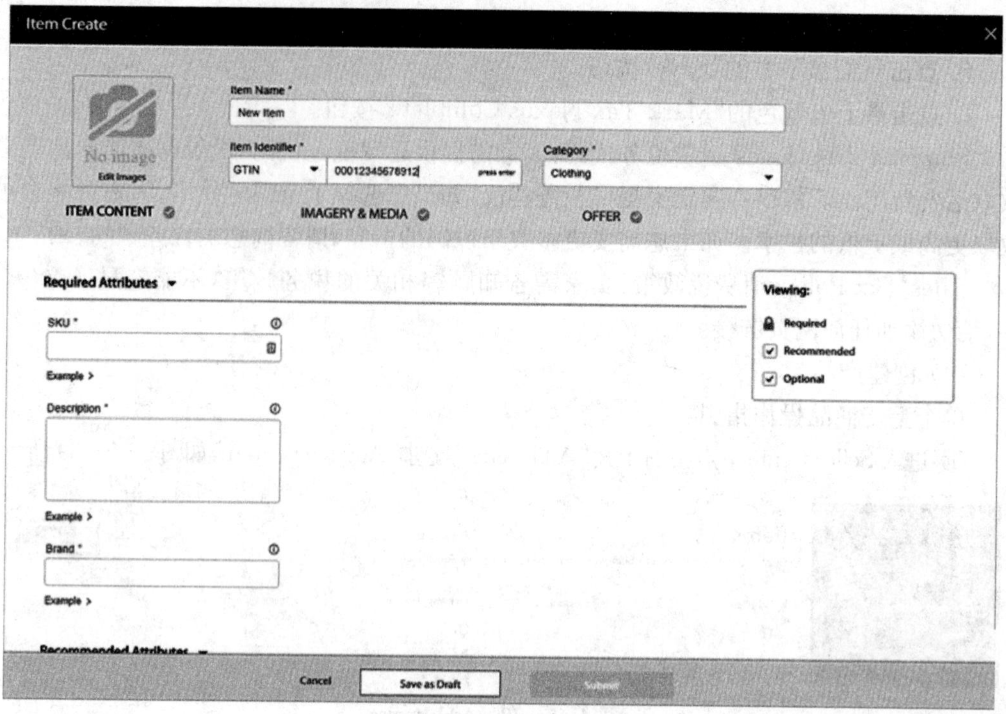

图 4-5-41　补充产品详细信息

④ 上传产品图片。每个产品都必须上传产品图片，如图 4-5-42 所示，上限为九张。

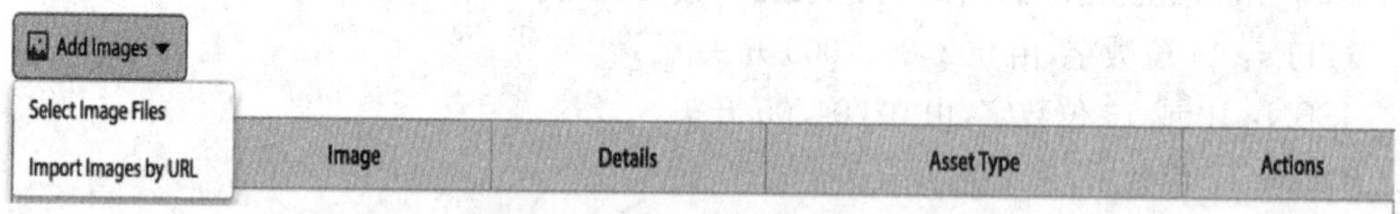

图 4-5-42　上传产品图片

点击 Set as primary，将图片设置为主图，如图 4-5-43 所示。

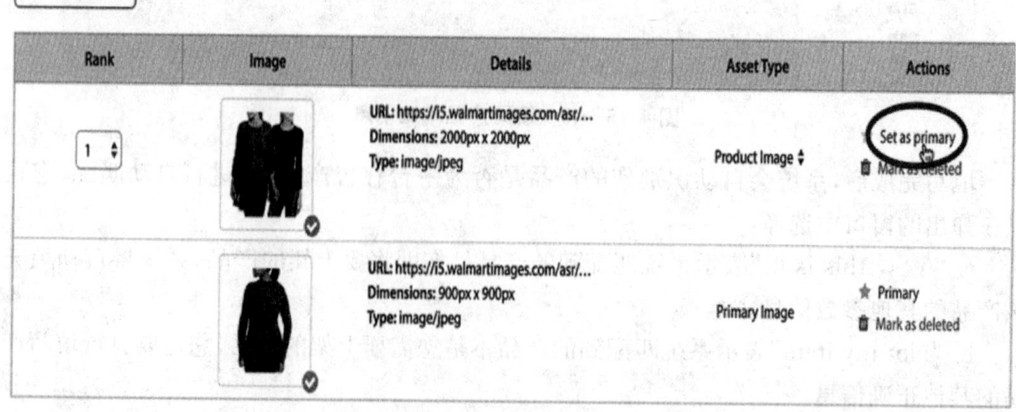

图 4-5-43　将图片设置为主图

⑤ 填写产品相关属性。

其中，Site Start Date 和 Site End Date 为必填项(见图 4-5-44)，该时间区间将决定您的产品在前台显示的时间范围，建议在库存充足的情况下，至少设置为两周以上，确保系统有足够的时间审核您的激活信息。

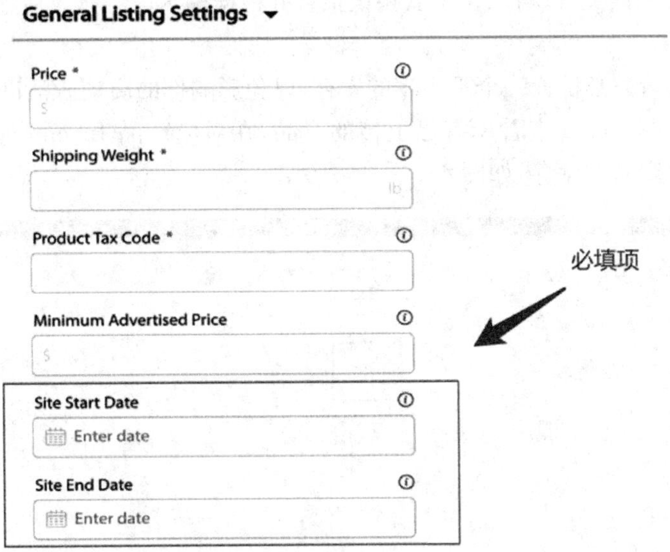

图 4-5-44　填写产品相关属性

完成所有信息后点击 Submit Item 提交。

⑥ 查看产品上传状态。提交产品一定时间后，可在后台 Activity Feed 中查看处理进度，如图 4-5-45 所示。

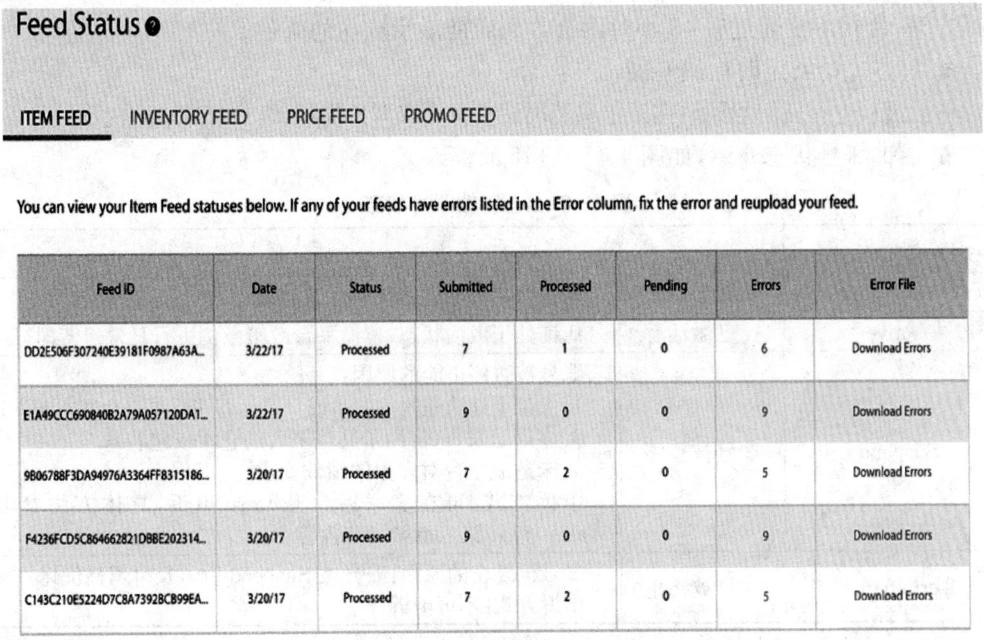

Feed Status

ITEM FEED　INVENTORY FEED　PRICE FEED　PROMO FEED

You can view your Item Feed statuses below. If any of your feeds have errors listed in the Error column, fix the error and reupload your feed.

Feed ID	Date	Status	Submitted	Processed	Pending	Errors	Error File
DD2E506F307240E39181F0987A63A...	3/22/17	Processed	7	1	0	6	Download Errors
E1A49CCC690840B2A79A057120DA1...	3/22/17	Processed	9	0	0	9	Download Errors
9B06788F3DA94976A3364FF8315186...	3/20/17	Processed	7	2	0	5	Download Errors
F4236FCD5C864662821DBBE202314...	3/20/17	Processed	9	0	0	9	Download Errors
C143C210E5224D7C8A7392BCB99EA...	3/20/17	Processed	7	2	0	5	Download Errors

图 4-5-45　查看产品上传状态

Submitted：产品已提交成功，待审核。

Processed：已审核通过。

Pending：等待系统审核中。

Errors：上传报错的数量。

Error File：错误文件，可点击下载错误报告并根据提示信息修改后重新上传该产品。

⑦ 设置库存。

上传产品后请务必设置一个不为零的库存，以免影响你的店铺激活进度；

点击后台左侧 Items 查看所有已上传的产品，在对应产品 Inventory 的字段下点击 Edit 即可修改该产品的库存，如图 4－5－46 所示。

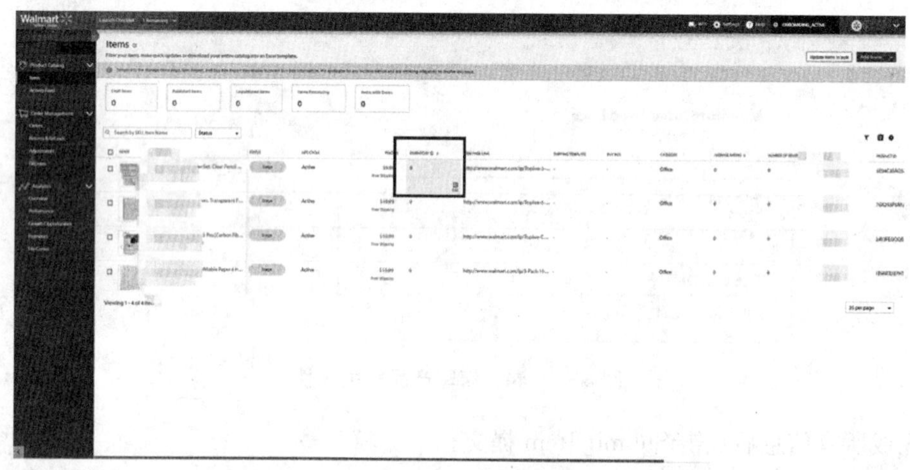

图 4－5－46　设置库存

（5）提交激活申请：检查 Launch Checklist，确保已完成所有步骤，点击 Confirm 提交激活申请，合规审核通过后 48 小时内会收到店铺激活成功的邮件。

★ 官方 QQ 群定时在线答疑。

激活过程中有任何问题请在沃尔玛美国站官方卖家群中提问，客户经理会定时在线答疑。

★ 店铺账号状态介绍，如图 4－5－3 所示。

表 4－5－3　店铺账号状态

店铺账号状态	含　义	注　释
Onboarding_Inactive	正在激活中	请按照相关指引尽快完成激活流程
Active	已激活	店铺处于激活状态，遵循平台政策条例进行日常运营即可
Suspend	账号被暂停	账号被暂停可能的原因： 1. 上架了违法违规的商品或日常运营违反了平台基本条款； 2. 多渠道发货（使用了其他平台的仓库或包装）； 3. 未达成平台对卖家的绩效要求。 申诉方式：可在卖家后台开 Case 申诉，具体方法参考 Walmart Go 第六章第一节内容
Terminated	账号被终止	账号被终止的原因：账号被 Suspend 后未及时调整优化 申诉方式：不可申诉

请务必完成店铺激活所有步骤，直到 Seller Center 后台左上角状态变为 Active。

第五章

跨境电子商务选品

5.1 品类管理

5.1.1 产品与商品

产品，在淘宝平台上被称为商品 Item，而在京东上则被理解为产品 Product。产品和商品之间是否有区别？对于这两个概念的更深入理解，也有助于选品分析。

1. 产品 Product

狭义的理解是指被生产出的物品，而在供大于求的时代，产品被衍生理解为可以满足人们需求的载体，也就是 20 世纪 90 年代的菲利普·科特勒等学者提出的产品整体概念（人们向市场提供的能满足消费者或用户某种需求的任何有形物品和无形服务）。这一概念要求营销人员要考虑到能提供顾客价值的 5 个层次：

(1) 核心产品——基本功能。核心产品是指向顾客提供的产品的基本效用或利益，反映顾客核心需求的基本效用或利益。

(2) 有形产品——表现形式。有形产品是指核心产品借以实现的形式，即品质、式样、特征、商标及包装。即使是纯粹的服务，也具有相类似的形式上的特点。

(3) 期望产品——产品属性和条件。期望产品是指购买者在购买产品时期望得到的与产品密切相关的一整套属性和条件。如对于旅店的客人，期望的是干净的床、香皂、相对安静的环境等。满足这些产品的基本属性时并不能带来额外的顾客好评，但如果顾客没有得到这些，就会感到非常不满意。

(4) 延伸产品——附加产品。延伸产品是指顾客购买形式产品和期望产品时附带获得的各种利益的总和，包括产品说明书、保证、安装、维修、信贷、送货、技术培训、售后服务等。

(5) 潜在产品——产品发展。潜在产品是指一个产品最终可能实现的全部附加部分和新增加的功能。所给予顾客的就不仅仅是令其满意，还可能是顾客在获得这些新功能时，感到喜悦。

2. 商品 Item

狭义的理解是专门用来交换的有形产品。而广义上，商品除了可以是有形的产品，还可以是无形的服务。比如“泛融产品”等，而商标法同样适用于服务等。商品同样有整体概念。商品的功能分类如图 5-1-1 所示。

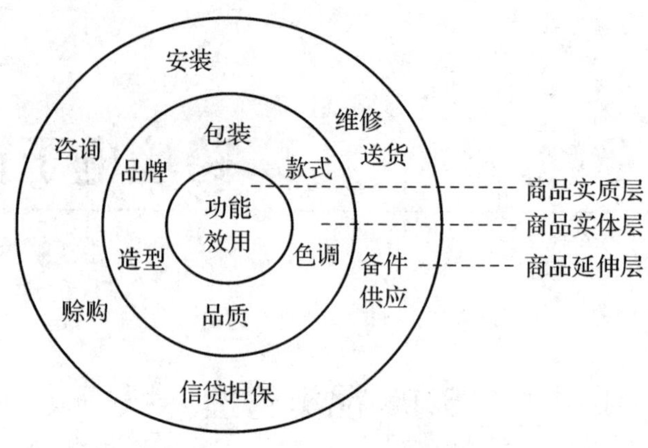

图 5－1－1 商品的功能分类

(1) 商品实质层。商品的实质即商品的功能和效用,交换和购买的目的是要获得商品给人们带来的某种需求的满足,如购买微波炉是为了自己烹饪的需求。

(2) 商品实体层。商品功能和效用的具体反映形式,包括外观形式和内在质量及促销成分,即品质、包装、品牌、造型、款式、色调等。这些表现形式在很大程度上影响着人们的购买决策。

(3) 商品延伸层。商品延伸层是指消费者在购买和使用商品时获得的各种附加利益的总和。如售前的咨询服务,售中的交易条件赊购、提供信贷或各种担保等,以及售后的送货、安装、维修等。

3. 产品与商品的区别

从产品(整体产品)和商品(整体商品)的概念可以看出,两者的重合性很高,但两者还是有一定的区别的:

产品是由卖家设计的,整体产品是以供应方的理解为核心的;而商品是由买卖双方共同设计的,整体商品的改变是以消费者的基本利益为核心的。

产品和整体产品概念强调的是产品实现的各类功能;商品和整体商品的概念则强调的是交换或者销售。商品是为交换而产生(或用于交换)的、对他人或社会有用的劳动产品。

从以上分析可见,选品中的品,作为"商品"理解更贴切些。因为电子商务平台上交易的不仅仅是能实现诸多功能的产品,更是能满足购买者或者消费者需求的商品。因此在选品时,要去分析这些产品的商品特性,也就是从消费者或者购买者的角度去分析需求,再针对这些需求设计自身的产品,形成具有消费需求的、用于交换的商品。比如,某厂家生产净水机,但不能仅仅是卖净水机,而是从消费者角度分析,净水机的购买者希望喝水喝得健康,因此要体现出能提供健康的商品特性。

5.1.2 SKU(单品)与 SPU

1. SKU(单品)

SKU 是英文 Stock Keeping Unit(库存址单位)的缩写,即库存进出计量的基本单元,以件、盒、托盘等为单位。SKU 指的是最小存货单位,这是大型连锁超市 DC(配送中心)

物流管理的一个方法。单品则是近几年电子商务快速发展起来之后出现的叫法，实质就是 SKU。

SKU 指的是单独的某一种商品，或者是包含特定的自然属性与社会属性的商品种类。这里的种类区分并非沿用传统的商品类目划分方法，而是当其品牌、型号、配置、等级、花色、包装、单位、生产日期、保质期、用途、价格、产地等属性与其他商品存在不同时，均可称为一个单品。因此，单品与传统意义上的“品种”的概念是不同的，单品主要目的是区分不同商品的不同属性。例如，同样是某品牌啤酒，单听销售的啤酒和整扎销售的啤酒，可以视为两个单品。

以单品而非品种作为基本单元管理，为商品采购、销售、物流管理、财务管理及 POS 系统与 MIS 系统的开发提供了极大的便利。这一处理方法与传统零售门店的 SKU 如出一辙，因此 SKU 的方法也被广泛用于电子商务平台。

2. SPU

SPU 是英文 Standard Product Unit（标准化产品单元）的缩写。这是商品信息聚合的最小单元，表示一组易于检索的标准化信息的集合，这一集合可以描述一个产品的基本特性。也就是说，属性值基本特性相同的商品可以称为一个 SPU，如 iPhone6 就是一个 SPU，它与颜色、款式、套餐无关。

SPU 的作用就是为了区分品种，同时也是为了更好地进行电子商务平台的后台数据管理，因为如果电子商务后台数据按照 SKU 来保存和检索，则会出现庞大的数据，而且不同商家的 SKU 设置不同，就会造成紊乱。因此要实行标准化，也就是要一品多商。

5.1.3 品类与品类管理

1. 品类（Category）

品类是指消费者认为相关的且可相互替代的一组特殊商品或服务。它有很多定义：品类即商品的分类，一个小分类就代表了一种消费者的需求。在电子商务平台上，平台会事先划分好品类结构中的大类目，如速卖通平台的顶级品类。

2. 品类管理（Category Management，CM）

品类管理是指分销商和供应商合作，将品类视为一个策略性事业单位来经营，通过创造商品中消费者价值来创造更佳的经营绩效。品类管理是把所经营的商品分为不同的类别，并把每一类商品作为企业经营战略的基本活动单位进行管理的一系列相关活动。要做好品类管理，先要了解产品组合理论中的宽度、深度、长度和关联度。宽度是指企业生产经营的产品线的多少。深度是指产品线中每一产品有多少品种。长度则是指企业所有产品线中产品项目的总和。关联度是指各产品线在最终用途、生产条件、分销渠道和其他方面相互关联的程度。例如，宝洁公司生产清洁剂、肥皂、纸尿布及纸巾，有五条产品线，表明产品组合的宽度为 5，其中牙膏产品线下的产品项目有 3 种，佳洁士牙膏是其中的一种，而佳洁士牙膏又有 3 种规格和 2 种配方，因此佳洁士牙膏的深度是 6（=3×2），长度则是将 5 条产品线下的所有产品项目的不同规格和配方的产品项目综合，而关联度就是这些产品之间的互补性。

因此，在品类管理过程中，首先需要思考的是所经营全部商品的宽度或者产品线。有些平台，如速卖通，目前一个账号只能经营一个大类的商品，这也因为担心类目杂乱，不利于系统判别店铺的主营商品，从而难以给店铺做准确的定位和推广。在大类确定的前提下，要拓展品类的宽度，就需要开发子类目的维度，从而能全面满足用户对该类别产品的不同方面的需求，如假设一个做 shoes 大类产品的店铺，可以针对目标客户的年龄、性别、鞋子使用场所等不同的维度，进行商品的宽度开发。

在拓宽品类宽度的同时，应不断开拓品类的深度。深度的开拓需要基于对目标市场的细分和深入研究，开发针对每个目标市场的产品，同时要做到：每个子类的产品数量要有规模，品相足够丰富，从颜色、规格、配方等不同的维度尽可能开发更多的 SKU；销售的商品要有梯度，体现在价格、品相、质量等方面，可以尽可能让更多层面的客户在此找到自己的需求。达到以上要求，可能需要进行新产品开发，除了可以开发全新的产品，还可以开发改进型新产品，也就是在原有老产品的基础上进行改进，使产品在结构、功能、品质、花色、款式及包装上具有新的特点和新的突破。

在深度开拓品类过程中，还要挖掘有品牌的产品，以提高品类口碑和知名度。商家可以使用自己的品牌或者使用别人的品牌，如特许品牌或中间商品牌，还可以考虑使用一个品牌还是多个品牌，即对全部产品线产品采用同一品牌，还是不同的产品线品牌不同等。比如中国移动将动感地带的目标人群定位为年轻人群。这一目标人群虽然暂时购买力有限，但却是未来主力消费的生力军，因此中国移动将动感地带作为与全球通和神州行并行的第三大子品牌，以全球通为利润品牌，神州行为大路品牌，动感地带为狙击和种子品牌。除了宽度、深度，商家还需要不断提升品类之间的关联性，从而可以提高关联销售度和单价。

品类管理还需要不断更新和变化。营销专家认为任何产品都是有生命周期的。该过程一般会经历产品的导入期、成长期、成熟期和衰退期四个阶段，包含了产品从投入市场到最终退出市场的全过程。例如，有些企业在前一年打造一个单品爆款 SKU，因此在第二年也仍旧以爆款的思维去准备这一 SKU 单品的备货，结果就会造成库存的大批积压。因为这一款 SKU 单品已经到了成熟期甚至衰退期，因此企业必须在前一产品的成长期和成熟期推出新产品以替代老产品，避免企业整体销售的滑坡。

可见，从用户需求的角度看，选品是为了满足用户对某种效用的需求；而从产品的角度看，要选出在外观、质量和价格等方面符合目标用户需求的产品。洞查市场现状，掌握用户需求是选品的重中之重。

5.2 选品的数据分析工具

数据分析和市场调研是了解和掌握市场动向与用户需求的主要方法。在本章中将重点介绍这两个方法在选品中的应用。依托跨境电子商务平台和互联网上形成的大数据，借助各种数据分析工具，利用各种指标进行定性定量分析，可以为正在或者将要开展跨境电子商务业务的卖家和企业决策者提供行业、类目、品类和关键词等各项选择的科学依据。

5.2.1　数据来源与分析工具

从数据来源看，选品分析所需的数据分为内部数据和外部数据。内部数据是指企业内部经营过程中产生的数据信息及跨境电子商务平台后台生成的店铺、行业、平台的各项数据，如速卖通平台的访客数占比、浏览量占比、成交额占比、成交订单数占比、供需指数等。这些数据可以帮助平台商家更好地进行选品分析；而外部数据是指平台以外的其他公司、市场等产生的数据，如 Google Trends、Keyword Spy、Alexa 网站等产生的各项数据。

因此，分析工具也分站内工具、站外工具及整合了诸多功能的第三方工具。

1. 站内工具

速卖通的站内数据分析工具主要是数据纵横。在数据纵横中，有行业情报、选品专家和店铺分析三大块功能，选取平台的全部数据进行分析以供用户作为行业选择、选品和店铺运营的参考。

亚马逊平台自带一些数据工具，不过与速卖通将数据整合在一个工具中不同，亚马逊的数据工具分散在平台的各个地方，因此更需要对平台有深入的了解，才能利用好这些工具。这些工具包括亚马逊搜索框“Amazon Search”、亚马逊热销榜“Amazon Best Sellers”、亚马逊热门新品“Amazon New Releases”、亚马逊波动趋势“Amazon Movers & Shakers”、亚马逊愿望清单“Amazon Most Wished For”、亚马逊礼物榜单“Amazon Gift Ideas”等。

2. 站外工具和第三方工具

站外工具可以分为免费和付费两种。免费的如 Google Trends、Google Insight for Search、eBay Pluse、Watcheditem、Watchcount 等产品，付费的如 Google Adwords、Junglescout、AMZ tracker、BigTracker、米库等产品。

5.2.2　行业分析

正式开展跨境电子商务业务之前，卖家首先需要选择行业（当然以自有资源开展跨境电子商务的卖家除外），要了解哪些行业在哪些国家和地区最受欢迎，哪些行业在各国和地区又属于蓝海行业等。在行业分析方面，比较全面的数据分析工具是速卖通的数据纵横，其中的行业情报汇聚和分析了大量的行业数据，此外，2016 年之后 Wish 的行业分类也很值得参考，因为如果能被 Wish 行业分配，将可能带来巨额的回报。而 Google Trends 等工具也可以帮助卖家去把握不同类目的全球产品需求趋势。相比而言，Amazon 平台在行业分析方面并没有明显的工具帮助，因为 Amazon 平台更倾向于精准需求把握。

1. 速卖通：数据纵横行业情报

在速卖通的分析工具中，其中一项即行业情报，主要有两大块功能：一是行业概况，二是蓝海行业。在行业概况中，卖家可以查询到不同行业最近 7 天/30 天/90 天的各项数据，如流量、交易、供需指数占比及周涨幅、行业趋势及明细数据（明细数据可以下载到本地）及行业国家分布（新增行业成交额国家分布）。在蓝海行业中，可以看到基于整个网站数据分析得到的一级蓝海行业（整体竞争不大，有市场空间的一级行业），以细分蓝海行业。

成交额占比，是指统计时间段内行业支付成功金额占上级行业支付成功金额的比例。

成交订单数占比，是指统计时间段内行业支付成功订单数(排风控)占上级行业支付成功订单数(排风控)的比例，一级行业占比为该行业占全网的比例。

1) 行业对比分析

行业对比指跟相关行业进行数据趋势对比，可以分别从访客数占比、成交额占比、在售商品数、浏览量占比、成交订单数占比和供需指数等方面进行对比分析。如图 5-2-1 所示的是女装、流行饰品、手提/单肩/斜挎包 3 个行业在 2016 年 6 月中旬到 9 月中旬的访客数占比、支付金额占比及供需指数数据对比情况，环比上周数据变化情况，以及最近 7 天趋势数据明细(明细数据还可以以 Excel 形式下载，做进一步的深入分析)。可以选择增长性较快的一级类目，并进行二级甚至三级产品品类的深入分析，如对一级行业服装下的其他类目进行趋势分析。

蓝海行业

你现在选择的行业是 连衣裙　　请选择时间 最近90天

行业数据

	流量分析		成交转化分析		市场规模分析
	访客数占比	浏览量占比	支付金额占比	支付订单数占比	供需指数
最近90天均值	41.38%	29.57%	29.15%	22.27%	166.62%
环比周涨幅	↓ -0.86%	↓ -1.75%	↓ -0.99%	↓ -0.71%	↑ 0.63%

图 5-2-1　速卖通行业情报—行业概况

2) 行业国家分布

数据纵横中还可以得到不同行业在不同国家的买家地域分布情况，如图 5-2-2 所示。根据选定行业的访客数和成交额的分布情况，在商品发布及运费设置时，做更多的针对性操作，让目标国家的买家可以更加方便地购买商品，提升商品的转化率。

行业国家分布

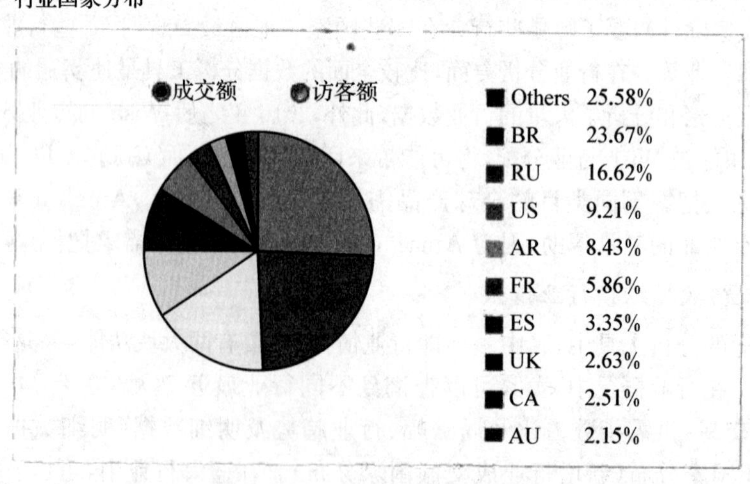

图 5-2-2　行业国家分布 TOP10

3）寻找蓝海行业

蓝海指的是未知的有待开拓的市场空间。蓝海行业是指那些竞争尚不激烈，但又充满买家需求的行业。蓝海行业给卖家充分的空间和时间去发展团队，并且做精做强立于不败之地，平台推荐了12个一级蓝海行业。

2. Wish——行业分配

因为Wish平台购买人群年轻化等特殊性，一般Wish平台适合销售价格合理、附加值较高、具有独特性的产品。在2016年以前，Wish平台卖家并不需要特别注意和选择所售商品的行业问题，因为Wish的产品是根据标签进行推荐的，卖家填写商品的10个标签（Wish会根据卖家标签和标题适当调整），在一定规则下Wish根据买家的各种消费行为标签进行匹配和推送，促成购买，完成交易。但随着Wish平台上的产品数量越来越多，特别是一些产品上新工具的诞生，导致Wish平台的产品爆发式增长，大量重复的标签出现，产品与标签之间、买家和卖家之间的匹配度下降，一些买家也开始通过行业类目筛选产品。为了更好地进行产品匹配和推荐Wish进行了行业划分。2016年划分了15个顶级品类，即时尚、钱包手袋、家居、服饰、手表、手机配件、鞋子、上衣、内衣、夏装、个人爱好、饰品、小工具，顶级品类下还有下级行业，不过行业上下级关系会随时变化，产品所居行业也就会随之变动。

Wish平台会根据诸多因素对平台可售商品进行行业分配，而得到行业分配的产品可以得到更多流量，因为这些产品可以得到除了latest入口以外的根据类目划分的展现。如在2020年，Wish平台销售商品达到6 700万种产品，每天销售200万单，销售额750万美元，而其中分配行业的产品交易额达到300万美元，每天销售150万单。比如Fashion（时尚）行业是一个汇集行业，分配了大约200万种产品，占Wish全局数据的3.12%，分配了行业的产品的100万单，占Wish全局的92.9%。从全平台来看，被分配了行业的产品的动销率，平均值为7.9%，是Wish全局0.58%的12倍。14个顶级行业，平均每天有23%的店铺可以出单，出单率最高的是家居，达到27%；最低的是内衣，为13%。在各行业中，平均每个店铺出单最高的是美妆和配件（Accessories），平均8件1店。

由此可见，Wish卖家在选品时，行业选择变得比以往重要。不过，Wish后台管理界面并没有如速卖通一样的数据分析工具，可供卖家进行数据分析，选择行业或者商品。

5.2.3　选品分析

总体而言，选品一般从两个方向切入：一是站内选品，二是站外选品。两者都有很多的数据分析工具可以用于帮助选品，在后面会详细介绍这些工具。选品切勿只根据自己的感觉，要用数据说话。

1. 速卖通的数据纵横——选品专家

热销与热搜。根据国家和行业的组合，选择出热搜和热销的商品品类；在选择好之后，可以根据竞争度的大小，选择适合的商品，并且根据热卖国家特点发布对应商品。

可以优化商品的曝光转化率。除了本身商品的销量，还可以查看买家关联产品的购买习惯，选择竞争度适中的关联产品，进行关联商品推荐，提升店铺客单价。在T-shirt关联词中，可以总结出热销产品的基本属性，如面料wool等。

搜索词分析。速卖通平台的完整热搜词数据库是制作产品标题的利器。标题是系统做排序时对关键词进行匹配的重要内容，专业的标题能提升卖家的可信度。搜索词分析如图 5－2－3 所示。

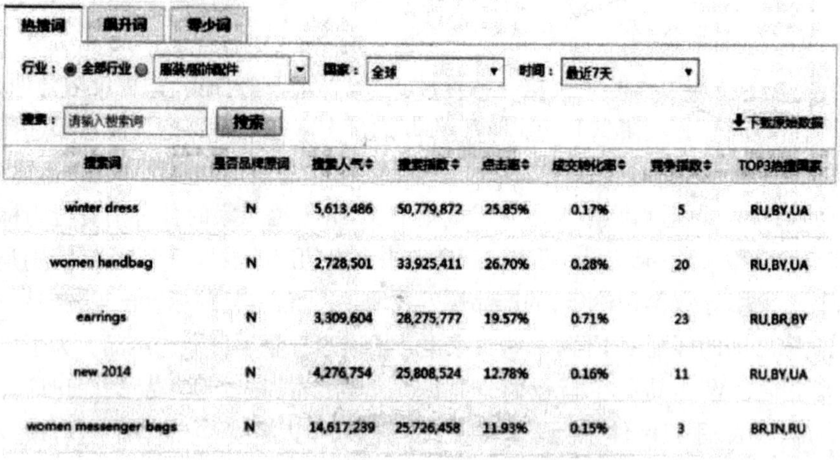

搜索词	是否品牌原词	搜索人气	搜索指数	点击率	成交转化率	竞争指数	TOP3热搜国家
winter dress	N	5,613,486	50,779,872	25.85%	0.17%	5	RU,BY,UA
women handbag	N	2,728,501	33,925,411	26.70%	0.28%	20	RU,BY,UA
earrings	N	3,309,604	28,275,777	19.57%	0.71%	23	RU,BR,BY
new 2014	N	4,276,754	25,808,524	12.78%	0.16%	11	RU,BY,UA
women messenger bags	N	14,617,239	25,726,458	11.93%	0.15%	3	BR,IN,RU

图 5－2－3　搜索词分析

关键词的严重同质化造成关键词竞争度更高了，被搜索到的概率反而小了。这时候我们应该更多地运用飚升词库提供的数据来优化标题。在飚升词库中应该关注搜索指数飚升幅。

速卖通选品其他方法。除了数据纵横，速卖通平台的卖家还可以通过一些诀窍来了解目前平台热卖的产品，从而有助于选品。如点击首页的“Best Selling”，可以看到“Hot Product”(热卖商品)和“Weekly Bestselling”(每周最热销的商品)。这是根据平台大数据得出的热销产品，或者是“平台小二”大力推荐的商品，浏览这些商品将有助于卖家的选品决策。

2017 年以后，速卖通平台无线端流量大增，而平台无线端为了更好地提升活动流量，给产品带来更多的曝光，提升用户体验，在 2017 年平台周年大促时，速卖通将“无线抢购”及“Super Deals”活动合并升级，推出“Flash Deals”频道。这里都是“平台小二”认可，并经过品类审核的商品，值得卖家们深入研究。

还可以通过数据纵横工具，在行业国家分布中，找到买家支付金额的数据，从而可以分析出目标消费国的消费能力，再根据这个客单价进行选品；此外，速卖通正在建各地的海外仓，但在这些海外仓建成并投入使用之前，速卖通平台最多的订单都是国内直发的，因此在选品上要注意体积和重量，选择销售价格高且体积小的商品为最佳。

搜索框汇聚了精准的搜索词，是买家搜索商品的主要工具，所以作为卖家选品的工具是具有很高的参考价值的。当输入关键词时，搜索框会跳出一列热搜长尾词，点击“搜索”按钮后，在左侧细分类目栏上方可以看到该类产品的总数，从而得到该类产品的市场大小，市场越大竞争也就越大。同时还可以利用搜索框，发现热门长尾词，寻找市场机会。或者进入一个类目，层层筛选，哪个排在类目的前面，且 review 数量较少，就是一个很好的选品机会，入口链接为 https://www.amazon.com。

2. 亚马逊热销榜(Amazon Best Sellers)

在热销榜中,可以看到每个品类热销前100的Listings,左边是各个不同的产品类目,卖家可以根据自己的产品方向、资源渠道、资金等,通过参考这个热销榜单找到适合的产品进行销售。

亚马逊热门新品(New Releases)。亚马逊热门新品是亚马逊基于产品销量得出的热门新品榜单,每小时更新一次。在这个榜单中可以看到一系列在亚马逊上热销或预计会热销的新品。这个榜单的产品上架时间较短,但排名上升速度快,与那些竞争激烈的产品相比,或许更值得卖家快速出手。需要注意的是,分析时要结合节日、热点、各种推广等因素的影响。如果说亚马逊热销榜展示的是当下亚马逊上最热门的产品,那么这个榜单则能够让你看到新的、预计会大热的产品。入口链接为https://www.amazon.com/gp/new-releases/ref=zg_bsms_tab,这个榜单是亚马逊上各品类的TOP100的产品受欢迎趋势。可以看到各品类前100号产品都会有箭头标志,有绿色标志的产品其人气呈上升趋势,而红色标志的产品呈人气下降趋势。这些箭头右边还会有波动的百分比,让人能够清楚一个利基市场的最新动态。卖家可以通过该榜单了解和发现最新的流行趋势与找到潜力产品。这个工具与New Releases有一定的相似性,不同的是,它反映了1天内同类目涨幅最快的商品。

愿望清单显示的是消费者可能会喜欢但因价格因素而无法立刻“剁手”的产品,是亚马逊搜集顾客的访问数据形成的榜单,也是挑选未来热卖品的重要依据。亚马逊搜集了客户的访问数据,形成了这个榜单。买家把它加入愿望清单,一旦产品降价,他们就会收到来自亚马逊的邮件提醒。这对于卖家来说可能是一个很好的机会,如果他的产品上榜又或者他能以更优惠的价格提供此产品,那么稍稍地减价促销会给他带来更多的销量。

做礼物商品的卖家千万不要错过这个榜单,这是亚马逊通过买家礼物选购数据得出的榜单,这个榜单中的产品可以提前购买,在指定的时间送货,因此很多客户给朋友或家人选择礼物时,都会通过这个榜单来购买。特别是旺季的时候,这些作为礼品的产品销量会大幅度增长。可以通过这个榜单来了解哪些产品作为礼物会比较受欢迎,哪些礼物可以组合捆绑销售,还可以在节日来临前更有针对性地备货。入口链接为https://www.amazon.com/gp/most-gifted/ref=zg_mw_tab。

3. 亚马逊选品其他方法

与速卖通不同,亚马逊平台重产品轻店铺,重质量和品牌而轻营销推广,因此在亚马逊平台上做跨境电子商务,选品环节更为至关重要。

首先要有合适的卖家定位,并且依据平台特性选品。亚马逊最忌讳侵权产品,平台鼓励卖家专注于一个类目,不做杂货铺;要优先考虑自己熟悉的产品,优先考虑有一手资源的产品;能够满足市场需求的产品,亚马逊的市场主要在欧美地区,消费人群是年龄在18岁以上的成年人,收入水平较高,因此质量好、价格适中、有商标的产品更受欢迎。

其次要摸清市场容量和趋势。借助平台内的工具来查看市场竞争情况、最新最热产品、24小时销量最高的产品等。重视各类热门话题产品,如世界杯、新上映电影。注意各国偏爱的主题元素,如意大利人喜欢蓝色,但不送别人护身符,忌讳珍珠;非洲人喜欢颜色艳丽的产品,欧美人喜欢对比度很强的产品等。关注季节性产品,如夏季的户外用品、冬季的圣诞用品等。

再者要深入分析某行业或某类别。大致确定品类后,借助“Best Match”工具,找出10个想卖产品的最精准关键词,再进行搜索,分析搜索结果的前6～7页,查看和分析这些商品的销售价格、产品评论、产品是否能够被跟卖(有品牌不能跟卖)、产品是否需要认证等;也可以查看“推荐销售”,了解关联度高的相关产品。最后优先考虑单价较低的产品,或选择小而轻的产品。

4. 站外选品

站外选品工具有谷歌趋势(Google Trends)、谷歌规划师(Google Adwords)、Google insight for search、关键词工具(Merchant Words)等。

1) 谷歌趋势(Google Trends)

Google搜索工具对于跨境电子商务卖家而言其实是一个很有用的工具。通过Google Trends工具分析品类的周期性特点。通过Keyword Spy工具发现品类搜索热度和品类关键词,通过Google Analytics工具获得已上架产品的销售信息,分析哪些产品销售好,整体动销率如何等。Google Keyword Analysis Tool是进行SEO优化搜索结果的利器。如果卖家资金较充裕,还可以试着利用Google Adwords投放关键词广告。

Google Trends是Google推出的一款基于搜索日志分析的应用产品,它通过分析数以亿计的搜索结果,告诉用户某一搜索关键词在Google被搜索的频率、相关统计数据和搜索趋势。从选品角度来说,Google Trends是我们分析整体类目的需求情况、跟踪产品发展趋势的重要工具。可以在Google Trends跟踪某个关键词的发展趋势,对比不同关键词的热度,从而对自己的产品和关键词进行优化。入口链接为https://trends.google.com。

2) 谷歌规划师(Google Adwords)

Google Adwords提供了Google搜索引擎的历史搜索数据,对这些数据进行深度的研究,就可以挖掘顾客关注的关键词和相关关键词的海外搜索量,从而找到热卖的品类,为选品提供很好的参考。入口链接为https://adwords.google.com。

Google insight for search可以查询产品关键字的海外搜索量排序,产品在不同地区、季节的热度分布及趋势。入口链接为http://www.google.com/insights/search。

3) 关键词工具(Merchant Words)

在想要进入陌生的品类,或想要开发新的产品的时候,往往难以预判市场需求,这个时候,就可以借助关键词工具Merchant Words来搜索一下关键词的搜索热度,了解市场需求情况;也可以对不同产品进行热度的调研,从而选出适合的产品或品类,入口链接为http://merchant words.com/eBay Pluse。在eBay Pluse中,可以方便地查看美国eBay 35个大类目下被买家搜索次数最多的排名前10的关键字,同理进入某个大类目下可以查看二级、三级、四级类目下被买家搜索次数最多的排名前10的关键字。入口链接为http://pluse.ebay.com/。

还有一些免费的第三方选品工具,如Unicorn Smasher免费的Chrome扩展程序,它提供了一个有组织的数据面板,让卖家能够研究想要销售的产品而且该免费的选品工具会提供亚马逊销售数据，帮助卖家快速找到有潜在商机的产品；CamelCamelCamel 是可以追踪亚马逊特定产品价格的免费工具，它能让买家获取到想采购的产品价格更新的信息。

当然，市场上还存在收取年费的第三方选品工具，比如 Jungle Scout，专门针对亚马逊的 FBA 业务开发的第三方选品工具，当然其他平台跨境电子商务卖家都可以作为参考。如其中的产品数据库汇总了亚马逊的整个产品目录，用户可以根据需求、价格、预计销售、评级、季节性、尺寸等多个条件进行过滤筛选，从而选定最好的产品出售；商机猎人会计算所有商机的得分，显示前 10 个卖家的各类信息；产品跟踪器则可以通过点击监视竞争对手的活动、定价和库存等。

这一类的软件工具还有很多，专门针对亚马逊平台的选品工具，还包括 AMZ Tracker。此外还有 Hello Profit（可以搜索产品，获取相关销售数据、销售该产品的现有卖家数据并查看类似的产品）、Sellics（可以研究亚马逊每个品类最畅销的 5 000 个产品）、Keyword Tool Dominator（可以在亚马逊上寻找有利可图的长尾关键词）、Keyword Inspector（可以让卖家"查找所有亚马逊消费者正在使用的关键词"）、Keyword Tool（以研究潜在的产品关键词，它提供了搜索量、CPC 费用和竞争方面相关数据）、AmaSuite（帮助卖家发现能在亚马逊上盈利的产品和关键词）、Ali Inspector（帮助卖家生成利基关键词，分析热门产品并发现好的 drop shipping 产品）、ASINspector（帮助亚马逊卖家获取实时销售数据、研究畅销产品、预估特定 ASIN 的营收等）、Cash Cow Pro（亚马逊管理工具，允许卖家获取关于产品、竞争对手和关键词的实时销售数据）、ZonGuru（分析关键词和竞争对手的产品）、AMZ Scout（研究新产品商机，查看产品的季节性销售趋势）、Amaze Owl（让卖家了解卖什么及什么产品配送费用低，什么产品竞争少等）、FBA Wizard（帮助卖家研究 drop shipping、批发和可以创建自有品牌的产品）。

还有 Amazon 选品开发的 BigTracker 选品酷（BQool 团队开发），其主要功能有商品追踪，可以追踪商品，通过各种维度看到过去所有商品的数据表现，这些维度包括预估未来订单量销售排名、黄金购物车价格、总卖家、全部评论等。

本土网站。除了以上站内和站外、免费和付费的第三方工具，要做好选品还要深入了解目标国家的本土文化和本地需求，而获得这些信息的最佳渠道是本土网站，如目标市场为美国的话，亚马逊、eBay、Wish 都是要首先熟悉的；而如果目标国家是英国，TESCO、欧洲英国亚马逊等都是当地人经常使用的电子商务购物网站，还有德国的 Otto、法国的 Zalando。

5.2.4 爆款选择

无论是亚马逊、速卖通还是 Wish 平台，选好爆款都非常重要，因为爆款可以提升销售业绩的增长率，提高同类商品的转化率和商品的复购率，还可以增强客户对品牌的黏性，增加更多的粉丝收藏、跟随，提升店铺在平台的排序等。因此，卖家不能坐等爆款产生，而应该主动出击，选择好计划打造的爆款产品，从而在价格、服务和推广上有的放矢，成功打造爆款。

让商品成为爆款，有 4 个要素：首先，挑选的产品要有热度。如果产品全部是过季或者长尾的产品，就很难保证店铺销量的稳定持续增长。其次，产品要有差异化，而不是简单的抄袭。再者需要提高购买转化率,有高点击率却是低转化率的产品不能给店铺带来实际成效。最后,产品关联性要强。开发爆款的很大目的是为了引流,如果爆款与店铺其他产品关联性差,那么就没有意义。依照这 4 个标准,再参考后台的数据,选择某一款或者几款产品作为公司主打的爆款。

在亚马逊平台上,爆款还可以参考销售单品的 Review 数量和增长情况来选择,而近几个月 Review 数量增长速度才是判断潜力商品的关键,再与 Sales Rank 结合起来一起看,如果 Sales Rank+Review 都成长较快,基本上可以判断这是一款既有潜力又有销量的实力热卖商品。如果 Review 评价普遍低于 4 星,那就说明这样的产品通常有很大的缺陷,即便因为某些原因(如节日、价格)一时成交量较大,这类产品也只能是匆匆过客,难以永续经营。而由于亚马逊平台重产品、轻店铺的特性,以及其对知识产权和消费者的保护,爆款产品有自己的品牌和专利。

1. 爆款选品要素

(1) 挑选的产品要有热度。若产品全部是过季的或长尾产品,就很难保证店铺销量的稳定持续增长。冬天卖泳衣明显热度不够,虽然有南半球的客户会购买,但想成为店铺的爆款则有难度。

(2) 产品具有差异化。简单地抄袭爆款不会成功,同样的产品,别的卖家的销量已经很高了,你无法保证用一个新的产品就能超越竞争对手。通过数据分析,精炼出热卖产品的关键点,做出差异化的产品才是成功的必经之路。

(3) 产品购买转化率高。高点击率、低转化率的产品不能给店铺带来实际的成交量。想要产品转化率高,就不能做"大路货",到处都能看到的产品不能带来高的转化率。

(4) 产品关联性强。例如,一家主营连衣裙的女装店铺,打造雪纺衫为爆款作为引流产品是正确的关联。

2. 长尾产品开发

长尾产品是相对于爆款而言的具有品类深度的产品。一家成熟的店铺不能只靠两个爆款,关联产品的销售能带来更高的利润。传统的"二八法则"认为,20%的品种带来80%的销量,但是还要关注蓝色的"长尾巴",这部分可以积少成多,80%的产品能创造超过一半的利润。长尾产品的开发可放宽条条框框,也需要供应商配合。SKU 数量庞大的产品备货多了会产生巨大的库存,占现金流,而且往往单个 SKU 的库存量还很低,补货及发货的及时性得不到保障,供应商配合是服务好用户的必要条件。所以,开发长尾产品可以选择优质供应商的商品,按供应商现货情况备库。不能按照打造爆款的思路为其添加飚升词和热度词。想把长尾产品打造成爆款是不现实的。

5.3 基于平台的选品方法

从本节开始,我们介绍基于平台属性的选品方法。亚马逊的运营工作是"七分在选品,三分靠运营",选品在运营中的作用可见一斑。但很多卖家往往因为没有经验或者认知不全面，所以选出来的产品不受海外消费者认可，从而导致投资失败。

5.3.1　通过 Best Sellers 选品

当我们在做选品分析时，打开任意一个 Listing，在产品描述的下方会有一个类目 Best Sellers Rank(BSR)排名栏。

在类目 Top100 Best Sellers 列表中，我们可以看到该类目当前卖得最好的 100 个 Listing。卖家如果能够对这些 Listing 中所包含的产品认真梳理、研究，并结合自己当前的资金、资源等要素综合考虑，基本上可以评估出自己是否能够操盘运营这些平台热卖产品。

当然，会有卖家觉得 Top100 Best Sellers 虽然销量好，但同时也是众多卖家所关注的对象，其竞争也是激烈的。有类似想法的卖家还可以关注 New Releases(最佳新产品排行榜)、Movers & Shakers(上升最快排行榜)、Most Wished For(最佳收藏排行榜)和 Gift Ideas(最佳礼品排行榜)，如图 5-3-1 所示。

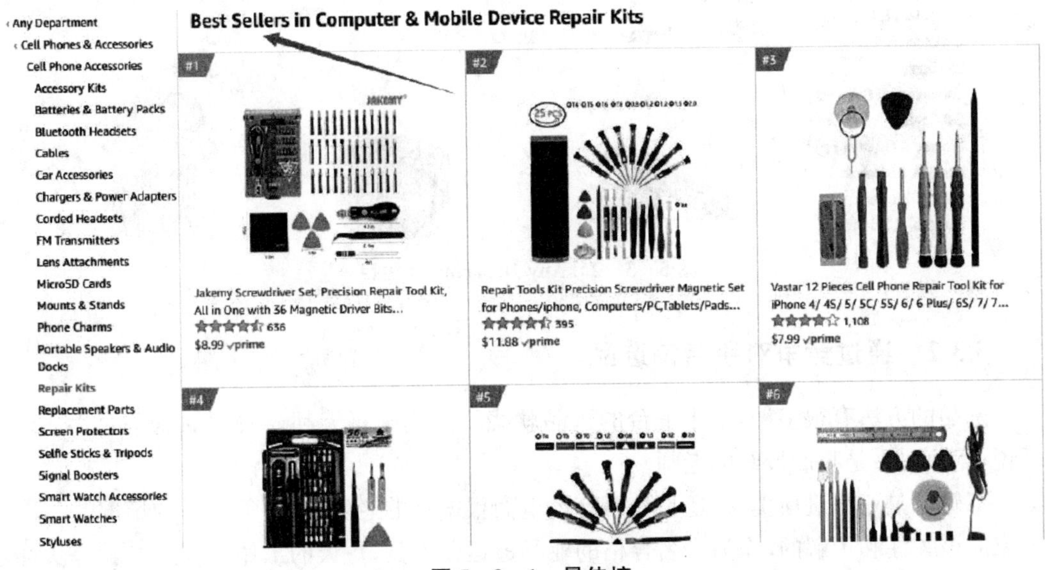

图 5-3-1　最佳榜

相对于 Best Sellers 栏目来说，这些栏目被关注得较少，但是它们代表着平台上最新和最近时间段内的销售现状、用户需求和销售趋势。这些栏目的有些 Listing 可能和 Best Sellers 的产品类似，但也有很多不相同的，这意味着卖家的选品对象有了新的拓展，有了更多选择的可能性。卖家要持续对以上 5 个维度浏览、筛选、检测。

如果在某个时间段内发现某个产品同时出现在上述 5 个维度中的多个维度里，那么建议卖家此时应该对该产品进行特别关注。这种现象在很大程度上意味着一款新的平台级爆款诞生。只要抓住这个机会，就可以获得丰厚的回报。

也许有些卖家对当前所浏览的类目不太感兴趣，或者没有优质的资源对接，那也无妨。卖家可以点击 Any Department 栏目，然后依次浏览 Any Department 栏目下面的各个类目，如图 5-3-2 所示。

图 5-3-2　Any Department 栏目

5.3.2　通过竞争对手店铺选品

选品的方法有很多种，基于平台的选品就绕不开卖家每天都要关注的竞争对手。俗话说，竞争对手是我们最好的老师。

不管你是亚马逊新卖家，还是从事跨境电商很多年的老卖家，竞争对手的情况是每个卖家应该关注和了解的，作为一名合格的亚马逊运营人员，每天的工作内容之一就是关注竞争对手的“动作”。

这些“动作”有哪些呢？列举如下：

(1) 竞争对手的产品排名和自己的产品排名对比。

(2) 竞争对手的产品 Review 是否增长。

(3) 竞争对手的产品广告所在的具体位置。

(4) 竞争对手的产品近期是否参加秒杀活动。

(5) 竞争对手的店铺是否上架新产品。

(1)～(4)是针对卖家自身已有产品的“侦查活动”，而(5)是本节讲的通过竞争对手店铺选品。此方法操作起来很简单，只需要每天关注竞争对手店铺的产品情况。

行业大卖家在选品上会做更多维度的市场调研，除了立足于平台的分析之外，他们首先会借助外部数据对一个产品和市场做预判，然后才会决定是否要推出这个产品。如果小卖家能够经常浏览行业大卖家的产品，观察其新产品上架的情况，那么很容易在这些优秀卖家上架新产品的第一时间获得信息。基于大卖家的上新信息，并对这些产品进行市场调研，这样的调研很容易让你站在和大卖家几乎相同的起跑线上。

5.3.3　通过亚马逊细分品类选品

亚马逊是大数据驱动的电商购物平台，平台的每一个分类都是有数据支撑的，并且融合了用户的购物习性和转化率，所以我们有必要单独研究。未来的亚马逊需要做利基市场，用以下例子形容最恰当。

减肥(lose weight)这个关键字显然太大，竞争太激烈。

女性减肥(weight loss for women)会好一点，但竞争依然太强。生育后的女性减肥(weight loss for women who've recently given birth)竞争就很少，那么这个就是减肥的利基市场。下面结合实际操作寻找这样的类目。

首先，打开亚马逊网站，看一下它的分类页面，如图 5-3-3 所示。

点击最下面的 Full Store Directory(全部产品目录)，能够看到亚马逊所有的细分类目。

图 5-3-3　分类页面

现在，要深挖亚马逊的分类页面和所使用的关键字布局。

假设你的亚马逊账户是经营一些宠物狗的健康食品(Pet Supplies)，先点击 Pet Supplies，然后点击 dogs，如图 5-3-4 所示。

新卖家可以按照 Pet Supplies→Dogs→Food→Wet 的顺序挑选产品。亚马逊平台基于大数据，即多年的买家购物数据，已经给我们提供了一个非常好的细分品类。如果卖家能够充分利用亚马逊类目挖掘产品，就可以找到很好的利基市场，甚至潜力爆款产品。

图 5-3-4　Pet Supplies 页面

5.3.4　通过特色店铺选品

我们每天打开亚马逊前台页面，能看到不同卖家的店铺。打开一个 Listing 的详情页面，点击卖家品牌名 Hertzko，如图 5-3-5 所示。

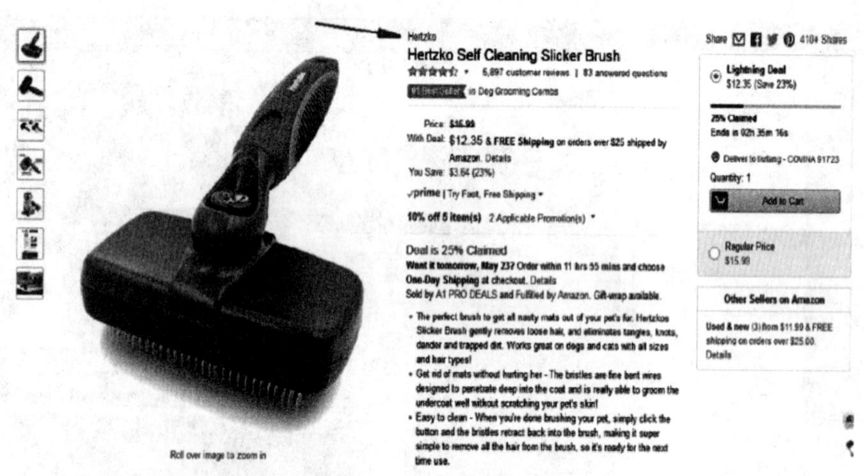

图 5-3-5　产品页面

这说明了一个问题，不管是什么平台、什么产品，每个消费者都有自己的颜色偏好。比如，大部分中国人喜欢买红色的东西，觉得喜庆；大部分日本人喜欢买黑色的东西，对黑色的东西有某种执着；大部分美国人喜欢蓝色，尤其是天蓝色产品，因为美国国旗上代表 50 个州的背景是蓝色。

另外，还有一部分人喜欢白色、黄色、棕色、紫色等不同的颜色，所以新卖家可以按照这个思路开发一系列的产品。

我们再回到刚刚分析的品牌 Hertzko，仔细查看每一个产品，如 Pet Dematting Comb（宠物除毛梳子）、Dog Mat Remover（狗垫除污剂）、Pet Grooming Mitt（宠物美容粉）。马上会发现，这个卖家店铺经营的全部是宠物用品，而且是宠物的护理用品，如去狗毛、剪狗指甲、给狗洗澡的工具。这个卖家锁定的一个细分类目，该卖家通过颜色锁定这一部分买家群体，非常稳定地吸引着一批忠实的粉丝，完全不用担心这样会损失很多潜在买家，反而这样的操作更让人觉得他是一个专业卖家、专业的供应商。

下面再介绍一个类似的专业卖家。搜索品牌名 Pet Republique，如图 5－3－6 所示。

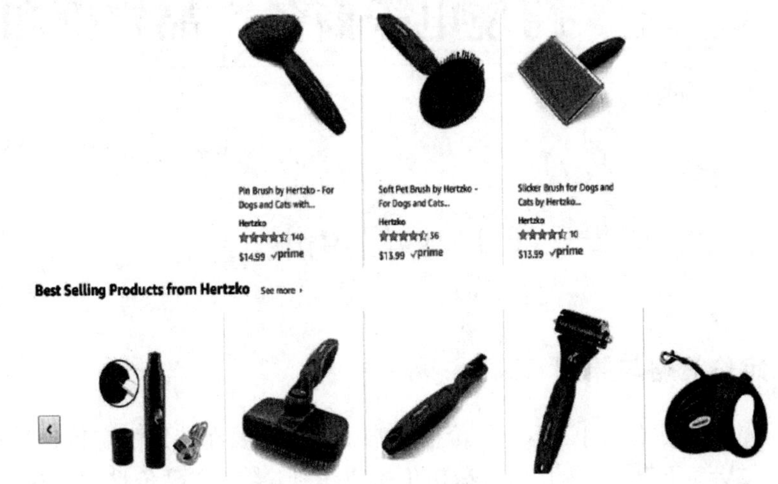

图 5－3－6　Pet Republique 页面

30 天的 Feedback 数量乘以 3～5 倍是这个卖家单日的订单数，这个卖家单日订单数为 168～280 单，而该店铺仅有不到 10 个产品，是一个非常专业的、小而美的卖家。

如果你是一个潜在的买家，会买这两个店铺的产品吗？想必大家心里都有答案了。

第六章

跨境电子商务产品定价和发布

6.1 产品定价

6.1.1 定价策略与原则

根据不同的市场定位，制订不同的价格策略。企业需要在特定的定价目标指导下，依据对成本、需求及竞争等状况的研究，运用价格决策理论，对产品价格进行计算。具体的定价方法主要包括成本导向定价法、竞争导向定价法和顾客导向定价法。

(1) 成本导向定价法。以产品单位成本为基本依据，再加上预期利润来确定价格的成本导向定价法，是中外企业最常用、最基本的定价方法。此处的成本除了变动成本，还需要考虑每月分摊的固定成本，如厂房、设备等。

(2) 竞争导向定价法。它是指企业通过研究竞争对手的生产条件、服务状况、价格水平等因素，依据自身的竞争实力、参考成本和供求状况来确定商品价格。在这一方法下，企业可以选择随行就市定价、产品差别定价、密封投标定价(主要用于招投标环节)。

(3) 顾客导向定价法。根据市场需求状况和消费者对产品的感觉差异来确定价格的方法称为顾客导向定价法，又称“市场导向定价法”。此时，一些心理定价方法可以使用，如尾数定价或整数定价，价格定为 0.98 元或 0.99 元，使消费者产生一种“价廉”的错觉；反之，有的商品价格不定为 9.8 元，而定为 10 元来迎合消费者”便宜无好货，好货不便宜”的心理；声望性定价，以价格说明其名贵名优，满足购买者的地位欲望，适应购买者的消费心理；习惯性定价，某种商品在市场上形成了一种习惯价格，降价易引起消费者对品质的怀疑，涨价则可能受到消费者的抵制。

对于新产品，特别是有专利保护的新产品，其定价还可以采用撇脂定价法和渗透定价法。撇脂定价法是指在新产品上市之初，将价格定得较高，在短期内获取厚利，尽快收回投资，就像从牛奶中撇取所含的奶油一样，取其精华，故称为撇脂定价法。撇脂定价法特别适用于创新产品，市场内没有相似的竞争产品或者替代产品的情况。渗透定价法是指在新产品投放市场时，价格定得尽可能低一些，其目的是获得最高销售量和最大市场占有率。如果新产品没有显著特色，竞争又十分激烈，需求弹性较大时宜采用渗透定价法，快速打开销路，低价获利，使竞争者望而却步，从而获得一定市场优势。

此外还可以灵活运用折扣定价，如现金折扣、数量折扣、贸易折扣、季节折扣、推广津贴等；许多企业根据不同顾客、不同时间和场所来调整产品价格，实行差别定价，即对同一产品或劳务定出两种或多种价格，此定价方法称为歧视定价法，可以对不同顾客群定不同的价格、不同的花色品种样式定不同的价格、不同的部位定不同的价格、不同的时间定不同的价格等。

6.1.2　跨境电子商务定价考虑的因素

1. 产品结构

美国著名的管理学家、波士顿咨询公司创始人布鲁斯·亨德森于1970年提出了波士顿矩阵来说明一个企业的产品或者服务的结构问题。

波士顿矩阵认为企业的产品结构的基本因素有两个，即市场引力与企业实力。市场引力包括整个市场的销售量(额)增长率、竞争对手强弱及利润高低等，其中最主要的反映市场引力的综合指标是销售增长率，这是决定企业产品结构是否合理的外在因素。而企业实力包括市场占有率、技术、设备、资金利用能力等，其中市场占有率是决定企业产品结构的内在要素，它直接显示企业竞争实力。销售增长率与市场占有率既相互影响，又互为条件：市场引力大，市场占有率高，可以显示产品发展具有良好前景，企业也具备相应的适应能力，实力较强；如果仅有市场引力大，而没有相应的高市场占有率，则说明企业尚无足够实力，则该种产品也无法顺利发展。相反，企业实力强，而市场引力小的产品也预示了该产品的市场前景不佳。

通过以上两个因素相互作用，会出现4种不同性质的产品类型，形成不同的产品发展前景：销售增长率和市场占有率“双高”的产品群(明星产品)；销售增长率和市场占有率“双低”的产品群(瘦狗产品)；销售增长率高、市场占有率低的产品群(问题产品)；销售增长率低、市场占有率高的产品群(金牛产品)。

跨境电子商务卖家可以结合波士顿矩阵，来系统梳理自己店铺的产品结构，从而保证店铺有的产品可以提供可持续的现金流量(利润款或金牛产品)，有的产品可以保证可持续的用户流量(引流款或明星产品)，有的产品有很高的市场引力，也就是整个市场的销售增长率很高，这样的产品可以作为店铺的爆款来处理(当然如果是问题产品，还需要找到问题所在)，因此爆款必然产生于明星产品或者问题产品之中。卖家还可以通过市场占有率和销售增长率来淘汰瘦狗产品。

引流款是为了引流而存在，一般在店铺中出单占总订单的半数以上。引流款产品大致要占到总数量的20%左右；要达到引流效果，引流款需要有较高的折扣力度，一般为20%～40%之间。因此引流款的利润空间比较小，不过也要保证有10%～20%，否则加上损耗等因素，不仅不能盈利，反而会亏本。

利润款是指出了单就能赚到满意的利润的产品，这类产品不需要拼价格，客单价一般；产品数应占到总数量的70%～80%，是店铺利润的主要贡献者。利润款的利润空间需要达到30%以上。

活动款(爆款)主要是为了参加平台活动或者打造爆款而存在的，活动款需要一定时间的培养，通过观察店铺内产品的出单情况进行选择，主要看与同行相比有明显价格或者特点优势，客户评价不错且客户认为性价比很高的产品。活动款一般占到总数的10%，折扣力度要根据平台活动的要求进行设置，利润空间一般只有10%～15%。

2. 产品的特质

在前面的定价原则中提到，新产品可以采用撇脂定价法。这是一种高价策略，之所以能定高价，重要的原因是该产品的不可替代性或异质性，也就是说在市场上该产品几乎独一无二。如每一款新的苹果手机上市的时候，其价格都采用撇脂定价法来定，因为其独一无二，即便是高价还是有市场的，但一段时间之后，有了模仿产品出现或有更新产品的出现，价格开始下降到正常的定价水平。

跨境电子商务卖家的定价也是如此。如果该产品在国外具有独创性，或者不可替代，那么可以采用撇脂定价法。如在eBay平台上，可以找到这样一些很独特的产品。

3. 市场竞争程度及竞争策略

如果卖家产品本身不具备不可替代性，此时必须考虑市场竞争程度，调查同行价格水平，而且在网络时代，这一点更为重要，因为在互联网上的比价行为比在传统经济模式下要更为容易。

价格的调查分为两个方面：一是去搜索和查看大部分用户选择的价格区间，作为定价的参考；二是研究同行业卖家、同质产品销售价格，确定行业最低价和最高价，再结合自己店铺的竞争策略及店铺对本款产品的结构定位，进行定价。

如若结合市场表现，某产品很受市场欢迎，即市场销售增长率高，卖家计划将此产品打造为爆款产品，则可以以市场上的最低价再减去5%～15%为产品销售价格，然后倒推上架价格，并通过活动等方式再降低为成交价，有人将这种定价策略称为“狂人策略”。这种定价方式必然可以打造出爆款，前提是卖家在这一产品的成本和供应链环节有足够的优势，或者卖家有足够的资本来运作。

如果卖家采用的是稳重策略，则在定价前需要计算产品的成本价，根据成本价反推利润，来计算产品销售价格。

4. 价格术语与定价案例

下面简要介绍上架价格、销售价格、成交价格。上架价格(List Price, LP)就是我们产品在上传时所填的价格，其计算公式为：上架价格＝(采购价＋费用＋利润)÷银行外汇买入价。

采购价为从产品供应平台(如1688)或从工厂采购(批发或者零购)的成本价，可含税(增值税，如能提供增值税发票，可享受退税)。

费用主要包括跨境物流运费、平台交易费用(推广费、佣金等)、关税(用邮政小包等个人物品申报的零售出口一般在目的国不缴关税)及其他费用。

利润指的是合理利润，可根据产品的实际情况、竞争者的价格及市场情况确定合理的利润率。

销售价格(Discount Price, DP)也称为折后价，指的是产品在店铺折扣下显示的价格，其计算公式为：销售价格＝上架价格×折扣率。

成交价格(Order Price, OP)，即用户在最终下单后所支付的单位价格，计算公式为：成交价＝销售价格－营销推广成本。

6.2　产品发布

不同的跨境电商平台产品发布的方式不尽相同，但都是为了让买家了解商品，于是在对商品信息进行设置时应当符合这样几个方面的标准：标题专业、图片清晰、描述详尽、定价合理、商品属性及其他信息完整、图文描述符合平台规则。

一般在跨境电商平台上发布商品信息都是完全免费的，但在对某商品进行上传发布之前一定要确定其是否为禁销品，需符合平台的禁售、限售规则，同时，考虑到国际运输方面可能会出现的问题，在选品时最好注意选择体积小、重量轻、不易破损的商品。

具体而言，卖家如果要在跨境电商平台上发布商品信息，首先要在平台上注册一个卖家账号，且完成实名认证，然后才能发布商品。一般卖家登录账号后，点击“发布产品”按钮，或者进入“管理产品—发布产品”页面，就可以按流程来发布商品。

6.2.1　速卖通产品发布

在产品发布之前，首先要做好产品信息采集，产品图除了按照以上方式处理，还需要采集其他信息，如关键词、数量、颜色、材料、形状、用途、风格、尺寸等。这些信息的采集应该站在客户的视角去思考，如客户希望看到产品的正面、侧面和细节的图片，希望能详细了解具体的参数和属性，同时希望知道卖家是否值得信任，以及假如发生纠纷卖家的处理方法等。

1. 产品发布流程

(1) 选择类目行业。选择类目有两种方法，一是直接根据标示选择，二是通过类似产品导入，若三级类目下该产品 DSR 值低于 4.3，则该类目将无法发布。

(2) 产品属性填写。分两类属性，必填属性一项都不要缺失，项目自定义属性要充分利用，因为自定义属性是很好的引流工具，如“For Christmas”等节日属性。

(3) 填写标题和关键词。填写标题和关键词时须注意：英文标题应不超过 128 个字符，但也不要浪费，如果超过可以把尺寸的特征词删除。在前 35 个字符中要体现出核心产品，前面填写的 3 个关键词必须都包含在标题中，不能出现非英文字符。

(4) 选择主图。6 个主图也要充分利用。近两年来，速卖通在图片的规范上不断标准化，产品主图图片大小要求 800 px×800 px，纯色或者白底，而其他图片尺寸要求在 800 px×800 px 及以上，图片横向和纵向比例建议在 1∶1 到 1∶1.3 之间，无文字、水印、Logo(统一在图片左上角)、边框，图片主题居中，不允许拼图。

(5) 填写销售属性。不同产品类目的商品属性也不同，只要根据实际情况和步骤填写就没问题。

(6) 填写尺码、价格等信息。不同的国家其规则也不同，对常规尺码要进行改良，如常规中国人款产品的尺寸与外国人相比会小一个尺寸。商品编码对一个公司的产品管理非常重要，要慎重填写。另外，要注意，销售单位不同其填写的价格也不同。发货期一般选 7 天，以免造成“成交不卖”影响店铺信誉，发货期填写过短极易导致“成交不卖”纠纷。

(7) 填写产品详情页信息模块。既可以自由编辑，也可以选择自定义模块。

在详情页中的图片也要统一格式，可以插入 8 张图片，通过拖曳进行排序。支持的图片尺寸为 1 000 px×5 000 px，支持的文件格式为 JPG 或 JPEG。

(8) 填写详细描述中服务和售后等信息。插入商品相关图片后，紧跟着图片要插入一段描述，在这里我们一般可以对营销、服务、团队等进行宣传和描述。完成上述工作后，基本产品详细描述已经完成。

(9) 填写包装信息和物流设置。商品详细描述填写完成后，继续填写商品包装信息、物流信息。

注意：这里的设置重点参数为包装后的质量，国际物流价格跟质量有关，包装信息的准确性直接决定运费成本。

(10) 填写服务模板和其他信息。如货不对版的情况下，采取退货还是不退货。退货的费用由买家承担还是卖家承担。

(11) 其他信息，包含选择所发布的产品组，产品组须在产品发布前设置好；还有产品的存效期，14 天还是 30 天；是否支持支付宝等。

以上信息全部填写完整后，先预览检查，确认无误后再提交，产品就发布成功了。

2. 产品分组模块、产品信息模块、服务模块

为了更便捷地管理，速卖通后台提供了一些模块功能，设置好这些模块，可以用在不同的产品信息中。产品分组模块可以将不同品类产品各就其位，方便买家找到产品，使得产品线更加清晰，方便卖家管理，同时还方便卖家做营销。卖家可以个性化创建产品分组，在产品大组下也可以创建子分组，创建成功后，可以对组进行修改命名、添加新的产品进入产品组等操作，如图 6-2-1 所示。

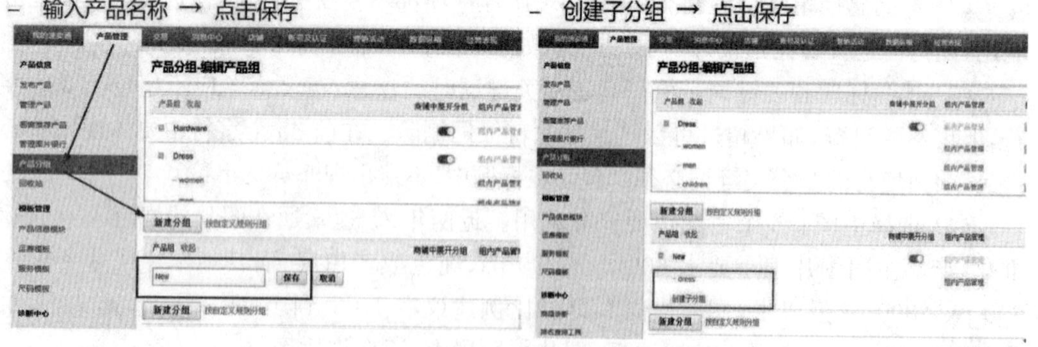

图 6-2-1 产品分组的操作方法

设置好产品信息模块，放入产品、文字、图片，插入链接，可以在每个商品详情页中使用，一次修改全部更新，同时还方便卖家做营销。产品信息模块分 2 种：关联产品模块（能插入 1～8 个商品超链接图片）和自定义模块（文字、图片、超链接）。关联产品模块和自定

义信息模块的操作方法,如图 6-2-2 所示。

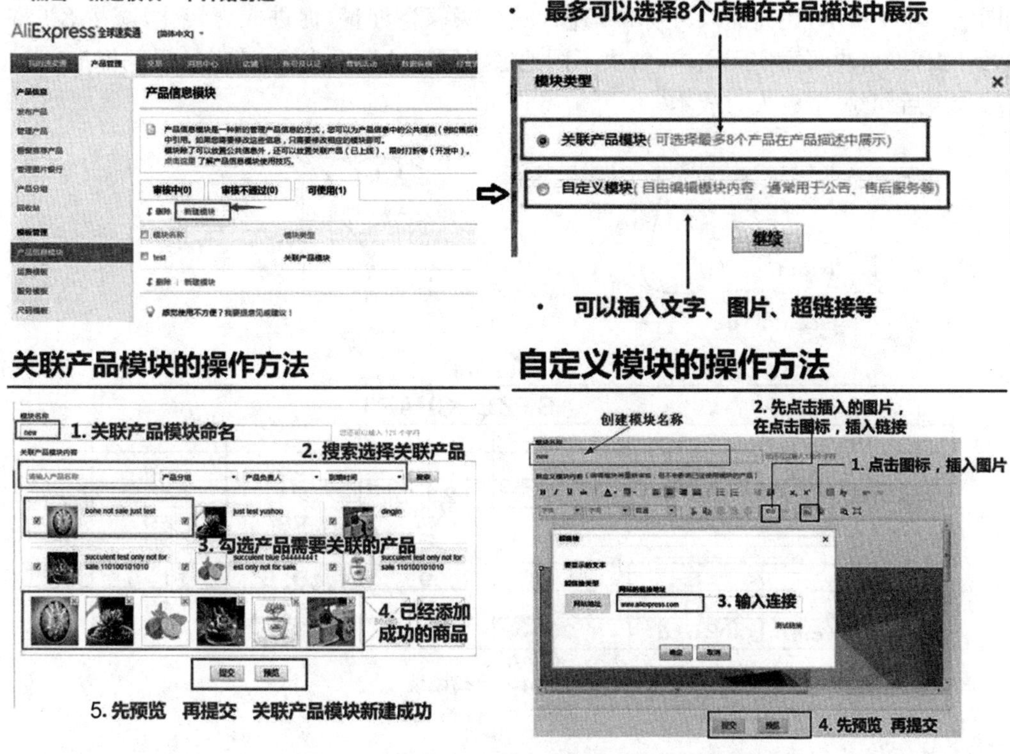

图 6-2-2　关联产品模块和自定义信息模块的操作方法

卖家可以根据不同商品需要提供的服务来设置服务模块,提供的服务会展示在商品详情页面,作为强有力的买家保障措施,减少买家对商品的担忧,增强其购买信心,提升购买率。设置服务模块可以让售后服务更加清晰,减少不必要的纠纷;可以让自己店铺的优质服务脱颖而出,更受买家青睐;还可以借助速卖通官方保证实施,使产品更受买家欢迎。服务模块在商品页面的展示如图 6-2-3 所示。

图 6-2-3　服务模块在商品页面的展示

卖家自行设置的模块包括两部分:消费者保障特色服务(卖家先申请加入,成功后即可在服务模块中进行设置)和退货服务(卖家可即时在服务模块中进行设置)。

卖家还可以根据自己的产品特征、服务特征建立合适的服务模块,方便在上传商品时有一个更好的选择。目前速卖通后台支持卖家建立服装尺码、鞋子尺码、珠宝尺码，其中服装、鞋子模块又细分为各种叶子类目尺码，非常全面。如鞋类卖家可以设置尺码模块，如图6-2-4所示，让商品尺寸标准清晰，减少买家咨询量，促进成交转化，减少客户流失；同时帮助解决买家实际需求，解决不同地区不同尺寸标准难题；清晰的尺码标准，还可以减少事后纠纷，节省人力成本。

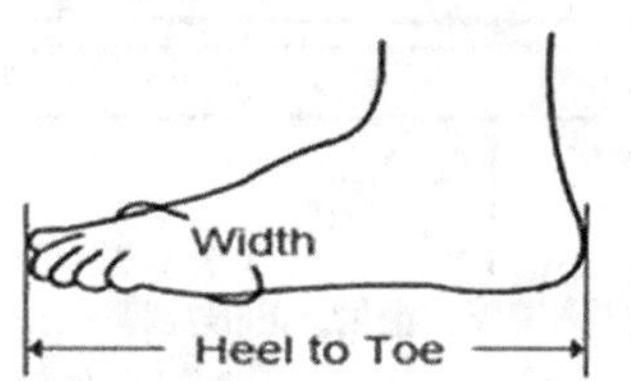

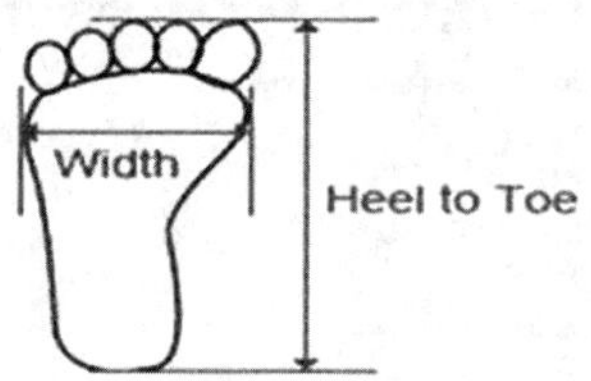

SIZE CHART					
US	3.5	4.5	5	6	7
EU	35	36	37	38	39
Length(cm)	22.5	23	23.5	24	24.5
print	W5	W6	W7	W8	W9
US	8	8.5	9	10.5	11.5
EU	41	42	43	44	45
Length(cm)	25.5	26	26.5	27	27.5

图6-2-4　尺码模块

3. 上传信息检查

产品上传之后，需要对这些信息进行检查后方可发布。

首先进行产品属性区的检查。当产品的属性填写率和该产品所在类目下优质商品的属性填写率显示为绿色时，说明符合平台属性填写要求。填写完整且正确的产品属性有助于提升产品曝光率。

注意：红色标注的属性是必填的；品牌需要核对，以避免产品侵权问题。产品自定义属性要尽可能完整填写，最好添加到5个，一般自定义属性包括产地、购买方式、风格、邮费等，如丝绸、衣服的产地为苏州、杭州等，可以特别填写一些默认属性中不能出现的自身产品独有的一些卖点和特殊属性。这部分的良好填写可以提高成交率。

6.2.2　亚马逊产品发布

1. 单一商品页面的页面详情

在亚马逊发布产品之前，首先要了解亚马逊的单一商品页面概念。在亚马逊平台上每件商品都有自己的详情页面，显示商品图片、价格、描述、用户评分、技术参数。搜索商品时只会显示一个搜索结果，销售同样商品的卖家共享商品页面，在共享商品页面发布库存和定价信息，不同卖家的报价会在“More Buying Choices”（更多购买选择）中显示。这种方式，对于买家而言不用搜寻太多的结果进行比价；对于卖家而言，只需要在单一商品页面提供报价即可。当然，这也让产品容易被跟卖，在卖家商品符合亚马逊平台政策情况下，如果商品的各项条件完全一样，并且品牌同样有授权，那么就可以进行跟卖。图 6－2－5 为单一商品页面的页面详情示例。

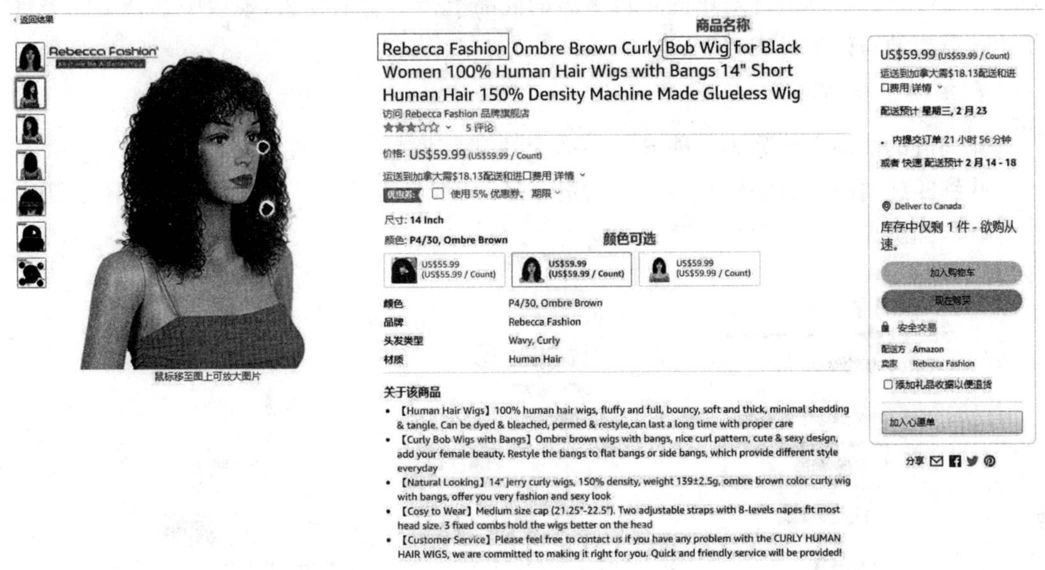

图 6－2－5 单一商品页面的页面详情示例

在商品页面中，Buy Box 的位置在每个商品页面的右上方，右上方有个“Add to Cart”(加入购物车)按钮，尽管众多卖家共享一个相同商品的页面，但是只有一个卖家可以获得这个按钮，该按钮的获得与卖家绩效、最终价格、配送方式、运输时间等因素有关。很多情况下，第二方赢得“Add to Cart”按钮，而亚马逊自营反而出现在“More Buying Choices”。

更多购物选择中，要得到 Buy Box，必须满足以下条件：卖家应拥有一个专业卖家账户，卖家必须是特色卖家(特色卖家的要求是卖家需要在亚马逊上有 2～6 个月的销售记录，拥有一个比较高的卖家评级、送货评级及订单错误率低于 1%)，商品必须处于全新状态，商品必须有库存。因此，要提升 Buy Box 的概率，就需要管理好物流，缩短配送时间(最好选择 FBA)。此外还要减少订单缺陷率，制订有竞争力的价格，做一个评级高的优秀卖家。

2. 亚马逊分类树

亚马逊的消费者通常会采用两种方式筛选产品：一是浏览左侧的商品分类，二是在框中进行关键词搜索。无论哪种方式，消费者都可以通过大量的搜索条件进行筛选，如在分类中选择 Women-Clo 加 ng-Dresses，在左侧会出现亚马逊根据这一子分类给出的各种搜索条件，如物流能否到达，是否是 Prime，是否是新品、品牌、款式、裙边样式、领口样式、花样、尺寸、颜色、客户评价、价格等，消费者就可以根据这些条件，精准找到自己想要的商品。而对于卖家来说，这意味着两点，一是要准确界定好自己的产品分类和子分类，二是要十分完整地填写好产品的各项信息。只有这样，你的产品才有可能被展现出来。

为此，亚马逊有个系统完善的分类树，卖家可以在卖家平台帮助中心找到分类树指南，为自己的商品选择两个分类节点，此节点最好是叶节点(也就是不再有下一层的节点)，还需要下载亚马逊针对不同类目给出的商品上传信息的模板，模板中结合不同类目给出了需要填写的信息内容。

3. 逐一上传商品

亚马逊的商品上传分为两种方式：一是逐一上传商品，二是批量上传。

找到匹配商品或者创建新品。进入卖家平台后，点击“库存”选项，再选择“添加新商品”选项，如图 6-2-6 所示。

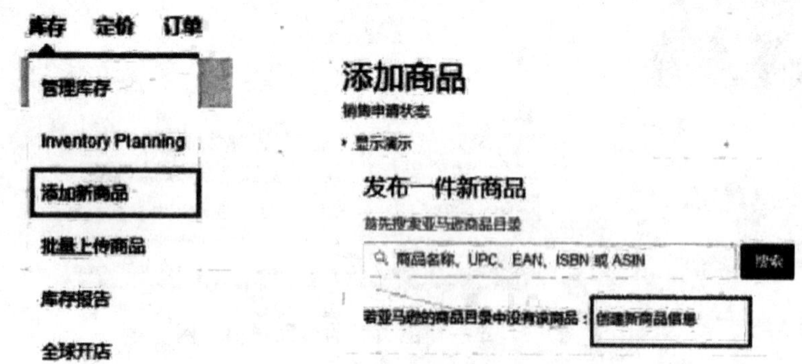

图 6-2-6　找到匹配商品或创建新品

在列表中选择商品详细品类，点击“Select”按钮确认品类(**注意：**上传新品时不能做分类，否则将影响日后促销活动的正常提报)，如图 6-2-7 所示。

图 6-2-7　选择商品详细品类

如果品类不能确定，则可以使用品类搜索功能“Find category”来确定，如图 6-2-8 所示。输入商品编码或者商品名称，如果存在匹配的商品，则点击“销售您的商品”选项，再输入价格和库存数量。亚马逊允许卖家销售已经在亚马逊平台创建好的商品，卖家必须确认商品的所有信息完全一致才能销售已有商品，包括 UPC、品牌、厂商、包装及商品各种参数，都必须完全一致，并且卖家必须有该品牌拥有者的授权经销许可。

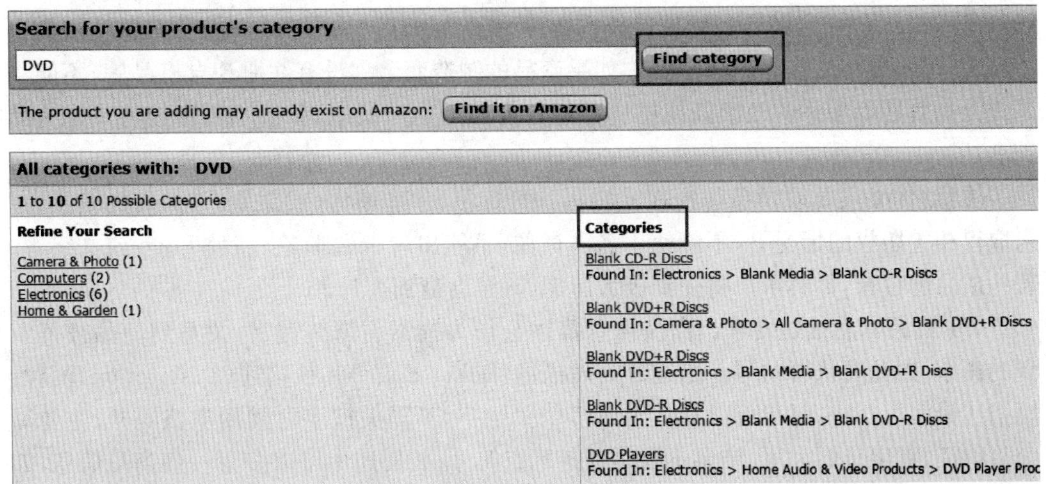

图 6-2-8　使用品类搜索功能

在“Find it on Amazon”页面搜索框中输入要销售商品的标题或者 UPC、EAN、ASIN，再点击“Search”(搜索)按钮，搜索出商品以后要确认 UPC 跟你的商品外包装上的 UPC 是否完全一致，确认后点击“Sell yours”按钮。

必填商品信息包含 Product Name(商品名称，即 Title 标题)。

Product ID(产品编号可以选择 UPC、ASIN、GTIN、EAN、GCID 中的一种)、Manufacturer(生产厂商)、Brand Name(品牌)、图片、商品描述、关键字(即 Search Term 至少填 5 个，一行一个)、推荐分类节点(要尽量选择叶节点以便大大提高被搜索到和被点击的概率，如服饰箱包/服饰配件/袜子/女袜/船袜)、UPC 码、库存详情(SKU、商品状况、价格、库存数量)。下面具体介绍相关信息的填写要求。

(1) 商品名称(Title)的填写要求如下：

① 必须包含商品名称、品牌、功能、特点，同时不能堆砌。

② 标题首位必须是品牌名，大小写要保持一致。电子类无品牌商品写 Generic。

③ 每个字的首字母必须大写(除 a，an，and，or，for，on，the 之类的词)，不能全大写或全小写。

④ 不能有任何特殊字符或标点符号(®，©，TM，!，$，&，*，etc)。

⑤ 不能在中文输入法状态下输入任何内容(会变成乱码)。

⑥ 如有数字描述，请用阿拉伯数字，不要使用英文。例如，要写 2，不要写 Two。

⑦ 如包含批量销售，请在商品名称后面添加(pack of X)。

⑧ 标题简明扼要，不能过长，不要堆砌关键字，服装类商品标题长度<80 字符，鞋包<50 字符，其他品类<150 字符(1 个英文字母、1 个标点或空格算 1 个字符)，不能有重复关键字或者不同单词描述同一个意思的关键字。不要出现过多的产品细节(如多型号商品，不超过 3 个型号)，可以在描述或产品特性中补充。

(2) 商品品牌要求。Brand Name 是必填项，并且要将 Brand Name 显示在标题的最前面，大小写要保持一致。电子品类的卖家，无品牌的商品必须将 Brand Name 写为“Generic”，标题首位也要写为“Generic”。服装鞋帽类的卖家，无品牌的商品必须将 Brand Name 写为“店铺名“，标题首位也要写为“店铺名”。如果没有把卖家名称注册为自有品牌，请不要将其作为商品品牌。如果商品的制造商名称没有注册为自有品牌，不能将其作为品牌。如果你的经销商或供应商不是商品的生产制造商，请不要直接将其作为品牌名。

注意：你必须要取得品牌授权或销售许可证明，才能销售（或跟卖）有品牌的商品；在未取得相关版权的情况下，不能使用名人肖像，不能出现卡通形象、品牌 Logo 或文字等。若构成品牌侵权，你的账户将受到极大影响，甚至会遭到查封。

(3) 商品信息描述要求。商品信息描述会作为搜索引擎关键字，关系到商品被搜索到的概率，因此要认真填写。描述分为短描述（Bullet Point）和长描述（Description）两种：短描述最多写 5 行，每行可以写一个或多个关键字，不同关键字之间用空格隔开，主要写商品特征，首字母要大写，结尾不要写任何标点符号；长描述中可以多写一些商品信息，如果想分行显示在前台页面，可以在每行后面添加一个
，还可以添加一些简单的标签，如<b><i><u>，除此之外的标签不可以添加。

不能出现折扣、赠品、服务承诺等信息，这关系到商品被搜索到和被点击的概率，不完善的商品信息会影响销量。

(4) 商品图片要求。主图必须为纯白色，RGB 值为 255/255/255 的照片，不可以利用电脑绘图；商品必须占据图片面积的 85％以上，图片中不能包含 Logo 和水印；主图中不能包含非售商品，仅展示所售产品，不能显示包装，也不能多角度展示图。

附图建议采用多角度展示商品，背景颜色可以为其他颜色，不过建议尽量采用白色；图片长边尺寸不能低于 500 px 或高于 2 100 px，建议图片尺寸大于 1 000 px×1 000 px，以便进行缩放。

图片格式推荐 JPEG 格式，上传速度快。对于有变体的商品，父子商品都要有主图。图片不能与商品名称、颜色不符。图片必须为无边框图（白色封面图书需要添加像素的灰色边框）。

(5) 变体商品。变体商品指的是同一款商品，但是有不同的版本、颜色或者尺寸。这种情况下每一种颜色都需要有一张主图，珠宝首饰类商品具有不同的圈口尺寸、金属种类等，此时则需创建具有变体关系的父子商品，如图 6－2－9 所示。

sku	[illegible]	parent-child	parent-sku	relationship-type	variation-theme	color	color-map	size	size-map
101-P	MyBrand Women's Fleece Pullover Sharon Lady	Parent			SizeColor				
101SB	MyBrand Women's Fleece Pullover Sharon Lady Size Small Black	Child	101-P	Variation	SizeColor	Black	Black	Small	Small
101MB	MyBrand Women's Fleece Pullover Sharon Lady Size Medium Black	Child	101-P	Variation	SizeColor	Black	Black	Medium	Medium
101LB	MyBrand Women's Fleece Pullover Sharon Lady Size Large Black	Child	101-P	Variation	SizeColor	Black	Black	Large	large
101SR	MyBrand Women's Fleece Pullover Sharon Lady Size Small Red	Child	101-P	Variation	SizeColor	Red	Red	Small	Small
101MR	MyBrand Women's Fleece Pullover Sharon Lady Size Medium Red	Child	101-P	Variation	SizeColor	Red	Red	Medium	Medium
101LR	MyBrand Women's Fleece Pullover Sharon Lady Size Large Red	Child	101-P	Variation	SizeColor	Red	Red	Large	Large

图 6－2－9　变体商品的填写

设置 SKU 时要体现出该商品是父商品并且跟子商品的 SKU 类似；设置 Title 时要

体现出该商品是父商品(不能出现颜色尺寸文字,命名规则为[Brand]+[department/target audience]+[Product name/style]);Parent-child(父子商品)字段要填写 Parent 来定义该商品为父商品;Parent-sku(父商品 SKU)字段为空;Relationship-type(关系类别)字段为空;Variation-theme(变体类型)字段用来定义这一组商品是按照什么来进行变体的,该字段可以选择为 Size、Color 和 SizeColor,此例中选择 SizeColor,其意思就是这组商品将有尺寸和颜色不同的子商品;父商品的颜色和尺寸等字段要空,因为父商品只是一个集合,是虚拟商品,不可售,没有真实的尺寸颜色;父商品不能填写价格和数量信息,但父商品必须有一个主图,如图 6-2-10 所示。

sku	product-name	parent-child	parent-sku	relationship-type	variation-theme	color	color-map	size	size-map
101-P	MyBrand Women's	Parent			SizeColor				
101SB	MyBrand Women's	Child	101-P	Variation	SizeColor	Black	Black	Small	Small
101MB	MyBrand Women's	Child	101-P	Variation	SizeColor	Black	Black	Medium	Medium
101LB	MyBrand Women's	Child	101-P	Variation	SizeColor	Black	Black	Large	Large
101SR	MyBrand Women's	Child	101-P	Variation	SizeColor	Red	Red	Small	Small
101MR	MyBrand Women's	Child	101-P	Variation	SizeColor	Red	Red	Medium	Medium
101LR	MyBrand Women's	Child	101-P	Variation	SizeColor	Red	Red	Large	Large

图 6-2-10　变体商品的父商品 SKU 设置

填写好库存模板后,要确认所有必填信息都正确,并且 UPC 和 SKU 没有重复项,将其保存成文本文件(制表符分隔)(*.txt)格式,然后检查文件,接着上传文件。

4. 批量上传商品

下载库存模板。库存模板为 Excel 文件,含有全部商品属性,可以实现对于卖家后台商品的批量管理,包括新增商品信息的上传、现有商品信息的更新和删除等。

执行卖家平台—库存—批量上传商品—下载模板选项(找到自己的类目),点击“Download Classification Summary”按钮下载分类树指南,再点击“Standard”按钮下载批量上传模板。

6.3　敦煌网平台发布

6.3.1　商品发布流程详解

产品上架前,要预先准备好所需要的各种图文信息,包括主图、详情图、标题、关键词、价格、属性内容等。这些信息一般包括“. doc”“. xls”“.jpg”“. png”等不同软件格式。待这些信息准备好后就可以上传产品了。

1. 进入商品上传界面并选择类目

上传产品时,首先需要进入店铺后台“我的 DHgate”,点击“添加新产品”进入产品上传界面,如图 6-3-1 所示。

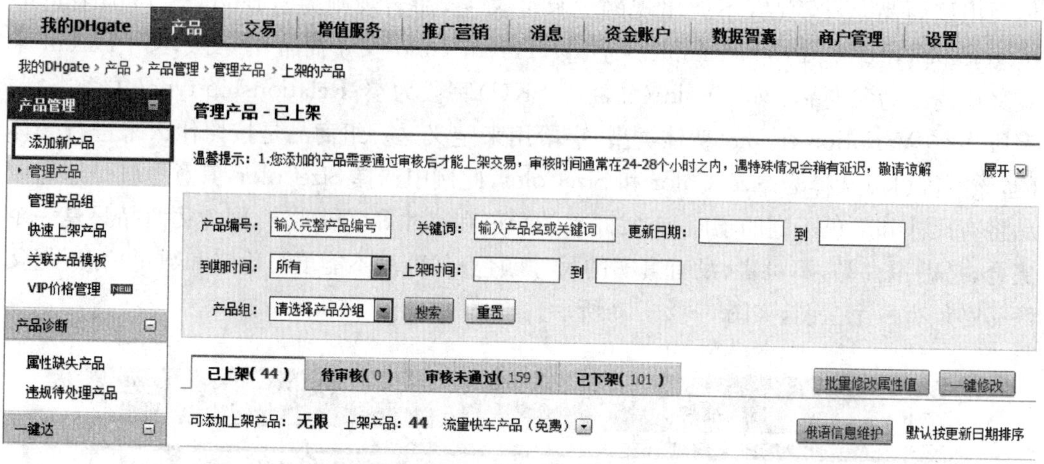

图 6－3－1　敦煌网卖家后台产品发布入口

进入产品发布页面后，首先就是需要正确选择产品所属的类目，敦煌网提供了两种类目选择方式（见图 6－3－2）。若卖家此时不太确定产品的类目，则可以根据图中方法一，在线通过商品关键词查看同类商品的展示类目，以之作为参考，然后逐层筛选确定最准确的类目；若卖家此时清楚自己所售商品从物理属性而论从属于哪个类目之下，则可采用方法二，直接根据类目等级逐级来进行筛选，待确认下方方框里“当前已选择的类目”后，点击“立即去发布新产品”。

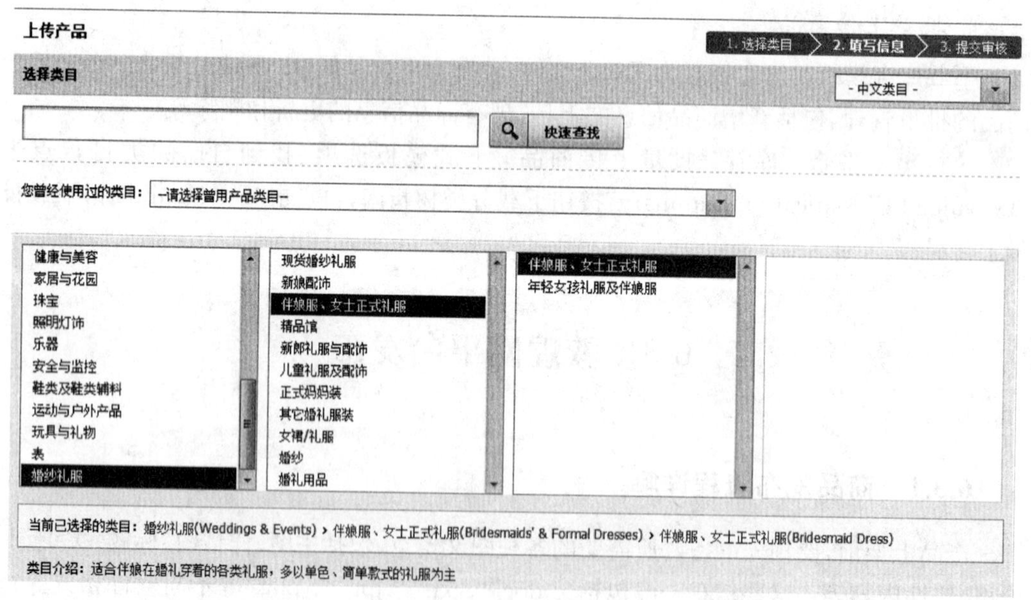

图 6－3－2　敦煌网卖家后台上传产品之类目选择页

有些平台对部分商品制订了准入门槛，这时就需要根据准入类目的提示信息联系行业经理，提交相应的准入审核资料，待通过平台审核后方可发布产品。如果在取得上传资格之前就将产品随意上传到其他类目，则属于类目违规乱放，会遭到平台的处罚。

2. 填写产品基本信息

敦煌网卖家后台产品基本信息填写页如图 6－3－3 所示。

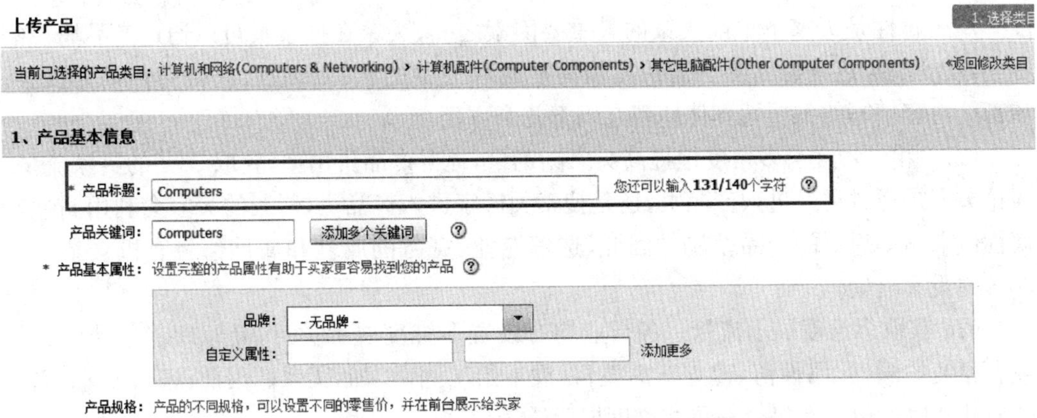

上传产品
1. 选择类目
当前已选择的产品类目：计算机和网络(Computers & Networking) › 计算机配件(Computer Components) › 其它电脑配件(Other Computer Components)　«返回修改类目
1、产品基本信息
* 产品标题：Computers　您还可以输入131/140个字符
产品关键词：Computers　添加多个关键词
* 产品基本属性：设置完整的产品属性有助于买家更容易找到您的产品
品牌：- 无品牌 -
自定义属性：　添加更多
产品规格：产品的不同规格，可以设置不同的零售价，并在前台展示给买家

图 6－3－3　敦煌网卖家后台产品基本信息填写页

3. 设置产品标题和关键词

产品标题是匹配关键词搜索、影响产品曝光率的关键，最多可以填写 140 个字符，可以包括产品基本功能、特点、性能等。卖家设置标题时，一定要先明了商品搜索排序的规则，然后才能设置出更能吸引顾客的好标题，尤其是对于那些“标题党”而言，商品标题的重要性是不可替代的。

标题设置的主要方法可以概括为“三段法”：核心关键词，即在特定商品类目中的流行热门词条；属性词，如对商品的长度、高度、颜色、材质等进行描述性的词；流量词，其设置的目的是为了给商品带来更多的流量。关键词是不变的部分，属性词是可变的部分，流量词是可替换的部分。

● 标题推荐写法：

品牌＋风格＋特性＋款式＋品名＋配饰＋材质＋尺码＋颜色＋打包方式＋促销信息＋是否支持代发货等。

例如，＊ ＊ ＊ Brand New Men’s long sleeve shirt 100% cotton five colors 1 Opcs/lot drop shipping。

在填写关键词时，建议选择能体现产品、带定语的热词进行填写，这便于敦煌网在站内相关产品或内容中对产品进行推广，并且利于搜索引擎通过该关键词引流到该产品处，从而提高产品曝光量，增加销售。

比如某个产品是“New White Strapless Formal Prom Wedding Dress Ball Gown”，则关键词可以填写为 Prom Wedding Dress，White Wedding Dress，Formal Prom Wedding Dress，Strapless Ball Gown，White Ball Gown，White Strapless Ball Gown 等，而不是只填写 Wedding Dress 或 Ball Gown。

这样的标题及关键词组合，既可以照顾到商品的各方面相关属性，又有助于提高流量。敦煌网上关键词并不是必填项，且最多只能填写 3 个，在标题和关键词都是有字数限制的情况下，应尽可能充分地利用好。

6.3.2 产品基本属性填写的重要性

产品属性是买家下单前决策的最重要因素之一，买家在搜索页可以通过产品属性的筛选，看到卖家店铺的商品。需认真填写准确和完善的产品属性以获得更多曝光机会。该部分内容填写的重要性具体体现在以下几个方面：

（1）能够多方位、多角度地提高买家浏览量，提升产品售出率，获取60%的买家流量。无论买家是通过类目进入产品页，还是搜索关键字进入产品页，60%的买家会利用属性及属性值来缩小想要的产品范围。因此，选填专业、完备的属性和属性值将有机会获得这60%的买家流量。

（2）获取多维度展示流量。各行业均有设置多维度展示类目，其原理就是抽取类似或者相关的属性、属性值，建立新的类目，展示给不同需求的买家。因此，选填专业、完备的属性和属性值将有机会获得多维度展示流量。

（3）获取平台主题推广流量。例如，上传产品时选择节日属性“Halloween”，在万圣节来临时，平台会整体促销万圣节主题产品，而其产品包含相关服装、首饰、宠物衣服、家庭装饰用品等，这样平台会通过万圣节这一属性来集合相关产品，只有填写了相对应属性的产品才有机会获得此类推广页面流量。

（4）获取更多SEO流量。填写更完备的属性及属性值会引来搜索引擎更多的兴趣，收录店铺更多页面，引来更多流量。

（5）减少沟通成本，降低纠纷退款率。以鞋为例，上传产品时如果不填写尺寸这一属性，买家购买时，看中款式就下单，导致卖家无法发货，需要进行多次沟通。通常会出现，线上沟通不畅，或者时间拖延的问题，导致纠纷退款等情况。设置完备的购买属性，将有效避免这个问题。

6.3.3 填写产品相关信息

1. 填写产品自定义属性

产品基本属性中的自定义属性栏是当平台推荐的属性无法满足卖家对产品的描述时，可以自选添加的信息内容。自定义属性往往非常灵活，非常具有个性化。设置好的属性和属性值会显示在产品最终页，方便买家更好地了解产品信息，推动最终成单。

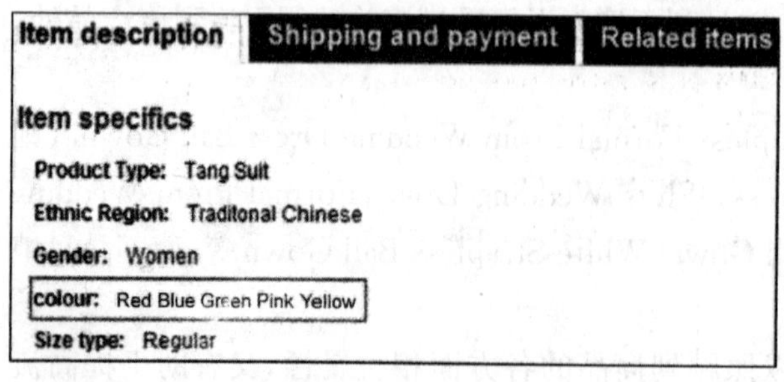

图6-3-4 敦煌网产品自定义属性填写效果显示图

在敦煌网中自定义属性默认显示一行，点击“添加更多”增加一行，最多可添加5个。点击“删除”，即删除该行属性值。自定义属性不能为中文和HTML代码，属性及属性值长度分别限制40个字符。例如，输入属性：colour；属性值：red，yellow，green，pink，blue（见图6-3-4）。

所添加的自定义属性是卖家对产品特征的补充说明，对产品的说明越详尽，越有利于买家下单。自定义属性同样会展示到产品最终页，这样，可以减少交易中很多不必要的沟通时间，非常有利于交易顺利完成。买家前台显示效果如图 6－3－4 所示。

2. 填写产品规格

根据产品的不同规格设置不同的零售价，并在前台展示给买家。该部分的具体内容一般可以包括产品的颜色、尺码、材质等，如图 6－3－5 所示。

图 6－3－5　敦煌网卖家后台产品规格填写示例图

为了追求更好的用户体验，敦煌网对产品上传页面进行了功能升级，其中一个重要板块就是对自定义规格功能的升级。从“自定义规格—增加自定义规格”进入，允许卖家编写自定义规格的名称，或者上传规格的图片，规格图片需要为 JPEG 格式，同时大小不能超过 200 K，并且提供最多 10 个自定义规格值。比如，在“服装—民族服装”的类目下，平台没有设置“颜色”这个规格，可以设置一个自定义规格，并将自定义规格值定义为 white，black，red，purple 等，同时也可以上传不同“颜色”的产品图片或别的代表颜色的图片。

“自定义规格”和平台定义的“产品规格”一样，都可以在产品详情页以文字或者图片的形式展示出来，供客户在购买时进行选择，如图 6－3－6 所示。

3. 填写产品销售信息

产品销售信息板块必填项最多，具体包含内容如图 6－3－7 所示。

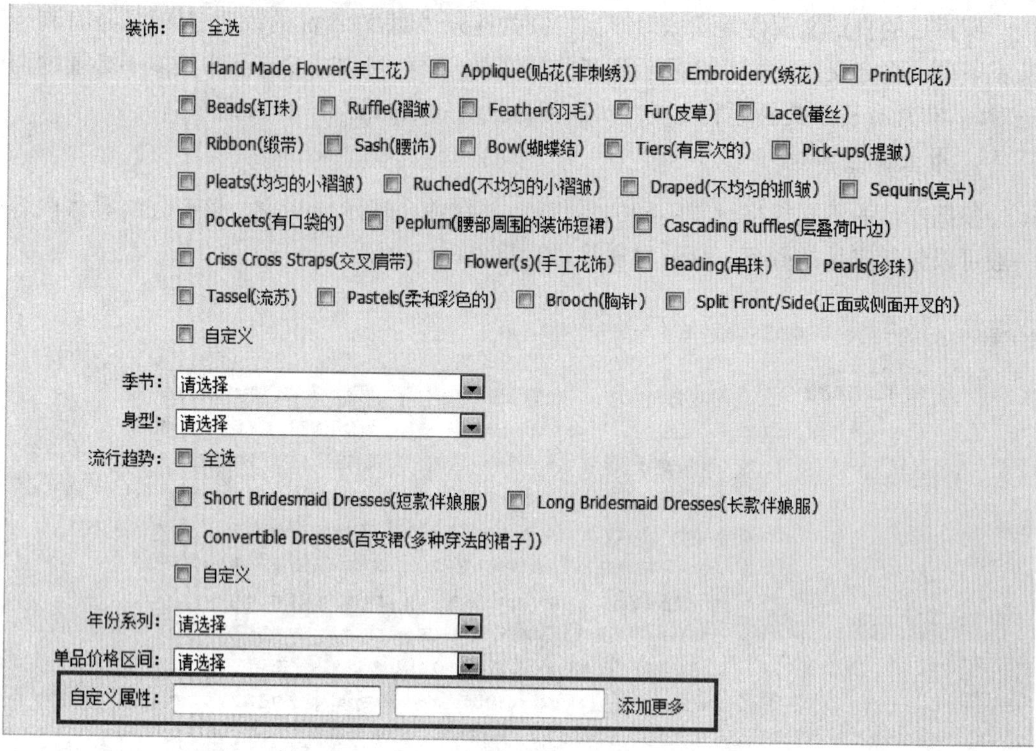

装饰： 全选

Hand Made Flower(手工花) Applique(贴花(非刺绣)) Embroidery(绣花) Print(印花)

Beads(钉珠) Ruffle(褶皱) Feather(羽毛) Fur(皮草) Lace(蕾丝)

Ribbon(缎带) Sash(腰饰) Bow(蝴蝶结) Tiers(有层次的) Pick-ups(提皱)

Pleats(均匀的小褶皱) Ruched(不均匀的小褶皱) Draped(不均匀的抓皱) Sequins(亮片)

Pockets(有口袋的) Peplum(腰部周围的装饰短裙) Cascading Ruffles(层叠荷叶边)

Criss Cross Straps(交叉肩带) Flower(s)(手工花饰) Beading(串珠) Pearls(珍珠)

Tassel(流苏) Pastels(柔和彩色的) Brooch(胸针) Split Front/Side(正面或侧面开叉的)

自定义

季节： 请选择

身型： 请选择

流行趋势： 全选

Short Bridesmaid Dresses(短款伴娘服) Long Bridesmaid Dresses(长款伴娘服)

Convertible Dresses(百变裙(多种穿法的裙子))

自定义

年份系列： 请选择

单品价格区间： 请选择

自定义属性： 添加更多

图 6－3－6 敦煌网产品“自定义规格”填写

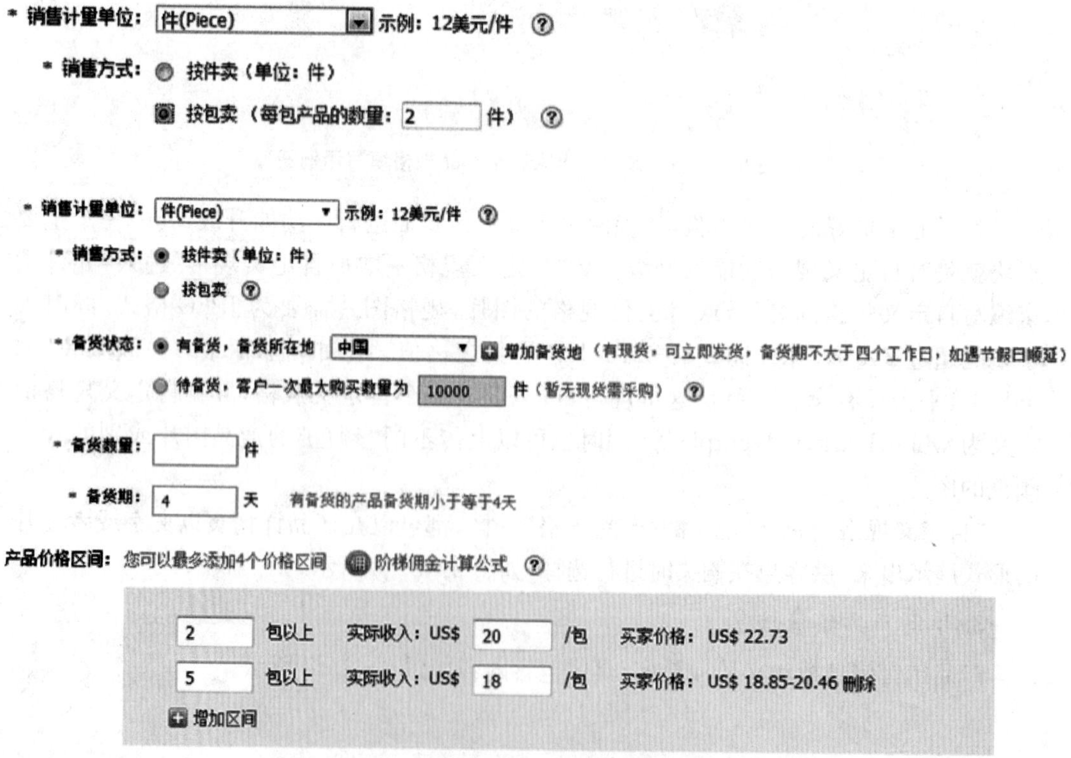

* 销售计量单位： 件(Piece) 示例：12美元/件

* 销售方式： 按件卖（单位：件）

按包卖（每包产品的数量：2 件）

* 销售计量单位： 件(Piece) 示例：12美元/件

* 销售方式： 按件卖（单位：件）

按包卖

* 备货状态： 有备货，备货所在地 中国 增加备货地（有现货，可立即发货，备货期不大于四个工作日，如遇节假日顺延）

待备货，客户一次最大购买数量为 10000 件（暂无现货需采购）

* 备货数量： 件

* 备货期： 4 天 有备货的产品备货期小于等于4天

* 产品价格区间： 您可以最多添加4个价格区间 阶梯佣金计算公式

2 包以上 实际收入：US$ 20 /包 买家价格：US$ 22.73

5 包以上 实际收入：US$ 18 /包 买家价格：US$ 18.85-20.46 删除

增加区间

图 6－3－7 敦煌网卖家后台产品销售信息填写页面

销售计量单位是指产品最小的计量单位，也就是单个产品的量词。例如，若销售的是袜子，则选择双(pair)；销售的是手机，则选择件(piece)。

销售方式可以根据实际所卖产品的重量、体积、货值来选择打包方式。比如，手机、平板电脑这种货值比较大，或者家具这种体积和重量都比较大的产品，较适合单件卖；袜子这种重量、体积和货值都较小的产品，较适合打包出售。

4. 两种产品备货状态

(1) 有备货指的是产品有现货，可立即发货。如果选择了该状态，需要填写备货的所在地，针对该产品的属性、规格组合分别设置对应的产品数量，并且该产品的备货期被限制在指定的天数内，需在该天数内发货此产品。买家会看到该产品的数量与备货期，有针对性地进行下单，该状态的产品具有竞争优势。

(2) 待备货指的是产品暂时没有现货，需要根据买家的下单进行采购后再进行发货。如果选择了该状态，备货期填写需小于或等于 60 天，不需要设置产品的数量。

备货期为卖家的发货期限，指的是在一定的时间内须发货。备货状态为“有备货”的产品的备货期根据类目的不同被控制在一定的时间内，即卖家填写的备货期需小于或等于该时间控制(目前平台规定有备货的产品备货期小于或等于 4 天)；备货状态为“待备货”的产品的备货期无时间控制，卖家可根据自己的实际发货情况填写相应的备货期。

产品价格区间最多可以添加 4 个，在定价时需要注意敦煌网 2016 年新颁布的平台佣金调整方案。具体可查网页：http://seller.dhgate.com/promotion/xzjiedu. html? d=f-4xzsx。

5. 填写产品内容描述

产品内容描述页包含的内容必填项目为“产品图片”“产品简短描述”和“产品详细描述”三个部分。

敦煌网目前支持每个产品最多上传 8 张图片，传满 8 张图的产品，系统会自动在产品排序上给予相应加权。图片需要采用 JPEG 格式，图片要尽可能清晰，要避免大面积文字遮盖产品细节的情况；产品图片以 4～8 张为宜，不得盗图。同时，优质产品图片，尤其是主图，能极大地延长客户在产品页面停留的时间，从而提高店铺的转化率，为店铺吸引更多的流量，也为卖家节省推广费用。

在上传产品图片时，还需要注意以下几点：

① 不要在图片上留下除敦煌网以外的任何联系方式。

② 不要上传涉及品牌侵权和违规的图片(《敦煌网产品发布规则》)。

③ 当两个产品的首张产品图片重复时，会被敦煌网视为重复产品，因此不要将同一张图引用为不同产品的首图。

④ 建议自拍产品照片作为图片，因为买家查看产品都是参照产品图片的，所以要保持图片和产品一致。一旦买家发现有产品与图片不符的现象，买家就很可能会以此要求退货退款，从而造成不必要的交易纠纷，甚至影响整个店铺的信用度。

6. 商品分级管理

这部分的“成人属性”与“非成人属性”是新增内容，用于标识商品是否具有成人性质。

参加商品分级管理,给商品打标即可免费参加站外推广,成人性质的会参加 PLA 推广,非成人性质的会参加 RMKT 推广。

一般建议卖家完善新建产品组功能,增加英文字段的输入,这有助于设置关联营销并提高产品的曝光量。敦煌网可以在一级产品组中再添加二级分组,目前最多能创建 60 个一级分组,每个一级产品组最多可以创建 5 个二级分组。在单个产品组中可添加或移除产品,可通过拖拽的方式进行一级产品组排序以及组内产品排序。关于产品组的具体内容包含下面两个方面:

① 产品组的添加方法。点击"添加产品组",自主命名店铺产品分组英文名称和中文名称。

② 管理组内产品。可以通过点击顶部的"添加产品"按钮来向产品组内添加产品,同时可以在批量勾选一部分产品后,将这些产品从当前所属分组中移除。

7. 产品的简短描述

产品标题中没有包含的相关产品特性可以补充到产品的简短描述中,最多可以填写 500 个字符,可以包括产品的颜色、款式、配件附件、销售模式等。例如,

① Color:red,yellow,green(产品颜色);

② Size: M,L,XL/4,5,6,7(产品尺码);

③ Sales model:mix order(支持混批);

④ Material:100% cotton(产品材质);

⑤ Quantity:10 items per lot(打包销售)。

在填写产品简短描述时切忌重复标题或堆砌关键词。

8. 产品详细描述

产品详细描述建议包括如下几点内容:

① 产品实物图片,包括整体图片、细节图及使用过程图等。

② 产品的特点、优势等。

③ 产品的详细使用说明。

④ 产品的包装信息,是否有配件等。

⑤ 店铺的信誉情况,获得的好评等。

⑥ 商户的服务承诺:建议对退货、换货、退款及售后服务(服务范围和质量)进行说明,这方面的内容往往直接影响产品的订单成单量。

一个好的、严谨的产品详情页,一定是带有驱动性的直观阐述,能够使顾客在短短的停留时间里,产生购买的欲望和行为,提升产品的转化率。

9. 填写产品包装信息

该部分需要准确填写按照产品销售方式(1 件或者 1 包)进行物流包装后的重量和尺寸,避免造成填写过低的重量和尺寸,导致运费受到损失;或者填写了过高的重量和尺寸,导致买家看到的运费价格过高,影响对产品的购买下单。

考虑到部分产品的包装重量不是完全根据产品的数量等比增加的,所以平台对于产品包装重量比较大、体积比较小的产品,特别提供了自定义重量计算功能,以方便广

大卖家更加合理、灵活地设置产品重量信息，避免系统计算的运费高于产品实际运费的情况。

例如，某产品单个产品包装后的重量是 2 kg，2 件产品包装后的实际重量是 3 kg，3 件产品包装后的实际重量是 4 kg。

若不使用自定义计重：如果买家购买 3 件产品，那么系统将按照 6 kg(＝3×2)的产品重量来计算买家需要支付的运费。

若使用自定义计重且将产品的重量信息设置为买家购买 1 件产品，就按 2 kg 的重量计算运费。买家每多买一件产品，重量增加 1 kg。

同样，如果买家购买 3 件产品，那么系统将按照 4 kg[＝2＋(3－1)×1]的产品重量来计算买家需要支付的运费。这样，通过自定义计重设置，卖家就能够更加灵活、方便地设置产品的实际重量情况，提高产品的运费竞争力。

需要注意的是，勾选“产品计重阶梯设定”后，系统将忽略计算产品的体积重量。该功能不适合产品包装重量较小、体积较大的产品。

10. 设置运费模板

运费模板的设置对于新手卖家而言往往有一定的难度，需要学习和了解各种不同的物流方式的资费标准、参考时效、计重方式和各种限制条款等，只有掌握了它们的优缺点，才能为不同商品设置最合适的运费模板。

在设置运费时，点击蓝色字显示的“添加运费模板”即可进入运费模板页面，然后按照图中标注的三个步骤分别：① 设置运费模板名称；② 选择发货地；③ 进行运费设置并选择发货的物流。

6.3.4　填写其他信息

最后一部分需要设置的信息是产品有效期和售后服务模板。

1. 产品有效期

产品有效期指的是从发布产品信息成功那天开始，到产品信息在平台上停止展示那天为止的时间段。后台提供了 90 天、30 天、14 天这三种时间期限供卖家选择。对于产品价格波动较为频繁的商品，建议选择较短的有效期；对于货源较为稳定的产品，则建议选择相对较长的有效期。

卖家需要注意的是，一旦某产品过了有效期，若没有及时更新，则该产品会自动被系统下架。若有下架产品想要继续销售，只需在产品管理页面“已下架”板块勾选出产品，然后点击“上架”按钮即可。为了保障产品的正常销售，建议卖家及时查看并更新自己产品有效期。

2. 售后服务模板

售后服务模板是一种新的管理售后服务的方式，创建一个售后服务模板并在产品中引用，可以大大提升买家下单的概率。总共可创建 20 个服务模板。不少新手卖家都会直接选择系统设置好的“默认模板”，该模板规定：不接受无理由退货，一旦出现货物与描述不符或质量问题，可在双方达成一致后部分或全额退款，由买家保留货物。如果卖家需要修改售后服务承诺,只需要修改相应的模板即可。

设置好的售后服务模板会以列表的形式出现,点击列表上方的"添加"按钮可以新增一个服务模板;点击"删除"可以将已设置好的模板删除掉。需要注意的是,如果某服务模板已经绑定了产品就不能直接删除,需要把模板下面的产品全部移除后再操作。

点击"管理模板产品"可以进入到产品列表查看该模板下方有哪些产品,点击"添加产品"可以将想绑定的产品放到该模板下,若不打算对某一产品使用该模板内的服务时,选中相应产品,点击"移除"即可。平台还提供了"批量修改售后服务模板"的功能,为卖家对本部分内容进行修改设置提供了便利。

6.3.5 提交发布产品

进行完前面的步骤后,产品上传已基本完毕。可在页面右下端找到系统对产品上传给出的总评分。

产品上传综合得分越高的产品在搜索排序时会越靠前,那么卖家可以从详细得分中了解到该产品在产品属性、产品标题和运费模板设置方面已经得了满分,而在产品的简短描述和图片方面的填写和设置还可以改进,从而能得到更高的总评分。当然,总体而言,这一得分已属于高分,卖家对该产品亦可不做出信息修改。

待得到满意的产品上传总评分后,即可点击"提交"按钮,完成该产品的上传。需要注意的是,优化后的商品评分系统,产品短描述和产品标题之间的单词重复度小于 50%才可以计分,重复度大于 50%的该项仅计 25 分;这个设定也是为了让卖家能够认真地填写商品短描述,真正提高产品的质量;同时,由于敦煌网的商品类目是根据海外市场的需求产生变动的,因此商品的评分也有可能会随着类目的变动产生变化,卖家需要关注并及时维护商品的得分,以保障在线商品的质量。

敦煌网上上传的产品需要经过平台的审核,审核合格的产品上架达到 10 个即可开通店铺,开始运营,但是每个店铺上传产品的数量是有一定限制的。

第七章

跨境电子商务店铺推广操作

7.1 搜索引擎优化

7.1.1 搜索引擎原理

亚马逊、速卖通等电商平台都有内部搜索引擎，亚马逊的搜索引擎和算法几乎与Google齐名，因此要进行搜索引擎营销就需要掌握搜索引擎的基础原理。

什么是搜索引擎优化?

搜索引擎优化是指通过网站功能、网站结构、网页布局、网站内容等要素的合理设计，对网站代码、链接和文字的描述重组优化的一系列过程，使得网站内容和功能表现形式达到对用户友好，在搜索引擎检索的排名得到提升，易于宣传推广的最佳效果，充分发挥网站的价值。搜索引擎优化是网络营销的重要组成部分。为此，有必要了解搜索引擎的运作原理。

搜索引擎包含：搜索器[一个遵循一定协议的计算机程序(蜘蛛程序即 Spider 程序)]、分析器(从蜘蛛程序抓回的网页源文件中抽取主题词，并对其赋予不同的权值，以表明相关程度)、索引器(生成从关键词到 URL 的关系索引表)、检索器(根据用户输入的关键词在索引器形成的倒排表中进行查询)、用户接口(用户输入搜索请求和显示搜索结果的接口)。

搜索引擎的运作原理如图 7-1-1 所示。

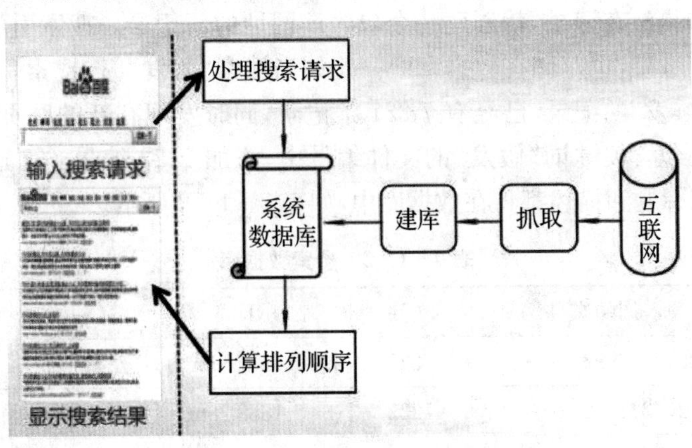

图 7-1-1　搜索引擎的运作原理

7.1.2 搜索引擎的工作过程

搜索引擎的工作过程包括四个阶段，如表 7-1-1 所示。

表 7-1-1 搜索引擎工作过程的四个阶段

工作阶段	工作过程
搜索阶段	在互联网中发现、搜集网页信息
提取阶段	对信息进行提取和组织，建立索引库
数据库索引阶段	由搜索器根据用户输入，在索引库中快速检出文档，进行相关度评价
排序阶段	对将要输出的结果进行排序，并将查询结果返回给用户

1. Spider(蜘蛛)程序抓取

对用户有价值的资源，利用爬虫抓取并保存在互联网上。蜘蛛程序从数据库中已知的网页开始出发，就像正常用户的浏览器一样访问这些网页并抓取文件，并存入数据库。并且蜘蛛程序会跟踪网页上的链接，访问更多网页，这个过程就叫爬行。当通过链接发现有新的网址时，蜘蛛程序将把新的网址记入数据库等待抓取。跟踪网页链接是蜘蛛程序发现新网址的最基本方法。当蜘蛛程序挖出每一个网页的 HTML，当不再有链接指向其他页面时，它就返回。

因此做搜索引擎推广，一方面要让搜索引擎主动地抓取，特别是多建立知名网站链接；另一方面，可以主动地发送网页给搜索引擎，存入数据库。

2. 对 Spider 程序抓取的网页建立数据

对抓取的网页进行分解及分析，记录网页及关键词信息，以表格形式储存在数据库中，网页文字内容，关键词出现的位置、字体、颜色、加粗、斜体等相关信息都有相应记录。

最简单的搜索数据库有一个含有每一个词的记录，跟着是含有这个词的所有网页的列表。当一个搜索引擎正在创建搜索数据库时，它检查蜘蛛程序发现的每个网页中那些独特的词，检查每一个词是否在数据库中存有记录。如果有记录，就在记录的末尾加上这个网页地址。如果没有记录，就创建一个包含该网址的新记录。搜索引擎将每个网址转换成一个独特的数字，也存储在数据库中。比如当搜索“假发”时，搜索引擎查看数据库，先找到关键词“假发”的记录，已经有 7 221 条记录，同时发现有新的网页，给这个网页分配编号：7222，在包含关键词“假发”的文件编号中，添加 7222 编号。而这个编号对应的 URL 链接地址、标题和描述都将在数据库中，如表 7-1-2 所示。

表 7-1-2 搜索数据库

关键词	包含关键词的文件编号	文件	URL	标题	描述
假发	7222，8222，9222……	7221	b2b.baidu.com	爱采购	百度采购网
关键词 2	7222，1222，3222……	7222	www.1688.com	1688 批发	阿里国内采购
关键词 3	7222，3222，5222……				

3. 处理搜索请求

前面两步是用户搜索前搜索引擎所做的准备工作。用户在搜索引擎中输入词汇，点击“搜索”按钮后，搜索引擎程序即对输入的搜索词进行处理，首先要分析搜索请求，比如中文特有的分词处理，去除停止词，判断是否有拼写错误或错别字、同义词处理等情况，搜索词的处理十分快速。然后筛选与搜索请求相匹配的结果，用户使用的搜索词经过切词可以分为多个，这个匹配就是从多个关键词的数据表中找到同时包含的那些网页。如图7-1-2所示。

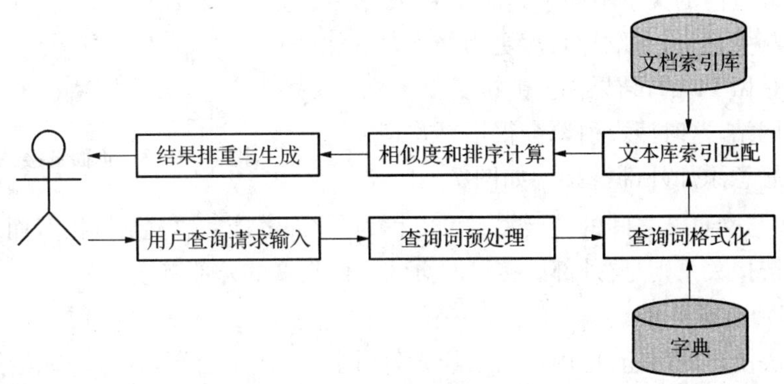

图7-1-2　处理搜索请求

4. 对匹配出来的网页进行排序

搜索引擎会根据用户的需求以及内容的质量，对网站文章内容进行一个合理的排序，展现给用户看，搜索引擎都有属于自己的排名算法，这些算法的核心都是围绕用户而展开，就比如我们拿杨梅去街上卖给客户一样，而什么时候卖什么样的水果，卖的价格多少，这些都是需要结合季节、水果的新鲜程度等因素来排序的。

同理，搜索引擎会根据相关度、内容的参考价值、用户行为来决定排名展示。

1) 相关度

搜索引擎会根据用户搜索的关键词展示出相关的内容，比如我们在搜索引擎中输入“SEO图片”进行搜索，那么页面就会出现SEO图片的相关内容，它不会出现水果或者其他品牌的内容。

页面相关性主要和关键词有关，包含以下几个方面。

(1) 关键词匹配度。

我们注意到在全文搜索引擎中，一般情况下搜索引擎列表中都会包含我们所输入的关键词。当我们输入关键词进行查询时，搜索引擎会首先检查网页中是否有该关键词，这是基础条件。

(2) 关键词词频(密度计算)。

搜索引擎为了能够有效地防止网站所有者恶意操控搜索结果，会去比对页面中关键词出现的频率与该网页词汇量的比例，以此来衡量页面中的关键词词频是否合理。关键词词频过高或者过低都不好，最恰当的频率一般认为是2%～8%，这是业界公认的最优关键词密度区间值。

关键词密度是指该关键字出现的次数所占字符数与该网页总词汇量所占字符数的比例。

(3) 关键词分布。

关键词在页面中出现的位置会影响页面的排序。一般认为页面权重的递减顺序是左上＞右上＞左＞右＞左下＞右下。

(4) 关键词的权重标签。

权重可以理解为重要性。权重标签如＜b＞、＜i＞、＜em＞、＜h1＞至＜h6＞等,这些标签使得标签内的文字不同于其他文字,搜索引擎会给予相应权重提升。

在页面相关性上,谷歌比百度更为严格,比如你的网站是做 IT 的,结果你去链接了很多机械化工类的网站,这时搜索引擎会很不喜欢,甚至会认为你恶意添加外部链接。如图 7-1-3 所示,网页 1 与网页 2 之间的链接关系可以称为"内部链接"或"友情链接",而网页 3 与网页 2 之间的链接关系则是"外部链接"(网页 3 是网页 2 的外部链接)。

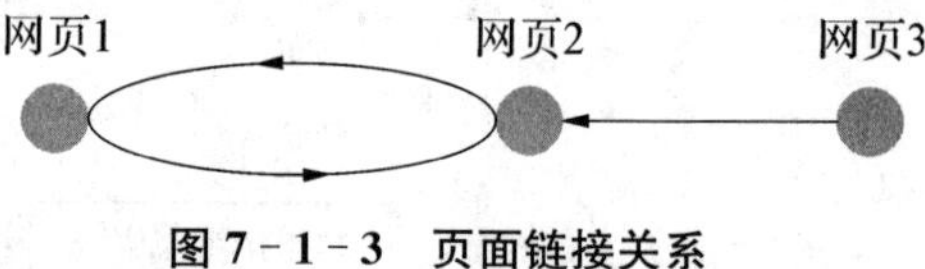

图 7-1-3 页面链接关系

2) 内容的参考价值

能够解决用户的问题,把用户网站经营好,网站排名上首页,这些都能给用户带来参考价值,给用户带来帮助。

3) 用户行为

用户对搜索结果的点击行为是衡量页面相关性的因素之一,是完善排序结果、提高排序结果质量的重要补充。最终的自然排名不是由搜索引擎来决定的,而是由用户来决定的。搜索引擎会把用户喜欢的、访问量高、用户参考价值比较高的文章内容排名排上去。

用户行为主要包括搜索、点击两项行为:搜索是用户获得信息的过程,搜索引擎通过这个用户行为学习新词汇、丰富辞典;点击是指用户对搜索结果的反应,被点击的次数越多,说明越重要,权重越高。

提示:搜索引擎为避免马太效应,会对排在后面的链接进行点击权重补偿。

7.1.3 SEO 与 SEM

SEO(Search Engine Optimization),译为搜索引擎优化,是指在了解搜索引擎自然排名机制的基础上,对网站进行内部及外部的调整优化,改进网站在搜索引擎中的关键词自然排名,获得更多流量,从而达成网站销售及品牌建设的目标。SEM(Search Engine Marketing),译为搜索引擎营销。SEO 主要是通过技术手段使结果获得好的自然排名,而 SEM 则包含通过技术手段(SEO)和付费手段(如付费的关键词广告、关键词竞价排名)综合作用来获得更好的搜索排名。在网上有很多介绍如何付费做 SEO 优化的,实际上应称为 SEM。

1. 搜索引擎优化的基本概念

(1) 网络蜘蛛(WebSpider)。网络蜘蛛,也称网络机器人,即抓取网页的程序。如果把互联网比喻成一个蜘蛛网,那么 Spider 就是在网上爬来爬去的蜘蛛。网络蜘蛛是通过网页的链接地址来寻找网页，从网站某一个页面（通常是首页）开始，读取网页的内容，找到在网页中的其他链接地址，然后通过这些链接地址寻找下一个网页，这样一直循环下去，直到把这个网站所有的网页都抓取完为止。不同的搜索引擎蜘蛛有不同的名称，如谷歌的 Google robot、百度的 Baidu spider、MSN robot、雅虎的 YahooSlurp。

(2) 页面等级(PageRank，PR)。页面等级是评估一个页面相对于其他页面重要性的一个指标。例如，如果 A 页面有一个链接指向 B 页面，那就可以看作是 A 页面对 B 页面的一种信任或推荐。页面的反向链接越多，链接的价值加权越高，搜索引擎就会判断这样的页面更为重要，页面等级也就越高。PR 值级别从 1 到 10 级，10 级为满分，PR 值越高说明该网页越重要。

网站页面的 PR 值传递呈现规律：首页＞一级页面＞二级页面＞三级页面＞……＞最后一级页面，每深入一级，PR 值会降低 1 个档次，首页最高，栏目页次之，内容页再次……

(3) 搜索引擎降权。搜索引擎降权指的是在搜索引擎中网站权重的下降，其表现是网站排名下降，在搜索引擎输入网站的关键词后，网站排名下降甚至被彻底去掉；收录停滞或收录速度明显变慢，通常表现为快照更新变慢。

(4) 排名算法。排名算法是搜索引擎用来对其索引中的列表进行评估和排名的规则。排名算法决定哪些结果是与特定查询相关的。

(5) 网站流量数据。网站流量数据包括页面浏览量(Page View，PV)、IP 数量以及网站跳出率，对这三个数据的分析非常重要，这些数据可以说比关键词排名更直观地把 SEO 工作状况展现出来。搜索引擎把网站的 PV、IP 数量以及网站跳出率作为评定网站用户体验的一个标准，排名算法对这部分数据也很重视。

(6) SEO 逆向搜索。搜索引擎是怎样判定网站质量的，揣摩搜索引擎的过程是逆向推理过程。这个逆向推理是从搜索引擎的搜索排名开始，去探索搜索引擎为什么会将一些网站排列在搜索结果前列，尝试研究在搜索引擎排名靠前的网站是怎样设计的，学习那些排在靠前网站的经验。

(7) SEO 逆向搜索的过程。首先，从观察搜索结果中的网页简介开始。这个简介主要是标题和搜索引擎摘抄网页的一段文字。这段文字主要来自网页的描述标签中的文字和来自网页文本中的文字。其次，查看网站有多少导入链接，分析网站的 PR 值，研究网站的布局设计，了解网站的组织方式。

(8) 桥页。通常是用软件自动生成大量包含关键词的网页，然后从这些网页自动转到主页。目的是希望这些以不同关键词为目标的桥页在搜索引擎中得到好的排名。当用户点击搜索结果时，会自动转到主页。桥页都是由软件生成的，如图 7－1－4 所示。

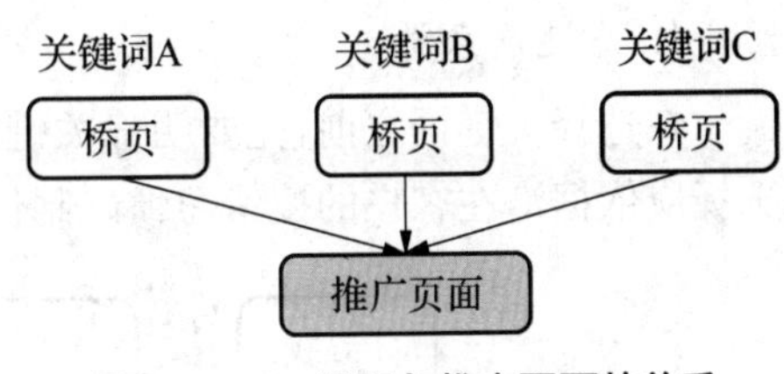

图 7－1－4　桥页与推广页面的关系

2. SEO 优化

若跨境电子商务企业是通过自建网站从事跨境电子商务交易的，或者在第三方平台注册开店但同时自建网站进行辅助营销推广的，此时自建的网站就需要进行 SEO 优化，优化目的是能让网站实现被各大搜索引擎良好收录、良好排名和良好展现，如表 7-1-3 所示。

表 7-1-3　SEO 优化目的

良好收录表现	良好排名表现	良好展现表现
机器可读	涵盖网页上主要内容的 title	吸引眼球 title
网站结构	良好的内容建设	善用 meta description
规范简单的 URL	用户对网站推荐	文章页摘要

要实现上述目标，需要从结构、标题和内容上进行优化。第三方平台上的网店也可以参考此方法进行优化，归根结底，站内搜索也是遵循搜索引擎基本原理的。

(1) SEO——结构优化。客户访问网站时，通过主页可以到达任何一级栏目首页、二级栏目首页以及最终内容页面；通过任何一个网页可以返回上一级栏目页面并逐级返回主页；网站主栏目应清晰并且全站统一；每个页面有一个辅助导航；通过任何一个网页可以进入任何一个一级栏目首页；如果产品类别/信息类别较多，设计一个专门分类目录是必要的；设计一个表明站内各个栏目和页面链接关系的网站地图；首页一次点击可以直接到达最重要内容网页(如核心产品等)；在任何一个网页经过最多 3 次点击就可以进入任何一个内容页面。

(2) SEO——标题优化。网页标题不宜设得过短或者过长：一般来说 6～10 个汉字比较理想，最好不要超过 30 个汉字；网页标题应概括网页的核心内容；网页标题中应含有丰富的关键词。

(3) SEO——内容优化。网页要有标题或者标题要包含有效的关键词；网页正文中有效关键词比较多，但不要堆砌关键词；不要大量地使用动态网页；网站 URL 层次不要过多；与高质量的网站建立链接；网站内容要经常更新；网站中不要含有错误链接；每个网页都有独立的、概要描述网页主体内容的网页标题；每个网页都应该有独立反映网页内容的 META 标签(关键词和网页描述)。

7.1.4　关键词和关键词竞价排名

1. 关键词来源

在选择关键词之前，先要明确关键词的作用是寻找和定位潜在客户，因此，关键词的选择应依据潜在客户的搜索习惯。制作全面且精准的关键词方案如图 7-1-5 所示。

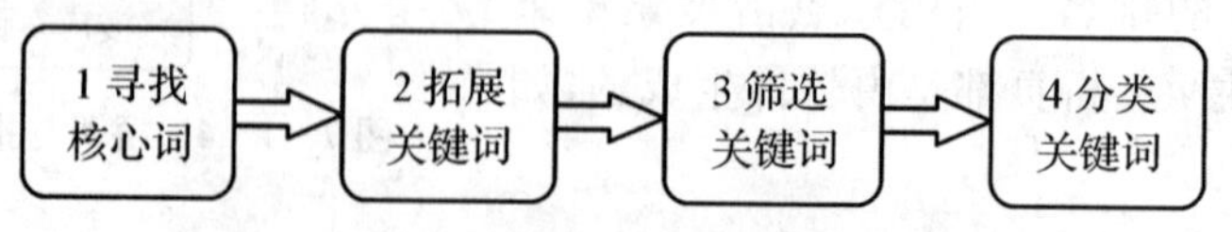

图 7-1-5　制作全面且精准的关键词方案

1) 寻找核心词

从潜在客户搜索习惯出发，也就是以终为始，从需求出发，全方位寻找产品或者网站的核心词；其次，以内容为王，深入挖掘自身和竞争对手，从核心产品/服务方向寻找核心词，作为核心词的主要来源；同时要能触类旁通发现客户和网民常用的核心词，并作为核心词的补充来源；最后，要善假于物，挖掘目标人群的搜索行为、偏好和兴趣，去发现潜力核心词。

一般地，核心关键词可以分为四类：产品词（指企业提供的产品/服务名称、别称，能体现网民最明确的搜索意图，是企业关键词词库中的必备词）、产品咨询词（指用来咨询产品或服务相关信息的，贴近网民口语的词汇、短句，咨询词往往最接近潜在客户的意图，并且容易影响客户的购买决策，是企业关键词词库的明星词）、品牌词（指独一无二的能体现实力的品牌名称的词。搜索品牌词的网民，都是带着明确目标来主动寻找你的潜在客户，所以品牌词是企业关键词词库至关重要的战略词）、行业词（指表达产品和服务所在类别、体现行业特殊性的词。这类词可能影响潜在客户对同类产品的偏向，启发新的需求。同行业的企业都会提及这类词，是企业关键词词库的潜力词）。

如果需要验证到底这些词是否是客户最需求的。这时可以借助一些工具，比如百度指数。这是基于海量网民行为数据为基础的数据分享平台，如某个关键词在百度搜索中的规模有多大，一段时间内的涨跌态势以及相关的新闻舆论变化，关注这些词的网民是什么样的，分布在哪里，同时还搜了哪些相关的词，帮助用户优化数字营销活动方案。

基于单个词的趋势研究（包含整体趋势、PC 趋势、移动趋势）、需求图谱、舆情管家、人群画像；基于行业的整体趋势、地域分布、人群属性、搜索时间特征。其他类似的工具，还有百度司南、百度风云榜、Google Trends 等。

2）拓展关键词

在核心关键词的基础上，可以进一步拓展关键词，构成长尾关键词。长尾理论解释了长尾关键词对于中小卖家非常重要，具体可以从 8 个维度进行核心词的拓展，如图 7－1－6 所示。

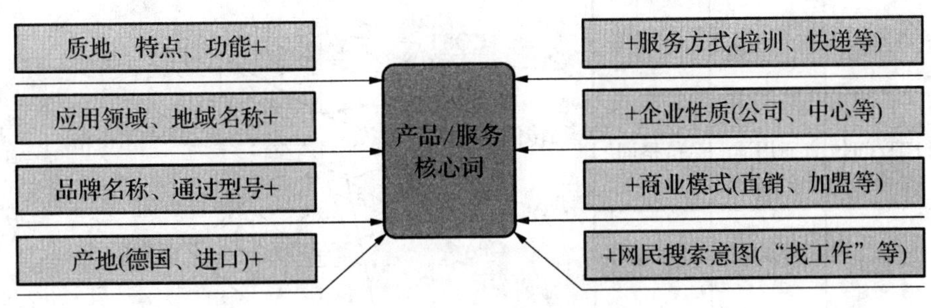

图 7－1－6　拓展关键词

3）筛选关键词

通过前面两步，可以发现大量的关键词，但不可能每个关键词都要采用，一是预算不允许，二是也不需要，因此可以进行筛选，根据推广需要、KPI 和预算进行提炼筛选。

4）分类关键词

结合人类购买行为模式，可以将所有的关键词进行分类，如将其分为人群词、产品词、口碑词、行业词、品牌词等，推广时，结合不同的时间段选择不同类型的关键词，如图7-1-7所示。当然也可以做其他的分类管理。

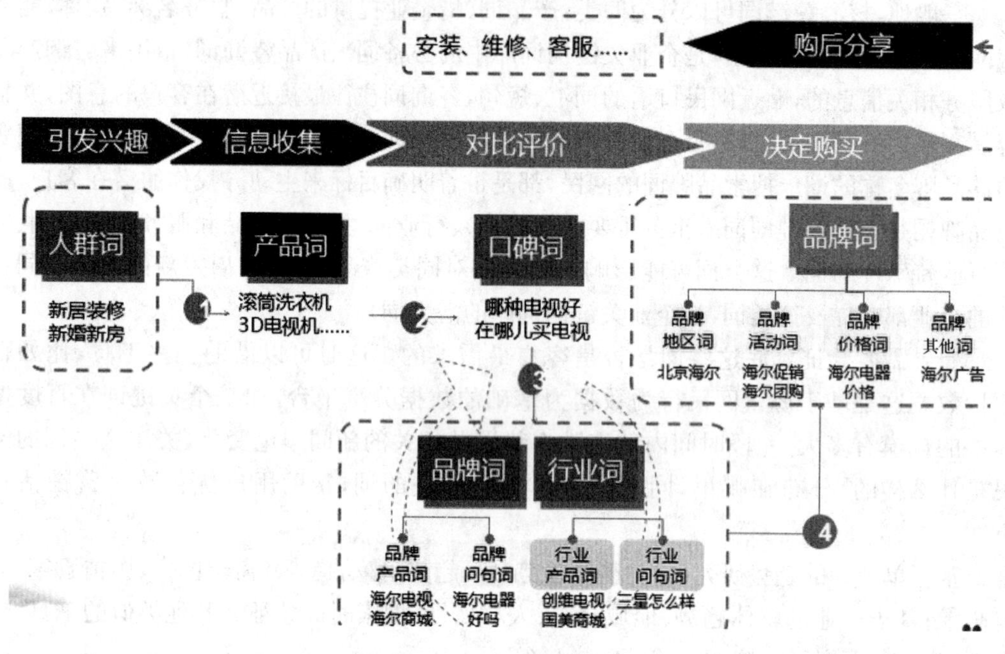

图7-1-7　分类关键词

另外，不同类型的关键词在检索量和相关性方面会有所不同，而不同类型的关键词在展现量、点击率、转化率等方面的表现也会有所不同，如图7-1-8所示。

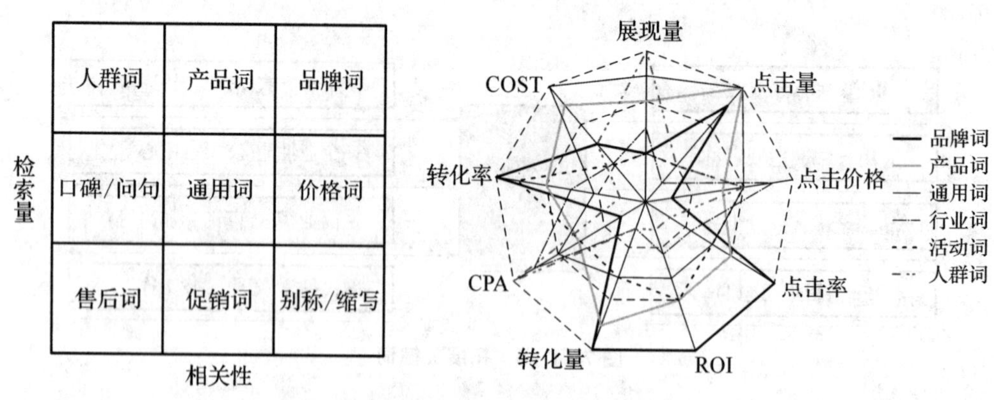

图7-1-8　不同类型的关键词的表现

2. 关键词的触发机制—匹配模式

商家在运营的过程中，可以看到大多数平台要求标题不能堆砌关键词，卖家很担心这样会丢失很多的潜在需求者，比如产品既是长裙又是棉质裙子，这两个关键词都会有客户搜索，标题是否应该写“＊＊＊ long dress ＊＊＊ cotton dress＊＊＊”，此时需要掌握和理解关键词的触发机制，即匹配模式。

消费者在搜索框中输入搜索内容的时候，搜索引擎会进行不同方式的匹配。精确匹配意味着精准触发，也就是说，除非你的关键词就是用户输入的内容，否则不会被搜索到；广泛匹配则可以匹配同义近义词、相关词、变体形式、包含关键词的短语等，那么只要你的标题与用户的搜索内容满足以上情况，都可以匹配成功；短语匹配则可以是完全包含、前后＋词、中间＋词、前后颠倒和同义词匹配；一些搜索引擎还可以设定否定词。

例如，卖家采用的关键词是英语培训，不同的匹配方式，可以看到不同的推广结果，如表 7 - 1 - 4 所示。

表 7 - 1 - 4　关键词匹配模式示例

网民搜索词	广泛匹配	短语匹配	精确匹配	广泛＋ 否定词：主管	广泛＋精确 否定词：口语教学
英语培训	完全包含 Y	Y	Y	Y	Y
英语暑期培训	中间插入 Y	Y		Y	Y
培训英语	前后颠倒 Y	Y		Y	Y
英语培训主管	词后增加 Y	Y			Y
英文培训	同义词 Y	Y		Y	Y
口语教学	相关词 Y			Y	

3. 关键词竞价排名

竞价排名，是一种按效果付费的网络推广方式。用少量的投入就可以给企业带来大量的潜在客户，有效提升企业销售额和品牌知名度。其基本特点是按点击付费（Pay Per Click，缩写为 PPC，按照点击收费）。推广信息出现在搜索结果中（一般是靠前的位置），如果没有被用户点击，则不收取推广费。速卖通的直通车和 Wish 的 PB 就是采用竞价排名推广的。在跨境电子商务平台以外的搜索引擎，国内的百度和美国的 Google 都是竞价排名的先驱者。下面介绍百度关键词竞价营销和跨境出口企业经常用到的 Google AdWords。值得一提的是，PPC 和竞价排名并不是万能的，还需要将自己的店铺或者网站经营和优化好。

首先，我们来看国内百度关键词竞价排名营销。百度竞价工具可以用来查看排名，跟踪，优化关键词排名。

第一步，打开百度登录界面，如图 7 - 1 - 9 所示。在此窗口中输入账号与密码，输入完成后再点击下方的“登录”按钮。

第二步，登录成功后，进入如下窗口，如图 7 - 1 - 10 所示，在此窗口下方找到搜索推广右侧的“进入”按钮，进入搜索推广窗口之中。

图 7-1-9　百度登录界面

图 7-1-10　进入搜索推广窗口

第三步,进入搜索窗口后,在此窗口下方有一个"全部工具",如图 7-1-11 所示,点击它进入百度竞价推出的工具窗口中。

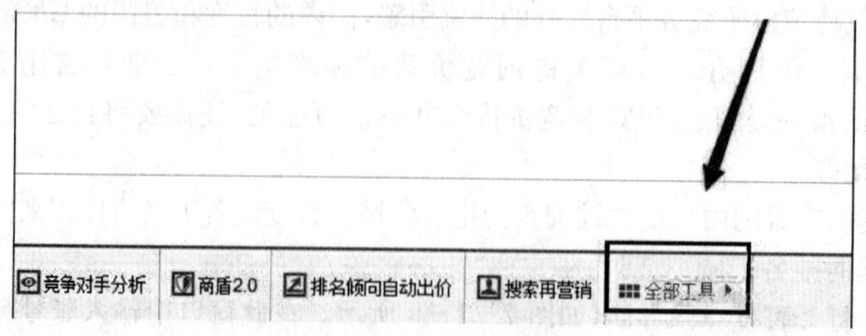

图 7-1-11　点击全部工具

第四步,进入工具窗口后,拉动网页向下,在下方找到"看排名"按钮,点击下方的"使用"按钮,如图 7-1-12 所示,可以直接进入工具并使用操作。

图 7－1－12　点击看排名

第五步,点击后打开如下窗口,如图 7－1－13 所示,在此窗口上方有一个"添加新关注"按钮。点击它添加相应的关键词,进行时时关注操作。选择好相应的计划、单元后,会在窗口中显示里面所有的关键词,根据需要可以单个选择关键词,也可以全选,添加完成后,关键词直接添加到此工具内,在下方的页面内可以直接看到。这时回到窗口后可以继续添加,也可以直接关掉窗口,定时关注刚刚添加的关键词变化即可。

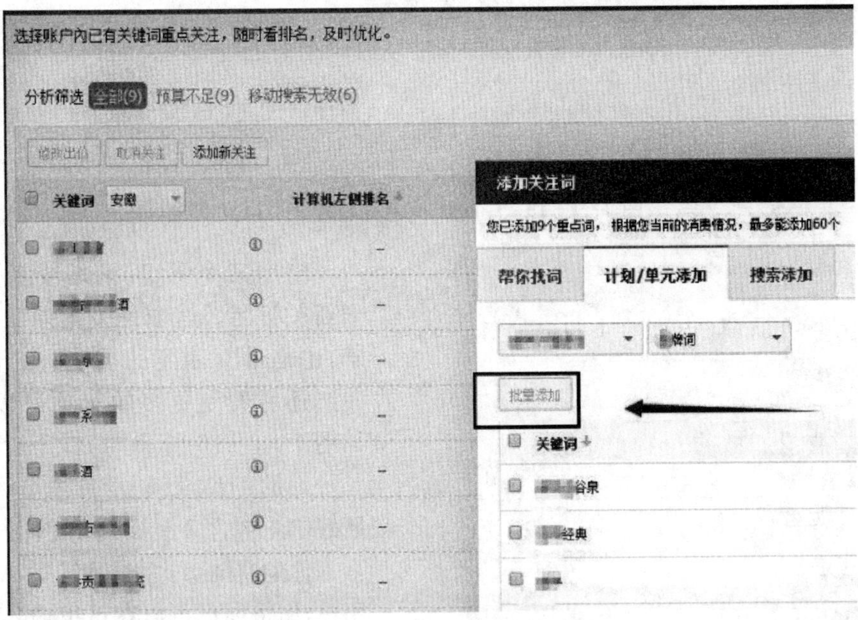

图 7－1－13　添加相应的关键词

接下来,我们来看 Google AdWords,在使用关键词策划师工具之前,需要先登录 Google AdWords 并且注册一个账号,注册时只需要有一个邮箱即可。Google AdWords 网址为 http://adwords.google.com/ko/KeywordPlanner/Home。

第一步:登录之后,找到右上方的小齿轮,点开就可以看到关键词规划工具,点击进入,如图 7－1－14 所示。

返回到
规划
关键字规划师
广告预览及诊断
共享库
受众群体管理器
组合出价策略
否定关键字列表
共享预算
展示位置排除列表
批量操作
所有批量操作
规则
脚本
上传操作
衡量
转化
Google Analytics（分析）
搜索归因
设置
结算与付
商家数据
帐号访问
已关联的
偏好设置

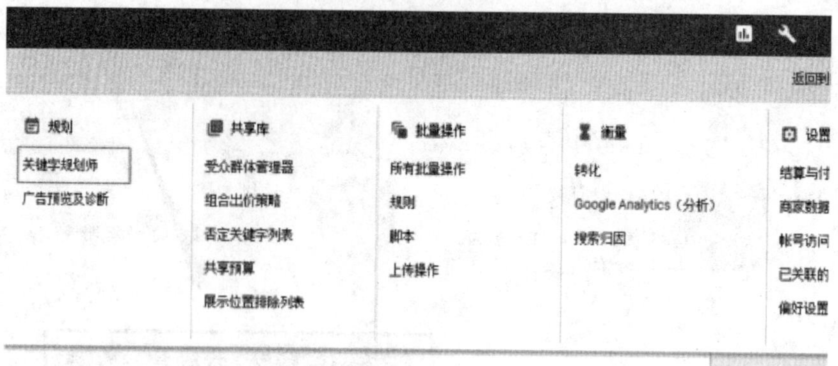

图 7-1-14　登录 Google AdWords

第二步：接下来有 3 个功能可以选择，这 3 个功能就是关键词规划工具的核心所在，如图 7-1-15 所示。

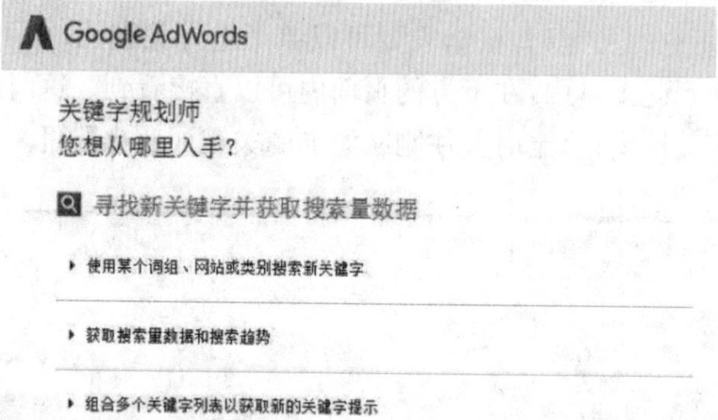

Google AdWords
关键字规划师
您想从哪里入手？
寻找新关键字并获取搜索量数据
使用某个词组、网站或类别搜索新关键字
获取搜索量数据和搜索趋势
组合多个关键字列表以获取新的关键字提示

图 7-1-15　Google AdWords 的 3 个功能

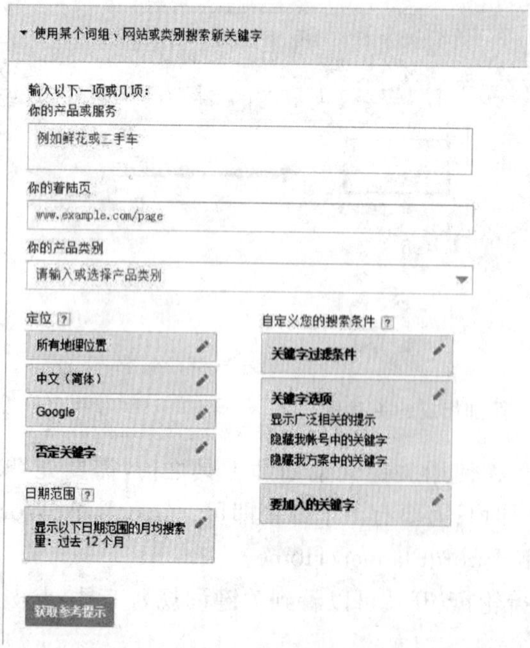

使用某个词组、网站或类别搜索新关键字
输入以下一项或几项：
你的产品或服务
例如鲜花或二手车
你的着陆页
www.example.com/page
你的产品类别
请输入或选择产品类别
定位
所有地理位置
中文（简体）
Google
否定关键字
日期范围
显示以下日期范围的月均搜索量：过去 12 个月
自定义您的搜索条件
关键字过滤条件
关键字选项
显示广泛相关的提示
隐藏我帐号中的关键字
隐藏我方案中的关键字
要加入的关键字
获取参考提示

图 7-1-16　使用某个词组、网站或类别搜索新关键词

使用某个词组、网站或者类别搜索新关键字。这个是关键词工具最基础，也是最常用到的功能，点开之后，我们还可看到更多的选项可以选择，如图 7-1-16 所示。

你的产品或服务：首先填入主词，最好输入包含 2 至 3 个关键词。

你的着陆页：主要是针对 ADwords 用户，但是你也可以在这里输入你的网站首页地址或者博客文章地址，谷歌会通过分析你提交的页面，给出关键词提示。

你的产品类别：使用这个选项可以接入谷歌根据行业划分的内部关键词数据库。

第三步：无论你使用上边三种功能

的哪一种，最后都会得到下边的搜索结果页，如图 7－1－17 所示。

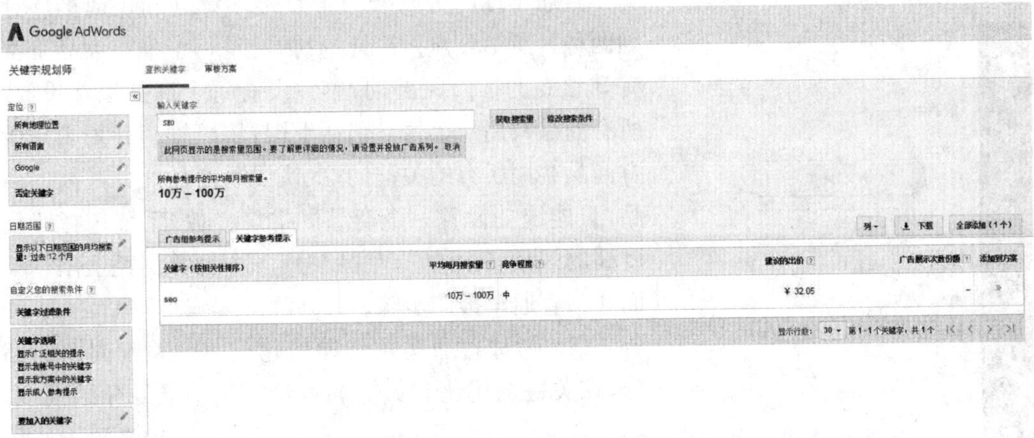

图 7－1－17　搜索页面

月搜索量：搜索量越高，受关注的程度自然也就越高；

竞争程度：竞争度越高，这个关键词的操作也就越难；

建议出价：转化率越高的价格越高，商业性也就越高。

谷歌 AdWords 关键词匹配方式分为广泛匹配、词组匹配、完全匹配三种匹配方式。广泛匹配，你随便投个关键词，只要别人在谷歌搜索一个跟这个词有点关系的，你的广告都有可能出现；完全匹配是指只有别人搜索的那个词跟你投广告的词完全一样，你的广告才会出现；至于词组匹配，只有别人搜索的关键词完全包含你的广告词的时候，广告才会出现。

广泛匹配精准性过低，会导致大量无效点击，造成资源浪费。精准匹配范围太窄，如果我们选的词本身就很精准了，再用这种方式就很难获得流量了。词组匹配，既精准又能增加展现和点击。

Google AdWords 是一种通过使用 Google 关键词广告或者 Google 遍布全球的内容联盟网络来推广网站的按点击付费的网络推广方式，可以选择包括文字、图片及视频广告在内的多种广告形式。

7.2　付费广告(直通车)推广

速卖通和阿里巴巴国际站作为阿里系的产品之一，直通车自然也成为平台的重要付费推广工具。直通车的推广原理主要是 PPC(按点击付费)以及竞价排名(当然这个竞价排名与百度和 Google 的有所差异，速卖通还会考虑店铺经营的因素，比如非诚信店铺的直通车不可能展现在第一页等)。比如原先在速卖通搜索页“women fashion sneakers”搜索词自然排名在第 2 页第 32 位的女鞋，可以通过直通车展现在这一关键词搜索结果第一页的右侧。因此在直通车管理中，最重要的是两件事：一是选好投放的关键词；二是确定

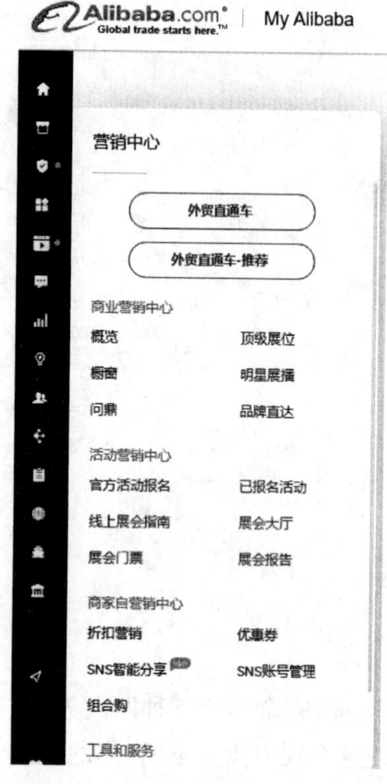

图 7-2-1　外贸直通车——推荐

投放的价格。

直通车推广可以分为重点推广计划和快捷推广计划两种。所谓重点推广计划，指的是每个推广商品下都有其独立的推广关键词，单独设置每个商品推荐投放，所有商品共用一个每日消耗上限；快捷推广计划则是所有商品共用所有的关键词，默认展示商品评分最高的商品，只能统一设置一个商品的推广投放，系统选择匹配度高的闪频展示，所有商品共用一个每日消耗上限。下面介绍直通车推广步骤。

（1）筛选直通车关键词构建词表。关键词选择部分，在关键词优化和关键词竞价排名中已经介绍很多，不再赘述。需要强调的是，直通车选词必须来源于产品标题（核心词），并高于产品标题（也就是长尾关键词）。直通车所用的关键词必须与属性紧密相关。没搜索量的词不要做直通车，另外阿里巴巴国际站精做各个国家站点，因此不同语言版本的关键词需要重点关注。

在构建词表过程中，还可以参考平台直通车设置中的一些帮助，比如推荐词、搜索相关词等，根据平台提供的推广评分、7 天搜索热度、竞争度、市场平均价等指标进行筛选，如图 7-2-1 所示。

若卖家店铺的商品有很多，如果选择重点推广计划，则要按照不同商品整理好这些关键词，并制作成 Excel 表格，在后期要结合推荐效果不断优化。

（2）添加选择好的关键词，还可进行良词推优及创意主图添加，创意质量分的高低与点击率高低会直接相关联，而点击率高低与创意主图好坏有直接性关系。可以说，只要不是产品款式问题，只要创意主图给力，创意质量分不会低到哪里去。当然点击率还与价格、销量、卖家竞争等有间接性关系。如图 7-2-2 所示，进入营销中心选择好的关键词，查看关键词的搜索热度。

时间范围 最近30天　终端 全部　地区 全球　收藏词(0/20)　shirt

包含shirt的

筛选 未加入直通车词库　选择类目 全部

排序	关键词	搜索指数	搜索涨幅	点击率		卖家规模指数	
1	men shirt	13220	-27.9%	1.15%	-4.9%	236	+4.3%
2	men's t-shirts	6841	+34.1%	1.68%	-5%	336	+4.8%
3	plus size t-shirt	5190	-48.8%	1.9%	+128.2%	302	+4.2%
4	plus size men's shirts	4215	+272%	3.94%	-27.8%	71	+63.4%

图 7-2-2　营销中心查看关键词搜索热度排名

(3) 推广关键词在标题中出现，特别是在创意标题中出现，都会增加相关性。很多人将系统推荐的标题分为两半组合，其实创意标题的组合应该使用推广关键词组合，在这里可以不考虑它的完全匹配或者其他因素，只需要组合在一起就好。设置完关键词之后，设置推荐投放和每日消耗上限，查看营销推广的效果，如图 7-2-3 所示。

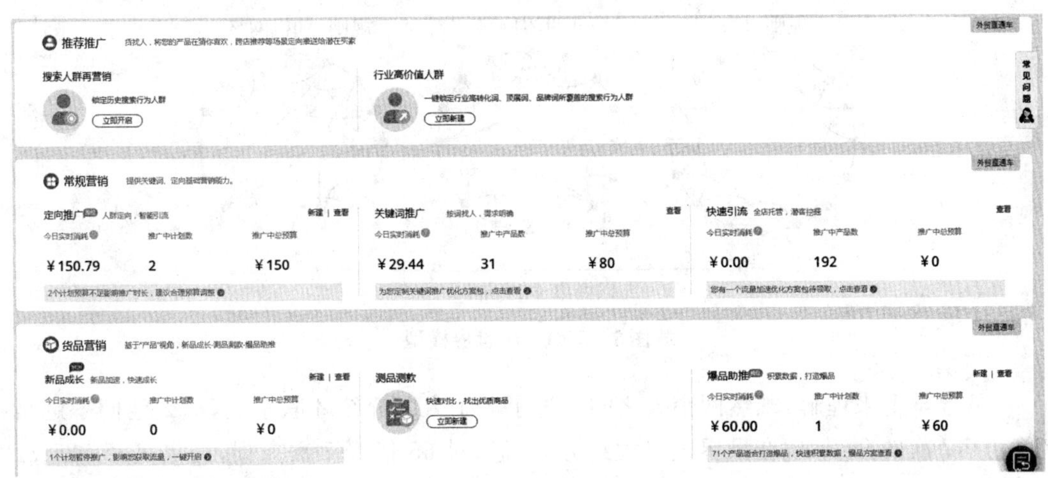

图 7-2-3　营销中心查看营销推广的效果

直通车付费广告推广是真正地适合我们的新手卖家。可以说，直通车不仅仅会为我们带来付费流量，而且客户的浏览、点击收藏、加购这一系列活动也会为我们的宝贝进行加权，从而带来免费流量。高流量还会为我们的人群打标，形成店铺人群画像，使流量更加精准。

7.3　SNS 社交媒体营销

7.3.1　六度分割理论

“六度空间”理论又称为六度分割理论。这个理论可以通俗地阐述为：“你和任何一个陌生人之间所间隔的人不会超过 6 个，也就是说，最多通过 6 个人你就能够认识任何一个陌生人。”

1967 年，美国哈佛大学社会心理学教授对这个问题做了一个著名的实验，他从内布拉斯加州和堪萨斯州招募到一批志愿者，随机选出其中的三百多名，请他们邮寄一封信函。信函的最终目标是 Milgram 指定的一名住在波士顿的股票经纪人。由于几乎可以肯定信函不会直接寄送目标人，Milgram 就让志愿者把信函发送给他们认为最有可能与目标人建立联系的亲友，并要求每一个转寄信函的人都回发一封信件给 Milgram 本人。出人意料的是，有 60 多封信最终到达了目标股票经济人手中，并且这些信函经过的中间人的数目平均只有 5 个。也就是说，陌生人之间建立联系的最远距离是 6 个人。1967 年 5 月，Milgram 在《今日心理学》杂志上发表了实验结果，并提出了著名的

“六度分隔”假说。

1998 年年初，康奈尔大学的两名研究者通过构建社会网络的数学模式——“小世界模型”，如图 7-3-1 所示，解释了 60 亿人是如何靠这六条“联系”与别人相连的，从而开辟了社会网络研究的源头。

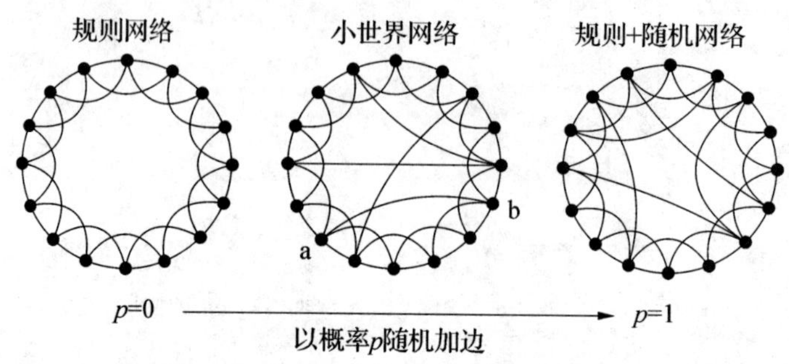

图 7-3-1　小世界模型

从数学上来理解，既然两个人之间经过了 6 个人的介绍才联系上，那么他们一定是通过了 7 次的介绍，现在世界人口大约为 65 亿，对 65 亿开 7 次方根，结果是25.225 7，取整为 26，那么如果满足六度空间的结论，每个人只要与社会中的 26 个人有联系就行了。

2001 年，哥伦比亚大学社会学系的登肯·瓦兹主持了一项对“六度分隔”理论的验证工程。他从 166 个不同国家招募 6 万多名志愿者参与了该研究。瓦兹随机选定 18 名目标(比如一名美国教授、一名澳大利亚警察和一名挪威兽医)，要求志愿者选择其中的一名作为自己的目标，并发送电子邮件给自己认为最有可能发送成功的目标的亲友。瓦兹在世界顶级的科学学术期刊《科学》杂志上发表最新论文，表明邮件要达到目标，平均也只要经历 5～7 个人，如图 7-3-2 所示。

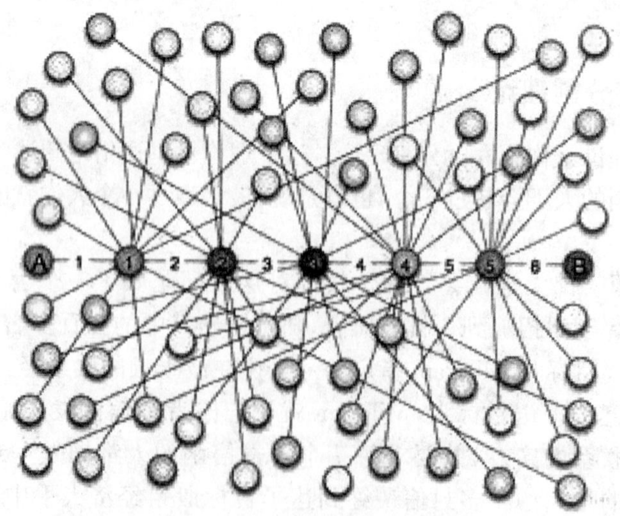

图 7-3-2　“六度分隔”理论的验证工程

社会网络理论其实并不高深，它的理论基础正是“六度分隔”。而社会性软件则是建立在真实的社会网络上的增值性软件和服务。“你和任何一个陌生人之间所间隔的人不会超过6个，也就是说，最多通过6个人你就能够认识任何一个陌生人。”当前运用六度分隔的领域有：直销网络、电子游戏社区、SNS网站和Blog网站。

SNS：Social Network Software，社会性网络软件，国际上以Facebook、Twitter、Instagram、Pinterest、VK等SNS平台为代表，旨在帮助人们建立社会性网络的互联网应用服务。SNS网站，就是依据“六度分隔”理论建立的网站，以认识朋友的朋友为基础，扩展自己的人脉，并且无限扩张自己的人脉。这类社交网络包含几种类型：一是主流社交类，如Facebook、VK、Twitter等，这类社交网络需造势、积粉、长线操作，适合有专人操作的团队，流量大、转化率低；二是图文分享类，如Pinterest、YouTube等，对产品本身、图文材料专业度要求较高，转化率一般；三是购物分享类，如ITAO等，操作相对简单粗暴，效果立竿见影，适合各层级卖家；四是其他类型，如论坛、博客Blog等。

在进行SNS营销前，需要定位推广的产品所面向的国家和客户群体，从而根据他们的社交软件使用偏好去确定合适的社交平台。此外还需要根据客户群体的性别、年龄、群体喜好、国家文化去策划推广内容。

7.3.2　利用Linkedin推广

Linkedin是一家面向商业客户的社交网络(SNS)服务网站，成立于2003年。网站的目的是让注册用户维护他们在商业交往中认识并信任的联系人，俗称“人脉”(Connections)。用户可以邀请他认识的人成为“关系”(Connections)圈中的人。Linkedin是商务人士使用较多的一款SNS工具，尤其是有国际业务的企业员工或者自由职业者。

Linkedin的推广功能类似于新浪微博的推广功能。Linkedin聚焦职场社交，聚集的多是高端白领人群，甚至企业中高层管理人员。社交媒体的强关系性质又进一步细分了用户群体，推广内容很容易在社交网络中传播，形成较大的影响力。尤其对于B2B企业来说，通过Linkedin甚至有机会接触到企业决策层人员，这是Linkedin的核心竞争力。

Linkedin的推广功能完善，方便定位用户群体。可以通过毕业学校、企业名称、职业类别、职称、地理位置等多种条件的组合，实现最大化内容投放的精准程度，不需要使用第三方工具。

Linkedin提供了营销度量工具(Metrics)来度量推广效果，提供的指标包括受众数量、印象、引起的活动、点击率、粉丝、订阅数、CTR、CPC、费用等。同时还可以将不同的推广内容进行对比，多维度分析推广的效果。

Linkedin的高端特性决定其推广内容必须是干货，是所有内容中最好的、最有价值的。职场人士的空闲时间本来就少，如果用一些空洞烂俗的内容进行“轰炸”，很容易让他产生反感，用户也没有理由停留。这么做确实需要一定时间和精力，但是回报是可喜的，企业可以在所属行业中获得较好的印象和较高的威信，品牌更容易得到青睐。

建立关系比建立连接更重要。对于企业而言，建立关系至关重要，因为企业面对的不仅仅是一般的个人用户，可能还有一些潜在合作伙伴、供应商的管理人员。关系主要体现在对客户的情感化管理上，比如哪些人访问了你的主页，分享了什么内容，对内容有什么反馈,这些是企业和用户建立关系的基础(即了解用户)。再者就是做问题的解决者,而不是产品的推销者,多提建议,少打广告,彰显价值。

7.3.3 利用 Pinterest 推广

Pinterest 是一个国内外流行的图片分享网站,每天都有上千万张图片被分享,曾获得无数品牌及用户的一致好评。Pinterest 采用瀑布流的形式展现图片内容,无须用户翻页,新的图片不断自动加载在页面的底端,让用户不断地发现新的图片。Pinterest 堪称图片版的 Instagram 和 Twitter,人们可以将感兴趣的图片保存在 Pinterest 中,其他网友可以关注,也可以转发图片。

索尼等许多公司也在 Pinterest 上建立了主页,用图片营销旗下的产品和服务。有多家机构声称,在移动互联网时代,网民在移动设备上更喜欢观看图片,Pinterest、Snapchat、Instagram 等图片社交平台受到用户热捧,目前市场估值明显高于其他"文本"类社交网络。

Pinterest 允许每个 IP 拥有 2～3 个活跃账号。首先需要注册邮箱账号,最好采用 Gmail 邮箱来注册的账号,然后创建一个新的 Pinterest 账号(可以每天创建一个新的账号)。创建 5～15 个分类,每个分类使用唯一的有创意的名字。新建一个话题版,上传一个钉图(通常也称 Pin 图),从自己电脑中选取一张高清产品图,加上产品的简单介绍和推广平台产品的链接。定期查看自己和别人的图片,转发、喜欢、评论次数越高的,产品越受欢迎,如图 7-3-3 所示。

图 7-3-3 Pinterest 平台推广

1. 借助 Pinterest 推广产品的注意点

(1) 产品图片应引人注目。Pinterest 平台用户追求美,享受美,所以要树立美丽而有价值的形象。产品图片要抓住用户的情感,引起共鸣,了解他们的需求。需要注意的是,引人注目的产品图片设计其实很简单,通常其背景都是白色的。

(2) 对图片进行号召性动作的说明。仅仅把图片 Pin 上去是不够的,要让用户知道你 Pin 图的目的,在看完图之后他们要有什么举动。这些号召性的动作说明包括"你不得不看的……”“点击图片看怎么……”“看看这几种方式……”等。但是在此之前，要确认这张图片拥有足够引人注目的魅力，让人有非转不可的冲动，并且要满足人们的消费需求。

（3）知道Pin图的最佳时机。把图Pin上去的目的就是要让用户看到，吸引更多的关注，但还需要注意Pin图的时机。每个平台的活跃用户都有自己的浏览生物钟，Pinterest的最佳Pin图时间是美国东部时间下午两点到四点和美国东部时间晚八点到凌晨一点（即北京时间凌晨3～5点和早上9点～下午2点）。

2. 通过Pinterest来引流量的注意点

（1）完善头像简介，确认网站。资料很完善又很确定的网站会让人心里很有安全感。

（2）在网站上添加“pin it button”的按钮。可以是一个按钮，也可以是当鼠标经过图片的时候出现一个pin按钮。直接把感兴趣的图片的描述关键词放到自己的board里面，这个动作能增加图片权重，进而增加账号权重。

（3）要做一个Rich Pins。Rich Pins可以使图片信息更丰富，如图7－3－4所示。Rich Pins有6种形式，分别是App类型、电影类型、美食类型、文章类型、产品类型和地点类型。

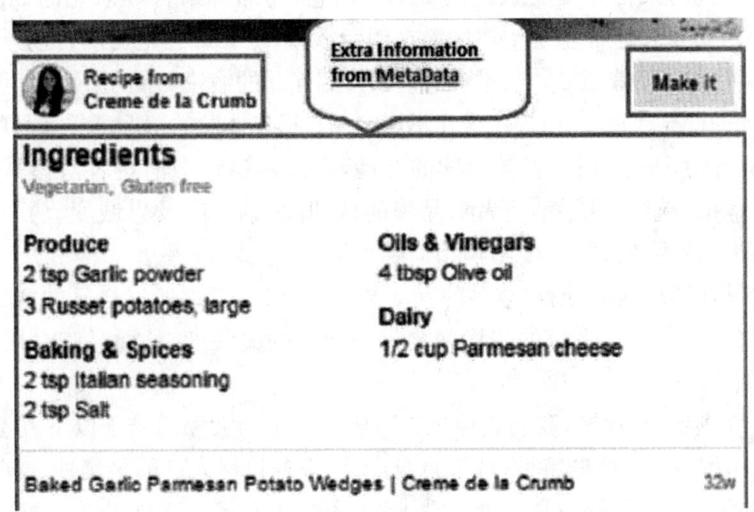

图7－3－4　Rich Pins图片信息

（4）Pin链接要有相关性，否则就是无效的推广。

（5）每个board的名字及里面的简介都需要添加关键词。Pinterest就像一个小型的Google网站，不仅账号的名称、简介、board的名字和简介、图片里面的描述都需要注意关键词的布局。

（6）要想方设法让账号活跃起来，增加互动性。账号的活跃度对账号的权重有很大的关系。

（7）每天都要有更新，尽量保证每天花一点时间来更新Pinterest。

（8）产品最好要符合针对企业优势细分出来的小众市场（Niche Market），有一定的搜索量，但竞争又不太激烈。

7.3.4 SNS的营销过程

SNS,全称Social Networking Services,即社会性网络服务,指帮助人们建立社会性网络的互联网应用服务,国内SNS应用很多,QQ、微信、陌陌、豆瓣、百度贴吧等。SNS营销是一种利用SNS载体服务进行的营销模式。SNS营销具有受众覆盖面广、用户依赖度高、互动性强、满足企业不同营销目标、可实现精准营销、低投入高回报等特点,被证明是近几年企业开拓互联网营销渠道的兵家必争之地。大量数据表明,人们最常使用的互联网产品即为SNS社交服务,尤其是80后、90后这一大批手握商业投票权的客户,对SNS的依赖程度更高,他们具有不迷信权威,愿意分享,愿意听取朋友购物意见的特点。尤其移动互联网时代的到来,SNS营销获得了前所未有的市场机会。

营销阶段过程一般分为以下几个阶段:

(1) 接触消费者。在满足用户情感交流、SNS互动、App娱乐、垂直社区、同好人群等需求方面提供了多种服务和产品,这些产品为广告主接触用户创造了大量的机会。通过精准定向广告直接定位目标消费者。

(2) 使消费者产生兴趣。精准定向的Banner广告创意与用户群的契合会带来用户更高的关注度,同时来自好友关系链的Feeds信息、与品牌结合娱乐化的App更容易引起用户的兴趣,这些兴趣可能是用户的潜在消费欲望,也有可能是受广告创意的吸引。

(3) 使消费者与品牌互动。通过参与活动得到互动的愉悦与满足感。也可以通过App植入与消费者进行互动,App植入广告在不影响用户操作体验的情况下传递品牌信息。

(4) 促成行动。通过消费者与品牌的互动,在娱乐过程中消费者潜移默化地受到品牌信息的暗示和影响,提升了消费者对品牌的认知度、偏好度及忠诚度,从而对用户的线上及线下的购买行为和选择产生影响。

(5) 分享与口碑传播。用户与品牌互动及购买行为,可以通过自己的博客进行分享,而这些基于好友间信任关系链的传播又会带来更高的关注度,从而品牌在用户口碑传播中产生更大的影响。

那么,具体到SNS营销,我们具体怎么做呢?这里为大家总结了以下五点。

首先,要了解每个社区的特性,选取自身产品/服务目标人群的聚集地。同时每个社区都会有自己的特点,包括风格、氛围等。要在某个社区做营销,一定要先去了解这个社区的特性,明白在社区当中什么样的话题能被很好地传播,用户对什么信息反感等。当对这些社区的特性有了足够的了解之后,才可以做针对性的分享,也才能保证分享能够得到比较好的传播。

第二,账户的名称要与传播的品牌相呼应。账户名称就是你在这个社区里面的名片,你在社区当中进行分享、参与的过程也正是你的名片被传播的过程,所以账户名称一定是要能够代表你的品牌,这样你的品牌才能够伴随着名片被传播。

第三,创建属于你的品牌群组。很多SNS社区都是提供了群组的版块的,比如说豆瓣、蘑菇街等,这里也建议大家在选择SNS社区进行营销的时候最好选择具有群组模块的社区,因为小组是可以累积到同兴趣的用户的,也会有很多意见领袖的存在。同时,随着你的品牌小组人气的不断上升,你的品牌在整个社区当中的影响力就会得到展现,从而会有更多的人了解到你的品牌,这是一个非常好的良性循环。

第四，多接触超级用户。要先了解他们的兴趣点，通过同兴趣的话题来吸引他们的注意力，最好是经常更新他们所关注领域的最新资讯，他们会很愿意去转载给他们的粉丝，这样我们与他们的关系就会变得非常的紧密。之后，再对他们进行营销，成功率会高出很多。

第五，多想想营销策略，创新式思路。由于现在做 SNS 社区营销的很多，对于社区的普通用户来说，他们对很多的营销、广告都有了相当强的判断力，所以大众化的营销手段是很难取得效果的，我们需要进行创新，需要去多思考更新的营销思路。

7.4 跨境电子商务平台推广

本文以阿里巴巴国际站为例，讲述几种常用的站内推广和活动。卖家需要在站内开展推广活动的情况主要有：

① 店铺缺少热销产品导致店铺无法根据市场精确定位；

② 店铺信誉低、评价少导致转化率偏低；

③ 店铺人气低、排名靠后、流量少且不稳定；

④ 平台和店铺周年庆、目标人群国家的重要节日；

⑤ 店铺新品上线。

当以上情况发生时，卖家需要开展一系列的推广活动。这些推广活动的目的在于：

① 吸引新客户。活动能更大程度地刺激一些新客户对产品产生兴趣；

② 老客户促进转化。更优惠的价格能促进成交，同时增加互动和情感链接；

③ 积累客户数据。每个客户的联系方式，都是宝贵的财富。

当然，这些活动也不能开展得过于频繁，不然客户就会习以为常，不打折轻易不下单。跨境电商平台推广除了直通车以外还主要包含以下几项：全店铺打折(所有产品都能参加)、优惠券(刺激客户付款欲望促成凑单)、限时折扣(用于推新品，为新品快速积累销量，以及清库存，低价清仓减少资金压力)、满立减(大幅度提高客单价、促成凑单)。店铺一般会使用营销活动组合拳，以直通车为主，再配合其他平台活动的方式，达到推广的目的。

7.4.1 推广方案设计

在进行跨境电商平台推广的时候，要设计好相应的推广方案。

(1) 初步搭建推广方案，从选品、选词和产品描述等方面着手，开始初步的推广。首先，要选择推广的产品。在此介绍 2∶7∶1 选择法则，2 表示市场上热销产品，目的是低价引流；7 表示热销产品，可以进行打折促销提升转化；1 表示品牌款(要注意可能会引起品牌纠纷)。卖家根据店铺内的产品及其各自的表现进行初步选择，后期不断调整。其次，注意选词和排名，特别是热门关键词和长尾关键词的选择。不建议新店大量添加热门关键词进行推广，新店也并不一定排名要排到第一页；长尾关键词竞争小，但也是具有一定流量的词，是店铺最主要的流量来源，适合长期进行下去。

(2) 调整推广方案。根据数据分析，调整推广方案，优化店铺。

① 重视日常操作：关注已有关键词的排名情况，保证流量，及时调整；把控预算，保证

有足够的推广时长;通过行业资讯等各种渠道获得搜索词表,及时调整,添加市场上新增的与产品相关的词。

② 及时进行数据分析:对于曝光比较高且点击比较少的,建议优化标题图片等,或者有替代的产品要进行更换;对于点击比较多而成交比较少的商品,应查看详情页描述有哪些需要提升的地方。

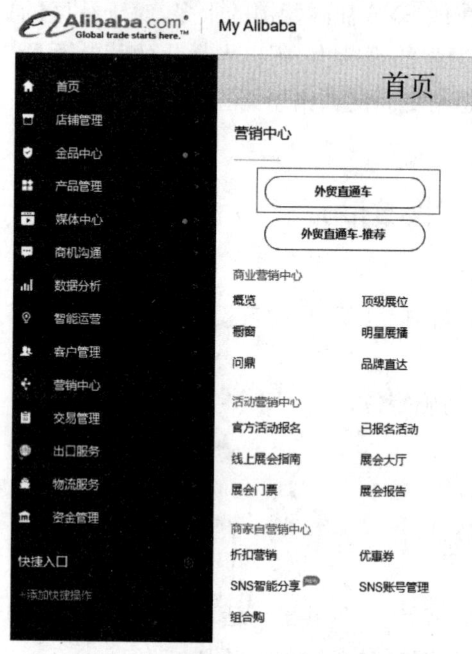

图 7－4－1　阿里巴巴国际站营销中心

(3) 完善推广方案。使用基础营销方式,完善推广方案。可以使用的营销方式有平台活动、限时折扣、满立减、店铺优惠券、全店铺打折、联盟营销、关联营销等。

(4) 推广效果的评估和考核。每次推广活动,都需要事前有计划,事后有评估,借助评估不断修订推广方法,并帮助完善选品、定价、运营等系列活动。评估和考核环节很重要。

第一步,登录阿里巴巴国际站,点击营销中心,如图 7－4－1 所示,可以看到“外贸直通车”和“商业营销中心”,用户可以根据自己产品的需求,选择适合自己的营销方式。在“营销中心”可以看到商品的信息流量,如图 7－4－2 所示。

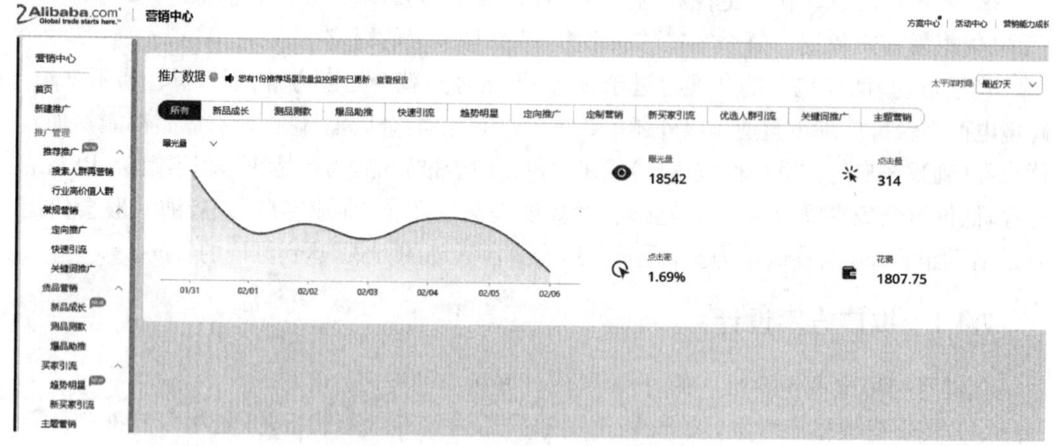

图 7－4－2　营销商品的信息流量

7.4.2　营销推广活动

接下来介绍几种最常见的营销推广活动。

1. 电子邮件营销的特点、指标和步骤

电子邮件营销(E-mail Direct Marketing,EDM),也称为许可 E-mail 营销,是在用户事先许可的前提下,借助 EDM 软件通过电子邮件的方式向目标用户传递有价值信息的一种网络营销手段。EDM 软件有多种用途，可以发送电子广告、产品信息、销售信息、市场调查、市场推广活动信息等。

(1) 电子邮件营销具有以下特点：

① 精准直效。精确筛选发送对象，将特定的推广信息投递到特定的目标社群。

② 个性化。根据发送对象的不同制订个性化内容，确保收到符合需求的信息。

③ 信息丰富。文本、图片、动画、音频、视频、超级链接都可以在 EDM 中体现。

④ 可跟踪分析。根据用户的行为，统计打开邮件、点击数并加以分析获取销售线索。

(2) 在电子邮件中经常关注以下几个指标：

① 打开率。它是指有多少人(以百分比的形式)打开了你发送的邮件，不过这个参数变得越来越不重要了。因为电子邮件的打开率是通过在邮件中放置一个微型图片来追踪的，但是许多邮件服务商都会拦截图片，使图片无法显示。因此客户可能打开了你的邮件，但系统会记录他没有打开，除非他主动使邮件中的图片显示出来。

② 点击率。它是指点击数除以邮件打开数(注意不是发信总数)得到的百分比。不同的公司以不同的方式来衡量点击率。

③ 送达率。它是指到达客户收件箱的邮件数除以邮件发送总数得到的百分比。如何使邮件成功进入收件箱是一个相当复杂的过程。

④ 退信数。它是指因“无法送达”而退还的邮件数。造成退信的原因有邮件地址拼写错误、邮件收件箱已满，以及其他很多原因。如果你的收件人列表是通过购买、租借得到的，那么这个参数是非常重要的，因为它能告诉你，你购买的邮件地址中有多少个是无效的。

(3) 电子邮件营销步骤如下：

① 确定发送对象。分析目前所拥有的 E-mail 营销资源，如果公司本身拥有足够的用户 E-mail 地址资源，则可以首先利用内部资源。另外，还要决定是否利用外部列表投放 E-mail 广告。如果使用外部列表，则还要选择合适的外部列表服务商并具体确定要发送的外部列表对象。

② 设计邮件内容，针对内部和外部邮件列表分别设计内容。设计时要注意上一点内容撰写中的注意事项。最好进行客户细分，比如说区分新老客户，区分价格敏感性客户等，针对不同类型的客户设计不同的邮件。

③ 根据计划向潜在用户发送电子邮件信息。不要忽视这个最简单又最困难的环节，因为这关系到精心制作的 EDM 是准确到达用户手中，还是被扔到了“垃圾邮件”文件夹中。另外，选择合适的发送时间也是一个吸引用户看 EDM 的好方法，各大知名电子商务邮件如京东，大部分集中在“11～13 点”和“7～9 点”2 个时间段，这 2 个时间段恰恰是上班族打开电脑，或者疲倦想要休闲一下的时间，这样的话打开 EDM 和点击 EDM 的可能性就大大增加了。

④ 对 E-mail 营销活动的效果要进行分析和总结。邮件发送后，需要对邮件后续的数据进行监测，掌握邮件的到达率、打开率、点击率等各方面的数据，来判断这份 EDM 设计得好坏，从而帮助我们进行下次的营销活动设计。当然还需要与店铺的转化率结合，看本次营销活动是否带来转化率的提高。

在阿里巴巴国际站中，点击“营销活动”进行站内营销，如图 7-4-3 所示。随后选择新建营销活动，编辑邮件发送的模板如图 7-4-4 所示，编辑好相应的邮件内容，选择站内合适的人群进行营销。

营销活动 客户通操作宝典！客户通使用活导航！ 最新功能 | 帮助文档 | 客户通商学院 公司名称，官网，联系人姓名，邮箱

智能圈客站内营销 新建EDM营销

活动名称	阶段	生效状态	目标客户群体	投放渠道	投放成功客户	负责人	操作
站内营销20210116	结束	已生效	临时客群20210116170337	站内	20	MingLon Summer	查看效果
站内营销20191217	结束	已生效	临时客群20191217160628	站内	9	Alexander Wang	查看效果
站内营销20191202	结束	已生效	临时客群20191202090848	站内	15	Alexander Wang	查看效果
站内营销20191127	结束	已生效	临时客群20191127170412	站内	20	MingLon Summer	查看效果
站内营销20191126	结束	已生效	临时客群20191126104426	站内	1	Alexander Wang	查看效果
Black Friday	结束	已生效	最近询盘客户	营销邮件	99	Alexander Wang	查看效果
站内营销20191115	结束	已生效	临时客群20191115172816	站内	20	MingLon Summer	查看效果
站内营销20191112	结束	已生效	临时客群20191112144315	站内	20	MingLon Summer	查看效果
Pormotion on sale !	结束	已生效	店铺兴趣客户	营销邮件	198	MingLon Summer	查看效果
Pormotion on 11.11 !	结束	已生效	店铺成交客户	营销邮件	99	MingLon Summer	查看效果

图 7-4-3　站内营销进行营销活动

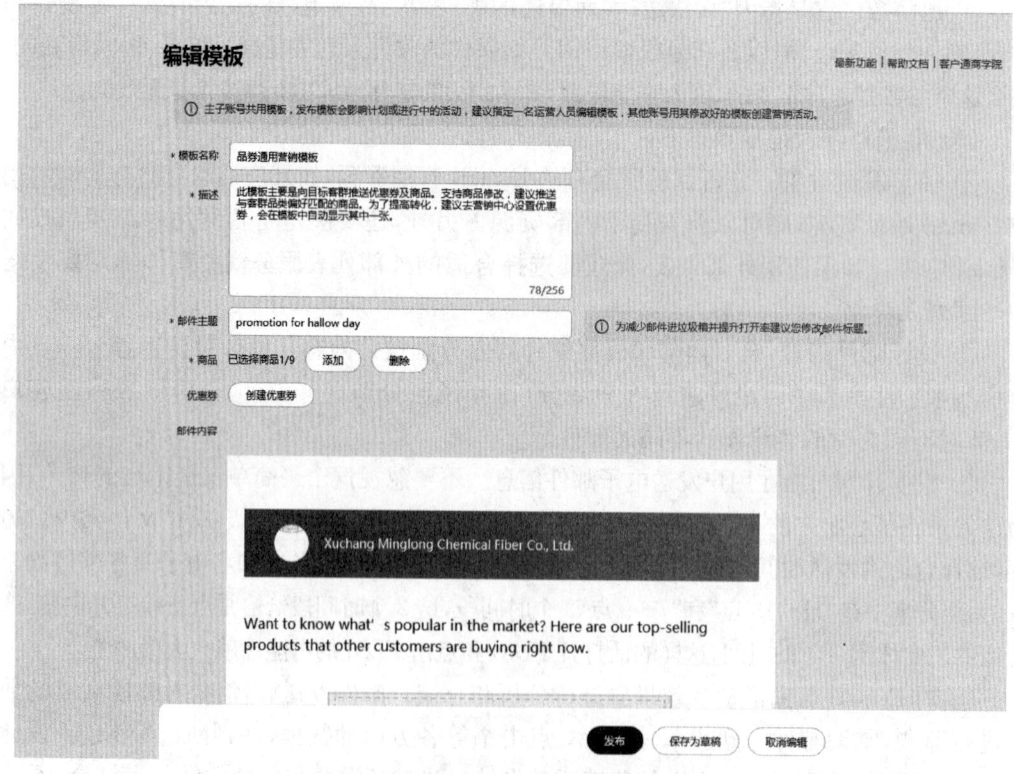

图 7-4-4　新建营销活动编辑邮件模板

2. 关键词营销推广

关键词推广是跨境电商店铺使用最频繁的营销方式，进行关键词营销推广的过程中，

首先要构建关键词词表。在关键词优化和关键词竞价排名中需要强调的是，直通车选词必须来源于产品标题（核心词），并高于产品标题（也就是长尾关键词）。直通车所用的关键词必须与属性紧密相关。没搜索量的词不要做关键词。另外，不同语言版本的关键词也需要重点关注。

在构建词表过程中，还可以参考平台直通车设置中的一些帮助，比如推荐词、搜索相关词等，根据平台提供的推广评分、7 天搜索热度、竞争度、市场平均价等指标进行筛选。引流关键词的筛选如图 7－4－5 所示。

引流关键词 店铺切换

2021 第4周(PST)

请输入词 | 是否作外贸直通车推广 | 是否已设置为关键词 | 是否有效果 | 搜索

批量加入直通车词库 | 导出数据 | 自定义列

词	产品实时排名	搜索曝光次数	点击量	点击率	外贸直通车曝光	外贸直通车点击	外贸直通车推广时长	Top10平均曝
synthetic braiding hair	查查看 | 抢第一	11170	62	0.6%	10796	50	11.8	11893
braiding hair	查查看 | 抢第一	2803	112	4%	2123	36	11.8	3437
synthetic hair chignon	查查看 | 抢第一	2024	3	0.1%	2024	3	0	2510
jumbo hair braid	查查看 | 抢第一	1159	11	0.9%	1031	10	0	1800
crochetting	查查看 | 抢第一	935	6	0.6%	860	4	0	791

图 7－4－5 引流关键词

卖家店铺的商品有很多，如果选择重点推广计划，则要按照不同商品整理好这些关键词，并制作成 Excel 表格，在后期要结合推荐效果不断优化。在整理关键词的过程中，参照关键词指数进行查看，如图 7－4－6 所示。

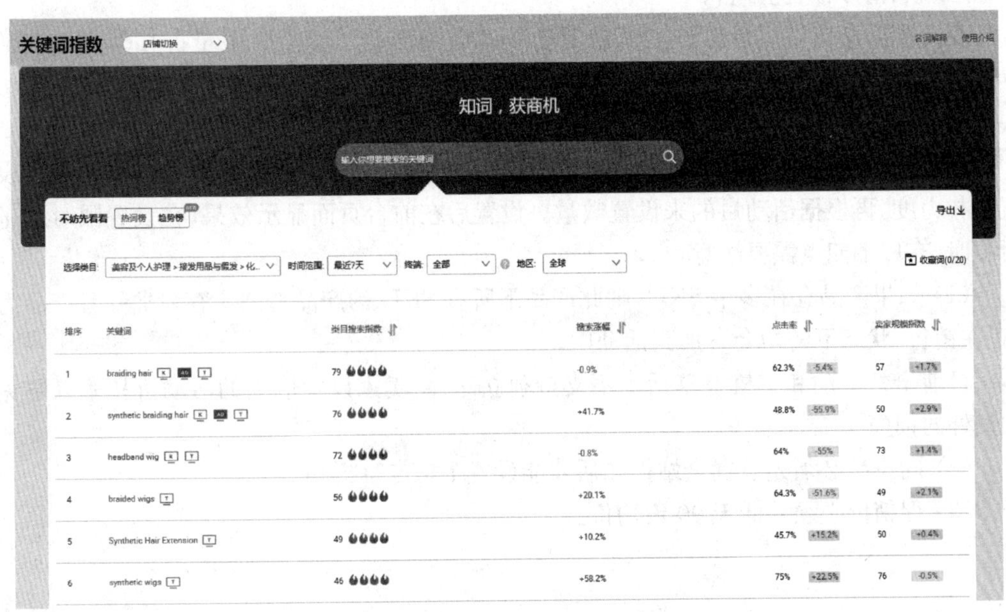

排序	关键词	类目搜索指数	搜索涨幅	点击率		卖家规模指数	
1	braiding hair	79	-0.9%	62.3%	-5.4%	57	+1.7%
2	synthetic braiding hair	76	+41.7%	48.8%	-55.9%	50	+2.9%
3	headband wig	72	-0.8%	64%	-55%	73	+1.4%
4	braided wigs	56	+20.1%	64.3%	-51.6%	49	+2.1%
5	Synthetic Hair Extension	49	+10.2%	45.7%	+15.2%	50	+0.4%
6	synthetic wigs	46	+58.2%	75%	+22.5%	76	-0.5%

图 7－4－6 关键词指数

3. 店铺自主营销推广

店铺自主营销包括限时限量折扣、全店铺打折、店铺满立减活动、店铺优惠券活动。关于这些活动的规则如下：

① 限时限量折扣活动必须提前12小时创建，而全店铺打折、店铺满立减和店铺优惠券活动必须提前24小时创建；

② 限时限量折扣、全店铺打折、店铺优惠券活动可以跨月创建，店铺满立减活动开始和结束日期必须在同一个月内；

③ 限时限量折扣活动一旦创建，活动商品即被锁定，无法编辑。如果想编辑该商品，需在活动开始前6小时退出活动；

④ 限时限量折扣活动在开始前6小时、店铺满立减活动在开始前24小时，即处于“等待展示”阶段，在此阶段之前都可以修改活动内容；

⑤ 店铺优惠券活动在活动开始前均可编辑和关闭，活动一旦处于“展示中”状态，则无法修改或关闭；

⑥ 限时限量折扣活动与平台常规活动的优先级相同，正在进行其中任一个活动的商品不能参加另一个活动；

⑦ 同时参加了限时限量折扣活动（或平台活动）和全店铺打折活动，则该商品在买家页面展示时以限时限量折扣活动（或平台活动）的设置为准，两者的折扣不会叠加；

⑧ 店铺满立减和店铺优惠券活动可同时进行，且跟任一折扣活动都可以同时进行，折扣商品以折后价（包括运费）计入店铺满立减、店铺优惠券的订单中，产生叠加优惠，更易刺激买家下单。

1）限时限量折扣

限时限量折扣用途：增强店铺内人气，活跃气氛，调动客户购买欲望，可以用于推新款、推爆款、清库存、优排名。

打开国际站店铺后台，点击“营销活动”→“店铺活动”→“限时限量折扣”→“创建活动”。限时限量折扣由三个板块构成：活动名称、活动开始时间和活动结束时间，这三个板块需要我们填写，如图7-4-7所示。

在做限时限量折扣活动前，一定要做好产品准备。我们需要根据前期产品的准备设置折扣力度，再根据活动目的来设置数量。设置后在前台页面显示效果，在设置限时限量折扣时，有以下四点需要注意：

（1）如果产品存在多个SKU，则此产品下所有SKU的产品普通库存量非0且产品为“正在销售”状态下的均会参加到活动中。

目前全站活动和手机专享活动不支持独立库存，卖家设置恰当的活动折扣率以避免预期外的损失。

（2）同产品必须先设置全站折扣后才能设置手机专享折扣。

（3）促销价必须要低于90天均价。

活动状态 全部 活动名称 请输入 搜索 清空　　折扣营销规则及教程 ＋新建活动

活动名称	活动人群	活动时间	商品数	创建者
9折扣 进行中	所有人	2021.02.07- 2021.02.08	2	minglonhair
7折 已结束	所有人	2019.03.01- 2019.04.01	28	minglonhair
95折 已结束	所有人	2019.02.24- 2019.03.04	50	minglonhair
2月1到24 已结束	所有人	2019.02.01- 2019.02.24	50	minglonhair
8折 1月20到2月25 已结束	所有人	2019.01.20- 2019.01.31	37	minglonhair
7 已结束	所有人	2018.12.26- 2019.01.01	27	minglonhair
大辫子1批7折活动 已结束	所有人	2018.11.14- 2018.11.30	30	minglonhair
大辫子7折 已结束	所有人	2018.09.29- 2018.10.17	30	minglonhair

＜上一页 1 下一页＞

图 7－4－7　限时限量折扣

2）全店铺打折

全店铺打折可以强化转化率，提升整体排序分值，快速提高店铺销量和信用，增加店铺曝光，增强店铺内人气，活跃气氛，调动顾客购买欲望，可用于推新款、推爆款、清库存、优排名等。

3）店铺优惠券和店铺满立减

店铺优惠券和店铺满立减一样，其目的也是提高店铺的客单价。但与店铺满立减不一样，店铺优惠券可以设成小金额的，比如 2 美元、3 美元、4 美元等，比较灵活。店铺优惠券在国外是比较流行的推广方式，很多传统超市经常发放各种形式的优惠券，这对国外的客户很受用，他们就会想办法把这个优惠券使用掉，这就达到了二次营销的目的。优惠券示例如图 7－4－8 所示。

图 7－4－8　优惠券示例

无论是限时限量折扣还是全店铺打折，都可以结合客户管理进行营销。事先进行客户管理分析，活动期间要有针对性地通知目标客户，给客户发营销邮件，如果营销邮件不够用，还可以借用第三方工具，向目标客户发出通知，客户会非常感激你的细心。

4. 其他站内营销推广

1）关联营销

关联营销是一种建立在双方互利互益的基础上的营销，在交叉营销的基础上，从产品上寻找关联性，对客户进行深层次的多面引导。关联营销可以是一家企业的网站上或者其他平台有另一家企业所售产品的描述、评价、评级和其他信息及到后者的链接；

也可以是在一个宝贝页中同时放了其他同类、同品牌可搭配的关联宝贝；或者是店铺直接将多种有关联产品绑定形成捆绑营销。可以选择互补产品（如耳机＋手机）、替代产品（如圆领T恤＋V领T恤）或者潜在关联产品（如泳衣＋防晒霜）进行关联营销组合。潜力款（转化率2%以上的）或成长款的产品不适合做关联营销，因为它们自己需要引流，而不是帮其他产品引流。关联营销可以提升转化率，提高客单价，提高店内宝贝曝光率。

（1）关联营销放置的位置有以下几个：

① 详情页上方，适合爆款、引流款和新品测试款，放少于8个的关联产品；

② 详情页中部，适合利润款、互补产品，通过不同产品搭配营销，比如服装＋服饰；

③ 详情页下方，适合替代产品关联营销，比如页面是长袖T恤的详情页，那么在最后放置短袖等替代产品较为合适，同样不宜过多，8个以内。太多的关联营销，比如鼠标滚3下还没看到产品介绍，此时会提高跳出率。

（2）关联营销的方式一般有两种：产品图片的超链接和产品信息模板设置（可以用自定义模块做）。无论哪种方式，开展关联营销时首先应做到风格统一，避免杂乱无章地排放。在页面左上角标出红色打折字样，给人一种比较紧迫的感觉，简单大方。

2）老客户营销

卖家根据一些筛选条件，可以找到老客户的交易情况，从而进行老客户营销。其路径为“营销活动”→“客户管理与营销”，对客户的行为进行分析，如图7－4－9所示，可以看到客户的全链路分布情况。其次分析客户的产品类目偏好，如图7－4－10所示。根据客户的搜索情况和全网关键词排行，查看产品的信息，如图7－4－11、图7－4－12所示。根据已成交查询条件（如成交次数、累计成交额、最后评价得分）可以得到一组客户信息，从而对客户进行画像与分类。

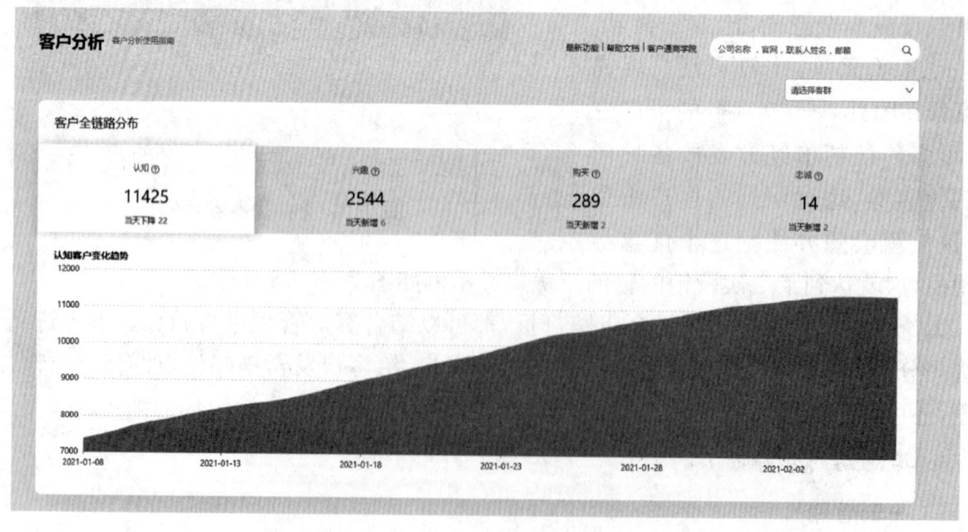

图7－4－9　客户的全链路分布

客户行为分布

产品类目偏好 ⓘ

排名	客户偏好类目	排名	客户偏好类目
1	美容及个人护理 > 接发用品与假发	6	珠宝、眼镜、手表 > 珠宝
2	服装 > 女装	7	流行配饰 > 发饰
3	美容及个人护理 > 头发护理及造型	8	美容及个人护理 > 假睫毛及工具
4	箱包 > 手提包	9	服装 > 男装
5	鞋靴及配件 > 女鞋	10	家居园艺 > 餐厨用品

图 7-4-10　客户产品类目偏好

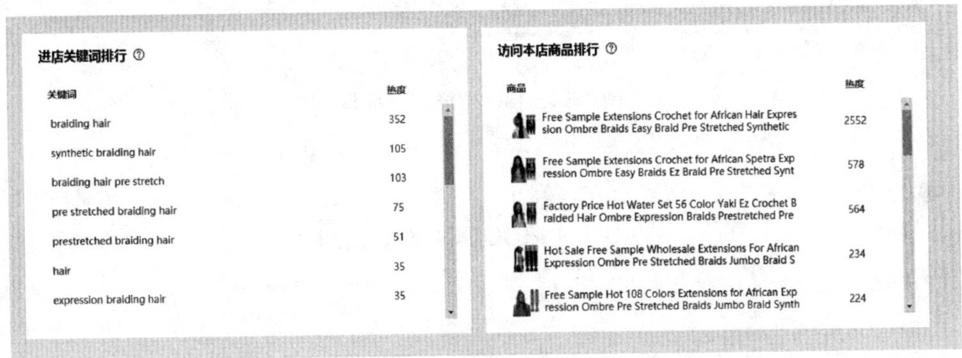

进店关键词排行 ⓘ

关键词	热度
braiding hair	352
synthetic braiding hair	105
braiding hair pre stretch	103
pre stretched braiding hair	75
prestretched braiding hair	51
hair	35
expression braiding hair	35

访问本店商品排行 ⓘ

商品	热度
Free Sample Extensions Crochet for African Hair Expression Ombre Braids Easy Braid Pre Stretched Synthetic	2552
Free Sample Extensions Crochet for African Spetra Expression Ombre Easy Braids Ez Braid Pre Stretched Synt	578
Factory Price Hot Water Set 56 Color Yaki Ez Crochet Braided Hair Ombre Expression Braids Prestretched Pre	564
Hot Sale Free Sample Wholesale Extensions For African Expression Ombre Pre Stretched Braids Jumbo Braid S	234
Free Sample Hot 108 Colors Extensions for African Expression Ombre Pre Stretched Braids Jumbo Braid Synth	224

图 7-4-11　客户进店关键词排行和访问商品排行

客户全网偏好

全网搜索词排行 ⓘ

排名	搜索词	热度	排名	搜索词	热度
1	synthetic braiding hair	111	11	perfume	17
2	human hair extension	86	12	braiding hair pre stretch	16
3	braiding hair	82	13	crochet hair	16
4	human hair wigs	72	14	hair accessories	15
5	handbags	33	15	synthetic hair wigs	15
6	mobile phones	25	16	pre stretched braiding hair	14
7	ltd.	25	17	hair extension	14
8	hair	23	18	human hair toupee	13
9	used clothes	21	19	shoes stock	12
10	casual dresses	19	20	curtain	12

图 7-4-12　全网搜索词排行

3）橱窗推荐营销

橱窗推荐是平台奖励给卖家的资源。应用橱窗推荐可以提高产品在搜索结果中的排名，橱窗产品的曝光量比普通产品的曝光量要大 8～10 倍。

卖家可以通过提升卖家服务等级获得橱窗推荐，等级越高的买家享受的资源奖励越多，如图 7-4-13 所示。

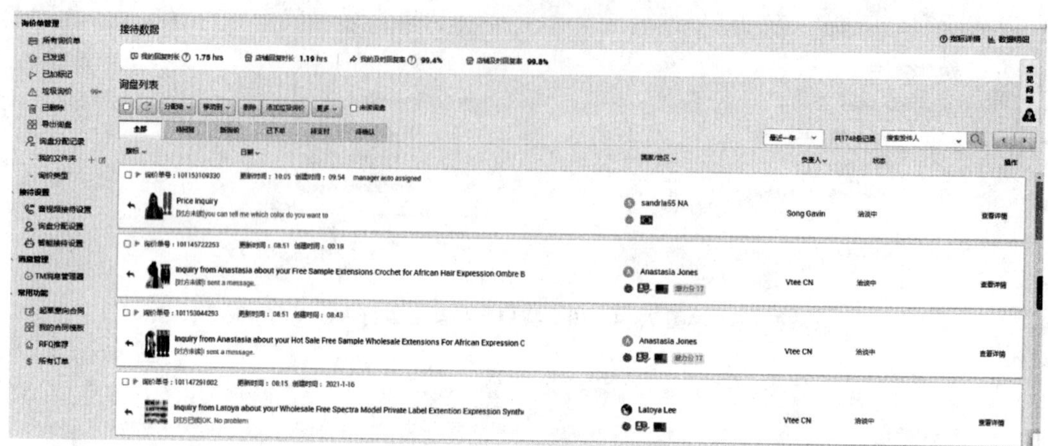

图 7-4-13　橱窗商品推荐

7.5　Facebook 营销

7.5.1　Facebook 的优势

Facebook 是美国的一个社交网络服务网站，创立于 2004 年 2 月 4 日，总部位于美国加利福尼亚州帕拉阿图，2012 年 3 月 6 日发布 Windows 版桌面聊天软件 Facebook Messenger，主要创始人马克·扎克伯格。2021 年《财富》世界 500 强排行榜中 Facebook 位列第 86 位。

基于以下优势，Facebook 已经成为跨境电子商务最重要的社交媒体：

（1）庞大的用户数。Facebook 是全球最大的社交媒体网络，拥有非常庞大的活跃用户量，其不仅是高效的流量来源与高效的互动平台，同时也是高效的品牌宣传渠道。不论是做跨境电商、游戏出海，还是其他产品出海，Facebook 都是一个极具吸引力的营销工具。截至 2020 年，Facebook 上的每日活跃用户为 18.2 亿，每月活跃用户超过 27 亿。Facebook 的使用率仍在持续增长，这意味着企业有很大的机会与一大部分的目标用户建立联系。

（2）强大的社交黏性。Facebook 不仅用户数量庞大，这些用户对 Facebook 的依赖度也非常高，据统计，在 Facebook 每日活跃用户基础上，大约 74%的 Facebook 用户每天至少访问一次该网站，这意味着你有更多机会吸引用户，尤其是因为大约一半的用户每天至少两次打开该网站，强大的社交黏性带来了强大的传播性和影响力。人们平均每天在 Facebook 上花费 38 分钟。这意味着人们不仅仅是每次在该平台登录时的空闲滚动，而是有意识地在平台上参与社交并渴望建立联系。

（3）较强的盈利性。Facebook 借助平台的大数据能力，可以精准找到目标客户，比如按人群来区分的不同年龄、性别、地点的用户，按喜好不同产品(如时尚、珠宝、3C、旅游、商务等)划分的用户，按浏览习惯和用户习惯划分的用户等。Facebook 掌握了 9 亿多用户的各种数据，兴趣、职业、家庭住址等等，这些都是与个人消费倾向非常相关的数据，Facebook 能有针对性地向每个人的页面推送个性化的广告服务。借助 Facebook 可以推广自己的业务，比如建立分销体系、建立粉丝群体、推广付费内容、推广各种应用、推广实体店铺等。

7.5.2　Facebook 的主要营销方式

Facebook 目前已经成为各种规模企业的强大营销工具，并提供不同的营销方式，包括 Facebook Business Page、群组以及 Facebook 广告，帮助企业通过有效且经济的方式，在目标受众中建立知名度，与客户建立联系并推动销售。

我们分析一些 Facebook 主要营销渠道以及开展营销活动的方式，下面我们来看 Facebook 营销是如何运作的。

Facebook 有两种主要的营销策略，即自然社交和付费社交。自然社交是一种长期的免费社交增长策略，包括建立商业页面、生成帖子、通过评论和聊天与关注者互动。而付费社交包括通过 Facebook Ads Manager 管理和优化广告活动，是一种快速接触目标受众的短期策略。

要想使用自然社交进行营销，首先需要登录 Facebook 账户，点击屏幕右上角的下拉选项，并选择“Create a Page”创建一个商业页面。然后开始持续生成内容或帖子，并通过向你现有的客户共享你的页面或加入 Facebook 群组来扩大关注者。而如果你要在 Facebook 上投放广告，可以先导航至 Facebook 商业页面，点击屏幕右上角的下拉箭头，选择“Manage Ads”，点击“Create”按钮开始广告活动创建过程，这一过程将引导你选择广告类型、营销目标、目标受众以及撰写广告文案。

许多企业使用自然和付费相结合的社交策略来利用 Facebook。因为自然社交可以建立联系并与活跃的追随者进行互动，而付费社交可以唤起用户意识并宣传促销、产品或服务。

Facebook 有大量针对商业的营销机会，主要包括 5 种营销方式：Facebook Business Page、在 Facebook 和旗下平台 Instagram 上运行 Facebook 广告、参与 Facebook 群组、在 Facebook Marketplace 上列出产品以及联合营销。

1) Facebook Business Page——适用于与用户建立联系

Facebook Business Page(商业页面)如图 7-5-1 所示，它是个人资料页面的商业版本，包含位置、时间、服务和用户评论，以及添加自定义选项卡和 CTA 选项，如“Book now”(立即预定)或 Facebook Shop。为了创建 Facebook 广告，企业必须有一个 Facebook 商业页面。商业页面不仅可以在 Facebook 上找到，还可以在谷歌等搜索引擎中找到。通常，商业页面被用来建立品牌知名度，联系目标受众，并宣传促销等。同时它也是使用 Facebook 广告和 Facebook 群组等其他营销工具的先决条件之一。

图 7-5-1 Facebook Business Page(商业页面)

2) Facebook 广告——适用于快速向目标受众传递特定信息

Facebook 广告如图 7-5-2 所示,为企业提供了一种通过特定信息接触目标受众的方式,而这些特定信息不一定能够通过自然帖子接触到。Facebook 广告是一种按点击付费的广告,企业根据点击、视频观看次数或转化率等受众互动来付费。任何拥有 Facebook 商业页面的企业都可以通过 Facebook Ads Manager 设置广告。

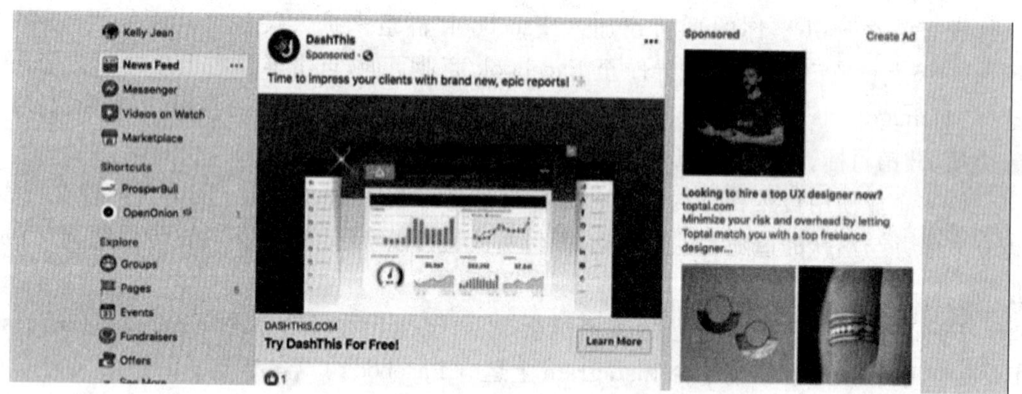

图 7-5-2 Facebook 广告页面

Facebook 广告的独特之处在于,它为企业提供了一种接触目标受众的途径。换句话说,广告客户可以精确地找到他们想要把广告展示给谁。除了目标受众,还可以帮助企业实现特定的营销目标,如产生意识或销售线索。

3) Facebook Groups(Facebook 群组)——适用于品牌知名度的自然增长并接触目标受众

Facebook 群组是用户为了共同的兴趣或业务而建立联系的社区,如图 7-5-3 所示。企业通过积极参与现有的群组或创建和管理自己的 Facebook 群组来进行营销,可以帮助企业获得自然关注并接触到积极参与的目标受众。Facebook 群组并不是一种直接的广告形式或一种推广平台。相反，其重点是群组中的成员，并围绕他们的共同兴趣、目标或事业建立社区。

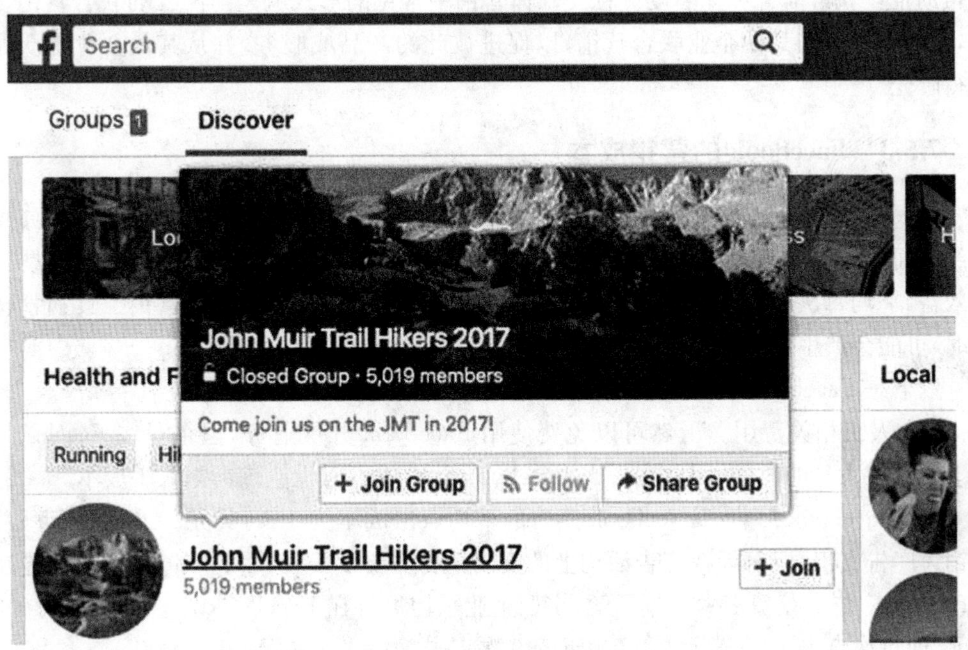

图 7-5-3　**Facebook 群组页面**

4) Facebook Marketplace——适用于扩大额外的销售渠道

Facebook Marketplace 类似于分类信息网站 Craigslist 或 Gumtree，如图 7-5-4 所示。虽然通过平台销售的大部分群体都是个人，但企业也可以在平台上列出产品。但这并非企业的主要销售渠道，通常是为了让企业获得额外的曝光，从而转化为更多的销售。

图 7-5-4　**Facebook Marketplace 页面**

5）联合营销——适用于口碑营销和提高品牌知名度

联合营销是指两家企业合作推广和交叉销售彼此的产品。这是一种免费的策略，可以帮助企业获得信誉和知名度。社交媒体营销中常见的形式就是与网红的联合营销。然而，企业也可以与其他企业联合营销，以促进彼此的产品或服务，并从其他企业受众那里获得曝光。

7.5.3 Facebook 的营销成本

Facebook 是一种经济的营销渠道，为企业提供免费的工具，如 Facebook 商业页面和群组。而 Facebook 的付费广告成本也比较低，每日广告支出最低为 1 美元，而且具有成本效益，平均每次点击成本不到 2 美元。当企业使用第三方 Facebook 营销工具和管理服务时，可能会产生额外的成本。

以下是 Facebook 的五大营销成本：

(1) 人工相关费用。虽然可以免费使用 Facebook 开展业务，但企业在 Facebook 营销上会投入大量的时间，因此在考虑 Facebook 营销成本时也应该考虑人工成本。

(2) Facebook 广告。Facebook 广告的平均点击成本为 1.86 美元。平台没有每月最低销售广告支出，但每天在广告活动上的支出至少需要 1 美元，因此广告客户可以选择在 Facebook 广告上花费多少。据了解，小型企业平均每月在 Facebook 广告上花费约 1 000 美元，即每次点击 1.86 美元，将产生近 540 次点击。

(3) 在 Facebook 上销售。电商企业可通过在其商业页面上添加一个购物标签或通过 Facebook Marketplace 来销售产品。使用 Facebook 进行产品销售的公司，每一批货物将产生 5%的销售费用，或者对于销售额 8 美元或以下的产品收取固定费用 0.40 美元。

(4) Facebook 工具。许多企业会选择使用第三方 Facebook 营销工具，这些工具可以帮助企业创建有效的着陆页面并产生更多的销售，但大多数工具每月会根据其服务收取一定的费用。

(5) 社交媒体管理服务。没有时间或专业知识来有效利用 Facebook 的企业可能会选择外包给社交媒体管理机构，该机构将代你管理 Facebook 营销，其费用差别也较大，取决于服务提供商和他们提供的服务。

7.5.4 如何在 Facebook 上营销

1. 建立 Facebook 商业页面

第一步，创建页面。

要创建商业页面，首先登录到个人账户，进入你的 facebook 主页之后，可以看到左边的 CREATE 选项下有个 Page 按钮，如图 7-5-5 所示，点击 Page 按钮就会进入到创建页面的主界面，如图 7-5-6 所示。

可以看到这里有 6 个选项供我们选择，这里以第一个选项为例，创建 Local business or place，如图 7-5-7 所示。

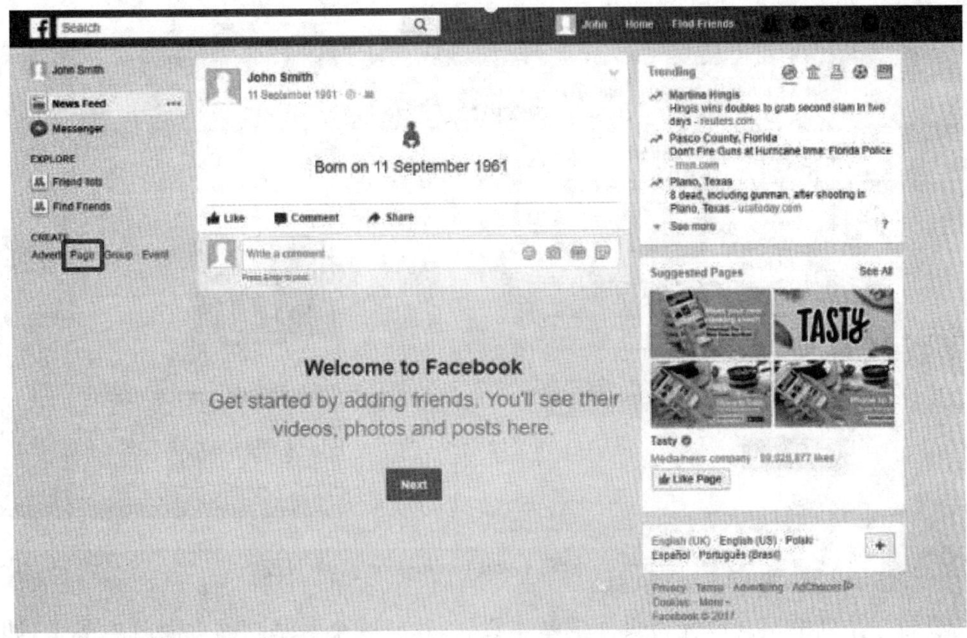

图 7-5-5　facebook 主页

图 7-5-6　创建页面的主界面

Create a Page

Give your brand, business or cause a voice on Facebook and connect with the people who matter to you.

It's free to set up. Just choose a Page type to get started.

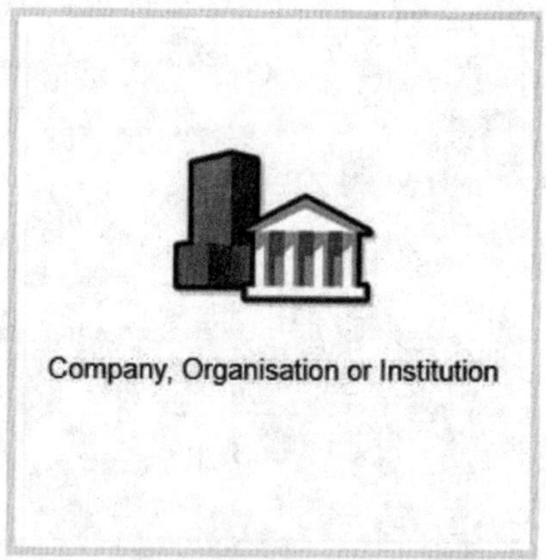

图 7－5－7　创建 Local business or place 页面

填写一系列的信息以完善页面的基本设置，这样一个最基础的页面就生成了，如图 7－5－8 所示。

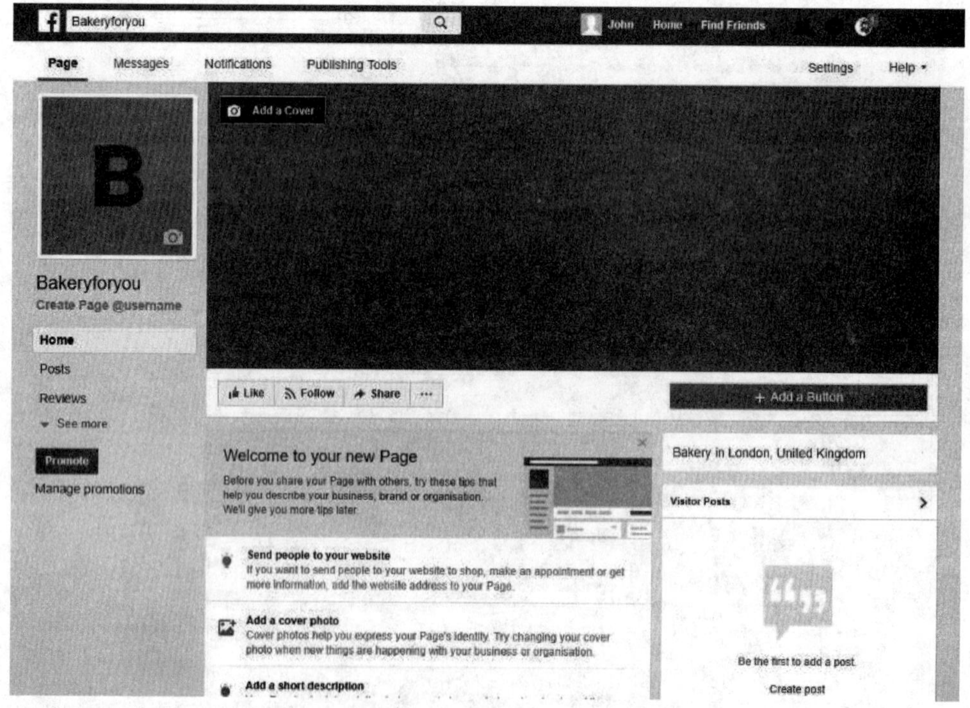

图 7－5－8　基础页面

这个页面现在看起来还很空白，很不专业，要及时地在 setting 里将页面变成 unpublish 的状态，然后进行一些装饰，如图 7－5－9 所示。

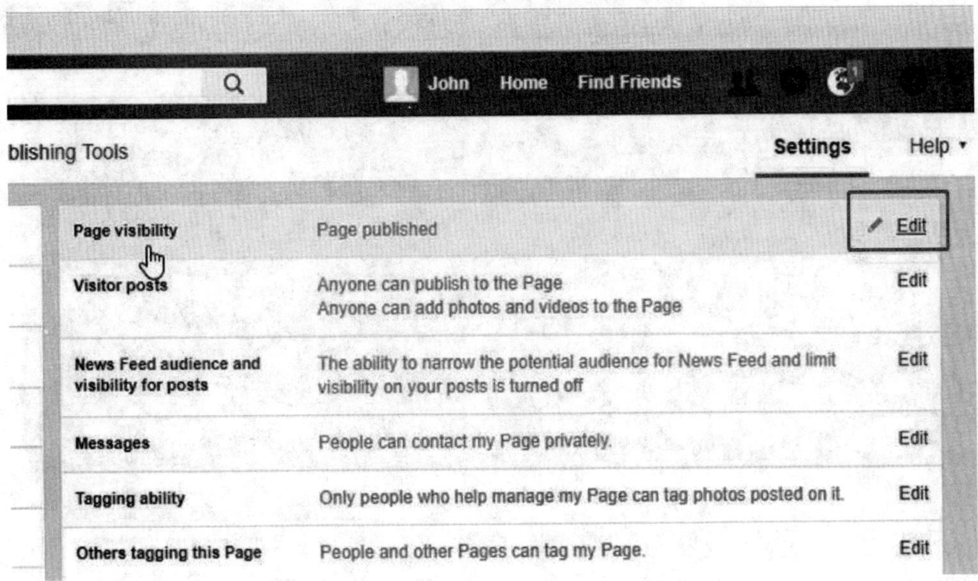

图 7-5-9　页面变成 unpublish 的状态操作

第二步，设计页面。

页面变成 unpublish 的状态，如图 7-5-10 所示。

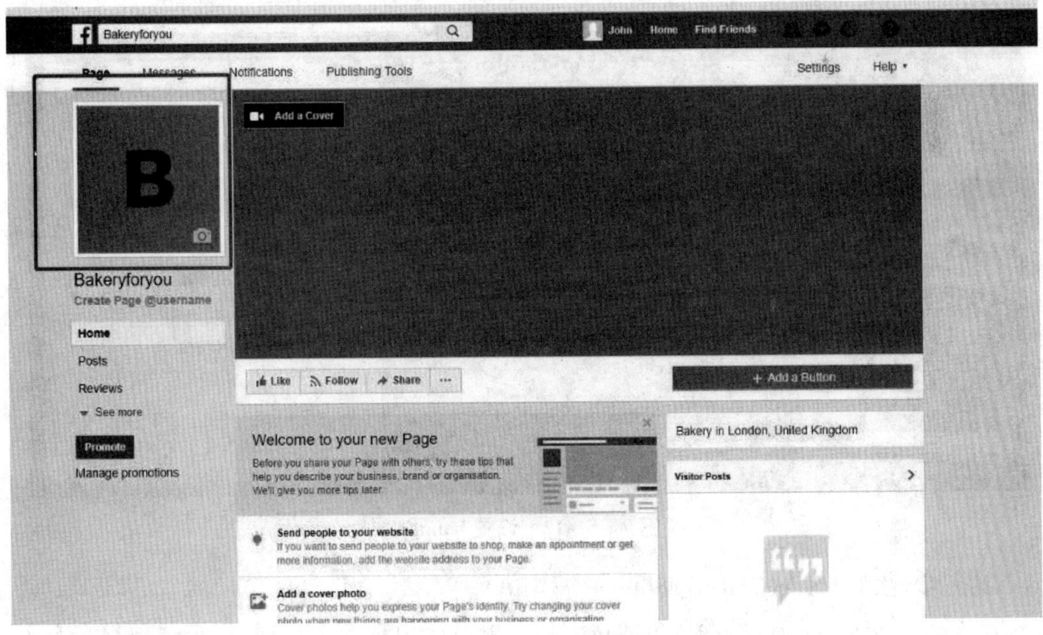

图 7-5-10　设计页面

首先设置你的主页头像，一般来说是你的 LOGO，当然你也可以放你的产品，图片的大小为 180×180。

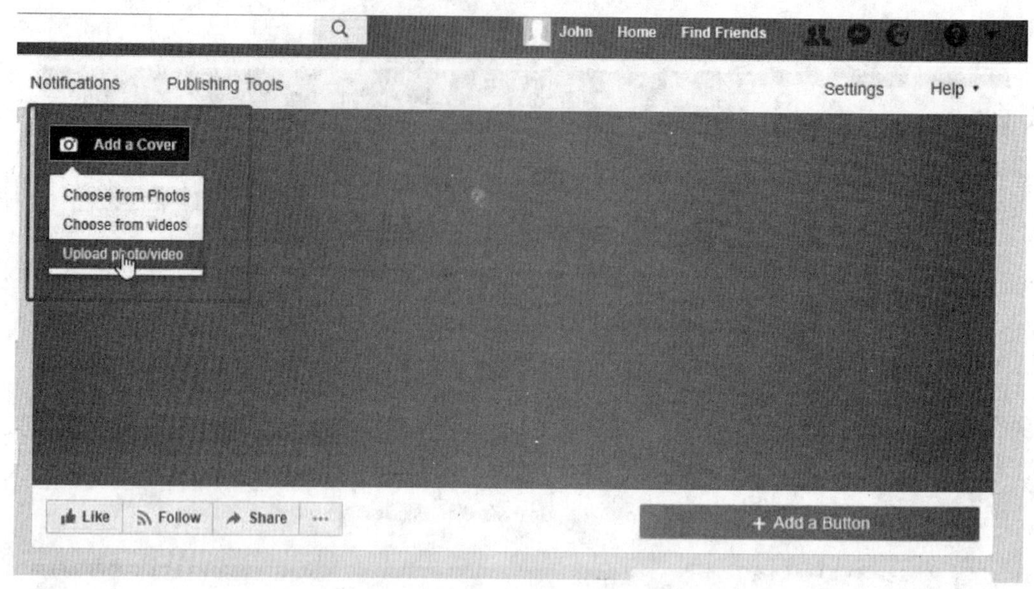

图 7－5－11　设置主页头像

然后设置你的 banner，可以是图片也可以是视频。图片的尺寸需求是 828×315。保存完图片以后，点击 banner 进行进一步的设置，写上描述，甚至是附上你的网站链接，这样可以间接地为你的网站带来一点流量，如图 7－5－12 所示。

图 7－5－12　设置 banner

第三步，添加 CTA(Call to action 号召用语)。

点击＋Add a button 的深蓝色的按钮。点击后会出现 5 个选项，每个选项都会有下拉菜单让你选择，如图 7－5－13 所示。

这里以 learn more 为示范，当人们点击蓝色的 learn more 便会跳转到对应的链接页面上，如图 7－5－14 所示。

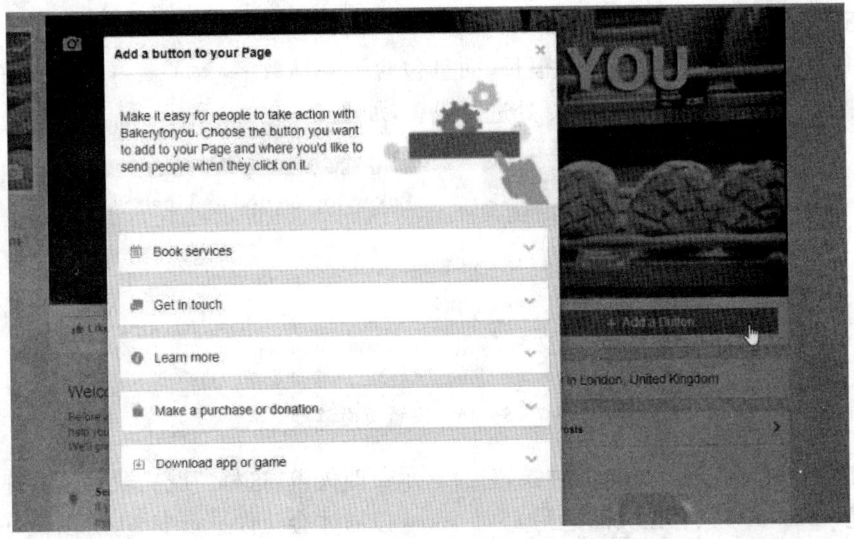

图 7-5-13　点击＋Add a Button 的深蓝色的按钮

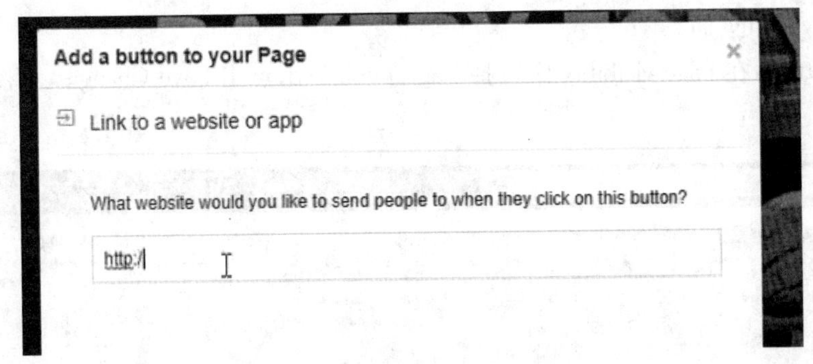

图 7-5-14　learn more 链接编辑

第四步，设置描述和链接。

在图 7-5-15 方框里面，上面的区域可以设置网址，下面可以添加一个简单的描述，建议不要超过 125 个字符。

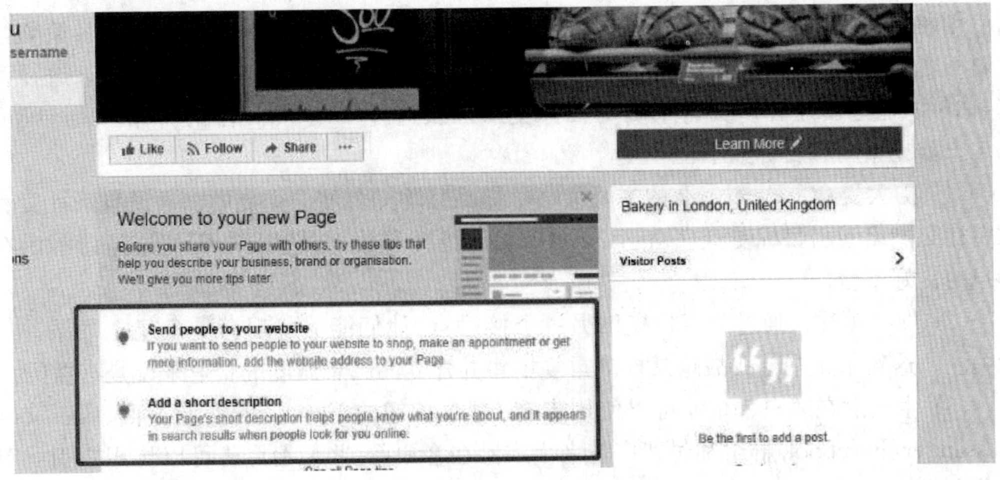

图 7-5-15　设置描述和链接

第五步，设置页面链接。

Facebook 自动生成的链接会很长，而且包含了一堆数字，为了获得更加友好的用户体验，需要在下图所示的 username 处进行设置，如图 7－5－16 所示。

图 7－5－16　设置页面链接

当你点开链接并进行设置的时候，它会显示更改失败，这种情况一般是因为你的页面才刚创建，facebook 只有在页面达到 25 个 likes 以后才会让你进行变更，所以最好的做法是邀请你的好友们来 like 你的页面。

第六步，发布页面。

点击 Setting，在 Page visibility 中选择 Page published，点击 Save Changes，如图 7－5－17 所示。

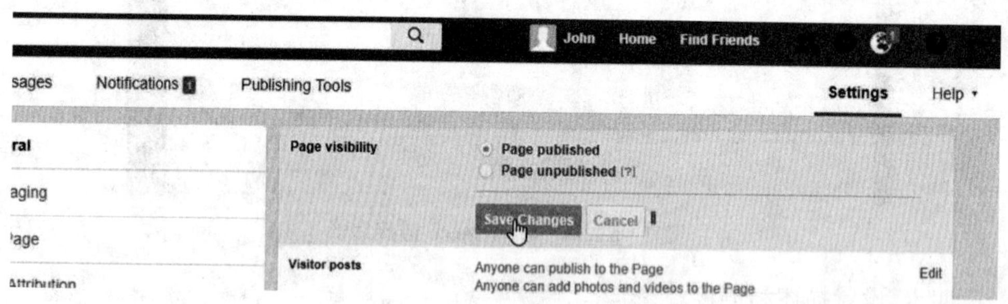

图 7－5－17　发布页面操作

2. 创建 Facebook 内容策略

创建 Facebook 商业页面之后，需要创建 Facebook 内容策略。虽然每个内容策略都针对其需求、目标和目标受众，但它还需要概述和计划你将如何使用 Facebook 来进行营销，你可以通过创建客户资料来确定目标受众以及选择 Facebook 营销目标。Facebook 的 5 个常见策略和目标如下：

(1) 扩大受众。Facebook 的主要战略是提高品牌知名度。企业可以通过自然社交和付费社交网络吸引目标受众。由于 Facebook 已经拥有数 10 亿用户，因此这是接触潜在客户的良好平台。

(2) 保持关注。通过为客户提供另一个接触点，他们能够与现有受众建立联系并保持关注。这对于正在寻找战略来推动重复销售并建立品牌忠诚度的企业来说是有益的。

(3) 生成潜在客户。企业可以使用带有 CTA 按钮的 Facebook 商业页面、Facebook Messenger、Facebook 群组和付费广告来生成潜在客户，这些付费广告可以将用户引导到你的商业页面或用于转换访客并生成潜在客户的登录页面。然后，企业可以通过一些营销策略来培养这些潜在客户。

(4) 推动再营销。Facebook 广告为企业提供了利用再营销活动的机会。这些活动针对的是了解企业的用户,比如访问过企业网站的用户。它为企业提供了一种市场营销方式,以吸引潜在客户。

(5) 加强品牌建设。企业可以利用 Facebook 作为加强品牌建设的平台,如通过使用一致的品牌信息和品牌身份,而这又将进一步建立品牌意识和驱动品牌忠诚度。

3. 使用 Facebook 群组

Facebook 群组类似于俱乐部,用户可以根据兴趣选择加入。Facebook 群组让企业有机会加入现有的群组,并通过积极参与或创建自己的群组来提高品牌知名度。Facebook 群组服务于几乎任何类型的业务或组织,无论是本地的还是国际的群组。

4. 尝试投放 Facebook 广告

Facebook 广告是一种有效且低成本的数字广告形式。广告客户根据用户互动(如广告点击和转化率)付费,平均每次点击成本为 1.86 美元。要创建 Facebook 广告,需登录 Facebook,创建 Facebook Ads Manager 账户然后转到你的账户,从首页点击"+"或"Create New"广告活动按钮以开始新的广告活动创建过程,然后逐步进行操作完成所有步骤。

以下是可以在 Facebook 投放广告的 9 个位置:

① Facebook & Instagram Newsfeed;

② Facebook Right-Column Ads(右侧栏广告);

③ Facebook In-Stream Videos(视频插播广告);

④ Facebook Search Results(搜索结果);

⑤ ponsored Facebook Messenger Messages(付费信息);

⑥ Facebook Instant Articles(即时文章);

⑦ Facebook Marketplace;

⑧ Facebook & Instagram Stories("阅后即焚"的视频广告);

⑨ Facebook Audience Network(与谷歌 Display Network 类似)。

图 7-5-18　Facebook Newsfeed 中的广告示例

5. 在 Facebook 上保持活跃并吸引受众

最后一步是在 Facebook 上保持活跃。Facebook 并不是一种“一劳永逸”的社交媒体渠道，而是需要企业在社交网络上保持活跃，才能继续扩大受众群体并保持受众参与度。

以下是企业在 Facebook 上保持活跃的主要方式：

(1) 经常发布内容。生成内容是在 Facebook 上保持活跃状态的好方法。建议可以每周三天或每天的任何时间在其 feed 上发布内容。一般来说，企业和受众规模越大，发布的频率就越高，但仍需要考虑其行业和受众。

(2) 参与 Facebook 群组。在 Facebook 上保持活跃和吸引用户的一个简单方法是参与 Facebook 群组。一定要选择一个与行业相关的群组。例如，瑜伽垫品牌可以加入瑜伽群组。但需要记住，群组是一种与目标受众互动的方式，而不是推销的场所。

(3) 使用 Facebook Messenger。企业可以使用 Facebook Messenger (Facebook 的实时聊天功能)与页面访问者联系。许多人甚至使用 Facebook Messenger 作为客户服务工具。企业可以设置自动消息以显示给那些访问页面的人。

(4) 发布故事。在 Facebook 上发布故事是一种与用户互动的有趣方式。它以一种有趣、个性化的方式向受众展示当下正在发生的事情，从而建立其联系。企业通常使用故事在后台分享照片和视频、业务更新或趋势等。

第八章

跨境电子商务物流

8.1 B2C跨境电子商务物流

B2C跨境电子商务交易的物流方式，可以大致分为两类：一是头程，二是尾程。头程是相对于跨境电子商务卖家选择何种方式将商品从中国运到目的地所在国。尾程是跨境卖家选择何种目的地所在国本土的快递方式将商品送到消费者的手上。

B2C跨境电子商务物流头程一般选择国际快递（FedEx、UPS、DHL）、邮路（邮政小包）、海外专线（美国专线、欧洲专线）。跨境电子商务卖家尾程一般可选择USPS、FedEx、UPS、DHL。如图8-1-1所示，跨境电商物流的主要流程。

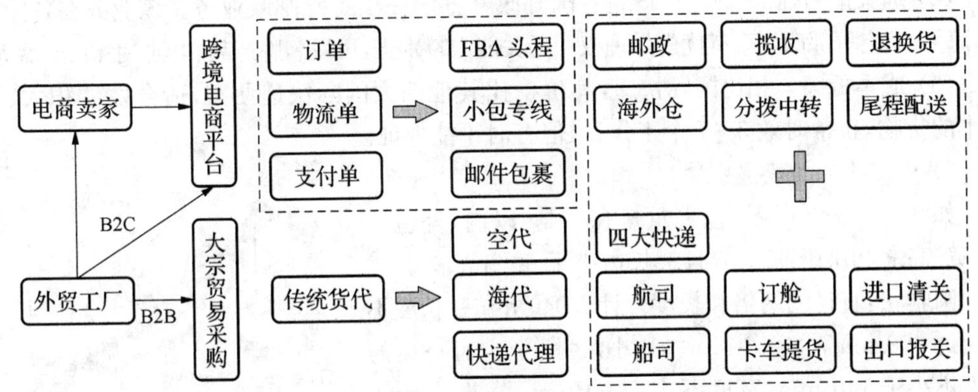

图8-1-1 跨境电商物流的主要流程

不管是头程还是尾程，跨境电子商务卖家想降低运费，只能在头程、尾程两边进行沟通协商。一方面优化店铺，促进销量，增加体量，才有降低成本的资本；另一方面在头程与尾程的供应商和服务商之间斡旋，争取一个较低的运费成本。

8.1.1 邮政包裹模式

1. 中国邮政小包（China Post Air Mail）

中国邮政小包俗称中邮小包、邮政小包、航空小包，以及其他以收寄地市局命名的小包（如“北京小包”）。目前跨境电子商务物流还是以邮政的发货渠道为主。中国邮政小包流程如图8-1-2所示。

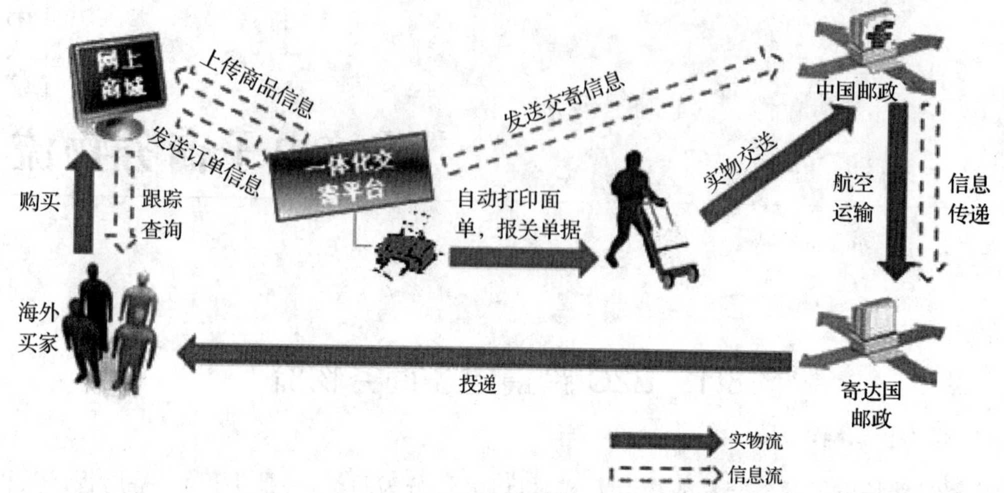

图 8-1-2　中国邮政小包流程

1）邮政小包的优势

（1）网络覆盖全球。中国邮政提供每周共计 500 多架次航班，可以到达全球 210 个目的地。据不完全统计，中国出口跨境电子商务中中国邮政占据 50%左右的市场份额。邮政网络基本覆盖全球，比其他物流渠道都要广。

（2）通关能力强。邮政 EMS 是各国邮政开办的一项特殊邮政业务。该业务在各国邮政、海关、航空等部门均享有优先处理权。通关能力特别强，可发名牌产品、电池、手机、电器等。

（3）成本低廉。相比国际快递，其价格比其他四大国际快递便宜，适合发体积大、重量小的货物，正常时效 3～7 个工作日，但有时不能保证。

2）中邮小包的投递限制

如图 8-1-3 所示，包裹重量在 2 kg 以内，外包装长、宽、高之和小于 90 cm，且最长边小于 60 cm。

圆卷状：直径的两倍和长度合计 1 040 mm。长度不得超过 900 mm，公差 2 mm。最小尺寸：至少有一面的长度不小于 140 mm，宽度不小于 90 mm，公差 2 mm。圆卷要求：直径的两倍和长度合计 170 mm，长度不得小于 100 mm。

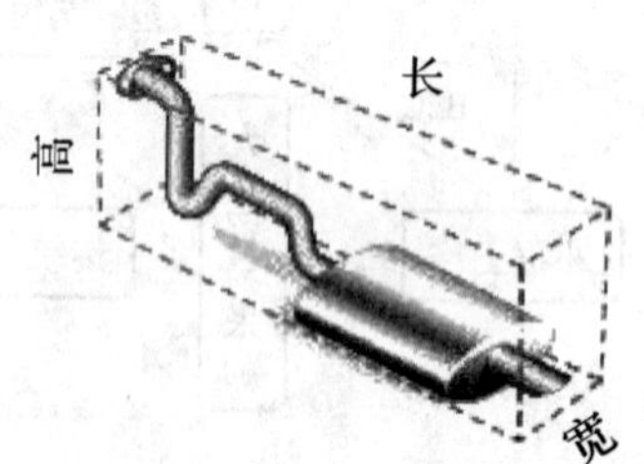

图 8-1-3　邮政投递的长宽高

3）中邮小包的价格计算

国际小包可以分为中国邮政平常小包（简称平邮小包）和挂号小包，主要区别在于挂号小包提供的物流跟踪条码能实时跟踪邮包在大部分目的地国家的实时状态；平邮小包不受理查询业务，但能通过面单条码以电话查询形式查询到邮包在国内的状态。

（1）中邮挂号小包运费计算公式为：

中邮挂号小包运费＝标准运费×实际重量×折扣＋挂号费 8 元

（2）平邮小包运费计算公式为：

平邮小包运费＝标准运费×实际重量×折扣

(3) 举例：

票到美国的货物，重 210 g，当前折扣为 9 折，标准运费为 90.5 元/kg，请计算平邮小包运费和挂号小包运费(挂号费为 8 元)。

挂号小包运费＝90.5×210÷1 000×0.9＋8＝25.1(元)

平邮小包运费＝90.5×210÷1 000×0.9＝17.1(元)

4) 中邮小包通关的注意事项

中邮小包只是一种民用包裹，并不属于商业快递，海关对个人邮递物品的验放原则是“自用合理数量”，并不适合快递太多数量的产品。

(1) 限值规定：海关规定，对寄自或寄往中国港澳地区和国外的个人物品，每次允许进出境的限值分别为人民币 800 元和 1 000 元。

(2) 中国邮政航空小包只能贴中国邮政格式的报关单，不能贴中国香港邮政报关单。

(3) 平邮小包如丢失将不能获得赔偿。如意大利、尼日利亚等国，邮包丢包率极高，最好选用挂号小包或快递方式。

(4) 挂号小包如丢失具体可根据申报价值来赔偿，但最高不超过 30 HKD，并退还邮费，但挂号费不予退还。

2. 其他邮政小包

其他国家和地区也推出各自的邮政小包。比如中国香港小包、新加坡小包、瑞士小包等，如图 8-1-4 所示。

图 8-1-4　其他邮政小包

在中国大陆市场内的邮政小包裹分为外围与本地之分。外围小包使用较多的有中国香港邮政小包、新加坡邮政小包、英国小包、瑞士小包，其中最受市场认可的是中国香港邮政小包与新加坡小包两种。而内部的邮政小包为中国邮政小包。表 8-1-1 所示为部分邮政小包的对比情况。

邮政小包的特点主要集中在四个方面。

(1) 对象特点：主要适合各种价值较低、时效要求低的货物的发货，并且重量限制于 2 kg 以内。

(2) 时效速度特点：一般邮政小包的时效比国际快递的时效慢些，在清关速度上邮政海关拥有优先处理权，清关速度相对较快。

(3) 全球化的特点：邮政小包裹与万国邮政联盟结合起来具有全球化的优势，基本覆盖全球有邮政地区的地方。

(4) 收费项目简介:邮政小包裹按照实际重量进行收费,与国际快递相比不收取燃油附加费、偏远地区派送费用。

中国香港邮政小包与其他的邮政小包的差别有以下的几点:服务更优质、反应速度更快速,时效上,中国香港邮政小包的时效也是外围邮政小包中较快的;价格上,与部分国家相比,中国邮政小包偏贵。

表 8-1-1　部分邮政小包的对比情况

国际小包	价格优势	时　效	丢包率	线路网络
中国邮政小包	大	较低;不稳定	高	大部分国家
中国香港邮政小包	较大	较高;稳定	中	大部分国家
新加坡邮政小包	较大	较高;稳定	低	对东南亚国家优势大
德国、比利时、瑞士、荷兰等邮政小包	较小	较高;稳定	低	主要面向欧洲国家
瑞典、马来西亚邮政小包	高	较低;不稳定	中	主要面向欧洲、亚太地区

3. 邮政 EMS

EMS(Express Mail Service)特快专速邮件业务,EMS 国际快递是各国邮政开办的一项特殊邮政业务。该业务在各国邮政、海关、航空等部门均享有优先处理权,能以高速度、高质量为用户传递国际紧急信函、文件资料、金融票据、商品货样等各类文件资料和物品,同时提供多种形式的邮件跟踪查询服务。可通过官网查询资费标准、参考实效、体积限制、禁限运等具体信息。

EMS 网络强大,寄往南美及俄罗斯等国家和地区有绝对优势:可不用提供商业发票即可清关,具有优先通关的权利;特别是对敏感的货物,一般都可以通关;价格合理,适宜发小件且对时效要求不高的货物;通关不过的货物可以免费运回国内,但相比于商业快递速度偏慢。

8.1.2　商业快递

常用的商业快递方式包括 UPS、DHL、FedEx、TNT、SF Express、Toll 等。不同的国际快递公司具有不同的渠道,在价格、服务、时效上都有所不同。

1. TNT

TNT 集团是全球领先的快递邮政服务供应商,总部位于荷兰,在欧洲和亚洲可提供高效的递送服务。拥有超过 26 610 辆货车与 40 架飞机,以及欧洲最大空陆联运快递网络,每天递送百万件包裹、文件和托盘货物。TNT 快递在欧洲、中东、非洲、亚太和美洲地区运营航空和公路运输网络,实现门到门的递送服务。TNT 快递一般货物在发货次日即可实现网上追踪,全程时效为 3~5 天,TNT 经济型时效为 5~7 天。可通过网站进行跟踪查询。

(1) TNT 的优点有:

① 全球货到付款服务、速度快、通关能力强,提供报关代理服务。

② 可免费及时准确追踪查询货物,无偏远配送附加费。

③ 在欧洲和西亚、中亚及政治、军事不稳定的国家和地区有绝对优势；在西欧，TNT 国际快递清关能力强、速度快。

④ 一般时效为 2～4 个工作日，特别是到西欧，大概 3 个工作日，可送达的国家比较多。

⑤ 网络覆盖比较全、查询网站信息更新快、遇到问题响应及时。

⑥ 纺织品类大货到西欧、澳大利亚、新西兰有优势。

⑦ 可以通达沙特阿拉伯，但需提供正规发票。

(2) TNT 的缺点有：

① 要算抛重，对所运货物限制也比较多。

② 价格相对较高，如表 8-1-2 所示。

表 8-1-2　TNT 出口小件价格

TNT 出口小件价目表(5 折后经济价格)								
	TNT 国家和地区分区	文件		包裹				
		首重 0.5 kg	续重 0.5～2.5 kg	首重 0.5 kg	续重 0.5～5 kg	续重 5.5～10 kg	续重 10.5～20.5 kg	21～99 kg 按每公斤计算
1	中国香港、澳门、台湾地区	90	29	149	29	27	25	33
2	印度尼西亚、韩国、马来西亚、菲律宾、新加坡、泰国、越南	135	38	185	38	31	30	51
3	日本	128	33	206	33	31	30	51
4	孟加拉国、印度、老挝、巴基斯坦、斯里兰卡、文莱	190	73	260	73	60	58	93
5	澳大利亚、新西兰	135	41	185	41	39	38	70
6	美国、加拿大	162	59	243	59	50	44	85
7	法国、德国、爱尔兰、意大利、卢森堡、荷兰、葡萄牙、西班牙、瑞士、英国、比利时、奥地利、丹麦、芬兰、挪威、瑞典	162	59	210	59	48	44	71
8	保加利亚、塞浦路斯、捷克、爱沙尼亚、希腊、匈牙利、拉脱维亚、立陶宛、波兰、罗马尼亚、俄罗斯、斯洛伐克、斯洛文尼亚、土耳其	162	59	210	59	53	46	87
9	巴林、埃及、约旦、科威特、黎巴嫩、阿曼、卡塔尔、沙特、南非、叙利亚、阿联酋、以色列	190	73	260	73	56	53	110
10	阿根廷、百慕大、玻利维亚、巴西、智利、哥伦比亚、墨西哥、巴拿马、巴拉圭、乌拉圭	256	95	385	95	79	70	150

2. UPS

UPS 快递(United Parel Service),在 1907 年作为一家信使公司成立于美国华盛顿州西雅图,是一家全球性的公司,也是世界上最大的快递承运商与包裹递送公司,同时还是运输、物流、资本与电子商务服务的领导性的提供者。

货物的体积重量按照“体积重量(kg)=体积(m^3)/5 000”计算,每件的“长+高+宽”不得超过 330 cm,单件货物的重量不得超过 70 kg。

UPS 有 4 种快递方式:UPS Worldwide Express Plus——全球特快加急;UPS Worldwide Express——全球特快;UPS Worldwide Saver——全球速快,即红单;UPS Worldwide Expedited——全球快捷,即蓝单。

(1) UPS 的优点有:

① 速度快、服务好。

② 在美洲线路和日本线路,能够定点定时跟踪,通关便捷,特别是美国、加拿大、南美、英国,适宜发快件。

③ 到美国,差不多需 48 个小时;到欧洲一般需 3~5 个工作日;到亚洲一般需 1~3 个工作日;到南美一般需 3~5 个工作日;到非洲一般需 4~6 个工作日。

④ 货物可送达全球 200 多个国家和地区,提供在线发货、全国多城市上门取货服务。

⑤ 查询网站信息更新快,遇到问题解决及时。

(2) UPS 的缺点有:

① 运费较贵,要计算产品包装后的体积重量。

② 对托运物品的限制比较严格。

UPS 运费表(只做参考)如表 8-1-3 所示。

表 8-1-3 UPS 运费表

货币单位:元

区 域	国家和地区	文件资料		小件包裹	
		首重 0.5 kg	续重 0.5 kg	首重 0.5 kg	续重 0.5 kg
1	中国香港、中国澳门	98	42	199	42
2	韩国、中国台湾	227	68	282	68
3	日本	227	68	292	68
4	东南亚	228	68	298	69
5	南太平洋国家	290	80	375	89
6	加拿大、墨西哥、波多黎各、美国	311	86	332	86
7	西欧、南亚	322	89	416	89
8	中东、中南美、北非	327	98	442	98
9	非洲、东欧、独联体	480	136	598	136

3. FedEx

FedEx 全称是 Federal Express,即联邦国际快递,是全球最具规模的快递运输公司,总部设于美国田纳西州。为全球超过 235 个国家及地区提供隔夜快递、地面快递、重型货物运送、文件复印及物流服务。

FedEx 业务分为联邦快递优先型服务(IP)和联邦快递经济型服务(IE)。FedEx IP 和 FedEx IE 主要区别在于清关能力、时效和价格。前者比后者价格高,但时效更快。在中国,FedEx 还提供国际优先分送快递服务,指的是递送大批货件到同一国家及地区多个收件人的国际快递服务,货物作为一票货清关;此外还提供重货服务,为重量在 68 kg 以上并且目的地为亚洲、美国、加拿大和墨西哥主要市场的货件提供经济、限日送达、代理清关、门到门的递送服务。

(1) FedEx 的优点有:

① 适宜走 21 kg 以上的大件,到南美洲的价格较有竞争力。

② 网站信息更新快,网络覆盖全,查询响应快。

(2) FedEx 的缺点有:

① 价格较贵,需要考虑产品的体积重量。

② 对托运物品限制也比较严格。

FedEx 运费表如表 8-1-4 所示。

体积重量计算方式为:

$$体积重量=长(cm)\times 宽(cm)\times 高(cm)\div 6\ 000$$

到亚洲,一般需 3 天左右;到欧洲,一般需 3～4 天;到美洲,一般需 4～5 天;到中东,一般需 5 天左右;到非洲,一般需 5～6 天。

表 8-1-4　FedEx 运费表

	主要目的地	中国香港、澳门	新加坡、中国台湾、泰国	日本	印度尼西亚、蒙古、菲律宾	澳大利亚、文莱、新西兰	印度、阿拉伯联合酋长国、英国	巴西、巴基斯坦、巴拿马	俄罗斯、沙特阿拉伯、南非	美国西部	加拿大、墨西哥、美国其他地区
文件	首重 0.5 kg	109	150	150	174	225	262	271	309	254	254
物品	首重 0.5 kg	181	262	282	276	327	375	404	482	280	280
	续重 0.5 kg	37	58	56	56	69	99	102	100	93	94

8.1.3　专线物流

1. Special Line-YW

Special Line-YW 即航空专线——燕文,俗称燕文专线,是北京燕文物流公司旗下的一项国际物流业务。航空燕文专线目前已开通美国、欧洲、澳洲、中东、南美专线、拉美专线、俄罗斯专线、印度尼西亚专线。正常情况下,16～35 天可到达目的地;特殊情况下,35～60 天到达目的地。

2. Russian Air

Russian Air 即中俄航空专线,由黑龙江俄速通国际物流有限公司提供的中俄航空小包专线服务,是通过国内快速集货,航空干线直飞,在俄罗斯通过俄罗斯邮政或当地落地配进行快速配送的物流专线的合称。Russian Air 俗称俄速通，提供针对跨境电子商务客户物流需求的小包航空专线服务，渠道实效快速稳定，全程物流跟踪服务。80%以上的包裹可在 25 天内到达买家目的地邮局。其特点有：

(1) 经济实惠。Russian Air 以克为单位进行精确计费，无起重费，为卖家将运费做到最低。

(2) 可邮寄范围广泛。Russian Air 是联合俄罗斯邮局推出的服务产品，境外递送环节全权由俄罗斯邮政承接，因此递送范围要覆盖俄罗斯全境。

(3) 运送时效快。Russian Air 开通了“哈尔滨—叶卡捷琳堡”中俄航空专线货运包机，大大提高了配送时效，使中俄跨境电子商务物流平均时间从过去的近两个月缩短到 13 天，80%以上的包裹 25 天内到达。

(4) 全程可追踪。48 小时内上网，货物全程可视化追踪。

3. Aramex 快递

Aramex 快递，即中外运安迈世，在国内也称为“中东专线”，可通达中东、北非、南亚等 20 多个国家，在当地具有很大优势，提供全球范围的综合物流和运输解决方案。

4. 中俄快递- SPSR

“中俄快递- SPSR”服务商 SPSR Express 是俄罗斯最优秀的商业物流公司，也是俄罗斯跨境电子商务行业的领军企业。“中俄快递- SPSR”面向速卖通卖家提供经北京、香港、上海等地出境的多条快递线路，运送范围为俄罗斯全境。

综上所述，国际专线物流价格一般比商业快递要低一些。在时效上，专线物流稍慢于商业快递，但比邮政包裹快很多。燕文物流拉美专线通过调整航班资源直飞欧洲，快速中转，大大缩短了妥投时间；俄罗斯专线与俄罗斯合作伙伴实现系统内部互联，一单到底，全程无缝可视化跟踪；印度尼西亚专线使用服务稳定、可靠的中国香港邮政挂号小包服务，到达印度尼西亚的平均时效优于其他小包。中俄航空专线的价格更加优惠，交寄也更便利，深圳、广州、金华、义乌、杭州、宁波、上海、苏州、北京、无锡、温州一件起免费上门揽收；邮件丢失或损毁时提供赔偿，商家可在线发起投诉。除此之外，还有 Equick、中环运、永利通达等公司提供国际专线物流方案。另外，海外仓是跨境电子商务卖家越来越多选择的物流方案。

8.2 跨境电子商务平台物流

跨境电商是指采用电子商务手段将进出口贸易电子化，然后通过跨境电商物流来完成交易的国际化商业活动。跨境电商物流是帮助不同国家卖家提供一系列物流服务，物流运输对象则为不同关境之间的物品。虽然近些年跨境电商的发展态势迅猛，但在发展过程中仍然存在许多环节限制其发展，如海关检查、贸易制度、文化差异以及物流运输等，而在这些环节中，跨境电商物流便是制约跨境电商发展的主要问题。

与电商平台合作是所有跨境物流商不可抗拒的事情，其中四大跨境平台(亚马逊、eBay、Wish、速卖通)占据了 80%以上的出口包裹。网络时代的电商平台引领了商业组织朝平台化方向发展，整个电商+物流行业上下游融合的趋势愈发明显。如表 8-2-1 所示，不同的跨境电商平台都推出了自己的物流战略方向，亚马逊成立自己的航空货运及海运代理平台，菜鸟国际开通了常规跨境电商货运包机并在境外进行了一系列物流基础设施大投资，京东物流也对外开放共享，更多的跨境电商平台集成了物流服务。

表 8-2-1　跨境电商平台的物流战略

亚马逊	自营仓 FBA、航运 NVOCC、国际货代 AGL、运输 FTS、航空等，配送升级
eBay	直邮主打自营专线 SpeedPak 和商业预报关，海外仓 eGD 承诺时效服务
速卖通-菜鸟国际	建设跨境物流骨干网，包机/专线＋eHub 清关转运＋海外仓＋落地配
Wish、Joom、Shopee	整合渠道线上发货并考核时效，直接订舱，集货＋专线＋落地配＋线上结算

8.2.1　平台治理和平台化模式

电商平台的政策调整直接关乎物流渠道端的演变。在电商平台刚起步阶段，电商平台的主要精力放在招商和引流上，物流环节都是由第三方物流公司来完成的。跨境物流市场过去的高利润就来自市场增量、信息不对称，以及整体资源的供需失衡。随着各电商平台的壮大成熟，几乎所有的平台都需要优化和深度整合物流运营，因此跨境物流市场进入收紧阶段。越来越多的大型电商平台开始构建跨境物流体系，使订单通过自己的物流渠道来完成，虽然产品与服务相对单一，但电商平台已经开始与各国的邮政、海关、税务等部门进行深入合作，并逐步将服务共享。

电商物流基于平台交易的刚性拉动，电商平台通过数据的智能分析优化布局物流渠道的过程，就是重塑和改变物流格局的过程。第一类是电商平台引入物流资源，如图 8-2-1 所示，跨境物流商入驻电商平台的在线发货各个流程环节。随着新兴市场、细分市场的跨境电商平台的涌现，自建站、线下零售以及跨境电商平台物流模式会变得愈发多元化。

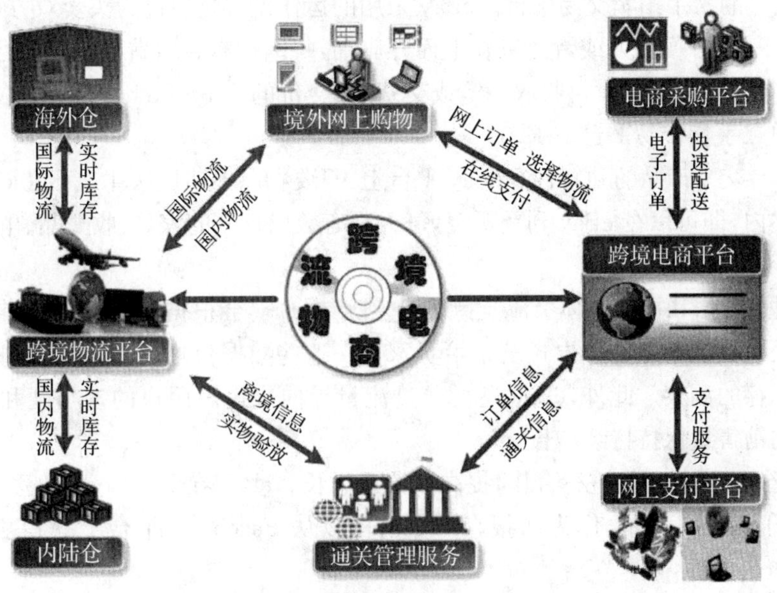

图 8-2-1　跨境物流商入驻电商平台的在线发货

另一类纯独立物流平台，它需要整合各类跨境物流商的产品与服务，并通过线上SaaS云平台整合资源，对接各类跨境平台、电商和物流商系统，为中小跨境客户提供渠道比价、下单、支付、保险、追踪、结算等一站式的全流程在线物流服务。如表8-2-2所示，为跨境物流包裹线上线下发货对比。

表8-2-2 跨境物流包裹在线发货对比

	独立SaaS平台线下发货	电商平台线上发货
对象	各大平台及线下跨境卖家	该平台入驻卖家的本平台订单
范围	提货、到仓、检查、门到门等，可定制化	门到门、仓到门，标准化、无议价
产品	快递、小包、专线、头程等，不限第三方	平台定义时效分类，精简产品分层
运力	灵活组织各环节资源商	具有端到端方案的品牌物流

事实上，要切入跨境物流线下交易过程，仍然需要构建线下服务的连接体系，如运营、客服及数据团队。自建物流平台网络需要大量的资金，因为平台也不是单纯的服务代理或信息中介，而是有的侧重于为渠道商提供技术支持；有的主要利用线下货代渠道。另外，跨境空运、海运都存在着大量定制化的服务，其业务标准化程度高，与第三方公司存在合作提货、理货、报关等操作。

8.2.2 eBay平台物流

eBay作为一个全球性的购物网站，其目标是成为全球性在线交易平台。其市场范围涉及全球四大区域(欧洲、美洲、亚洲、太平洋地区)的经济较发达国家。eBay让入驻会员可以通过拍卖来销售产品，有丰富的SKU。

eBay平台具有如下特点：

(1) 成熟的二手拍卖交易平台。eBay采用的运作模式是通过为买卖双方搭建拍卖平台，并提供平台，方便个人或者商家在上面开店铺，每笔拍卖收取费用从0.25至800美元不等，向每笔已成交的拍卖再收取一笔成交费(成交价的7%～13%不等)，给买卖双方提供一个成熟二手货交易平台。

(2) 平台交易产品的独特性。eBay平台上，只要物品不违反法律或不在eBay的禁止贩售清单之内，即可以在eBay刊登贩售，每天都有数以百万的家具、收藏品、电脑、车辆在eBay上被刊登、贩售、卖出。

(3) 通过数据和社交媒体引流支持平台卖家。eBay会根据卖家注册的类目，把越来越多的相关数据通过邮件等方式发布给卖家们。这些数据包括价格指导、进货指导以及更多对于库存的洞察。此外，eBay还会通过流量导向来提高用户的参与度和满意度，让这些商家的销售量保持持续增长。

eBay还与Facebook进行合作，提高其流量增长。eBay在Facebook的移动电商平台上提供“每日交易”商品，作为回报，eBay则可以从Facebook平台上获得更大的用户基础。

(4) 强大支付工具PayPal支持。PayPal是目前全球使用最为广泛的网上交易工具。

它可以进行便捷的外贸收款、提现与交易跟踪。快捷支付并接收包括美元、加元、欧元、英镑、澳元和日元等 25 种国际主要流通货币。

eBay 开创了最早的跨境电商物流在线发货 ASP 平台，与中国邮政、美国邮政三方合作，中国邮政提供 E 邮宝航空运送、全程追踪，卖家设置物流模板选择默认发货渠道，产生订单后直接在线打印运单，邮政上门揽收或卖家发货到集货仓，美国邮政接单送货到买家，系统对接、分配专属号段、物流状态实时更新。表 8－2－3 为 eBay 直邮物流发货相关的要求。

表 8－2－3　eBay 直邮物流考察指标

要求≥90%的、物品单价>5 美元(含运费)的由中国售往美国的交易，发直邮货：
● 在承诺的订单处理时间之内获得“与 eBay 平台对接”的揽件扫描信息； ● 特快型 Expedited Shipping，FedEx、DHL、UPS 等国际商业快递及 EMS 类服务； ● 标准型 Standard Shipping，全程可追踪且时效性满足要求的包裹服务或更高级别的快递服务，如 E 邮宝、IB 中美快线、香港邮政 eExpress、邮政航空挂包、DHL 电商 Packet Plus； ● 经济型 Economy Shipping，至少含有揽收信息且时效性满足要求，无跟踪服务，不可使用

为了对标亚马逊的本地配送时效，eBay 也在英国、美国、澳大利亚等国推出了“限时送达”承诺服务，把商品按照次日送达、隔日送达进行分类，方便消费者按照送货时限来浏览和筛选商品，增加卖家服务满意度的曝光率。根据卖家实际能承诺的送达天数提供 30 天退货服务。

8.2.3　Amazon 平台物流

2001 年以后，Amazon 开始开放自己的网络平台，推广第三方开放平台，从而从一个网络零售商转变为网络服务提供商。2002 年推出 AWS(Amazon Web Services)、2005 年推出 Prime 服务、2007 年推出 FBA、2010 年推出 KDP 的前身 DTP (Digital Text Platform)。亚马逊公司的网站在 2008 年全年的访客数量至少达到 6.15 亿，是当年沃尔玛超市门店顾客数量的两倍；2015 年亚马逊美国站的日均访问量达到 3 310 万，总访问量达到 9.25 亿。截至 2018 年 4 月，Amazon Prime 会员用户数超过 1 亿。

Amazon 平台具有如下特点：

(1) 消费者至上的平台管理思想。Amazon 一贯坚持以消费者为中心的原则，并在很多细节上落实这一原则。比如 Prime 会员服务制度，2005 年 Amazon 在全球首创 Prime 会员服务，为消费者提供美国境内全年无限次免运费两日达服务，提供亚马逊专属服务和折扣优惠，目前已在 13 个国家开展这一服务。2016 年亚马逊启动 Prime Now 服务，为 Prime 会员提供两小时免费送达和一小时送达服务，为实现这一目标，亚马逊建立了 Prime 专属货运机队，给 Prime 会员提供极速配送体验。此外，在很多平台规则方面，Amazon 也非常重视保护消费者权益，如 A—Z 机制。

(2) 智能仓储物流运营体系。亚马逊是最早将智能机器人应用到物流运营体系中的电子商务企业。早在 2012 年就通过收购 Kiva System 公司，将 Kiva 智能机器人应用到仓储物流领域，改变了传统的“人找货”的模式，变为“货找人”，人机协作实现更快速地拣货。

此外 Amazon 也是最早将无人机技术应用到物流配送领域的企业。2016 年计划推出的亚马逊 Prime Air 无人机，30 分钟即可将一件五磅的重快递送到客户家中，全程无人化。亚马逊开创了一整套以高科技为支撑的电商仓储物流的模式，在过去 20 多年快速稳健的发展中，亚马逊已经形成了成熟的覆盖全球的运营网络，遍布全球的 140 多个运营中心，可到达 185 个国家和地区。在中国，亚马逊有 13 个运营中心，近 500 多条干线运输线路，可向 1 400 多个城市区县的消费者提供当日达、次日达服务。

(3) 技术支撑的 AWS 服务。Amazon 的总裁贝佐斯是一个技术的狂热爱好者，从早期图书销售网站中的各项技术应用，到后来的 AWS 网络服务，亚马逊为其平台的用户提供基于其自有后端技术平台的几乎所有类型的业务。这些技术服务包括亚马逊弹性计算网云(Amazon EC2)、亚马逊简单储存服务(Amazon S3)、亚马逊简单数据库(Amazon SimpleDB)、亚马逊简单队列服务(Amazon Simple Queue Service)、亚马逊灵活支付服务(Amazon FPS)、亚马逊土耳其机器人(Amazon Mechanical Turk)以及 Amazon Cloud Front。Amazon 的云计算技术也因此在全球处于领先地位。

亚马逊在跨境电商领域中，支撑海外购的是一套无缝衔接的跨境进口物流体系，其借助强力的资源整合和全程溯源，快速实现跨国订单的智能发货、高效清关和配送；支撑全球开店，具有遍及市场的亚马逊物流服务跨境云仓、运输网络及系统能力，以及 14 大国际站点和 125 个运营中心，为各国卖家提供高质量的履单服务。巨大的业务量赋予了亚马逊很强的议价能力及其对低成本的无限渴求。亚马逊每年配送六七亿件包裹，其在自建快递物流网络中强化海陆航运物流，不仅是补已之短，而且是在最大化整合资源。亚马逊的全球物流实力已经让其他电商平台望其项背，端到端的综合物流服务体系已初步形成。

8.2.4 阿里物流国际化布局

阿里巴巴是极具平台化战略的企业，全球化运作是其方向之一。物流、电商零售、金融与云计算并列为阿里的四大“商业基础设施”，其中电商业务仍是其主体，占收入来源的 80%，但其全方位的扩张已经使数据的维度足够丰富，生态链大数据将成为新的资源优势。阿里最早在跨境 B2B 板块，通过收购一达通将整个出口退税、供应链金融等方面做了整合，为中小出口企业提供了综合外贸服务的便利。市面上很多报关行接到的出口报关单，抬头都是一达通，随后又以“一拍档”将整个物流环节做了开放式整合，吸引货代、报关行、中港运输、空海运、财税等第三方服务商整编进来，丰富了其跨境电商业务的全面性。

在国际运力方面，阿里也希望将广大贸易商的需求集合起来，让各大物流商加入平台。例如，阿里进军集装箱海运市场“舱位宝”，与马士基航运、以星、达飞、长荣等船公司达成在线订舱合作，这样出口商可以绕过货代，直接在线预定船期，直达船东保证舱位。由阿里联合中海共同打造 eShipping 海运综合服务平台，支持在线订舱、在线接收舱位确认信息、在线核对提单、在线支付等，提供拖车、报关等海运配套服务。

菜鸟网络是阿里精心打造的物流平台，冠以大数据为核心的物流科技公司，也是国内最大的 4PL(第四方物流)公司，其有五大业务板块：端到端快递网络、供应链仓配网络、全球买卖的跨境网络、增强消费者体验的末端网络、农村电商网络。菜鸟网络对物流的话语权，本质来源于阿里系统的电商流量，所以自成平台聚合物流全产业链上的优势资源。其中仓储、货代、快递、邮政，甚至铁路、公路、航空等社会资源，利用数据、标准和系统驱动网络资源的高效协作：倾向于垄断消费者的接触渠道，让物流商之间相互制衡。菜鸟提出"三网"融合，其中天网是开放数据网络及云供应链协同平台，是以大数据为能源、以云计算为引擎的智慧物流信息网，开放共享给平台上的商家；地网是深度介入渠道布局，园区、枢纽、运力、城配、网点/驿站以及菜鸟联盟生态，以节点形式布局的实体物理网络，让天网的数据能力落地；人网是社会化物流末端网络和基于消费者真实生活中各种场景下的便民服务。

菜鸟通过打造"全球 72 小时达"物流网络，面向阿里国际、天猫国际、淘宝全球购、速卖通、天猫海外等阿里国际生态提供出入境物流服务，在全球范围内匹配消费者和供应商，从物流协调管理的服务中获益。阿里跨境 B2C 速卖通平台在全球拓展迅速，与收购的 Lazada、Daraz、天猫海外形成互补，如天猫俄罗斯站的商品是从当地合作商的仓库中发货的，而速卖通多是直邮的。菜鸟通过与全球上百个跨境物流商合作，推出了无忧物流、超级经济、特货专线、海外仓等跨境物流方案，搭建了一张具有全球配送能力的跨境物流网。速卖通已深入绑定菜鸟"无忧物流"，如表 8-2-4 及表 8-2-5 所示，货物承诺运达时间由平台承担，因物流原因导致的纠纷退款由平台承担，而物流商考核不达标将被迫下线。

表 8-2-4　速卖通 2018 旺季物流考核改进方案

物流等级	物流策略	时　效	考核不达标
优先类	AliExpress 无忧物流—优先	不延	未收到货纠纷率大于 15% 卖家会员，限制使用：燕文航空经济小包、顺友航空经济小包、马来西亚挂号小包，越南邮政、新西兰邮政等航空小包。下线蒙古邮政渠道产品、俄速通线下发货，扣除蒙古邮政的国内运营方深圳亚欧快运公司缴纳的所有保证金
	中俄快递—SPSR	延 10 天	
标准类	中国邮政挂号小包	不延	
	中外运—西邮标准小包	延 10 天	
经济类	顺丰国际经济小包	无承诺	
	4PX 新邮经济小包	无承诺	

表 8-2-5　菜鸟无忧物流服务标准举例

产　品	路　向	挂号费	配送费	妥投时效	物流纠纷平台退款
无忧—简易	白罗斯	1.5 元/件	126 元/kg	25～30 天，≤60 天	标准上限 35 元/票
无忧—自提	俄罗斯	16.7 元/件	47.6 元/kg	15～20 天，≤35 天	赔付上限 1 200 元/票

8.3　海外仓管理

8.3.1　海外仓的概述

海外仓，又称为海外仓储，是指跨境电子商务卖家在海外预先建设或租赁仓库，以海运、空运、陆运或国际多式联运的方式先把货品运达仓库，然后通过互联网接到客户订单，直接从海外仓进行货品分拣、包装、发货和配送。海外仓的建设可以让出口企业将货物批量发送至国外仓库，实现该国本地销售，本地配送。

海外仓是一种对现有跨境物流方案的综合优化与整合，并不是简单地将商品批量存储到境外仓库，能够综合利用国内外的快递、仓库、人力、清关、代理等资源。海外仓还体现了对外贸出口的"支点"作用，是集采购、仓配、退换、供应链等于一体的新型物流中心，已演变成完整的"海外本地售后体系"，帮助卖家拓展销售品类。海外仓的建设主要分布在欧美成熟市场，新兴市场仍在起步探索，在建仓过程中投资、安全、税法等都具有挑战性，规划布局、制度原则与作业方法都是海外仓运营的关键。卖家存在选品、备货、补货、滞销等运营风险，仓库的错发/漏发、客服不及时、库存不准、信息滞后等是卖家的服务痛点，需要强大的海外本土化团队及系统支撑。经过多年发展，海外仓的操作质量不断趋好，除了基础的仓配需求外，卖家对退换货、售后客服、组装维修、贴换标转运等个性化需求增多，仍需要海外仓提高服务能力，将出口专线、进口集货和逆向物流等进行有效整合。海外仓运营的基本流程如图 8－3－1 所示。

图 8－3－1　海外仓运营的基本流程

将物流服务升级至海外仓本地发货，仓配比直邮更快，如表 8－3－1 所示，因此卖家选品和营销也需要跟进升级，发挥海外仓物流解决方案。除了一般仓配外，有些大件还需要送货上门、安装、维修以及逆向物流等专业化延伸服务，才能满足买家购买的诉求。对于商家而言，"仓"的核心仍是服务市场，采购补货、提高周转、避免滞销、旺季备战等供应链管理。

表 8－3－1　海外仓全程分段时效

集货送仓*	头程理货	国际货运	收货上架	订单出库	尾程配送
国内 3～5 天	3～5 天	美欧 25～30 天	1～3 天	1～2 天	2～4 天

注*：自发头程可忽略该环节，第三方海外仓与 FBA 整体物流时效略有差异。

8.3.2　海外仓的优势

海外仓为跨境电子商务卖家实现在销售目的地的货物仓储、分拣、包装和配送的一站式控制与管理服务。因此具有以下优势：

(1) 降低物流成本。从海外仓发货的物流成本远远低于从中国境内发货。特别是体积大、重量大、价值高的"三高"产品，以及品牌商品、低值易消耗品等较适合海外仓。

(2) 加快物流时效。由于缩短了运输时间，因此缩短了卖家的回款周期。很多平台比如 Wish 严格要求妥投后放款，因此海外仓可以帮助卖家将从发货到收到货物的周期从原先的 10～50 天缩短到 2～8 天。某些区域，海外仓发货可能只比当地卖家慢 1～2 天，有时甚至比当地卖家还要快，大大提高了客户体验，减少因物流而引起的纠纷，从而更快回款。

(3) 提升客户满意度。这不仅体现在配送时效快上，更可以帮助客户收到货物后能轻松实现退换货，降低了因物流问题引起的退货损失，使买家的售后服务得到了更多保障。客户好评率的提高，则可以提高产品曝光率，提升店铺的销量。当然，允许便捷退货也可能会为卖家带来货物滞销的压货危险，因此卖家需要更精确地分析客户需求，并更注重产品质量来减少退货的发生。

(4) 有利于卖家开拓市场。海外仓的发货支持使商户的仓储管理更偏向于自动化，为卖家提供了巨大的优势，既可以节省发货、存储、管理的时间成本，同时也避免了因为商家个人而产生的订单问题，在销售品类的选择上也更加灵活。这些都为零售商扩大业务、实现产品多样化、开拓国际市场提供了有力的支撑。

8.3.3　海外仓的规划

海外仓也是一种销售渠道和经营模式，涉及海外的关务、税务、法务、劳务等问题。企业可以从需求稳定性、市场密度等因素考虑合作定制、自建仓、租赁公共仓库、合同制外包等建仓方案。使用海外仓的常见形式有三类，第一类是从物流地产商或第三方物流企业租赁仓库，然后做仓库整体管理，自己完全掌握管理权、经营权和定价权；第二类是大客户定制仓，承租海外仓服务商的部分库区，自发头程、使用自有尾程运费折扣模式，将管理外包，仓内主要业务交由境外合作方管理，包括人员、设备以及相关的配套资源；第三类是普通卖家使用第三方海外仓或 FBA 等公共服务，包括仓储、配送甚至头程入仓。据统计，目前中国超过 200 家企业在境外设立了 500 多个海外仓。从分布上看，40%的海外仓集中在美国、欧洲、日本及东南亚等国家和地区也占很大一部分比例，中东、南美、非洲等地的海外仓非常稀缺。目前全球的海外仓单仓的平均面积是 5 000 m^2，总订单处理能力是 733 万单/天，其中美国占一半，单仓日均 3～5 万单已很常见。

在海外仓建设设计的过程中，具体可以分为以下几个环节，如表 8-3-2 所示。

表 8-3-2　仓储建设的项目化实施步骤

1	项目启动	仓库总体方案规划，团队组建，商务、工程排期、系统及方案评估选择
2	概要蓝图	库内分区、分组，布置通道、立柱、货架、灯线、消防等设施设备要求
3	系统需求	根据不同的搬运设备要求，数据分析、需求分析，存多少、怎么存
4	详细设计	作业场地、组织岗位，人员和设备管理规程，库内 SOP 业务流程指导书等
5	项目执行	采购、安装施工、系统调试、试运营及验收，同步市场营销、运营准备

好的规划是成功的一半，电商产品频繁地出入库或周转作业，最佳效率是规划考虑的最主要问题。规划选址时需要综合外部环境因素，表 8-3-3 所示为海外仓选址外部环境考察因素。

表 8-3-3　海外仓选址外部环境考察因素

基础条件	气候、地质等自然环境，交通出行、空陆港运输及水电网等公共设施
经营环境	治安、法律、税务、招商政策、人力市场、配送范围及土地升值率等
仓库硬件	面积、层高、场院、承重/立柱、月台/装卸台、消防、采光防雨及利用率等

规划是基于需求的设计分解，仓储规划主要包括区域布置、货架选型、货位设定、堆砌及作业流程等。

(1) 设计库内功能区域、操作台、设备类型和数量等，包括收货区、储存区、复核打包区、退货处理区、发运交接区及杂物区等，如图 8-3-2 所示。平面规划建立在流程规划的基础上，相辅相成，多数仓库至少要保留 20%～30%的预设空间。自动化仓与普通舱的流程逻辑完全不同，库区功能划分、流水线设计、补货上行和发货下行等管理也不同。通常，自动化仓储月台在一侧采用 U 形库区，分开两侧的为直线形库区，以提高仓容利用率。除了尽量减少死角、充分利用货架层高外，区域规划还要配合存拣分离、ABC 分区、大小件分区，以及分类存放、随机存放等存储策略的设计。

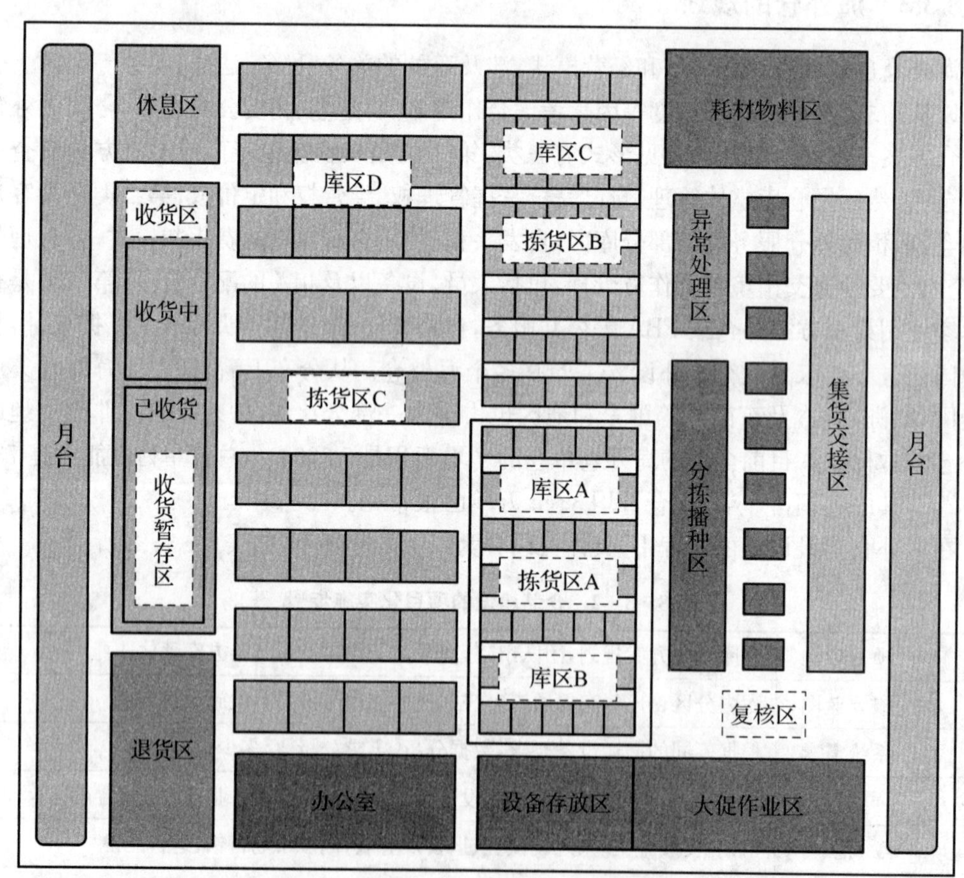

图 8-3-2　物流仓储库区的典型布局

(2) 按照设备工艺要求确定作业方式，如单元货格、货到人、AS/RS 等形式。根据货物的库存、仓库的吞吐量、订单的特性，来选择托盘、货架、搬运及辅助设备。根据机械形式和设备参数、数量、尺寸、安放位置、运行范围等库内布置，尽量使用简单合适的设备，采用标准的设备零部件和系统，以便易于操作、扩充和升级，充分考虑人员安全和系统安全。在存储货物和零拣货位时应合理使用不同高度、不同承重规格的货架，货架高度、通道数量对拣货效率有一定影响，针对不同产品的体积合理设置、调整储位。例如，轻小件使用多层储位盒、阁楼式货架，在系统中维护好货区号、货架号、层次号、储位号等。

(3) 在流程环节上，为了便于快存快取货物，应围绕跟单模式而设计，保持直线作业，避免逆向迂回和交叉运输；强调统一的物流出口和入口，便于监控和管理。自动化系统可以提高工作效率并提高空间存储利用率，自动化仓库比较考验仓库的综合规划能力，可对仓库人员的工作能力进行仿真计算，确定存取模式、工艺流程及货架类型。把最主要的货位留给 SKU 品类最多的商品。在设计物流中心时，应尽量避免跨楼层的物料搬运，其中，最常见的是纵列式和横列式两种库内货架布局方式，如图 8-3-3 所示，左边为纵列式，右边为横列式。

纵列式

横列式

图 8-3-3　常见库内货架布局方式

纵列式：货位在仓库宽方向成列、长方向成行，适合存放细长物件，如型钢、管材。运输车辆一般能停在离货物最近处。故多用于散装、袋装料仓库。仓库宽度过窄也可用此方法。

横列式：货位在仓库宽方向成排、长方向成列，适合存放小件、易搬运件。一般每排 2～4 个货架，可分为 2～8 个货位。应用较广。

规划最终是为了后续仓储管理的“空间结构、时间组织、过程连续”达到最优，消除无效搬运，减少商品流动环节，提高作业效能和仓容利用率。实际运营和生产计划是相互寻找的过程，按托盘、周转箱、物料不同层级单位做流量分析，不断分析优化货位位置；规划也要适当考虑余量，如在旺季订单激增时的极端场景，考虑最大负荷的余量。

8.3.4　海外仓流程

海外仓运作流程业内一般分为三段式，头程：国内集货送到海外仓；库内：订单操作及库存管理；尾程：出仓配送及售后服务。海外仓本地管理其实跟国内电商仓一样，需要从仓储空间规划、储位规范、SKU 编码、拣选流程等方面一一设计。通常，海外仓全环节物流运输涉及多个合作方，便捷可靠的海外仓系统是自动高效驱动业务流程的基础，具有良好IT能力的海外仓企业会在这方面有比较明显的优势。海外仓信息与实物全流程运作如图8-3-4所示。

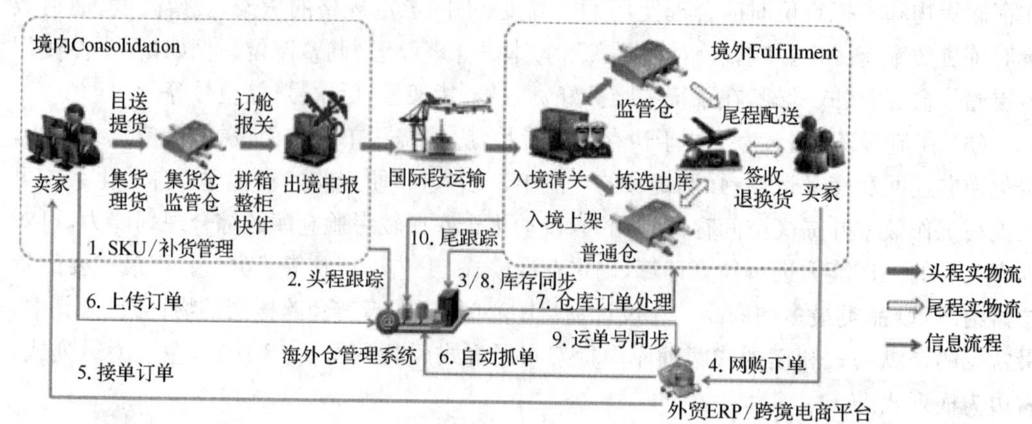

图8-3-4　海外仓信息与实物全流程运作

1. 头程

头程主要指备货送仓，是卖家把产品送到海外仓在国内设置的发货仓库，实现入库、验货、打包等服务，随后从仓库送往海关进行清关等流程。

在国内头程的作业流程包括以下几个模块：

(1) 货物揽收。目前海外仓服务商揽货的方式包括但不限于以下三种：

① 海外仓服务商上门取货(需明确上门取货的区域及是否收费)；

② 客户将货物送至海外仓国内指定的头程仓库；

③ 海外仓企业有客户当地的头程渠道资源，帮助客户实现当地拼柜/整柜发货。

(2) 货物装卸。

① 安排合适的运输车辆进行揽货，记录联系方式和车牌号；

② 揽货时和客户确认提货箱数等信息并签字；

③ 提货回来后，头程仓收货人员在收货完成后需确认箱数是否一致并签字。

(3) 货物查验。

① 检查货物的箱数是否和入库单信息一致。

② 拆箱对此票货物每箱的SKU种类和数量进行清点，数据录入系统。

③ 对每种SKU取样进行长、宽、高和重量的称量；将有差异的数据在WMS系统修改。

④ 对SKU产品重新装箱，并测量每个箱子的尺寸和重量，将数据填入系统。

(4) 货物入库。

根据入库单的目的国家以及运输方式，将货物放到仓库指定的区域进行存放。

2. 清关

清关即结关，是指进出口或转运货物出入一国关境时，依照各项法律法规和规定应当履行的手续。清关只有在履行各项义务，办理海关申报、查验、征税、放行等手续后，货物才能放行，货主或申报人才能提货。同样，载运进出口货物的各种运输工具进出境或转运，也均需向海关申报，办理海关手续，得到海关的许可。货物在结关期间，不论是进口、出口或转运，都是处在海关监管之下，不准自由流通。中邮海外仓业务流程如图 8－3－5 所示。

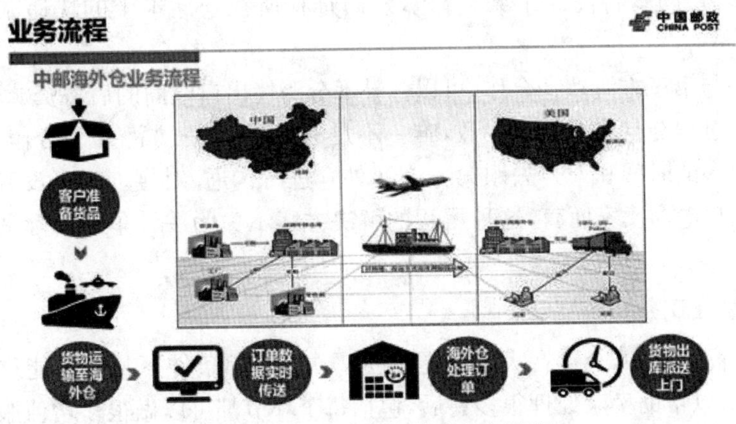

图 8－3－5　中邮海外仓业务流程

进口清关，首要的是卖家所有货物确认符合目的国相关质量参数及安全标准等。直邮走的邮政清关方式，其借用海外仓批量发货，是大宗货物贸易清关的方式。货物入境通常由收货方或报关代理完成清关，价格与申报要素要完整。例如，所需要的进口商及收货人信息（美国 EIN/IRS 号、欧洲 EORI 号、澳洲 ABN 号等），如日本海外仓必须要由有进口权的公司名义清关。进口关税、增值税和杂费等税费一般要以预付方式结清。

出口清关要求出口货物的发货人在根据出口合同的规定按时、按质、按量备齐出口货物后，即应当向运输公司办理租船订舱手续，准备向海关办理报关手续，或委托专业（代理）报关公司办理报关手续。出口报关企业应具备在当地海关、检验检疫局注册备案，有进出口经营权和报检资格。

出口报关所需单证通常包括以下流程：

（1）在货物运抵海关监管区后，装货的 24 小时之前，客户备齐海关所需单证向海关申报。

（2）必备单证：清单、发票、合同、报关委托书、船公司装货单等单证件各一份。

（3）按海关税则所规定的各项证件（如通关单、出口许可证等）。

（4）有出口手册需提供手册报关。

3. 尾程

尾程派送：主要为“最后一公里”派送，在进行出库操作后将货物送到指定买家手中。尾程主要关注：一是订单处理时效。在订单产生后，仓库人员会即时收到出库任务，由于时差，在 24 小时内及时拣货、包装、出库。二是配送产品渠道的选择。配送渠道的选择别有讲究，需要充分考虑商品价值、客户要求、淡旺季等因素。三是追踪反馈。完成发货后，海外仓及时提供配送物流单号，卖家上传平台。海外仓要辅助提供查询、监控投递或退回情况，便于卖家掌握。

在尾程派送中可以有两种方式，一种是自建物流供应链海外仓模式。海外仓模式适用于跨境出口电商有条件的基础上，跨境出口电商可在消费者所在国建立自己的海外仓，用于储存商品以及处理商品下架、打包等事宜，等消费者在店铺上下单之后，跨境出口电商可直接同步海外仓，将商品下架、打包，然后选择所在仓储本土的快递派送到消费者手上。

另一种是与第三方海外仓合作，可以弥补部分跨境出口电商的后备资源不足的缺陷。操作和处理的过程与自建海外仓一致，唯一不足的是，与第三方海外仓合作，需跨境出口电商卖家花更多的时间和人力去跟第三方海外仓进行沟通、对接。对于没有条件自建海外仓的跨境出口电商卖家而言，这种尾程的解决方案不失为一种争取国际消费市场的好方法。

4. 售后增值服务

在跨境电商业务中，会存在大量的退换货需求，直邮条件下基本只能重发。海外仓就十分方便，可以帮助卖家处理很多售后，包括每个环节都可以做很多增值服务，如表 8-3-4 所示。海外仓退换货处理：退货很多都是新品、包装损坏或稍微瑕疵，海外仓可做质检，然后明码标价，卖家决定是否维修，再收取一定的费用。货值大的产品，把货物退到香港或深圳的保税区，在保税区里面维修处理，然后再发到国外。如果被退回的货物已经残次，无法二次销售只能放到坏货区待销毁，若还可以进行二次销售，则进行二次上架，并优先匹配销售订单发货。退货的隐性成本太高，要尽可能减低退货率，当遇到顾客反馈产品问题时，卖家客服应首先使用优惠券等利益安抚消费者。

表 8-3-4　海外仓可提供丰富的本地化服务支撑

物流服务	清关服务	销售支持	金融服务	海外推广	行政服务
头程集货＋专线 海外仓配一体	进出口代理 商检服务 报关报税 产品归类 WEEE 等单证手续	买家直采 展示寄售 质检及打码 测试维修 退运服务	代收货款 仓单质押 保理业务 库存融资 仓储金融	土著地推 国外展会布置 产品展示厅 媒体推广 小语种推广	海外公司注册 商标品牌注册 税务 VAT 服务 法律支持 海外接待

坏货及滞销品运费高、手续烦琐，基本没必要运回国内。若滞销的货物还能清仓处理，则要及时进行打折处理。过季、过质保货物，残值不抵仓库租金时，可能成为废品，只能予以销毁。在亚马逊 FBA 仓库管理中，有瑕疵的退货都会被归类到集中库存中，无法再以 FBA 的方式贩售。欧美国家都有比较严格的环境污染保护法律，手机 3C 电子类产品的回收处理，销毁也要付一笔环境保护费。因此，使用海外仓，商家要注意集中销售资源，促成产品热卖，及时倾销，加快商品流转。如图 8-3-6 所示为海外仓入库下单出库流程，企业需要在各个流程中做好商品的优化管理，保证商品入库、下单、出库的及时性。

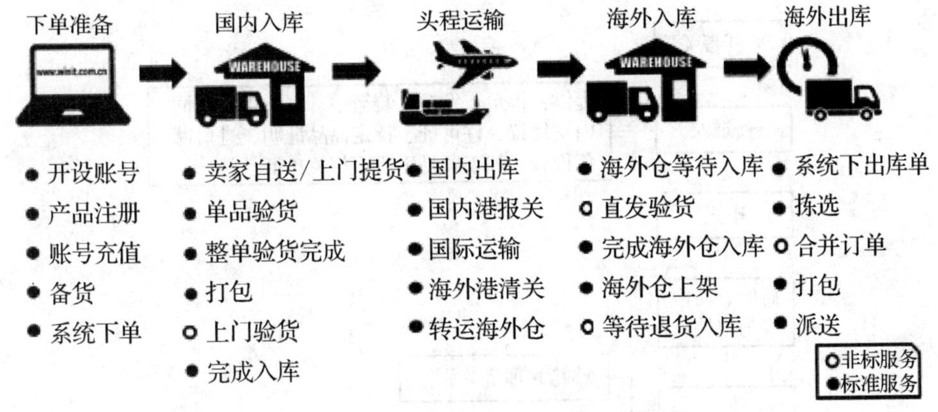

图 8-3-6　海外仓入库下单出库流程

8.4　跨境电子商务通关物流

2018 年海关总署发布第 56 号公告《关于跨境电子商务统一版信息化系统企业接入事宜的公告》，为促进跨境电子商务的发展，提供便利通关服务，海关总署提供跨境电子商务零售统一版信息化系统，要求电子商务企业或其代理人登录“互联网＋海关”一体化网上办事服务平台使用“跨境电子商务”功能进行清单录入、修改、申报、查询等操作，并公开跨境统一版系统企业对接报文标准。参与跨境电子商务业务的企业、第三方平台按照标准自行开发或市场化采购接入服务。

8.4.1　B2B 出口物流流程

进出口外贸的通关无纸化在 20 世纪 80 年代末就已经开始试行，从最初的 H883 报关系统到 H2000 系统，再到今天的国际贸易单一窗口，基本完全实现全流程通关无纸化。

“单一窗口”试点将传统的“串联式”口岸通关流程改变为一次性、同步化的“并联式”流程，简化了手续，“一次申报、一次查验、一次放行”，提升了效率。采用“站式作业”，整合共享口岸监管资源，不同执法部门在同一时间、同一地点、对同一检查对象实施不同执法内容的检查，减少多部门重复检查，提升广大企业、进出境人员口岸通行的舒适度。

作为 B2B 跨境电子商务出口企业，在报关前物流方面，需要委托货运代理，提交托运单、配舱回单、装货单，包装、刷唛后提交装箱单，并协同商业发票一起将报关单、报检委托书等递交商检局以获得商检换证凭单，换取出境货物通关单。在外汇管理局领取出口收汇核销单，三单合一进行报关。其流程如图 8-4-1 所示。

准备各类单证后，申请报关，出口货物在海关监督区域进行查验，通过后放行，通关后出口运输物流开始。报关与放行流程图如图 8-4-2 所示。

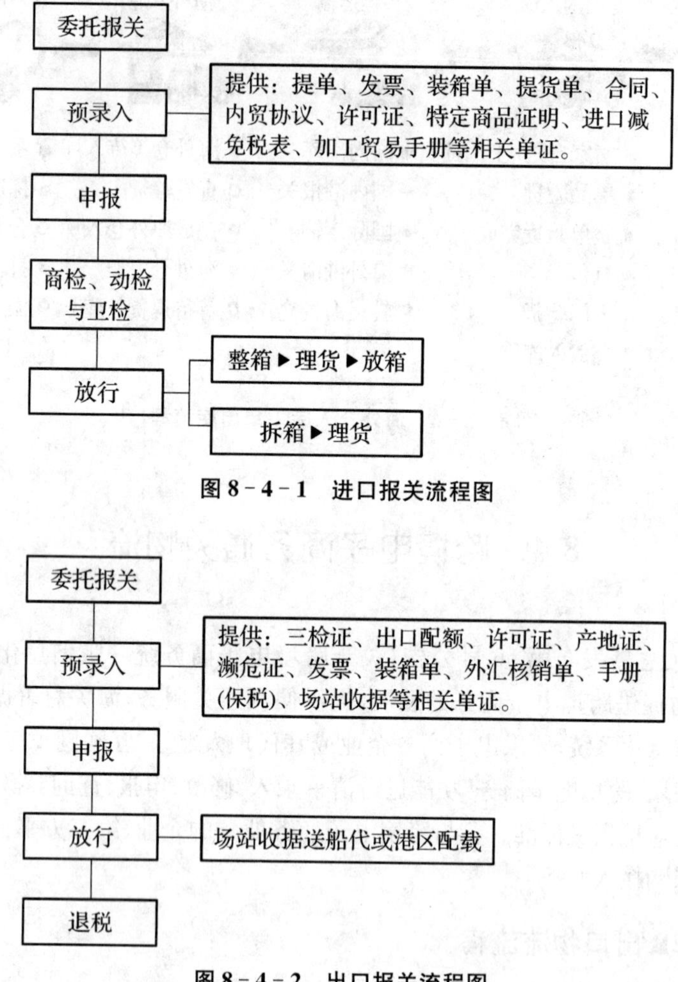

图 8－4－1　进口报关流程图

图 8－4－2　出口报关流程图

8.4.2　B2C 出口报关物流流程

B2C 跨境电子商务的货物出口一般采用邮寄、航空小包、快递等物流配送方式，报关主体是邮政或快递公司，这部分出口没有纳入海关货物贸易统计，阻碍了支付企业的发展，也给行业监管带来了困难。

对此，2013 年 8 月国务院专门下发了《关于实施支持跨境电子商务零售出口有关政策的意见》，要求商务部等根据电子商务出口的不同类型的经营主体，建立与之相适应的新型海关检验监管模式，鼓励支付机构和银行为跨境电子商务提供支付服务、实施适应跨境电子商务发展的税收政策，并在重庆、郑州、上海、杭州、宁波 5 个城市试点跨境贸易电子商务通关服务。此外 2015 年开始在全国推广汇总征税模式，在有效监管的前提下，由原来的“逐票审核、先税后放”变为现行的“先放后税，汇总缴税”。

跨境电子商务零售进出口物流模式分为“一般出口”“保税出口”“直购进口”和“特殊区域出口”4 种模式。

1."一般出口"海关通关模式

符合条件的电子商务企业或平台与海关联网，境外个人跨境网购后，电子商务企业或平台将电子订单、支付凭证、电子运单等传输给海关，电子商务企业或其代理人向海关提交申报清单，商品以邮件、快件方式运送出境。综试区海关采用"简化申报，清单核放，汇总统计"方式通关，其他海关采用"清单核放，汇总申报"方式通关。

一般出口模式，采用"清单核放，汇总申报"的方式，电子商务出口商品以平邮、快件方式分批运送，海关凭清单核放出境，定期把已核放清单数据汇总形成出口报关单，电商企业或平台凭此办理结汇、退税手续，如图 8-4-3 所示。

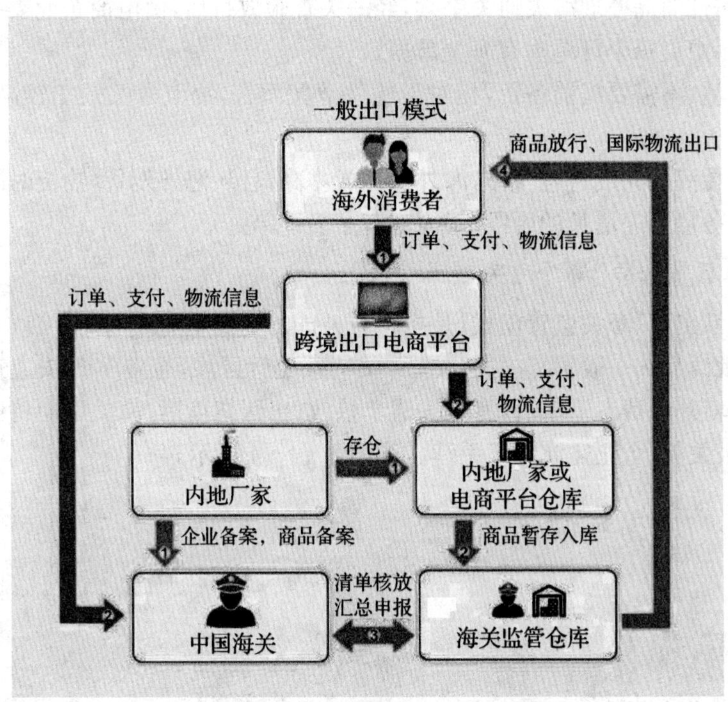

图 8-4-3 "一般出口"海关通关模式

2.保税出口模式

海关监管方式代码"1210"，全称"保税跨境贸易电子商务"，简称"保税电商"，俗称"备货模式"。简单来说，商家将商品批量备货至海关监管下的保税仓库，消费者下单后，电商企业根据订单为每件商品办理海关通关手续，在保税仓库完成贴面单和打包，经海关查验放行后，由电商企业委托物流配送至消费者手中。

1210 要求开展区域必须是跨境贸易电子商务进口试点城市的特殊监管区域，有上海、杭州、宁波、郑州、重庆、广州、深圳前海、福州、平潭、天津 10 个试点城市。

优点：提前批量备货至保税仓库，国际物流成本低，有订单后可立即从保税仓发货，通关效率高，并可及时响应售后服务需求，用户体验好。

适合：业务规模大，业务量稳定的阶段。可通过大批量订货或备货降低采购成本，逐步从空运过渡到海运以降低国际物流成本。

3. 直购进口模式

海关监管方式代码“9610”,全称“跨境贸易电子商务”,俗称“集货模式”。适用于境内个人或电子商务企业通过电子商务交易平台实现交易,并采用“清单核放、汇总申报”模式办理通关手续的电子商务零售进出口商品。

因为跨境电商有着小额多单的特点,传统 B2C 出口企业,在物流上主要采用航空小包、邮寄、快递邮政小包、快件等方式,报关主体是邮政或快递公司,该模块贸易都没有纳入海关统计,海关新增的 9610 代码将跨境电商的监管独立出来,有利于规范和监管。

简而言之,商家将多个已售出商品统一打包,通过国际物流运送至国内的保税仓库,电商企业为每件商品办理海关通关手续,经海关查验放行后,由电商企业委托国内快递派送至消费者手中。每个订单附有海关单据。

优点:灵活,不需要提前备货,相对于快件清关而言,物流通关效率较高,整体物流成本有所降低。

缺点:需在海外完成打包操作,海外操作成本高,且从海外发货,物流时间稍长。

适合:业务量迅速增长的阶段,每周都有多笔订单。

4. “特殊区域出口”海外通关模式

“特殊区域出口”海关监管模式,是指符合条件的电商企业或电商平台与海关联网,电商企业把整批商品按一般贸易报关进入海关特殊监管区域,企业实现快速退税。对于已入区的商品,境外消费者下单后,海关凭清单核放,出区离境后,海关定期将已放行清单归并形成出口报关单,企业凭此结汇手续。如图 8-4-4 所示。

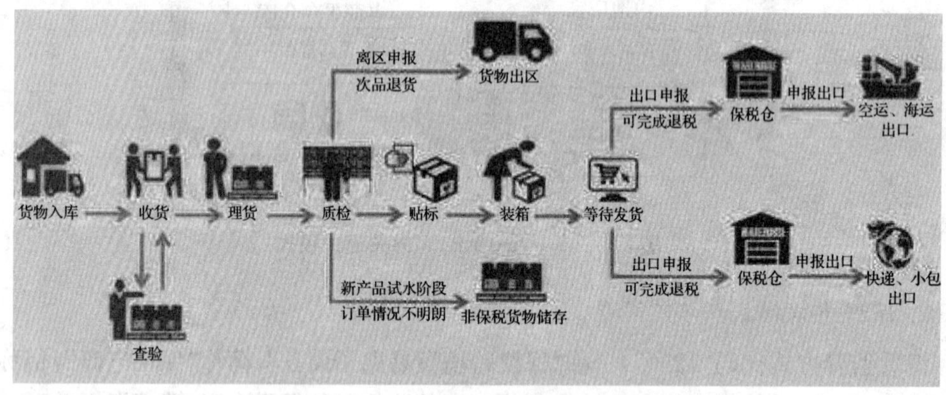

图 8-4-4 “特殊区域出口”海外通关模式

“特殊区域出口”海关监管模式当中,“提前备货”是这种模式的一大亮点,国内供货商备货在海关特殊监管区域,整进散出,出口业务因而“快上加快”,该监管模式还可满足跨境电商出口订单碎片化、多元化的要求,企业可选择合适的通关模式,根据实际出口商品名称和类目进行后续结汇退税,实现出口退税阳光化。在我国,广州海关率先为该监管模式顺利启动,提前收集企业诉求和建议,结合企业实际需求,自主开发广州海关跨境电子商务零售出口通关管理系统,系统设置账册管理、商品入区单、清单、出区核放单、查验等功能模块,实现全程无纸化通关。

跨境商品特殊区域保税出口报关模式对于跨境电商出口卖家有很多的优势：

第一，入区即退税，相比“离境退税”，利用保税区“入区即退税”的作用，可以让卖家实现快速退税，而不必等到货物真正销售出去才去做退税申报，加速退税流程，提高资金的使用效率。这一模式满足了跨境出口订单碎片化、多元化的要求，解决了传统跨境小包出口结汇、退税、数据统计难等问题，提升了贸易效率。

第二，解决报关难题，对于供应商较多，商品品类也很多的卖家来说，根据亚马逊销售的模式，小批量入 FBA 的产品对于供应商来说开票一直是难题。应用跨境特殊区域保税出口报关模式，货物进保税仓后可以先把所有的货一次性报关转到 H 账册，按照销售情况安排各站点多批次发货，货物离境前就可以先安排供应商开发票申请退税。亚马逊澳大利亚站目前暂不支持 FBA 入仓的，只能发小包给客户，而发小包无法达到供应商发票合规化、阳光化的要求，但是特殊监管区目前新增加的 B2C 出口途径，刚好解决了所有的困惑，还是可以跟 B2B 一样，把货统一报关分批出口。

第三，利于测试新产品，在对新产品及新市场的前景不是很有把握的时候，备货在海外仓面临着极大的资金和库存压力，运用此种模式，商品可以在产生订单后再进入保税区域，之后投递到终端消费者，在非保税区域的库存根据订单情况再决定补货顺序和数量。一旦货物卖得不好，只要申请内销补税，这批货物很快就能从园区拉回工厂。

第四，合理解决税务问题，进入国外海外仓需要按照一般贸易进口的方式交税，特殊区域出口零售模式是以小包物品方式直接到达国外消费者手中，对于欧洲来说，直发的商品货值控制在 22 欧元内就可以合理避开税务问题。

第五，退换货成本低，退换的物品可从境外进入保税仓内，在保税状态下完成理货，实现重新上架销售出口，与海外仓联动，满足出口电商要求，降低海外理货成本。

跨境商品特殊区域出口模式将助力有实力的卖家建设“全球中心仓”，实现出口贸易与进口贸易同仓调拨，小额交易和大宗贸易同仓交割，外贸与内贸同仓一体，帮助他们“盘库存卖全球”，出海报关在跨境电商模式下不断摸索。

第九章

客户关系管理和售后服务

9.1 客户关系管理与维护

客户关系管理在其他教科书上的定义大致是这样的：基于客户的信息进行深入分析，挖掘客户潜在需求，提高客户满意度，增加客户黏性，是有利于提高运营效益的一种手段。本书的观点是，跨境电商的客户关系管理更具有空间感，以产品作为媒介，与客户保持若即若离的沟通，挖掘客户潜在需求，塑造店铺或品牌的形象，赋予店铺活力，才能有助于提高店铺的效益。

客户关系管理的本质是提升客户再次购买次数，围绕以客户为中心，对客户数据进行搜集和分析，融合营销、管理、数据、软件等辅助，主动且有选择地建立客户关系，以营销思想为支撑维护客户。客户关系管理是利润的新生力，也是产品新生的源头。

新客户一般是通过关键词搜索、类目浏览或者付费广告进入我们的店铺，入店后对产品的款式、详情细节、评价情况、价格折扣、店铺信誉等进行主观辨别，在这个过程中，如果哪一个不是自己中意的，可能就退出店铺，俗称跳失率。如果有用户感兴趣的产品，则加入购物车或收藏，比较咨询后下单购买，成交之后还将因为服务不到位，诸如物流等因素产生纠纷。

在店铺中购买次数大于1次的客户称为老客户或回头客。老客户会对我们店铺的产品质量和服务有客观的认识，如果有过良好的购物体验，当看到自己感兴趣的产品时，他们不只是简单咨询或者直接拍下付款，他们更关注款式与店内活动。如果发生缺货或者物流等问题，也相对容易解决，收到货之后会对产品更倾向于感性的评价，相应的纠纷提起率极少，而且非常乐意把自己购买的产品和经历分享到社交圈，并希望获得朋友们的认可。

9.1.1 客户关系管理的价值

1. 降低营销成本，提高利润率

在新老客户的购买流程中可以看出，老客户的购买流程相对新客户要缩短很多。相关数据表明，开发一个新客户的成本是维护一个老客户的7～8倍。一次交易的完成并不意味着结束，若看成和客户再次沟通的开始，挖掘客户及客户圈内的潜在价值，增加老客户的成交次数，就意味着提高店铺的销量，从而增加更多的利润。

2. 有效快捷地沟通，辅助优化产品

相对于新客户，老客户的优势是具有明显的信任基础，如果注重加强与客户线上和线下沟通，可以更直接地获取老客户对产品的意见和建议，选择或开发符合客户真正需求的产品，在竞争日益激烈的网络中方可占领高地。

3. 借助口碑力量，建立品牌之路

随着速卖通在全球的影响力增强，速卖通正渗透国外终端用户的生活圈，而且国外买家朋友非常喜欢网络社交，经营店铺离不开客户的经营，日常我们对客户社交圈多加关注，则可以有效地增加客户的黏性，分享客户分享的内容，客户也乐意分享你所分享的。那么，每新增一个客户对产品或店铺分享，意味着你的产品将获得更多海外买家的认知，用心经营的卖家可以通过口碑的力量获得廉价的品牌建设渠道。

在维护客户的过程中，我们容易走入一个误区，就是不停地给客户发送优惠券，认为维护就是给好处。客户关系维护包含两个层面，即"维"持和呵"护"，维持双方关系不被客户遗忘，呵护双方情感信任，增加客户的忠诚度。其主要思路是在对客户细分后，以产品为载体，有的放矢，维系双方关系，促使再次购买。在维护的过程中，加强客户对店铺的认知度，提高客户的满意度，呵护双方情感，建立信任，赢得客户的忠诚度，使得客户不易流失。

9.1.2　客户维护工具——网站后台的客户管理与营销

为了帮助速卖通卖家更好地管理自己的买家，识别具有诚信并有购买力的优质买家进行针对性营销，增加销量，速卖通平台改进了买家管理营销工具，该工具包含客户管理和客户营销两大功能。

1. 客户管理功能

在客户管理页面中可以看到所有的客户、客户分组和黑名单，客户分组工具运用请参考前一章的分类工具，在所有客户页面中能管理所有有过交易的买家信息，包括买家所在国家、最近一次采购时间、买家的采购次数、累计采购金额、最后评价时间、评价得分、成交均价等信息。如果需要对客户进行再次补充，可以在备注一栏中添加备注。

除基本的买家信息展示功能外，该产品还支持卖家通过最近一次的订单先后、交易次数多少和累计交易金额大小进行排序，方便卖家通过各种维度识别需要维护的重点买家。比如一个买家在你这里有过多笔交易，有很高的交易额，但很久没有在你的店铺进行采购了，你就应该联系该买家了解其流失的原因，并针对性地改善自己的产品或服务。

2. 客户营销功能

卖家可以选择邮件营销和定向发放优惠券对客户进行维护或营销。为了让买家有更好的购物体验，邮件营销的次数根据卖家的服务等级有相应的次数限制，所以后台中的邮件营销需要我们每次有计划地策划邮件内容。

9.1.3　客户维护技巧

卖家看到有客户下单的时候通常会欣喜万分，并耐心地催付，认真地备货和发货。交易完成时，就感觉如释重负了。每次的交易完成并不意味着沟通的结束，而是下次交易的开始。客户的满意度来自每次交易，每次交易也可能改变客户的满意度，持续的满意度积累能够增加客户对店铺的信赖，有一次不好的体验足以让之前的满意功亏一篑。如何使新客户变成老客户，老客户变成重要客户呢？我们需要从客户拍下订单开始就给客户留下美好的印象，具体做法如下：

(1) 成交致谢。客户的成交是对卖家信任的开始，一封简单的感谢模板是买家对信任的呵护。

(2) 赠送礼品。礼品可以是邮票、挂件、贺卡、剪纸等重量比较轻的东西。当客户收到货时，让客户体验到卖家是有心的，能迅速提升买家对卖家的好感。

(3) 节假日问候。关注客户所在国家的节假日情况，有针对性地发送问候。

(4) 发货通知。每笔订单发货后，需及时做好发货通知（参照发货通知模板），关注包裹状态，如果遇到航线拥堵，应及时帮助客户延长收货日期。

在客人还没有收到货物之前，加深客户对我们的印象，同时奠定感情基础，如果因不可抗力的因素而引起包裹丢失，通常能取得客户的理解。

以上都是客人在未收到货之前我们所能做的维护，让客户感受到买家的服务态度，降低纠纷率和中差评率。客户收到货之后的维护也可以很丰富，越丰富的维护，给店铺带来的效益越明显。

(1) 好评奖励。当客户确认收货时，对产品有了真实的感受，对前期的服务也印象深刻，买家是非常乐意对自己的购物体验做出满意评价的。卖家可以给买家发放优惠券、满立减、特别折扣等表示感谢与奖励，将会立刻刺激客户的再次消费。

(2) 分享有礼是对好评奖励的延伸。卖家在做分享有礼时，建议加入客户的社交圈，获得更深层次的交流互动。

(3) 上新通知。通过客户历史营销工具通知客户，或者站内信、EDM营销，以及发放优惠券或特有的折扣力度，快速实现新品破冰。

(4) 客户专享日。前面的几个点是很多卖家经常能关注到的，如果一味地进行商品打折或上新通知，买家容易疲劳，可能反而弄巧成拙。完成一次交易后，分几个时间节点，设定客户专享日，注入情感关怀，会更容易被客户所接受。比如，在一次交易完成的一个月内，客户对自己购买的产品还能有清晰的记忆，也可以说是“蜜月期”，在此期间，作为商家应该献上蜜月之礼，例如，I am glad to find you were so satisfied with our goods, and give us 5 stars, now you are the VIP customer in our store! Our team here is very exciting, it would be a great power to keep us moving on之后，我们可以通过满月之礼、百日之礼等，再尝试感情沟通，例如，Dear VIP and Friend: Today is the 100th day you bought the goods in our store. We have send ＄2 coupon to you, enjoy shopping, my friend! 对买家而言，卖家能记得他何时购买过，会引起他对卖家店铺的再次关注，且时间越长越有意义。

(5) 关联推荐。卖家根据买家购买的商品，推荐相似产品。关联产品推荐包括横向和纵向推荐，比如买家买了一套假发，推荐假发专用的一把梳子，这是纵向的推荐。如果买家买了一套直发假发，然后推荐卷曲的假发，这是横向推荐。

(6) 促销通知。如果店铺需要做一次年中大促，提前两天将活动告知老客户，将可能实现产品销量的大幅提升。

9.1.4　客户维护频率

在对客户整理的过程中发现有一部分买家是很早使用速卖通的，但是成交过几次之后就再也没有购买过，出于好奇，我们对这些客户进行沟通，得知他们已经不使用那个邮箱了，因为每天收到几十封来自速卖通卖家的邮件，给他们造成了严重的困扰。客户维护的目的是加强客户对店铺的记忆，而不是增加讨厌。当我们对客户进行维护时，需要注意维护的内容，同时要注意维护的频率，不要急功近利，与客户保持绵绵流长的关系。

根据人的记忆周期规律，我们抓住 1、2、4、7、15 这些时间节点，结合与客户接触的事件进行维护。比如，当客户拍下订单后，我们在第 1 天发出致谢和关联产品推荐，第 2 天告知货物状态及定向优惠券，第 4 天告知货物照片及店铺活动，第 7 天告知物流状态及优惠券使用提醒，第 15 天更新物流状态及节假日问候。

9.2　跨境电子商务客户沟通

沟通本意是指开沟以使两水相通，后来用以泛指两方相通连，引申为疏通彼此的意见。跨境电子商务所讲的沟通是卖家和用户之间为了达成设定的交易目标，而将信息、思想和情感在卖家和用户间传递，以达成共同交易协议的过程。

9.2.1　沟通的重要性

在跨境电子商务中，交流与沟通始终贯穿整个业务。良好的交流与沟通是能够增加跨境电子商务利润的强大商业驱动力。跨境电子商务每天的具体业务操作自始至终都离不开交流与沟通。交流与沟通技巧是跨境电子商务的重要课题，熟练掌握交流与沟通技巧，能使许多问题迎刃而解，反之则寸步难行。

9.2.2　电子商务中的沟通技巧

与买家沟通不顺畅是在线访客流量不能转化为订单的关键因素。作为电商企业营销的"临门一脚"，沟通环节在交易达成前发挥着至关重要的作用。无论是跨境电商还是传统贸易，在交流与沟通上都特别强调时效性和完整性。所谓时效性是指无论是传统贸易中的商业谈判还是速卖通的旺旺询盘、站内信，均在第一时间及时回复，以便把握买家的节奏和时间进行紧密沟通并做出反应，抓住商务先机。

9.2.3　跨境电商沟通的特点

1. 无法预知竞争

在传统贸易中，人们可以和自己的竞争对手做一定的交流，通过客观比较，能够较清楚地知道自己的不足和对手的实力。但是,在跨境电子商务中,成千上万的卖家每天在自己的店铺里进行各种操作,面对大批的信息往往无法及时地针对出现的新商情做出反应,有时甚至会慢一步。

2. 沟通对象不同

传统贸易的沟通对象往往是专业的批发商,而跨境电子商务的沟通对象有两种人群,可能是专业的批发商,或者可能是数量庞大的终端消费者,这些消费者有一定的网上购物经验,或者愿意尝试网购,他们的购物目的是满足自己使用,因此对产品的质量及价格的要求和传统贸易会有所不同。因此,在询盘沟通中应该抓住买家的群体特征有针对性地进行沟通。

3. 服务以人为本

传统贸易往往数量较大,强调产品的标准性而非个性。而跨境电子商务中,以人为本是交流与沟通的"生命线"。随着竞争的日益激烈,跨境电商往往不是在比价格、比质量,而是在比服务。所以要提供最人性化的服务,从最初的询盘,到最后的下单,每一步都时刻关注着买家的心情、要求及顾虑,这样才能取得较好的效果。

4. 灵活性

跨境电子商务被西方学者比喻为"积木式"的功能设计。这个比喻恰当地体现了电子服务的灵活性——大规模的定制。为买家量身打造个性化商品与服务是一种以买家为中心的管理方法,也是成功的跨境电子商务必须采取的经营方式。根据买家的要求适时提供或者改变服务的内容和方式,是提高买家满意度的有效方式。

9.2.4 跨境电商客服必备技巧

买家可能对交易还存在诸多疑问,这时就需要掌握一些沟通技巧,做好售后服务,及时化解纠纷,让老买家成为客服专员的交易"稳定器"。售后的沟通中,客服专员需要注意以下几点。

1. 主动联系买家

在交易过程中多主动联系买家。买家付款以后,还有发货、物流、收货和评价等诸多过程,客服专员需要将发货及物流信息及时告知买家,提醒买家注意收货,这些沟通既能让买家即时掌握交易动向,也能够让买家感觉受到了客服专员的重视,促进双方的信任与合作,从而提高买家的购物满意度。此外,出现问题及纠纷时,客服专员也可以及时妥善处理。

2. 做好沟通准备

沟通准备不仅包括了解目标市场的风俗习惯,如节假日、国庆日等,便于沟通时拉近距离;还需要了解不同国家的语言习惯,便于根据不同人群给予针对性回复。在沟通之前,必须熟悉该产品的主要规格与质量要求,必须要能准确地用英文表达出来。

3. 书面沟通为主

即时通信工具,一般都有网络语音对话的功能。一般情况下,卖家应该避免与国外买家进行语音对话，尽量以书写方式为主。用书写的形式沟通，不仅能让买卖双方的信息交流更加地清晰、准确，也能够留下交流的证据，有利于后期纠纷的处理。卖家要保持即时沟通工具在线，经常关注收件箱信息，对于买家的询盘要及时回复，否则，买家很容易失去等待的耐心，客服专员也很可能错失买家再次购买的机会。

4. 学会分析买家

文化背景方面，卖家需要了解买家所在国家当地的风俗习惯与禁忌，以便沟通时拉近距离，有针对性地对买家进行回复。更具体来说，学会从买家的文字风格判断买家的性格脾气。比如，买家使用的语言文字简洁精练，则可判断其办事可能是雷厉风行，不喜欢拖泥带水。卖家若根据买家的性格脾气，积极调整沟通方式，能促进双方沟通的顺利进行。

5. 注意沟通时间

由于时差的缘故，在卖家日常工作（北京时间 8 点～17 点）的时候，会发现大部分国外买家的即时通信都是离线的。当然，即使国外买家不在线，卖家也可以通过留言联系买家。不过，建议供应商尽量选择买家在线的时候联系，这意味着卖家应该在晚上的时间联系国外买家。因为这个时候买家在线的可能性最大，沟通效果最好。

6. 必备商务技能

（1）英语：要求客服的英语水平达到大学英语四级。

（2）翻译：跨境电子商务平台面向全球买家，使用的语言也不止英语这一门，所以要求会使用翻译工具和翻译软件，可以把非英语的语言翻译成英语来理解。

（3）商务技能：自学一些必要的商务英语，以应对日常的商业情况。有丰富的外贸专业知识，对于跨境电商的整套流程都非常熟悉，比如支付、物流、关税、退税等。

良好的买家沟通可以提升店铺的形象，也可以让买家感觉在这里得到了真正的服务。只要服务提升上去，供应链跟上，产品品质提高，销量自然就会不断提高。

9.2.5　发货及物流服务

做好产品质量、货运质量是获得买家好感、信任的前提条件。没有在这些方面打牢基础，再优质的服务也无法将买家转化为忠诚的老买家。在买家维护方面，客服专员需要注意以下四点。

1. 发货前要严把产品质量关

（1）在上传产品的时候，客服专员可以根据市场变化调整产品，剔除供货不太稳定、质量无法保证的产品，从源头上控制产品质量。

（2）需要在发货前特别注意产品质检，尽可能避免残次物品的寄出，优质的产品是维系客户的前提。

2. 加强把控物流环节

（1）买家下单后，客服专员需要及时告知预计发货及收货时间，及时发货，主动缩短客户购物的等待时间。

（2）出口货物的包装不一定要精致美观，但必须保证牢固。包装一直是买家投诉的重要原因。对数量较多、数额较大的易碎品，客服专员可以将包装、发货过程拍照或录像，留作纠纷处理时的证据。

（3）客服专员需要注意产品的规格、数额及配件与订单上的保持一致，以防止引起纠纷。

注意：提供包裹中产品的清单，提高专业度。

3. 物流过程中与买家及时沟通

在物流过程中，买家是最想了解产品货运进展的，及时良好的沟通能够提高买家的交易满意度。

（1）产品发货后告知买家相关货运信息。告知买家产品已经发货，并给买家一个初步的交易等待时间区间。如果碰到脱班延迟的意外情况，也可以在邮件中告知买家，做好产品延迟到达的心理准备。

（2）提醒买家货物到达。一般货物到达前，货运公司会主动提前联系买家，卖方也需要保持关注，提前提醒对方付款赎单。

4. 做好买家信息管理，主动出击，进行二次营销

一次简单的交易到买家确认收到货后就结束了，而一个优秀的卖家仍有很多事情可以做。通过买家交易数据的整理，可以识别出那些有潜力持续交易的买家和有机会做大单的买家，从而更有针对性地维系他们并推荐优质产品，使这些老买家持续稳定地下单。

1）买家信息管理

很多有经验的卖家都会通过 Excel 对买家订单进行归类整理。根据每个买家的购买金额、采购周期长短、评价情况、买家国家等维度来寻找重点买家。通过对买家进行分类整理，既抓住了重点买家，也减少了维系买家的成本。有一些成功的大卖家会在与买家联系的过程中主动了解买家的背景、喜好和所购产品线，从中识别出具有购买潜力的大买家，为后期获取大订单打下基础。

2）主动二次营销

有了良好的卖点，买家识别之后，客服专员要做的就是把重点买家的购买力更好地掌控住。通过在线沟通、邮件、站内留言等方式，对重点买家进行二次营销。二次营销的时机具体如下：

（1）在每次有新的优质产品上线，宣传最新产品时。

（2）有一些产品在特价销售，做一些让利促销活动时。

（3）在感恩节、圣诞节等一些重要节日，买家的购买高峰期。

（4）转销型买家上一次转销估计已经完成，需要下一次采购的时候。

在这些重要的时间点主动出击，展开对于买家的二次营销，能让客服专员获得老客户稳定的交易量，从而增加交易量。

9.3　跨境电子商务中差评的处理

9.3.1　预防中差评

网上购物最吸引人的就是便宜或折扣，但如果买家买的东西没有满足自己的要求或达到预想的效果，就很可能给卖家中差评，按大多数平台的规则，中差评都会给卖家带来不好的影响。因此，卖家首先要预防中差评。

1. 严把商品质量关

"以质量求生存"不只是一句口号，产品质量关系到卖家能否长期生存和发展。产品质量太差，得不到消费者的支持，就很难在网上立足。这就要求卖家进货的时候一定要把好关。如果质量有问题，一开始就不能发货。同时，在发货的时候反复检查，保证货物的包装等没有问题。

2. 关于色差的问题

现在很多卖家都是用杂志或网站或厂家提供的图片做宣传，而不去拍实物图，造成图片失真，由此产生纠纷。买家无法看到实物，因此图片成了买家判断商品外观的重要依据。图片应尽量与商品接近，商品描述要全面而客观。同时，在颜色旁边备注"模特图可能有色差，对颜色敏感者慎拍"。

3. 良好的售后服务

接单并不是一个业务的结束，而是真正服务的开始。当买家下单后，卖家应尽快发货，发货后把快递单号和物流信息查询方式告知买家。如果中间买家有任何疑问，应尽快答复，让买家感到自己是被重视的，卖家是很负责的。

4. 分析买家类型，区别对待

在交易前，可查看一下买家的信誉度，买家对别人的评价以及别的卖家对买家的评价，再综合各类买家的不同特点区分对待。

9.3.2　中差评的原因分析

1. 商品图片与实物有差异

有时候为了使自己的产品看起来比较吸引眼球，卖家会在图片处理上或多或少添加一些产品本身没有的效果。这样就会给客户一个美好的心里预期，让他们满怀期待地等待。然而，一旦收到实物后感觉与图片的差别过大，买家就会非常失望，他们通常会在第一时间询问，为什么在颜色或者形状上有差别。

提供原有的图片，如果只有因小部分的修图处理造成的色差，合理的解释还可以赢得客户的信任，而且在这个过程中要多表现自己对买家的重视，适当给予下次订单的优惠和折扣。真诚的道歉可以将小事化了，向买家争取好评。

卖家在上传产品图的时候可以上传一些多角度的细节图,或者可以放上一张没有处理过的照片上去,尽量让买家有全面的视觉印象,避免不必要的投诉和差评。

2. 标题写了 Free Shipping,收到货物之后却要收费

众所周知,大部分卖家为了吸引买家下单,都会写上"Free Shipping",实际上大部分卖家也做到了免邮。但是有时会忽略一些国家的进口政策。比如,美国高于 500 美元申报价值的货物,就要按照重量收取进口关税了;加拿大和澳大利亚则是高于 20 美元的货物要收取关税;英国、德国等欧洲国家货物的申报价值必须是在 20～25 美元,一旦超出将会有更多的关税产生。

这样一来,提出的问题就有答案了,一旦有关税产生,买家必须支付关税后才能拿到货物。因此,你会遇到这样的问题:信用卡账户有额外的扣款显示 AliExpress Charge 速卖通平台针对买家的支付不收取其他额外的费用,但建议买家联系他的银行,问清是否需要支付手续费。如果买家通过 TIT 转账,银行端通常需要收取一定的手续费。

9.3.3 中差评的处理

1. 由于质量问题产生的差评

对于单纯由于质量问题产生的差评是比较好处理的。首先,收到差评之后及时和买家联系,询问一下对产品不满意的具体原因。在此基础上,让买家提供相应的照片。此外,卖家要回到自己的出货记录中查找相同时间内其他产品的反馈,分析一下库存中的货物质量。如果确实存在买家反映的问题,应及时解决。通过退款或换货的方式,让买家满意并且修改评价。

2. 由于买家个人使用不当导致的差评

如在沟通调查中发现是由于买家个人使用不当而给出的差评,一般有两种解决方法:如以消除差评为主要目的,应该和买家仔细解释为什么会出现这样的质量问题,在使用操作过程中存在哪些不正确的地方,最后和买家商量以何种方式可以使其满意并修改差评。如果是关于买家个人原因导致的质量问题,可以选择差评回复,并附上产品的使用说明及注意事项,也是一种差评营销。这种方法可能是大多数卖家在无法消除差评时不得不采取的方法。

3. 由于买家在下单前的细节要求没有得到满足产生的差评

许多买家在下单之前,会在订单下面留言强调这是为了我的婚礼准备的,请务必不要让我失望等类似的细节。遇到这样的订单,首先应该交代出货人员,特别注意该订单的质量和包装。其次,如果这个客户买下了一个非常便宜的产品,但是从询盘的态度上又可以看出他十分期待,为了避免差评,应该要考虑多一点成本付出以满足这个客户的心理预期。

9.4 跨境电子商务售后纠纷处理

在跨境电子商务实际业务中应当尽量避免产生纠纷,如已产生纠纷,需要正确地对待

纠纷，与顾客进行沟通交流以避免更大的损失，让买家感到满意，这样才能留住买家，并且能产生口碑效应，赢得更多的买家。售后纠纷常见的有买家对资费不满、买家未收到商品、商品与描述不符等情况。这里分别分析一下发生这些情况的可能原因及具体解决方案。

9.4.1　纠纷解决原则

纠纷是大家都不愿遇到的，但也是很难完全避免的。一方面，客服专员需要做好服务，学会预防纠纷；另一方面，客服专员要与买家做好沟通，主动化解纠纷。承诺的售后服务一定要兑现；预先考虑客户的需求，主动为顾客着想。当纠纷出现时，主动及时地沟通并努力消除误会，争取给出令买家满意的结果；对不好的反馈及时做出解释。一旦被顾客提出质量问题或者服务抱怨。首先要客观面对顾客的批评。如果确实是做得不够好，一定要虚心接受。

总而言之，卖家在与买家进行售后交流与沟通时，情况复杂多变且极易发生纠纷，但其实纠纷并不可怕。卖家在与买家交流和沟通时，应注意以下三个要点。

1. 尊重并理解买家的情绪

站在买家的角度考虑，出现问题想办法一起解决，而不是只考虑自己的利益。“己所不欲，勿施于人。”谁都不愿意无缘无故地承担损失，作为卖家，在一定的承受范围内应尽量让买家减少损失，短期来看可能卖家承担了一部分成本和损失，但同时卖家可以为自己赢得更多更长远的机会和利益。

2. 有效沟通

及时回应：买家不满意时，卖家及时回应，与买家进行友好协商。例如，买家迟迟没有收到包裹，在卖家可承受范围内可以给买家重新发送货物或及时给出其他替代方案；如果买家对商品质量或其他方面不满意，卖家应当与买家进行协商，提前考虑好解决方案。

沟通技巧：卖家在与买家进行沟通时，应当随时注意买家的心理变化。当买家不满意时，尽量引导买家向着保留订单的方向发展，同时可以适当让步，满足买家的一些其他要求；当出现退款时，尽量引导买家达成部分退款协议，尽可能避免全额退款。努力做到即使商品不能让买家满意，卖家的服务态度也要让买家无可挑剔。

3. 保留证据

卖家要时刻注意，每一笔订单在交易过程中的有效信息都应当保留下来，当出现纠纷时能够作为证据被卖家及时有效地提出，以便帮助卖家将问题向着更有利于自己的方向解决。交易过程中及时充分地举证，将相关信息提供给买家进行协商和谈判，或者提供给所在的跨境电子商务平台帮助仲裁。卖家和买家的纠纷和摩擦并不可怕，只要卖家在交易中充分做好举证准备，在心态上一切以买家满意为目标，纠纷一定会得到合理妥善的解决。

9.4.2 纠纷提交及协商流程

一般情况下，跨境电子商务业务纠纷类型可分为三种：买家对消费不满、买家未收到商品及买家收到商品与约定不符。

交易过程中买家提起退款申请，即进入纠纷阶段，须与卖家协商解决。关于流程详见图 9-4-1。买家提交退款申请时间：卖家填写发货追踪号以后，根据不同的物流方式，买家可以在不同的期限内提起退款申请。

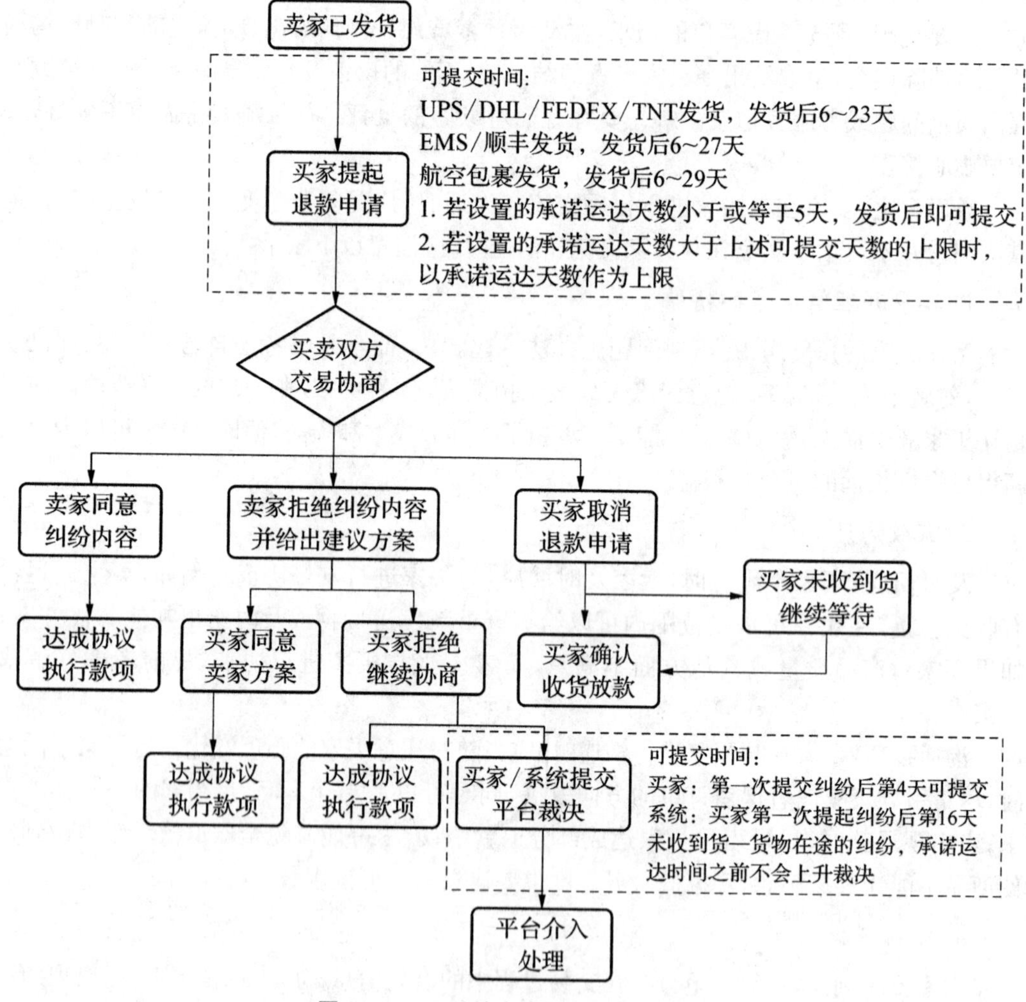

图 9-4-1 跨境电商纠纷处理流程图

1. 买家端操作

在订单的详情页中，买家可以看到按键“Open Dispute”，点击该按钮就可以提交退款申请，当买家提交退款申请时纠纷即产生。提交后，买卖双方可以就退款申请进行协商解决，协商阶段平台不介入处理。

2. 买卖双方交易协商

买家提起退款申请后，需要卖家的确认，卖家可以选择同意纠纷内容进入纠纷解决阶段，或者拒绝纠纷内容与买家进一步协商，页面如图 9-4-2 所示。

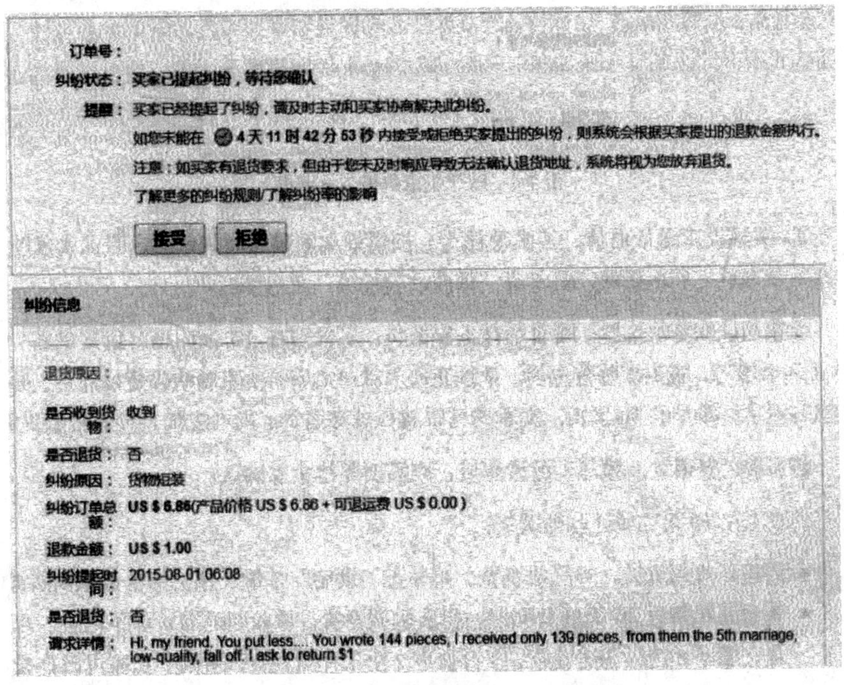

图 9-4-2　待买家响应订单截图

1）卖家同意纠纷内容

若卖家同意买家提起的退款申请，可点击“同意纠纷内容”进入纠纷解决阶段。买家提起的退款申请有以下三种类型：

(1) 买家未收到货，申请全额退款。卖家接受时会提示卖家再次确认退款方案，若同意退款申请，则退款协议达成，款项会按照买家申请的方案执行退款。

(2) 买家申请部分退款不退货。卖家接受时会提示卖家再次确认退款方案，若同意退款申请，则退款协议达成，款项会按照买家申请的方案执行部分退款及部分放款。

(3) 买家要求退款退货。若卖家接受，则需要卖家确认收货地址，默认卖家注册时候填写的地址；若不正确，则点击“修改收货地址”进行修改。

卖家确认了收货地址后，需要等待买家退货，买家需在 10 天内填写退货单号，若 10 天内未填写，视为买家放弃退货，系统直接放款给卖家。卖家确认收货地址后，到买家填写退货订单号的 30 天内，卖家均可以选择放弃退货，则系统直接退款给买家。

2）卖家拒绝纠纷内容

若卖家不接受买家的退款申请，可以点击“拒绝纠纷内容”按钮并填写卖家建议的解决方案(操作页面如图 9-4-3 所示，该图内所填写的退款金额和拒绝理由均是卖家给出的解决意见，若买家接受，则退款协议达成，若不接受，还须继续协商)。

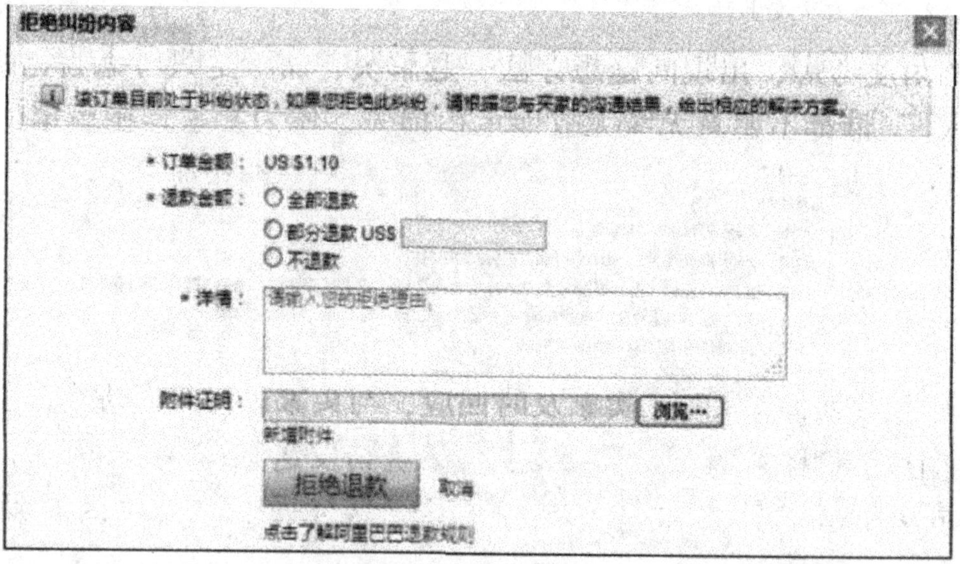

图 9-4-3　拒绝纠纷内容

买家若未收到货就提起退款申请，拒绝时的附件证明必须上传，卖家可以提供发货底单、物流公司的查单和物流官方网站的查询信息截图等证据，证明已发货及物流状态。

买家提起货不对版的退款申请，拒绝时的附件证明为选填，卖家可以提供产品发货前的图片、沟通记录、重量证明等证据，证明已如实发货。

3）买家取消退款申请

买卖双方协商阶段，买家可取消退款申请，若买家因为收到货物取消了退款申请并确认收货，则交易结束进入放款阶段；若买家因为其他原因取消（如货物在运输途中，愿意再等待一段时间），则继续进行交易流程。

9.5　跨境电子商务常用客服邮件模板

在跨境电子商务平台上运营店铺，日常用英文邮件与买家沟通必不可少，外国买家在下单前以及付款后遇到一些问题或麻烦时，客服人员需要在短时间内做出回应，帮助解决买家的各种问题，加强买家购买意愿。通过提高客服的技巧，给予客户更好的购物体验，减少物流带来的纠纷。本节内容中，以中英文双语的方式，为大家介绍几种常用的客服邮件模板，帮助大家与国外买家沟通得更到位。这些模板也同样适用于其他跨境电商平台。

9.5.1　英文邮件书写基本要点

（1）清晰（Clearness）。要求英文邮件表达的内容主旨分明，用词肯定准确。

（2）简洁（Conciseness）。需要用尽量简短的语句进行清楚的表达，并尽量避免用过于复杂的词汇。

（3）准确（Correctness）。商务英语的信函与买卖双方的权利、义务、利害关系是进行商业活动往来的重要凭证。准确无误是商业英语信函写作中最重要的原则。

(4) 具体(Concreteness)。具体原则是指信函中涉及的内容要言之有物,信息要翔实具体、丰富生动,表达要完整。

(5) 体谅(Consideration)。体谅是指以对方利益为出发点,站在对方的立场周到、细致地考虑问题,以便得到对方的好感而达到所预期的目的。

(6) 礼貌(Courtesy)。英文书写有一定的礼貌用语和要求,但也不用过分地礼貌。

(7) 完整(Completeness)。一封完整的商业信函应该是对对方提出的问题逐一回答而且对自己要表达的重要信息说明清楚。

9.5.2　常用十二类中英文客服邮件模板

1. 已发货并告知买家

Dear ×××,

Thank you for shopping with us.

We have shipped out your order (order ID: ×××) on Feb. 10th by EMS. The tracking number is ×××. It will take 7～10 workdays to reach your destination, but please check the tracking number for updated information. Thank you for your patience!

If you have any further questions, please feel free to contact me. Best regards.

尊敬的×××,

非常感谢您光顾本店。

我们已将您购买的商品(订单号:×××)于 2 月 10 日通过 EMS 快递向您寄出。快递单号为:×××。预计快递公司将于 7～10 个工作日内送达,请您记录快递单号并随时查阅快递信息。感谢您在此期间的耐心等待!

如果您有任何其他问题需要解决,欢迎随时联系我们。致以最真挚的问候。

2. 客户投诉产品质量有问题

Dear ×××,

I am very sorry to hear about that. Since I did carefully check the order and the package to make sure everything was in good condition before shipping it out, I suppose that the damage might have happened during the transportation. But I am still very sorry for the inconvenience this has brought you. I guarantee that I will give you more discounts to make this up next time you buy from us. Thanks for your understanding.

Best Regards.

尊敬的×××,

很抱歉听到发给您的货物有残损,我在发货时再三确定了包装没有问题才给您发货的。残损可能发生在运输过程中,但我仍旧为带给您的不便深表歉意。当您下次从我这购买时,我将会给您更多的折扣。感谢您的谅解。

向您表达诚挚的歉意!

3. 由于物流风险，卖家无法向买家所在的进口国发货

Dear ×××,

Thank you for your inquiry.

I am sorry to inform you that our store is not able to provide shipping service to your country. However, if you plan to ship your orders to other countries, please let me know; hopefully we can accommodate future orders.

I appreciate for your understanding!

Sincerely!

尊敬的×××，

我很遗憾地通知您，本店铺尚无法向您所在的国家发送快递。不过，若您打算将您的订单发往其他国家，请您通知我。希望您以后继续光顾本店。

非常感谢您的理解和支持！

向您表达诚挚的歉意！

4. 由于商品超重，无法享受免除邮费的服务

Dear ×××,

Unfortunately, free shipping for this item is unavailable. I am sorry for the confusion. Free shipping is only for packages weighing less than 2 kg, which can be shipped via China Post A Mail. However, the item you would like to purchase weighs more than 2 kg, you can either choose another express carrier, such as UPS or DHL (which will include shipping fees, but are much faster). You can place the orders separately, making sure each order weighs less than 2 kg, take advantage of free shipping.

If you have any further questions, please feel free to contact me.

Best regards.

尊敬的×××，

非常遗憾地告诉您，您所选购的商品无法提供免费邮寄服务，对此我们深表歉意。本店铺仅能够免费邮寄 2 kg 以下并且可以通过中国邮政航空邮件发运的商品，可惜您本次购买的商品超过了 2 kg。您也可以选择其他的快递公司，如 UPS 和 DHL(当然即使更换快递公司，您也需要另外支付快递费用，但是这些快递公司的物流速度更快)。此外，您还可以选择将您的商品分成多个包裹发送，确保每个包裹的重量小于 2 kg，依然可以享受免邮费的服务。

如果您有任何其他问题需要解决，欢迎随时与我联系。

致以最真挚的问候。

5. 遇到物流问题

Dear ×××,

Thank you for your inquiry. I am happy to contact you.

We would like to confirm that we sent the package on 16 Jan, 2015. However, we were informed package did not arrive due to shipping problems with the delivery company. We have resent your order by EMS, the new tracking number is: ×××. It usually takes 7 days to arrive to your destination. We are very sorry for the inconvenience. Thank you for your patience.

If you have any questions, please feel free to contact. Best regards.

尊敬的×××，

非常感谢您垂询本店，我很荣幸为您服务。

我们于2015年1月16日向您寄出了您所订购的商品，但由于快递公司的原因导致您的商品暂时无法送达。我们已经将您的订单通过EMS重新寄出，新的快递单号是：×××，通常7日内送到。我们再次为给您带来的不便表示歉意。非常感谢您的耐心和谅解。

如果您有任何问题，欢迎随时联系。致以最真挚的问候。

6. 买家需要提供样品，而卖家无法提供样品

Dear ×××,

Thanks you for your inquiry, I am happy to contact you.

Regarding your request, I am very sorry to inform you that we are not able to offer free samples. To check out our products we recommend ordering just one unit of the product (the price may be a little bit higher than ordering a lot). Otherwise, you can order the full quantity. We can assure the quality every piece of our product is carefully examined by our working staff. We believe trustworthiness is the key to a successful business.

If you have any further questions, please feel free to contact me. Best regards.

尊敬的×××，

非常感谢您光顾本店，我很荣幸为您服务。

关于您提出的提供样品的要求，我很遗憾地通知您，本店不提供免费的样品。如果您对我们的商品不够放心，需要一个样品验证，那么我建议您首先购买我们的一个单件商品（单件购买的价格也许会略高于大量购买的价格）。当然，我们更希望您直接购买所需数量的商品，我们可以为我们店铺的每一件商品提供质量保证，因为我们相信诚信是做生意的基石。

如果您有任何其他问题，欢迎随时联系。致以最真挚的问候。

7. 海关税

Dear ×××,

Thank you for your inquiry. I am happy to contact you.

I understand that you are worried about any possible extra cost for this item. Based on past experience, import taxes falls into two situations.

First, in most countries, it did not involve any extra expense on the buyer side for similar small or low-cost items.

Second, in some individual cases, buyer might to pay some import taxes or customs charges even when their purchase is small. As to specific rates, please consult your local customs office.

I appreciate for your understanding!

Sincerely!

尊敬的×××,

感谢您垂询本店,我很荣幸为您服务。

我非常理解您关于本次购物可能产生其他费用的担忧。根据我以往的经验,海关的进口关税分为两种情况:

第一种情况,大部分国家,像您所购买的类似小件或低价商品不会给您带来任何关税费用。

第二种情况,在某些特殊情况下,买家还是要为自己所购买的哪怕是小件商品缴纳进口关税或消费税。至于具体的税率,您只能去咨询您所在国家的海关部门。

非常感谢您的理解和支持!

向您表达诚挚的歉意!

8. 货物断货

Dear ×××,

We are very sorry that item you ordered is out of stock at the moment. I will contact the factory to see when it will be available again. I would like to recommend some other items of similar styles. Hope you like them too. You can click on the following link to check them out ×××. If there's anything I can help with, please feel free to contact us. Thanks!

Best Regards.

尊敬的×××,

真是抱歉,您订购的产品目前缺货,我会与工厂联系什么时候能补上,并将随时告知您。以下链接提供的产品也很不错,您可以看看。有什么我可以帮忙的,请随时与我们联系。谢谢!

致以最真挚的问候。

9. 未付款订单

Dear ×××,

We have got your order of ×××. But it seems that the order is still unpaid. If there is anything I can help with the price and size, please feel free to contact me. After the payment is confirmed, I process the order and ship it out as soon as possible. Thanks!

Thanks again! Looking forward to hearing from you. Best regards.

尊敬的×××,

我们已收到您的订单,但订单似乎还未付款。如果在价格和尺寸上有什么问题,请随时与我联系。当付款完成,我将立即备货并发货。谢谢!

再次向您表示感谢,期待您的回复。致以最真挚的问候。

提示:请根据您产品的自身特点对描述内容进行修改。

10. 退换货

Dear ×××,

I am sorry for the inconvenience. If you are not satisfied with the products, you can return them to us.

When we receive the goods, we will give you a replacement or give you a full refund. We hope to do business with you for a long time.

We will give you a big discount for your next order. Best regards.

尊敬的×××,

很抱歉给您带来不便。如果您对本店铺的商品不满意,您可以将该商品退还给我们。

收到货物后,我们将为您换货或者全额退款。希望能与您建立长期的贸易伙伴关系。

您下次光临本店时,我们也会为您提供本店最优惠的折扣。致以最真挚的问候。

11. 向买家推荐新品

Dear ×××,

As Christmas/New year/... is coming, we found ××× has a large potential market. Many customers are buying them for resale on eBay or in their retail stores because of its high profit margin. We have a large stock of ×××. Please click the following link to check them out ×××. If you order more than 10 pieces in one order, you can enjoy a wholesale price of ×××. Thanks. Best regards.

尊敬的×××,

随着圣诞节/新年/……的来临,我们发现×××产品拥有一个大型潜在市场。由于其高利润率,许多客户都在 eBay 上或在零售店购买转售。我们有大量的畅销的×××产品。请单击下面链接×××查看它们。如果您订购十件以上的商品,我们可以给您批发价格。感谢您的惠顾。

提示:请填写产品名称、产品链接地址和购买件数。

12. 买家议价

Dear ×××,

Thank you for taking interests in our item. I'm afraid we can't offer you that low price you bargained as the price we offer has been carefully calculated and our profit margin is already very limited. However, we can offer you a ×% discount if you purchase more than ××× pieces in one order. If you have any further questions, please let me know. Thanks!

Best regards.

尊敬的×××,

感谢您对我们的产品感兴趣,但很抱歉我们不能给您更低的议价。事实上,我们的上市价格是经过精心计算且合理的,它已经让我们的利润很低了。但如果您一个订单购买超过×××件,我们将给您×××的折扣。有任何问题请联系我。谢谢!

致以最真挚的问候。

9.6 跨境电子商务市场交流禁忌

跨境电子商务业务不同主体之间的交流多数是跨文化交流的范畴。跨文化交流既可能是两个具有不同生活方式、不同语言、不同历史传承的人之间的交流,也可以是两个文明或多个文明之间的交锋、交流和交融。交流过程中会出现一些习俗上的禁忌或语言上的障碍等。在这样的情况下,跨境电子商务经营者要把握买家所在国家的文化习惯,避免与其国家的文化发生冲突,并主动适应买家所在国家的文化。下面介绍一些国家的文化禁忌及买家特点。

9.6.1 美国市场交流禁忌

1. 不能随意开玩笑

一些美国留学生有时会说一两句善意的谎言或者开个玩笑,大家认为这些都是正常的。然而在美国,用开玩笑的方式说对方不诚实,这会使美国人不悦,因为美国是一个很讲究信誉的民族,他们的经济和社会地位都是建立在个人的信誉基础上的,不能忍受别人没有信誉。

2. 不要称呼黑人为“Negro”

Negro 是英语“黑人”的意思,尤指从非洲贩卖到美国为奴的黑人。所以在美国千万不要把黑人称作“Negro”,跟白人交谈如此,跟黑人交谈更应如此。说到黑人,最好用“Black”一词,黑人对这个称呼会坦然接受。

3. 不能随便说“I am sorry”

“I am sorry”和“Excuse me”都是“抱歉”“对不起”的意思,但“I am sorry”语气较重,表示承认自己有过失或错误。如果为了客气而轻易出口,常会被对方抓住把柄,追究实际不属于你的责任。

4. 不能过分谦虚

中国人视谦虚为美德,但是美国人却把过谦视为虚伪的代名词。如果一个能流利地讲英语的人自谦说英语讲得不好,接着又说出一口流畅的英语,美国人便会认为他撒了谎,是个口是心非、装腔作势的人;所以,同美国人交往,应该大胆地说出自己的能力,不必谦虚客气,否则会事与愿违。

9.6.2 欧洲市场交流禁忌

1. 英国

(1) 不能问女士的年龄。英国人非常不喜欢谈论男人的工资和女人的年龄,甚至他家里的家具值多少钱,也是不该问的。如果你问了一位女士的年龄,是很不合适的,因为她认为这是她自己的秘密,而且每个人都想永葆青春,没有比对中年妇女说一声“你看上去好年轻”更好的恭维了。

(2) 不能砍价。在英国购物，最忌讳的是砍价。英国人不喜欢讨价还价，认为这是很丢面子的事情。当你售卖的是一件贵重的艺术品或数量很大的商品时，你需要小心地与买方商定一个全部的价钱。英国人很少讨价还价，他们认为一件商品的价钱合适就买下，不合适就走开。

2. 德国

重视称呼是德国人在人际交往中的一个鲜明特点。对德国人称呼不当通常会令对方大为不快。一般情况下，切勿直呼德国人的名字，称其全称或仅称其姓，切勿疏忽对“您”与“你”这两种人称代词的使用。对于熟人、朋友、同龄者，方可以“你”相称。在德国，称“您”表示尊重，称“你”则表示地位平等、关系密切。

德国人对纳粹和军团标志特别敏感，电子商务网站和产品包装的设计上应该注意避免这类图片出现。

3. 意大利

在商务交流时，不要立即谈生意，意大利人喜欢先闲聊几句，谈谈家常什么的。对商业谈判要有充分的准备，对自己的产品及其在当地或其他地方取得的成功要有详尽的了解。

大多数工厂、公司7～8月份都关门。仍然开业的单位也只有少数骨干人员在工作。这段时间不要前去联系业务。不要谈论当地的政治(过去的和现在的)以及当地税务情况。绝对不要批评意大利国家或地区的体育运动队。绝大多数意大利商业人员都受过良好教育，他们喜欢漫谈艺术、文化、国际事务、体育运动、饮食和家庭生活。在纯社交活动中不要谈业务。

4. 比利时

在与比利时人交往中，一是要切记比利时的民族和语言问题，对瓦隆人和佛兰芒人一视同仁，万万不可把自己与比利时的民族矛盾纠缠在一起；二是要避免谈论比利时的宗教、政治问题，因为你很难知道你的比利时伙伴是否欣赏你的观点。较为稳妥的话题可以是关于体育运动，如比利时人喜欢的足球、自行车赛等，也可以谈论比利时的文化成就，或者你所访问过的城市，等等。

其他欧洲国家，主要都是信奉基督教和天主教，对“星期五”和“13”有所禁忌，对自己的隐私有所禁忌。

5. 俄罗斯

健康：关于这一话题，俄罗斯人比较积极。他们很乐于与别人分享自己的健康状况，因为他们把健康当作自己的骄傲，但不会过分炫耀。然而，如果有人的健康状况不好，那么周围会有很多热情的俄罗斯人表现出对他的怜惜并且提出一些医疗上的建议。抱怨生活以及同情弱者和病人都是俄罗斯人性格的一部分，更是他们可以接受的话题。

天气：俄罗斯人与欧洲人一样，喜欢闲谈时以天气为话题。因为天气是谁都关心并且也不会得罪别人的话题。据说，欧洲人经常以天气为聊天的话题，是因为想避免与别人谈论私事。有趣的是，俄罗斯人经常谈论的只是坏的天气，例如，“这是什么鬼天气呀？”或者“又下雨了”。俄罗斯人谈论天气是很普遍的，但是如果用得不恰当会被认为是很庸俗的，如果外国人把本地或者本国的天气与当地天气来对比谈论，可以引起俄罗斯人极大的兴趣。然而俄罗斯人之间一般是不谈论天气和金钱，也不谈论某种与国家或者切身利益相关的大事，如政治矛盾、宗教矛盾、民族纠纷、前苏联解体以及大国地位，车臣及领土归属等问题。

家庭：俄罗斯人之间经常谈论自家的家庭以及孩子，并且往往把孩子的学习状况放在首位来谈。他们会因为孩子取得好成绩而骄傲自豪。因此交谈时，可以适当地询问对方孩子的状况，或者对方的喜好与如何度过闲暇时间。俄罗斯人通常不会随身携带亲人或者配偶的照片，也不把照片放在办公桌上面。如果交谈中你可以把自己亲人的照片给他看，他会很感兴趣，并且很容易对你产生好感。俄罗斯人很乐意与周围的人谈论自己的家庭和孩子，但是不会在谈话中直接引出这样的话题，如“您丈夫在哪里工作？”或者“您结婚了吗？”

9.6.3 拉美市场交流禁忌

(1) 跟阿根廷人避谈政治、宗教和有争议的问题，如军人干政、马岛战争、白人与土著人关系；不要非议探戈舞；如果席间有妇女，也不宜讨论商业事务。

(2) 跟墨西哥人交流，一般不直呼对方的名字，喜欢称对方的职称、学位等头衔，如教授、博士、医生、工程师、律师、法官等；一般没有称呼对方为“阁下”的习惯。忌讳蝙蝠及其图案和艺术造型。

(3) 跟哥伦比亚人交流，不要说斗牛不好，忌对民间习俗说三道四。

(4) 秘鲁人认为紫色是不祥的颜色，仅在宗教仪式中使用。避谈政治，忌讳“死亡”这个字眼。

(5) 在萨尔瓦多人面前不要笼统地称美国人为“American(美洲人)”，否则他们会不高兴。

(6) 玻利维亚人更喜欢和会讲西班牙语的人打交道。避谈政治和宗教。

(7) 乌拉圭人忌讳青色，避谈政治。

9.6.4 非洲市场交流禁忌

称非洲朋友要按照国籍，不要用统称。如果您称一位非洲朋友为 African 的话，那可就“大错特错”了，因为在非洲朋友看来，African 一词包含着落后、不发达等贬义。一般说来，非洲朋友的国家意识都十分强烈，因此在称呼非洲朋友时，最好按照他们的国籍来称呼，而不要统称他们为 African。

第十章

跨境电子商务监管政策

10.1 监管政策简介

跨境电商全称“跨境电子商务”，是指不同国别或地区间的交易双方通过或联网及其相关信息平台实现交易，并线下开展物流进出口业务操作的电子商务应用模式。

2014年2月10日，增列海关监管方式代码“9610”，全称“跨境贸易电子商务”，简称“跨境电商”，适用于境内个人或电子商务企业通过电子商务交易平台实现交易，并采用“清单核放、汇总申报”模式办理通关手续的电子商务零售进出口商品（通过海关特殊监管区域或保税监管场所一线的电子商务零售进出口商品除外）。

2014年8月1日，增列海关监管方式代码“1210”，全称“保税跨境贸易电子商务”，简称“保税跨境电商”。“1210”监管方式用于进口时仅限经批准开展跨境贸易电子商务进口试点的海关特殊监管区域和保税物流中心（B型）。

2020年6月13日，增列海关监管方式代码“9710”，全称“跨境电子商务企业对企业直接出口”，简称“跨境电商B2B直接出口”，适用于跨境电商B2B直接出口的货物。“9810”，全称“跨境电子商务出口海外仓”，简称“跨境电商出口海外仓”，适用于跨境电商出口海外仓的货物。

跨境电子商务企业、消费者（订购人）通过跨境电子商务交易平台实现零售进出口商品交易。跨境电商按照海关监管方式主要分为9610（跨境电商）、1210（保税跨境电商）、9710（跨境电商B2B直接出口）和9810（跨境电商出口海外仓）等四种模式。跨境电商与一般贸易监管类型比较如表10-1-1所示。

表10-1-1　跨境电商与一般贸易监管类型比较

	跨境电商B2B出口 9710、9810	跨境电商B2C出口 9610	一般贸易出口 0110
企业要求	参与企业均办理注册登记 出口海外仓企业备案	电商、物流企业办理信息登记办理报关业务的办理注册登记	企业注册登记
随附单证	9710：订单、物流单（低值） 9810：定仓单、物流单（低值） （委托书首次提供）	订单、物流单、收款信息	报关委托书、合同、发票、提单、装箱单等

续 表

	跨境电商 B2B 出口 9710、9810	跨境电商 B2C 出口 9610	一般贸易出口 0110
通关系统	“H2018 通关管理系统” “跨境电商出口统一版”(单票<5 000,不涉检、证、税)	“跨境电商出口统一版”	“H2018 通关管理系统”
简化申报	在综试区所在地海关通过“跨境电商出口统一版”申报,符合条件的清单,可按照6位 HS 编码简化申报	在综试区所在地海关通过“跨境电商出口统一版”申报,符合条件的清单,可按照4位 HS 编码简化申报	—
物流	转关 直接口岸出口 全国通关一体化(通过H2018 申报的)	转关 直接口岸出口	直接口岸出口 全国通关一体化
查检	优先安排查验	—	—

从事跨境电子商务零售进出口业务的企业应向海关实时传输真实的业务相关电子数据和电子信息,并开放物流实时跟踪等信息共享接口,加强对海关风险防控方面的信息和数据支持,配合海关进行有效管理。

跨境电子商务企业及其代理人、跨境电子商务平台企业应建立商品质量安全等风险防控机制,加强对商品质量安全以及虚假交易、二次销售等非正常交易行为的监控,并采取相应处置措施。

跨境电子商务企业不得进出口涉及危害口岸公共卫生安全、生物安全、进出口食品和商品安全、侵犯知识产权的商品以及其他禁限商品,同时应当建立健全商品溯源机制并承担质量安全主体责任。

跨境电子商务平台企业、跨境电子商务企业或其代理人、物流企业、跨境电子商务监管作业场所经营人、仓储企业发现涉嫌违规或走私行为的,应当及时主动告知海关。

10.2 “9610”和“1210”监管方式

为促进跨境贸易电子商务零售进出口业务发展,方便企业通关,规范海关管理,实现贸易统计,以“9610”海关监管方式开展电子商务零售进出口业务的电子商务企业、监管场所经营企业、支付企业和物流企业应当按照规定向海关备案,并通过电子商务通关服务平台实时向电子商务通关管理平台传送交易、支付、仓储和物流等数据。

10.2.1 跨境电商零售出口

跨境电商零售出口也就是我们常说的 B2C 出口(Business To Customer),监管代码9610,是指企业直接面向境外消费者开展在线销售产品和服务,其出口监管流程如图

10-2-1所示。

符合条件的电子商务企业或平台与海关联网，境外个人跨境网购后，电子商务企业或平台将电子订单、支付凭证、电子运单等传输给海关，电子商务企业或其代理人向海关提交申报清单，商品出境（通过海关特殊监管区域或保税监管场所一线的电子商务零售进出口商品除外）。具体流程如下：

企业管理：

信息或注册登记。跨境电子商务企业、物流企业等参与跨境电子商务零售出口业务的企业，应当向所在地海关办理信息登记；如需办理报关业务，向所在地海关办理注册登记。

图 10-2-1　"9610"出口监管流程

通关管理：

(1) 数据传输。跨境电子商务零售出口商品申报前，跨境电子商务企业或其代理人、物流企业应当分别通过国际贸易"单一窗口"或跨境电子商务通关服务平台向海关传输交易、收款、物流等电子信息，并对数据真实性承担相应法律责任。

(2) 报关手续。跨境电子商务零售商品出口时，跨境电子商务企业或其代理人应提交《申报清单》，采取"清单核放、汇总申报"方式办理报关手续；跨境电子商务综合试验区内符合条件的跨境电子商务零售商品出口，可采取"清单核放、汇总统计"方式办理报关手续。

(3) 清单核放，汇总申报。跨境电子商务零售商品出口后，跨境电子商务企业或其代理人应当于每月15日前（当月15日是法定节假日或者法定休息日的，顺延至其后的第一个工作日），将上月结关的《申报清单》依据清单表头"八个同一"规则进行归并，汇总形成《中华人民共和国海关出口货物报关单》向海关申报。

(4) 八个同一。同一收发货人、同一运输方式、同一生产销售单位、同一运抵国、同一出境关别，以及清单表体同一最终目的国、同一10位海关商品编码、同一币制的规则进行归并。

(5) 清单核放、汇总统计。允许以"清单核放、汇总统计"方式办理报关手续的，不再汇总形成《中华人民共和国海关出口货物报关单》。

(6) 适用汇总统计的商品。不涉及出口征税、出口退税、许可证件管理，且单票价值在人民币5 000元以内的跨境电子商务B2C出口商品。

10.2.2 跨境电商零售进口

跨境电商零售进口，是指中国境内消费者通过已在海关备案的跨境电商平台经营者自境外购买商品，并通过“网购保税进口”(海关监管方式代码 1210)或“直购进口”(海关监管方式代码 9610)运递进境的消费行为。跨境电商进口商品的收货时长和进口模式有一定关系，“1210”和“9610”跨境电商进口模式比较如图 10－2－2 所示。

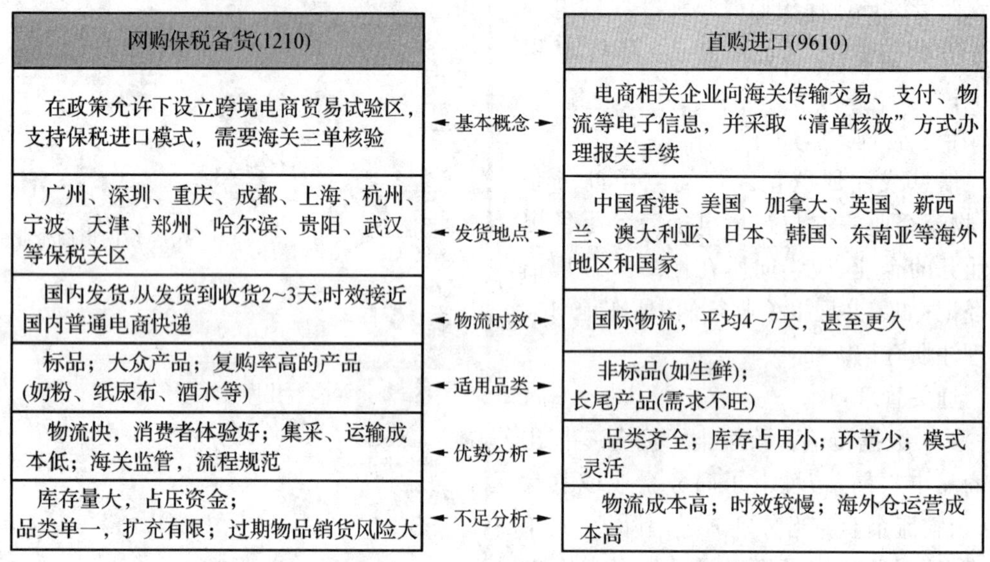

网购保税备货(1210)		直购进口(9610)
在政策允许下设立跨境电商贸易试验区，支持保税进口模式，需要海关三单核验	◄基本概念►	电商相关企业向海关传输交易、支付、物流等电子信息，并采取“清单核放”方式办理报关手续
广州、深圳、重庆、成都、上海、杭州、宁波、天津、郑州、哈尔滨、贵阳、武汉等保税关区	◄发货地点►	中国香港、美国、加拿大、英国、新西兰、澳大利亚、日本、韩国、东南亚等海外地区和国家
国内发货,从发货到收货2~3天,时效接近国内普通电商快递	◄物流时效►	国际物流，平均4~7天，甚至更久
标品；大众产品；复购率高的产品(奶粉、纸尿布、酒水等)	◄适用品类►	非标品(如生鲜)；长尾产品(需求不旺)
物流快，消费者体验好；集采、运输成本低；海关监管，流程规范	◄优势分析►	品类齐全；库存占用小；环节少；模式灵活
库存量大，占压资金；品类单一，扩充有限；过期物品销货风险大	◄不足分析►	物流成本高；时效较慢；海外仓运营成本高

图 10－2－2 “1210”和“9610”跨境电商进口模式比较

“网购保税进口”(海关监管方式代码 1210)：跨境电商企业提前从境外批量进口各类商品到境内的海关特殊监管区域或保税物流中心(B 型)，消费者通过跨境电商平台下单后，商家即可开始打包、向海关申报，海关放行后，商品装车配送出区。由于是在境内发货，所以购买网购保税进口商品的消费者在购物体验上与购买国内商品无明显差异，收货时长基本取决于国内快递效率，最快的甚至当天就能收到商品。

“直购进口”(海关监管方式代码 9610)：消费者在跨境电商平台下单后，商家从境外发货，经过国际运输抵达中国海关监管区域，向海关申报入境，完成通关手续后进入国内派送环节。相比网购保税进口模式，直购进口多了商家在境外发运和国际运输的时间，所以整个物流环节往往需等待 3～7 天的时间。

1. 跨境电商零售进口怎么纳税

(1) 哪些商品需要纳税？

① 所有通过与海关联网的电子商务交易平台交易，能够实现交易、支付、物流电子信息“三单”比对的跨境电子商务零售进口商品；

② 未通过与海关联网的电子商务交易平台交易，但快递、邮政企业能够统一提供交易、支付、物流等电子信息，并承诺承担相应法律责任进境的跨境电子商务零售进口商品。

(2) 纳税义务如何划分？

纳税义务人→跨境电子商务零售进口商品按照货物征收关税和进口环节增值税、消费税，购买跨境电子商务零售进口商品的个人。

完税价格→实际交易价格(包括货物零售价格、运费和保险费)。

代收代缴义务人→电子商务企业、电子商务交易平台企业或物流企业。

2. 消费者(订购人)有何优惠

将跨境电子商务零售进口商品的单次交易限值由人民币 2 000 元提高至 5 000 元，年度交易限值由人民币 20 000 元提高至 26 000 元；完税价格超过 5 000 元单次交易限值但低于 26 000 元年度交易限值，且订单下仅一件商品时，可以自跨境电商零售渠道进口，按照货物税率全额征收关税和进口环节增值税、消费税，交易额计入年度交易总额，但年度交易总额超过年度交易限值的，应按一般贸易管理。

3. 如何成为跨境电子商务企业

跨境电子商务平台企业、物流企业、支付企业等参与跨境电子商务零售进口业务的企业，应当依据海关报关单位注册登记管理相关规定，向所在地海关办理注册登记；境外跨境电子商务企业[境外跨境电子商务企业是指自境外向境内消费者销售跨境电子商务零售进口商品的境外注册企业(不包括在海关特殊监管区域或保税物流中心内注册的企业)]应委托境内代理人(境内代理人是指开展跨境电子商务零售进口业务的境外注册企业所委托的境内代理企业，由其在海关办理注册登记，承担如实申报责任，依法接受相关部门监管，并承担民事责任)向该代理人所在地海关办理注册登记。

根据《关于跨境电子商务零售进出口商品有关监管事宜的公告》(海关总署公告 2016 年第 26 号)第二条，参加跨境电子商务业务的企业应当事先向所在地海关提交以下材料：

① 企业法人营业执照副本复印件；

② 组织机构代码证书副本复印件(以统一社会信用代码注册的企业不需要提供)；

③ 企业情况登记表，具体包括企业组织机构代码或统一社会信用代码、中文名称、工商注册地址、营业执照注册号，法定代表人(负责人)、身份证件类型、身份证号码，海关联系人、移动电话、固定电话，跨境电子商务网站网址等。

企业按照前款规定提交复印件的，应当同时向海关交验原件。如需向海关办理报关业务，应当按照海关对报关单位注册登记管理的相关规定办理注册登记。

4. 跨境电子商务企业通关有何便利

(1) 不执行首次进口许可批件、注册或备案要求。

对跨境电子商务直购进口商品及适用“网购保税进口”(监管方式代码 1210)进口政策的商品，按照个人自用进境物品监管，不执行有关商品首次进口许可批件、注册或备案要求。但对相关部门明令暂停进口的疫区商品和对出现重大质量安全风险的商品启动风险应急处置时除外。

(2) 海关通过国际贸易“单一窗口”或跨境电子商务通关服务平台监管。

跨境电子商务零售进口商品申报前，跨境电子商务平台企业或跨境电子商务企业境内代理人、支付企业、物流企业应当分别通过国际贸易“单一窗口”[国际贸易“单一窗口”是指由国务院口岸工作部际联席会议统筹推进，依托电子口岸公共平台建设的一站式贸易服务平台。申报人(包括参与跨境电子商务的企业)通过“单一窗口”向海关等口岸管理相关部门一次性申报，口岸管理相关部门通过电子口岸平台共享信息数据、实施职能管理，将执法结果通过“单一窗口”反馈申报人]或跨境电子商务通关服务平台向海关传输交易、支付、物流等电子信息，并对数据真实性承担相应责任。

(3)“清单核放”方式报关。

跨境电子商务零售商品进口时，跨境电子商务企业境内代理人或其委托的报关企业提交《中华人民共和国海关跨境电子商务零售进出口商品申报清单》，采取“清单核放”方式办理报关手续。对满足海关监管要求的企业，可以采取“先进区、后报关”的方式办理网购保税进口商品一线进境通关手续，入区域(中心)的网购保税进口商品须在14天内办理报关手续。

5. 消费者购物流程

选好平台和商品，下单前、中、后分别需要注意什么呢？

(1) 下单前：

建议先查询额度。保持充足额度，超额可不行。

消费者购买的商品金额应不超过其可用的跨境电商年度交易额度。跨境电商年度交易额度限值为26 000元人民币，消费者下单前可凭本人身份信息通过中国国际贸易“单一窗口”网站—标准版应用—跨境电商公共服务，个人用户登录后选择年份查询个人额度，如图10-2-3所示。复制并通过浏览器打开网址查询：https://www.singlewindow.cn。

图10-2-3　个人额度查询

(2) 下单时：

① 真实性。消费者在下单时需提供本人真实有效的身份信息，如姓名、身份证号、收件地址等。

② 单次限额。

a. 消费者购买跨境电商商品的单次交易限值为5 000元人民币(含5 000元人民币)；

b. 如果单笔订单金额超5 000元人民币但年度累计交易金额不超过26 000元人民币，且订单仅含一件商品时，按照货物税率全额征收关税和进口环节增值税、消费税后，可以自跨境电商渠道进口，交易额计入年度交易总额。

③ 计税模式。

a. 税收优惠：限值以内进口的跨境电商商品，关税税率暂设为0%，进口环节增值税和消费税暂按法定应纳税额70%征收；

b. 计税方式：对跨境电子商务零售进口商品，海关按照国家关于跨境电子商务零售进口税收政策征收关税和进口环节增值税、消费税，完税价格为实际交易价格，包括商品零售价格、运费和保险费；

c. 纳税主体：购买跨境电子商务零售进口商品的个人作为纳税义务人。在海关注册登记的跨境电子商务平台企业、物流企业或申报企业作为税款的代收代缴义务人，代为履行纳税义务，并承担相应的补税义务及相关法律责任。

(3) 下单后：

① 查明细。

消费者下单后可凭本人身份信息通过中国国际贸易“单一窗口”网站—标准版应用—跨境电商—公共服务—个人用户登录后输入清单编号或订单编号后选择年份查询个人通关信息，如图 10-2-4 所示。复制并通过浏览器打开网址查询(https://www.singlewindow.cn)。

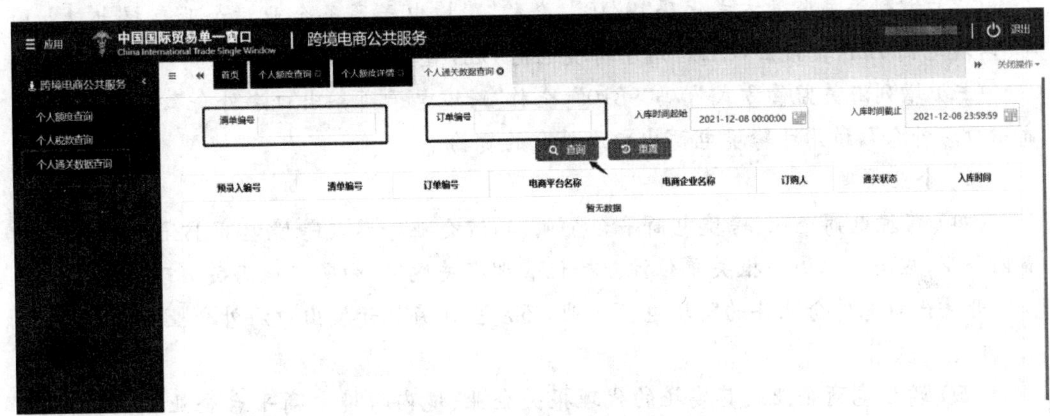

图 10-2-4　个人通关信息查询

② 退货。

海关允许跨境电商渠道进口商品退货。在跨境电子商务零售进口模式下，消费者所购商品如需退货，经跨境电子商务企业及其境内代理人确认退货商品为原跨境电商零售进口商品并承担相关法律责任的，可以由跨境电子商务企业境内代理人或其委托的报关企业向海关申请开展退货业务。所退商品需在海关放行之日起 45 日内以原状运抵原监管作业场所、原海关特殊监管区域或保税物流中心(B 型)，相应税款不予征收，并调整消费者个人年度交易累计金额。

需要注意：消费者所购商品仅限于个人自用，对于已购买的跨境电商零售进口商品，不得进入国内市场再次销售。

10.3　“9710”和“9810”监管方式

10.3.1　跨境电商 B2B 出口监管公告

海关总署公告 2020 年第 75 号

(关于开展跨境电子商务企业对企业出口监管试点的公告)

为贯彻落实党中央国务院关于加快跨境电子商务(以下简称“跨境电商”)新业态发展的

部署要求,充分发挥跨境电商稳外贸保就业等积极作用,进一步促进跨境电商健康快速发展,现就跨境电商企业对企业出口(以下简称"跨境电商 B2B 出口")试点有关监管事宜公告如下。

一、适用范围

(一) 境内企业通过跨境电商平台与境外企业达成交易后,通过跨境物流将货物直接出口送达境外企业(以下简称"跨境电商 B2B 直接出口");或境内企业将出口货物通过跨境物流送达海外仓,通过跨境电商平台实现交易后从海外仓送达购买者(以下简称"跨境电商出口海外仓");并根据海关要求传输相关电子数据的,按照本公告接受海关监管。

二、增列海关监管方式代码

(二) 增列海关监管方式代码"9710",全称"跨境电子商务企业对企业直接出口",简称"跨境电商 B2B 直接出口",适用于跨境电商 B2B 直接出口的货物。

(三) 增列海关监管方式代码"9810",全称"跨境电子商务出口海外仓",简称"跨境电商出口海外仓",适用于跨境电商出口海外仓的货物。

三、企业管理

(四) 跨境电商企业、跨境电商平台企业、物流企业等参与跨境电商 B2B 出口业务的境内企业,应当依据海关报关单位注册登记管理有关规定,向所在地海关办理注册登记。

开展出口海外仓业务的跨境电商企业,还应当在海关开展出口海外仓业务模式备案。

四、通关管理

(五) 跨境电商企业或其委托的代理报关企业、境内跨境电商平台企业、物流企业应当通过国际贸易"单一窗口"或"互联网+海关"向海关提交申报数据、传输电子信息,并对数据真实性承担相应法律责任。

(六) 跨境电商 B2B 出口货物应当符合检验检疫相关规定。

(七) 海关实施查验时,跨境电商企业或其代理人、监管作业场所经营人应当按照有关规定配合海关查验。海关按规定实施查验,对跨境电商 B2B 出口货物可优先安排查验。

(八) 跨境电商 B2B 出口货物适用全国通关一体化,也可采用"跨境电商"模式进行转关。

五、其他事项

(九) 本公告有关用语的含义:

"跨境电商 B2B 出口"是指境内企业通过跨境物流将货物运送至境外企业或海外仓,并通过跨境电商平台完成交易的贸易形式。

"跨境电商平台"是指为交易双方提供网页空间、虚拟经营场所、交易规则、信息发布等服务,设立供交易双方独立开展交易活动的信息网络系统。包括自营平台和第三方平台、境内平台和境外平台。

(十) 在北京海关、天津海关、南京海关、杭州海关、宁波海关、厦门海关、郑州海关、广州海关、深圳海关、黄埔海关开展跨境电商 B2B 出口监管试点。根据试点情况及时在全国海关复制推广。

(十一) 本公告自 2020 年 7 月 1 日起施行,未尽事宜按海关有关规定办理。

特此公告

海关总署

2020 年 6 月 12 日

10.3.2　“9710”和“9810”政策解读

“9710”和“9810”政策解读

2020 年 6 月 13 日，为贯彻落实党中央、国务院关于加快跨境电子商务新业态发展的部署要求，充分发挥跨境电商稳外贸保就业等积极作用，进一步促进跨境电商健康快速发展，海关总署发布了《关于开展跨境电子商务企业对企业出口监管试点的公告》（海关总署公告 2020 年第 75 号），对跨境电子商务企业对企业出口（以下简称“跨境电商 B2B 出口”）试点做出了规定。

一、明确了跨境电商 B2B 出口适用范围

1. 跨境电商 B2B 直接出口：境内企业通过跨境电商平台与境外企业达成交易后，通过跨境物流将货物直接出口送达境外企业。

2. 跨境电商出口海外仓：境内企业将出口货物通过跨境物流送达海外仓，通过跨境电商平台实现交易后从海外仓送达购买者。

并根据海关要求传输相关电子数据的，按照本公告接受海关监管。

二、在原有三个跨境电商代码“9610”“1210”“1239”基础上增列两个新的监管代码

1. “9710”全称“跨境电子商务企业对企业直接出口”，简称“跨境电商 B2B 直接出口”，适用于跨境电商 B2B 直接出口的货物。

2. “9810”全称“跨境电子商务出口海外仓”，简称“跨境电商出口海外仓”，适用于跨境电商出口海外仓的货物。

三、明确了企业管理要求

1. 注册登记

跨境电商企业、跨境电商平台企业、物流企业等参与跨境电商 B2B 出口业务的境内企业，应当依据海关报关单位注册登记管理有关规定，向所在地海关办理注册登记。

2. 海外仓备案

开展出口海外仓业务的跨境电商企业，还应当在海关开展出口海外仓业务模式备案。

四、明确了数据申报方式和企业责任

跨境电商企业或其委托的代理报关企业、境内跨境电商平台企业、物流企业应当通过国际贸易“单一窗口”或“互联网＋海关”向海关提交申报数据，传输电子信息，并对数据真实性承担相应法律责任。

五、明确了跨境电商 B2B 出口货物监管要求

1. 应当符合检验检疫相关规定；

2. 跨境电商企业或其代理人、监管作业场所经营人应当按照有关规定配合海关查验；

3. 海关按规定实施查验，对跨境电商 B2B 出口货物可优先安排查验。

六、可适用两种通关模式

1. 全国通关一体化；

2. “跨境电商”模式进行转关。

七、前期试点的10个海关包括北京海关、天津海关、南京海关、杭州海关、宁波海关、厦门海关、郑州海关、广州海关、深圳海关、黄埔海关。

10.3.3 跨境电商B2B出口

跨境电商B2B出口是指境内企业通过跨境物流将货物运送至境外企业或海外仓，并通过跨境电商平台完成交易的贸易形式。根据企业经营模式可分为以下两种：

B2B直接出口，海关监管方式代码："9710"，适用于境内企业通过跨境电商平台与境外企业达成交易后，通过跨境物流将货物直接出口至境外企业。

出口海外仓，海关监管方式代码："9810"，适用于境内企业先将货物通过跨境物流出口至海外仓，通过跨境电商平台实现交易后从海外仓送达境外购买者。

企业可根据自身业务类型选择相应方式向海关申报。

B2B直接出口模式企业资质要求：

√ 境内企业且参与跨境电商B2B出口业务。

包括跨境电商企业、受跨境电商企业委托的代理报关企业。

跨境电商平台企业，包括自营平台、第三方平台、境内平台、境外平台。

物流企业：

√ 向所在地海关办理企业注册登记，在跨境电商企业类型中勾选相应企业类型。

√ 已办理注册登记未勾选企业类型的，在国际贸易"单一窗口"提交注册信息变更申请。

√ 通过"跨境电商出口统一版"系统申报清单的，物流企业应获得国家邮政管理部门颁发的《快递经营许可证》。

出口海外仓业务模式企业资质要求：

√ 开展跨境电商出口海外仓业务的境内企业应在海关办理注册登记，且企业信用等级为一般信用及以上。

出口海外仓业务模式备案资料要求：

申请出口海外仓业务模式备案企业需要递交以下资料：

√《跨境电商海外仓出口企业备案登记表》一式一份。

√《跨境电商海外仓信息登记表》一仓一表，一式一份。

√ 海外仓证明材料：海外仓所有权文件（自有海外仓）、海外仓租赁协议（租赁海外仓）、其他可证明海外仓使用的相关资料（如海外仓入库信息截图、海外仓货物境外线上销售相关信息、情况说明等）。

√ 其他海关认为需要的材料，如企业营业执照。

上述资料应向企业主管地海关递交，如有变更，企业应及时向海关更新相关资料。

跨境电商B2B出口企业申报流程，如图10-3-1所示。

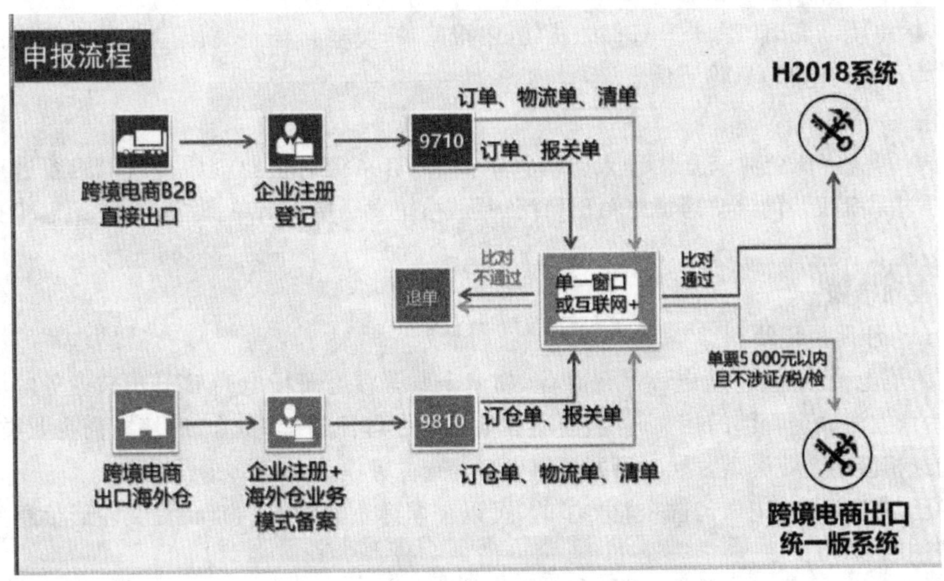

图 10-3-1　跨境电商 B2B 出口企业申报流程

企业通过"国际贸易'单一窗口'标准版"或"互联网＋海关"的跨境电商通关服务系统和货物申报系统，向海关提交申报数据、传输电子信息。

跨境电商 B2B 出口有关电子信息报文，沿用跨境电商通关服务系统现有的 B2C 接入通道模式，新增支持 B2B 出口报关单报文导入；货物申报系统支持 B2B 出口报关单按现有模式录入和导入。

单票金额超过 5 000 元人民币、涉证、涉检、涉税的跨境电商 B2B 出口货物企业应通过"H2018 通关管理系统"办理通关手续。

单票金额在 5 000 元(含)人民币以内，且不涉证、不涉检、不涉税的跨境电商 B2B 出口货物，企业可以通过"H2018 通关管理系统"或"跨境电商出口统一版系统"办理通关手续。

通过"H2018 通关管理系统"通关：

电子信息传输：

◆ 跨境电商 B2B 直接出口(9710)，申报前，跨境电商企业或跨境电商平台企业应向海关传输交易订单信息。

◆ 跨境电商出口海外仓(9810)，申报前，跨境电商企业应向海关传输海外仓订仓信息。

报关单申报：

◆ 跨境电商企业或其代理人向海关申报报关单，系统对企业资质及申报内容进行校验，通过系统校验的，向 H2018 通关管理系统发送申报报关单。

通过"跨境电商出口统一版系统"通关：

电子信息传输：

◆ 跨境电商 B2B 直接出口(9710)货物，申报前，跨境电商企业、物流企业应分别向海关传输交易订单、物流信息。

◆ 跨境电商出口海外仓(9810)货物,申报前,跨境电商企业、物流企业应分别向海关传输海外仓订仓信息、物流信息。

清单申报:

◆ 跨境电商企业或其代理人向海关申报清单,系统对企业资质及申报内容进行校验,通过系统校验的,向“跨境电商出口统一版”系统发送申报清单。清单无须汇总申报报关单。

便利措施:

(1) 注册登记便利。

跨境电商企业、跨境电商平台企业、物流企业等参与跨境电商 B2B 出口业务的境内企业,依据海关企管部门相关规定,向所在地海关办理注册登记,在“跨境电商企业类型”中勾选相应的企业类型。同时可办理出口海外仓业务模式备案。

已办理注册登记未勾选企业类型的,可以在国际贸易“单一窗口”提交注册信息变更申请。

(2) 通关便利。

跨境电商 B2B 出口单票金额在 5 000 元人民币以下且不涉证、不涉检、不涉税的货物,企业可以报送申报清单,系统校验通过后自动推送至“跨境电商出口统一版系统”以申报清单的方式通关,无须汇总申报报关单。申报要素减少 57 项,让中小微出口企业申报更为便捷。

(3) 综试区简化申报。

在跨境电商综试区所在地海关通过“跨境电商出口统一版系统”申报 9710、9810,不涉及出口退税的,可按照 6 位 HS 编码简化申报。

在跨境电商综试区所在地海关通过“跨境电商出口统一版系统”申报的,可将货物品名以总运单形式按“跨境电商商品一批”录入。

(4) 查验便利。

针对跨境电商货物通关时效要求高的特点,现场海关对跨境电商 B2B 出口货物优先安排查验。

(5) 物流便利。

B2B 出口模式可以实现批量出货,解决了跨境电商企业必须在出口前单个打包并逐个粘贴面单的问题,降低了出口前人工操作和物流成本。

跨境电商 B2B 出口货物可按照“跨境电商”类型办理转关。通过“H2018 通关管理系统”通关的,同样适用全国通关一体化。企业可以根据自身实际选择时效更强、组合更优的方式运送货物。

(6) 退货便利。

对跨境电商出口海外仓货物 1 年内退运进境的,海关建立底账数据形式进行管理。

10.4 跨境电子商务出口商品退货监管

为进一步优化营商环境、促进贸易便利化，帮助企业积极应对新冠肺炎疫情影响，推动跨境电子商务出口业务健康快速发展，海关总署于2020年3月27日发布了《关于全面推广跨境电子商务出口商品退货监管措施有关事宜的公告》，并专门发布了配套监管方案，为跨境电商出口进一步释放了政策红利。

10.4.1 业务模式全覆盖

允许在全国海关范围内对跨境电商零售出口（9610出口）、跨境电商特殊区域出口（1210出口，包括"跨境电商特殊区域包裹零售出口"和"跨境电商特殊区域出口海外仓零售"两种形式）、跨境电商出口海外仓（0110出口）三种模式的跨境电商商品开展退货监管。

10.4.2 退货商品的管理要求

对国家禁止进境货物、物品不予办理退货手续。跨境电商退货商品的检验检疫按照有关规定办理。

10.4.3 退货商品范围

原《中华人民共和国海关出口货物报关单》《中华人民共和国海关跨境电子商务零售出口申报清单》或《中华人民共和国海关出境货物备案清单》所列全部或部分商品。

10.4.4 退货时间要求

退货商品可单独运回也可批量运回，退货商品应在出口放行之日起1年内退运进境。

10.4.5 跨境电商特殊区域包裹零售出口退货流程介绍

1.《退货单》申报

企业通过国际贸易"单一窗口"或跨境电子商务通关服务平台向海关申报《中华人民共和国海关跨境电子商务零售进出口商品退货单》（简称《退货单》），退货申请的商品种类、数量等不得超出原出口清单的商品种类和数量范围，电商企业、平台企业须与原出口清单一致。

2. 进境到货管理

在《退货单》放行前，跨境电商退货商品应存放在符合海关监管要求的退货商品理货区、待放行区。监管作业场所运营人按规定进行盘点，并向海关发送到货信息。

3. 查验管理

海关通过机检、人工查验加强对退回商品的监管，可利用商品的标志和企业数据库抽查等方式核对货物相关信息。查验在特殊区域外监管作业场所进行的，查验无误后退货商品应按现行规定返回原特殊区域，同时采取措施加强途中监管。

4. 账册核增

区内企业汇总已放行的《退货单》，向海关申报核注清单。核注清单审核通过后，对应的原特殊区域的跨境电商出口底账相应核增。

5. 退运至境内区外

以《退货单》方式从境外原状退回特殊区域的退货商品，需办理出区进口至境内区外的，原国内出口企业应在原出口进区报关单放行之日起 1 年内，以退运货物(4561)监管方式向主管海关申报进口报关单，在报关单备注栏首位填写原出口报关单号，并提交不涉及退税或未退税、退税已补税等相关证明材料。经海关审核同意后准予不征税复进口至境内区外。

10.4.6 跨境电商特殊区域出口海外仓零售退货流程介绍

1. 退货申报管理

退货商品由境外退运至原特殊区域时，区内企业向海关申报保税核注清单，根据保税核注清单数据归并生成进口报关单/进境备案清单，并在报关单/备案清单录入界面“业务事项”选项中勾选“跨境电商海外仓”选项，监管代码为退运货物(4561)，在备注栏首位填写区内原出口报关单号/出境备案清单号。

2. 查验管理

对跨境电商特殊区域出口海外仓零售的退货商品，海关按照布控指令进行查验，并重点验核其是否为原出口商品复运进境。对出口海外仓商品及其退货，优先查验。

3. 账册核增

退货商品对应的进口报关单/进境备案清单审核放行后，对应特殊区域的原海外仓出口底账相应核增。

4. 退运至境内区外

从境外海外仓原状退回特殊区域的退货商品，因品质或规格等原因需出区进口至境内区外的，原国内出口企业应在原出口进区报关单放行之日起 1 年内以退运货物(4561)监管方式向主管海关申报进口报关单，在报关单备注栏首位填写原出口报关单号，并提交不涉及退税或未退税、退税已补税等相关证明材料。经海关审核同意后准予不征税复进口至境内区外。

10.4.7 海外仓现存货物的退货需求

对于目前海外仓内属于通过特殊区域出口、仍在退货时限内的跨境电商货物，如有因消费者正常退货或滞销等产生的退货需求，可参照上述要求以退运货物(4561)退运进境入区，在进口报关单/进境备案清单备注栏首位填写“KJHW”，同时在报关单备注栏填写原出口报关单/出境备案清单号。

参考文献

[1] 鄂立彬.跨境电商供应链管理[M].北京:对外经贸大学出版社,2017.

[2] 易静,等.跨境电商实务操作教程[M].武汉:武汉大学出版社,2017.

[3] 杨雪燕.跨境电子商务实践[M].北京:电子工业出版社,2018.

[4] 伍蓓.跨境电商理论与实务[M].北京:人民邮电出版社,2020.

[5] 常广庶.跨境电子商务理论与实务[M].北京:机械工业出版社,2017.

[6] 韩小蕊,樊鹏.跨境电子商务[M].北京:机械工业出版社,2017.

[7] 华红娟.多平台跨境电商入门 100 问[M].杭州:浙江工商大学出版社,2019.

[8] 雨果网.跨境电商物流的运作模式有哪些?[EB/OL].https://www.cifnews.com/article/47891,2019-07-31.

[9] 雨果网.速卖通如何选品?速卖通选品策略详解[EB/OL].https://www.cifnews.com/article/48517,2019-08-14.

[10] 雨果网.亚马逊如何查跟卖?如何预防跟卖?[EB/OL].https://www.cifnews.com/article/57614,2019-12-23.

[11] 雨果网.用好 eBay 6 个营销工具新年 GMV 涨涨涨![EB/OL].https://www.cifnews.com/article/40583.2019-01-11.

[12] 雨果网.详解阿里巴巴国际站数据管家流量来源[EB/OL].https://www.cifnews.com/article/54618,2019-11-18.

[13] 雨果网.亚马逊卖家什么情况下需要缴纳 VAT?VAT 缴纳情况[EB/OL].https://www.cifnews.com/article/55929,2019-12-03.

[14] 雨果网.Facebook 商家页面怎么做?六个步骤带你飞![EB/OL].https://www.cifnews.com/article/58530,2020-01-07.

[15] 雨果网.阿里国际站客户通 EDM 营销操作全攻略[EB/OL].https://www.cifnews.com/article/50948,2019-09-21.

[16] 连连国际.eBay 个人账户和企业账户申请全流程[EB/OL].https://global.lianlianpay.com/channel/60_17562.html,2020-07-29.

[17] 百聚汇.亚马逊上传/上架产品流程详解[EB/OL].https://www.hpeixun.cn/Amazon-sc.html,2018-03-05.

[18] 敦煌网.DHGate 如何上传产品?[EB/OL].https://seller.dhgate.com/help/c7001/16694.html,2021-01-05.

[19] 网经社.2018 年度中国跨境电商市场数据监测报告[EB/OL].http://www.100ec.cn/detail-6512462,2019-06-10.

[20] 南宁海关.政策解读|说说跨境电商零售进口的新鲜事[EB/OL].公众号:12360 海关热线,2020-05-07.

[21] 杭州海关.全面推广跨境电商出口商品退货[EB/OL].公众号:12360 海关热线,2020-04-02.

[22] 黄埔海关.跨境电商零售出口[EB/OL].公众号:12360 海关热线,2019-11-14.